国宝仏から秘仏まで

廃寺のみ仏たちは、今

奈良県東部編

君つき子

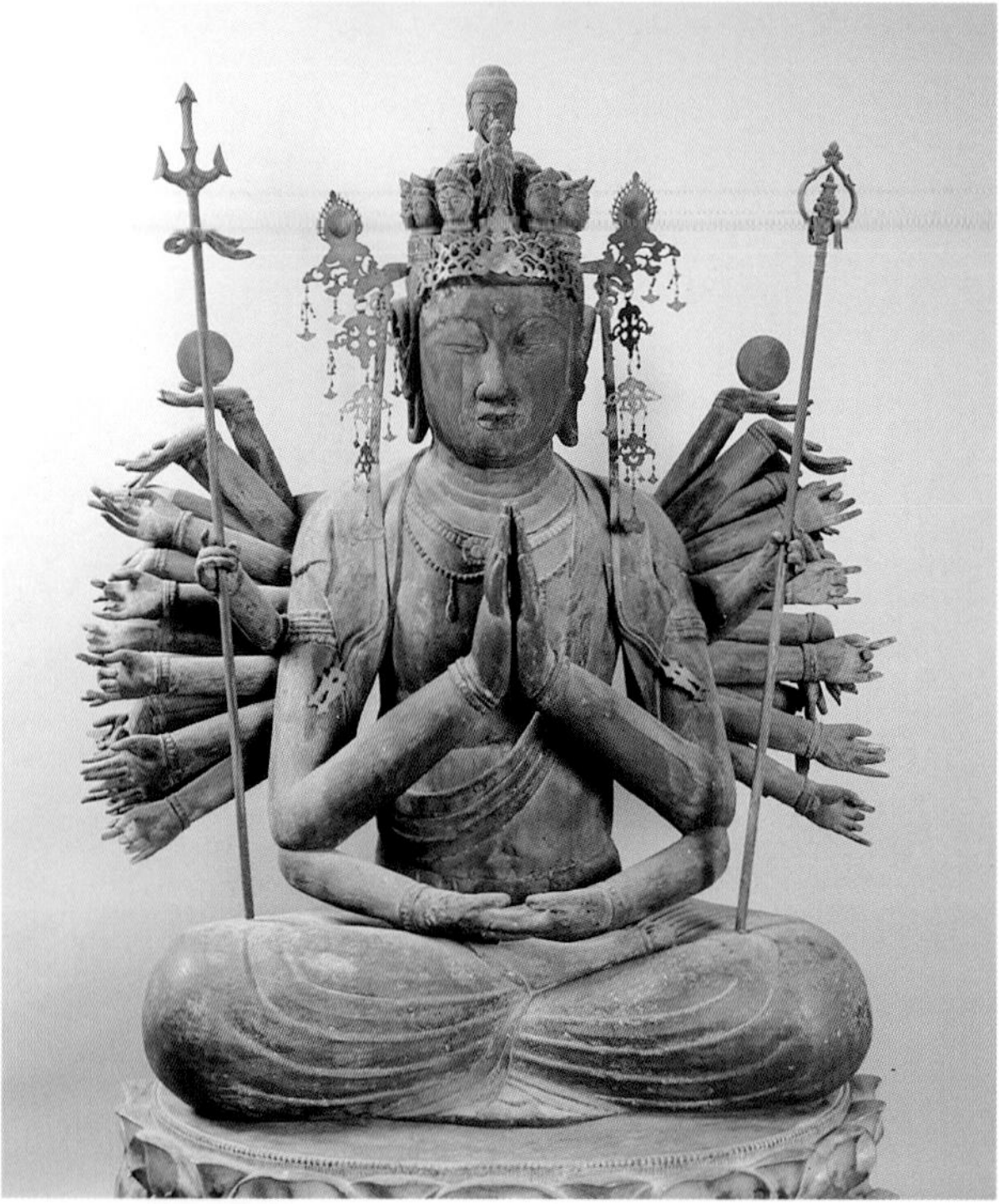

▲長野県清水寺蔵･千手観音菩薩坐像／
写真提供:長野市文化財課

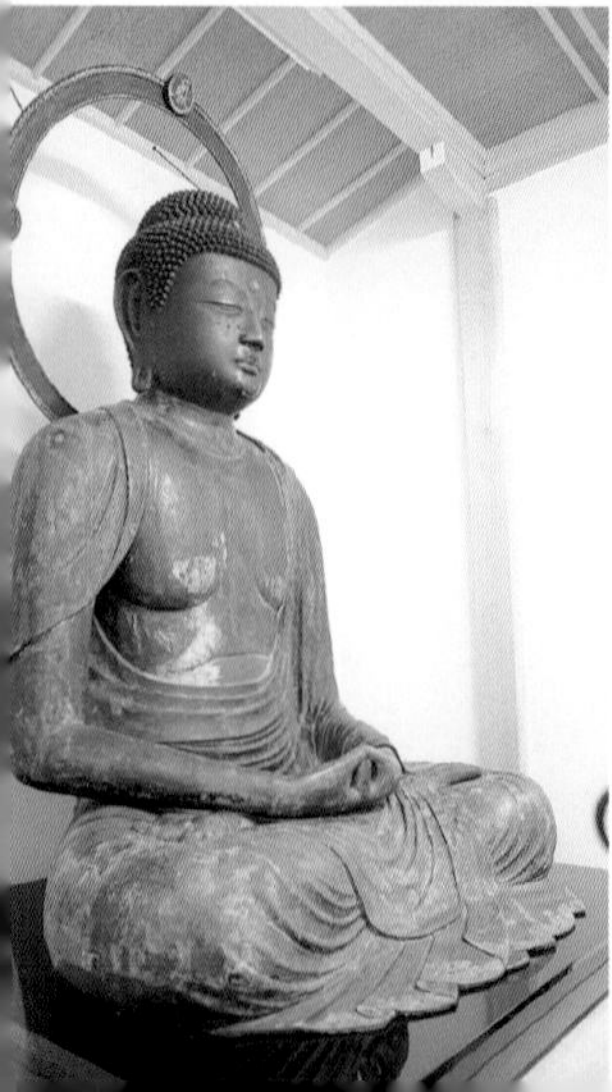

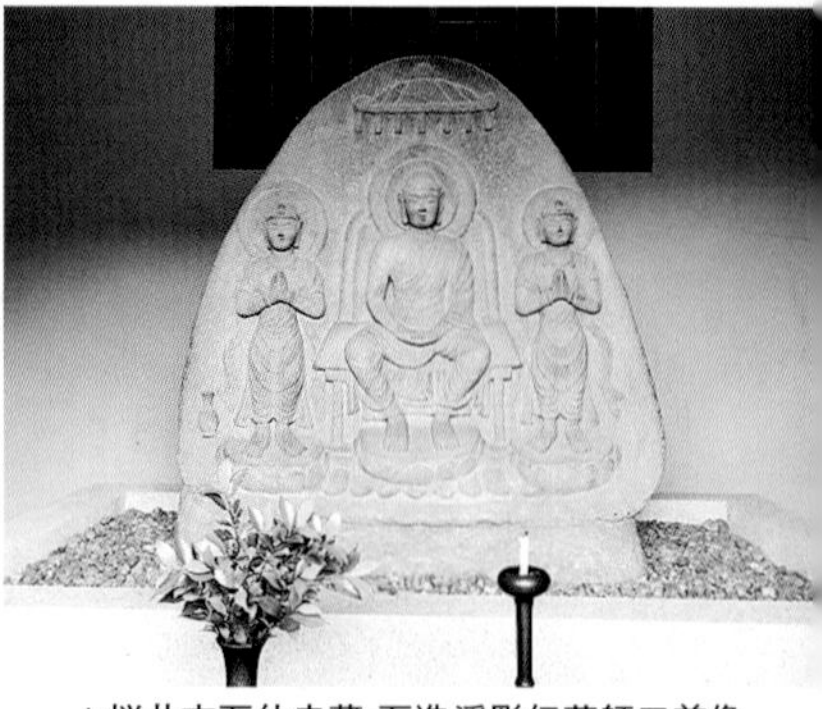

▲桜井市石位寺蔵･石造浮彫伝薬師三尊像

◀桜井市報恩寺蔵･阿弥陀如来坐像

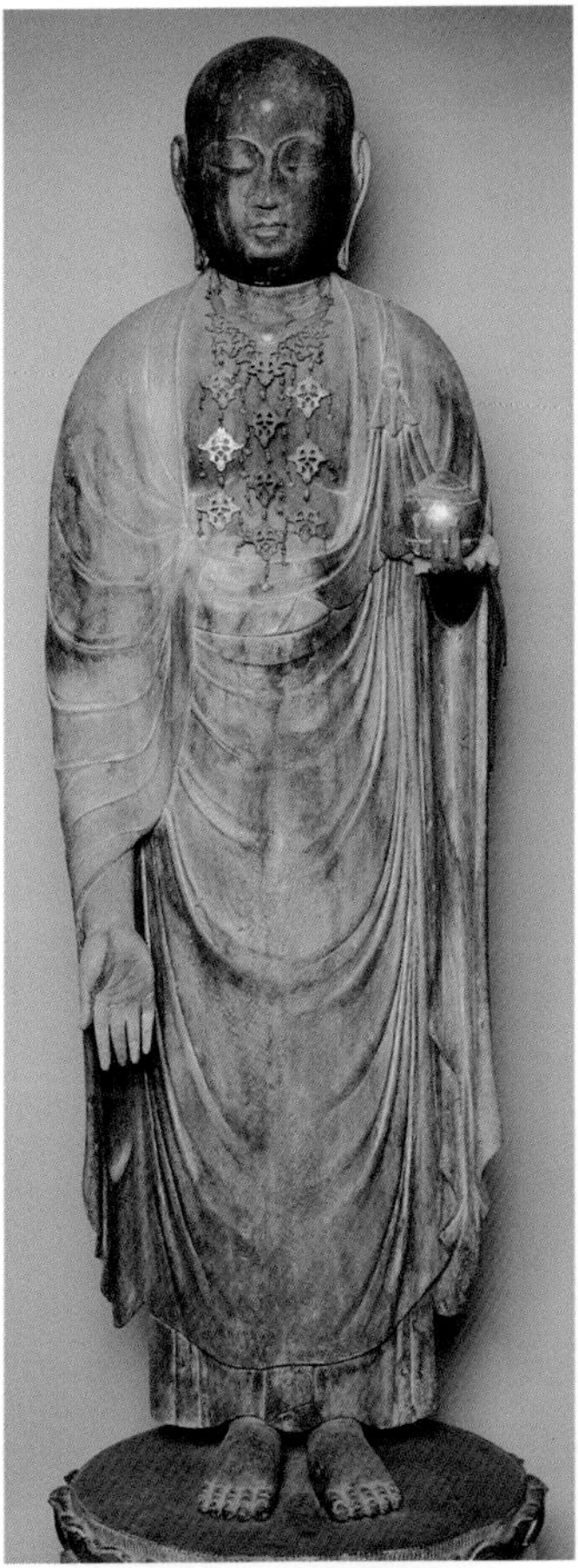

長野県清水寺蔵・地蔵菩薩立像／
写真提供:長野市文化財課

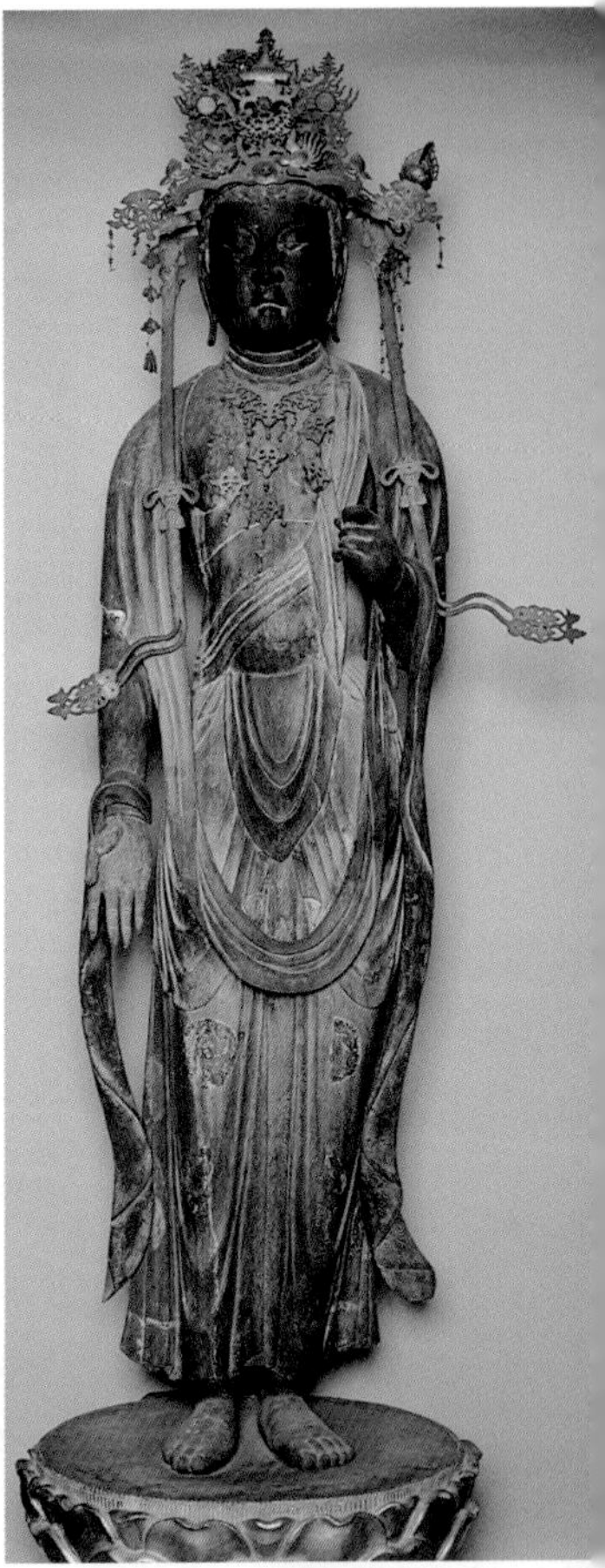

長野県清水寺蔵・聖観音菩薩立像／
写真提供:長野市文化財課

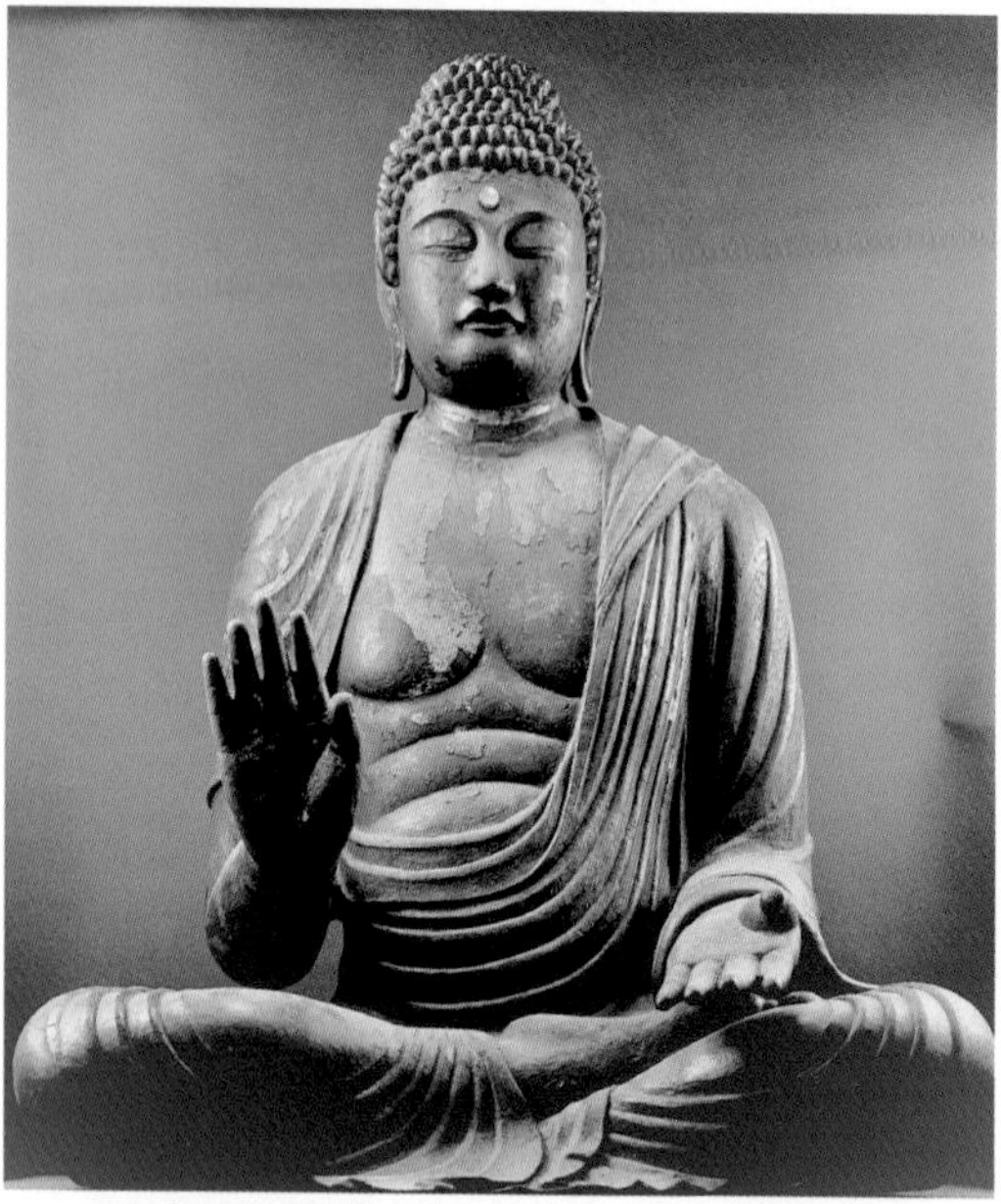

▲滋賀県延暦寺蔵・薬師如来坐像／写真提供:延暦寺

▼桜井市安倍文殊院蔵・伝釈迦三尊像

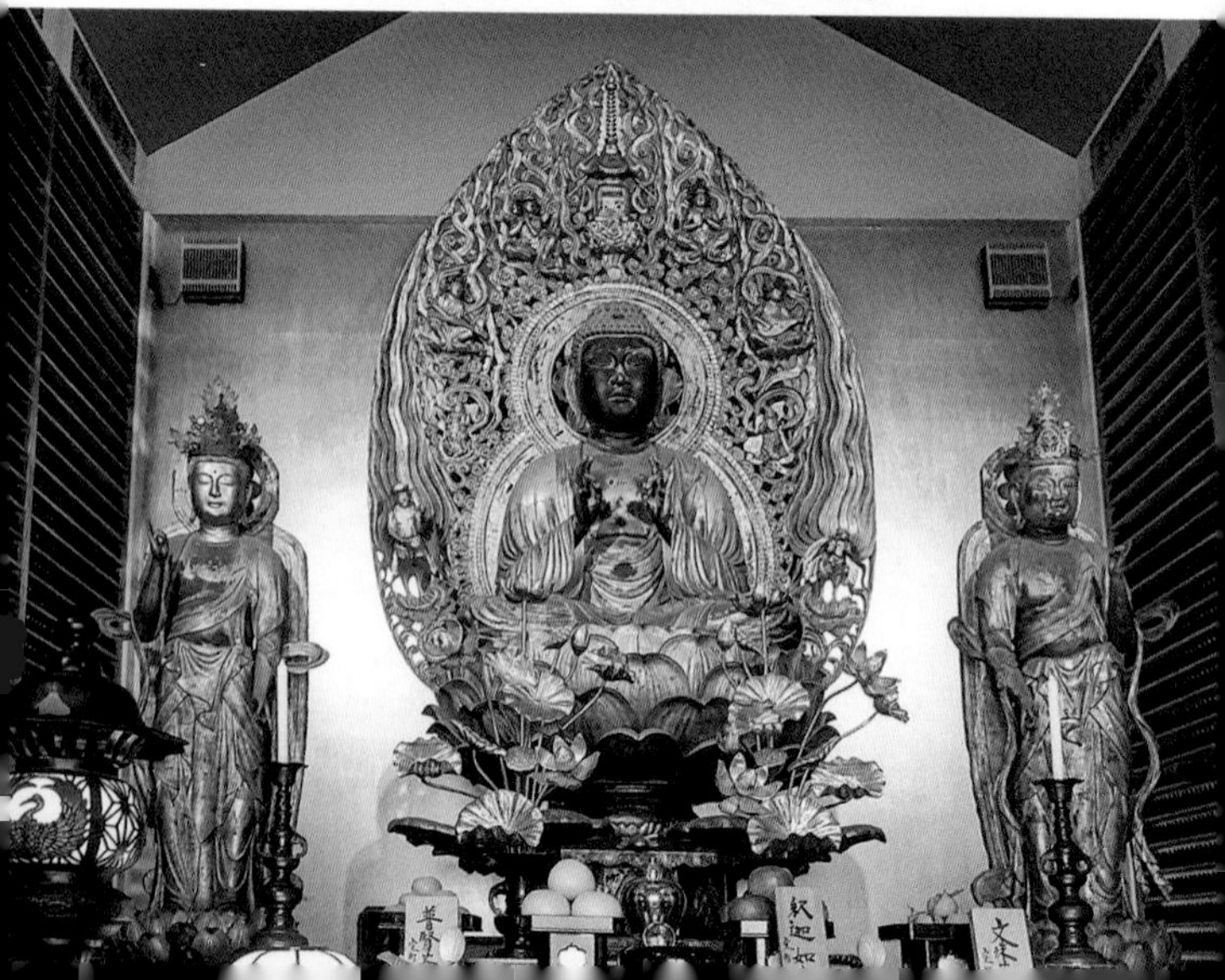

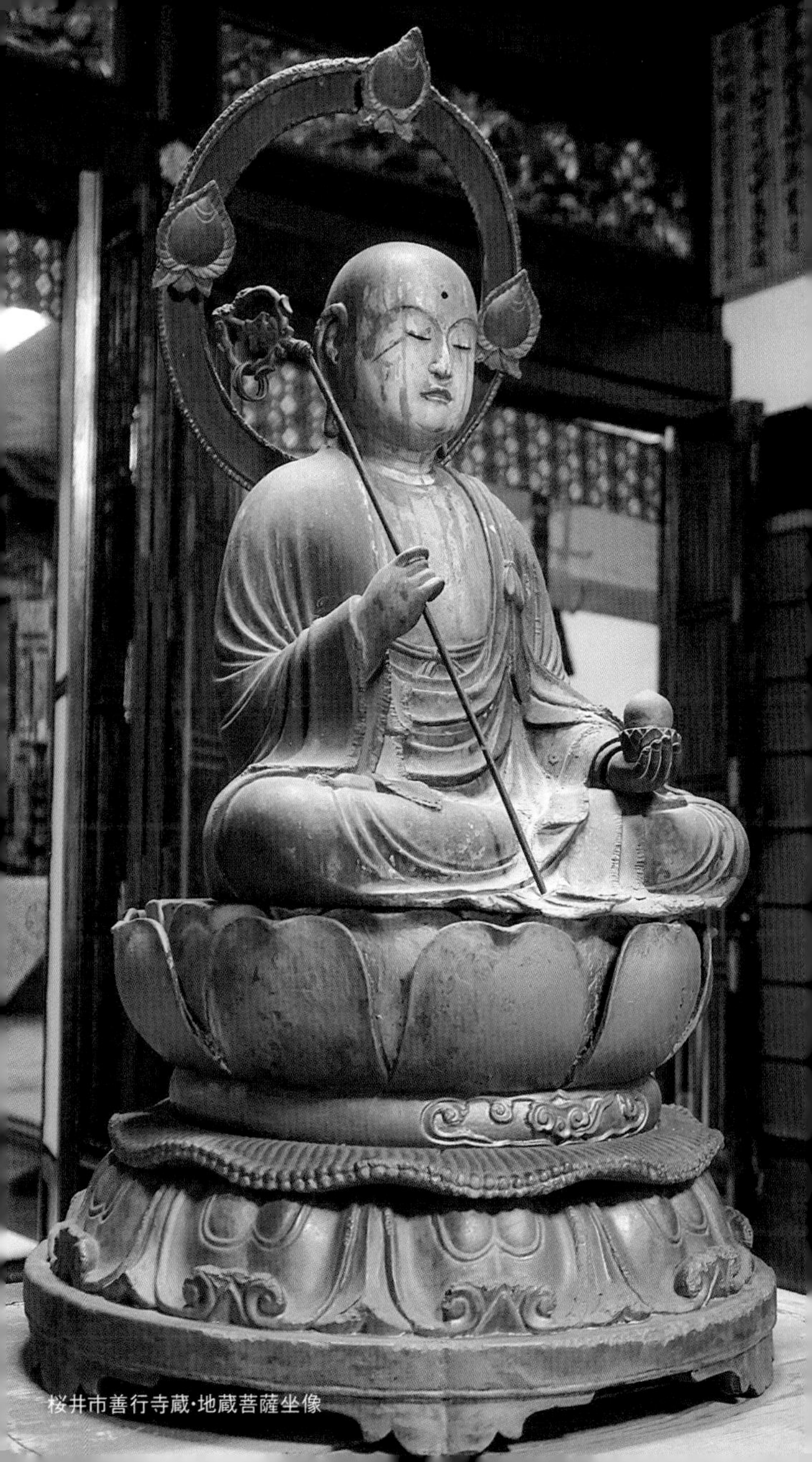

桜井市善行寺蔵・地蔵菩薩坐像

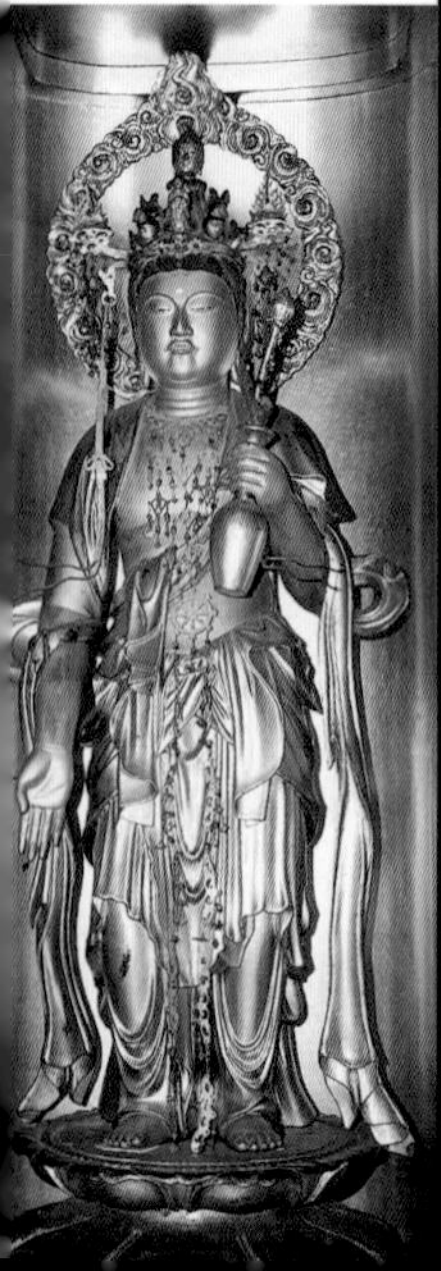

兵庫県金剛福寺蔵
十一面観音菩薩立像
（旧前立像）

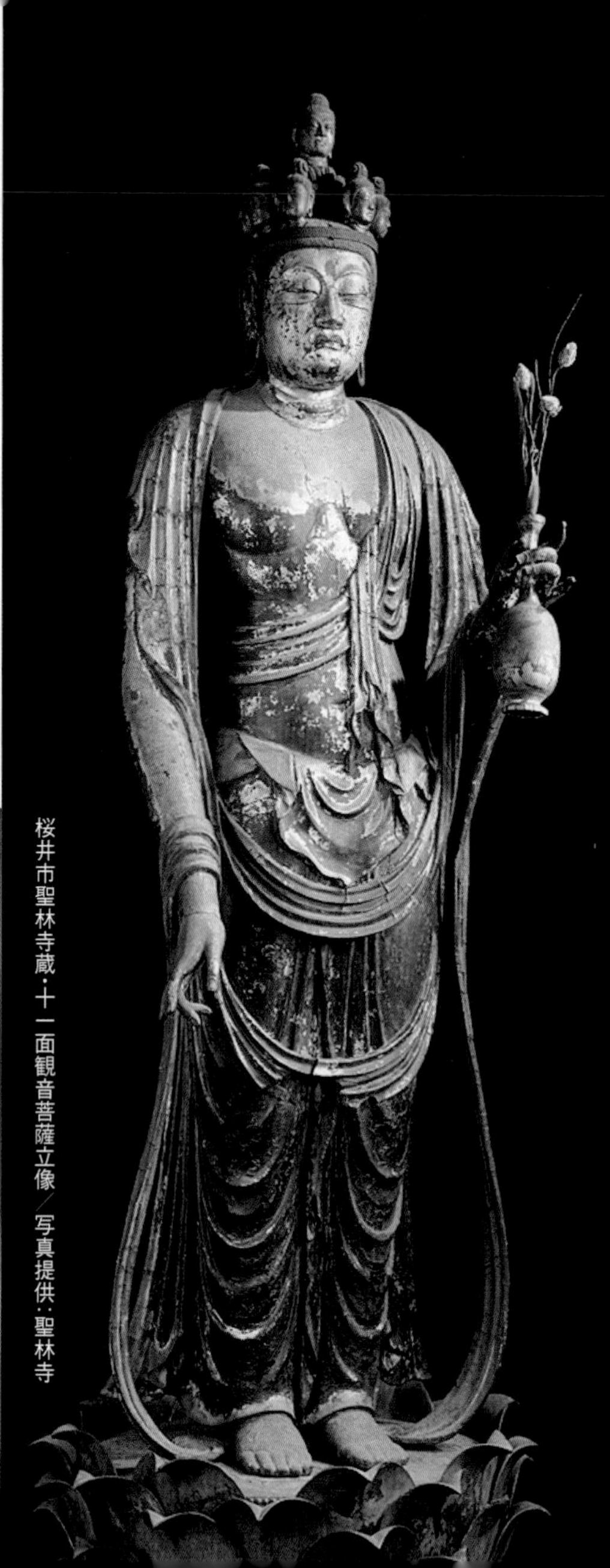

桜井市聖林寺蔵・十一面観音菩薩立像／写真提供：聖林寺

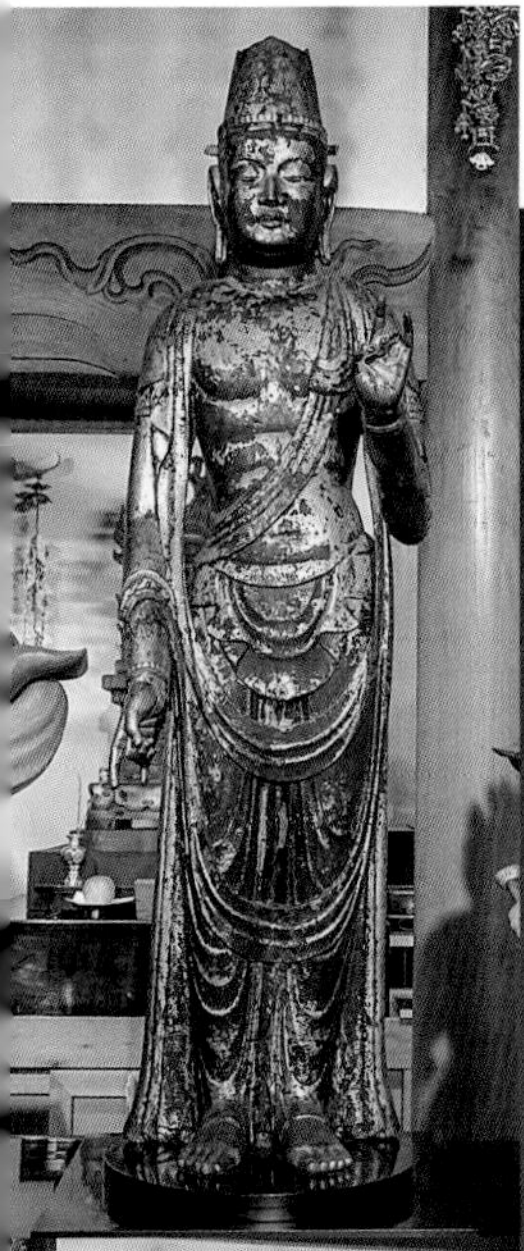

◀奈良市正暦寺蔵・伝日光菩薩立像

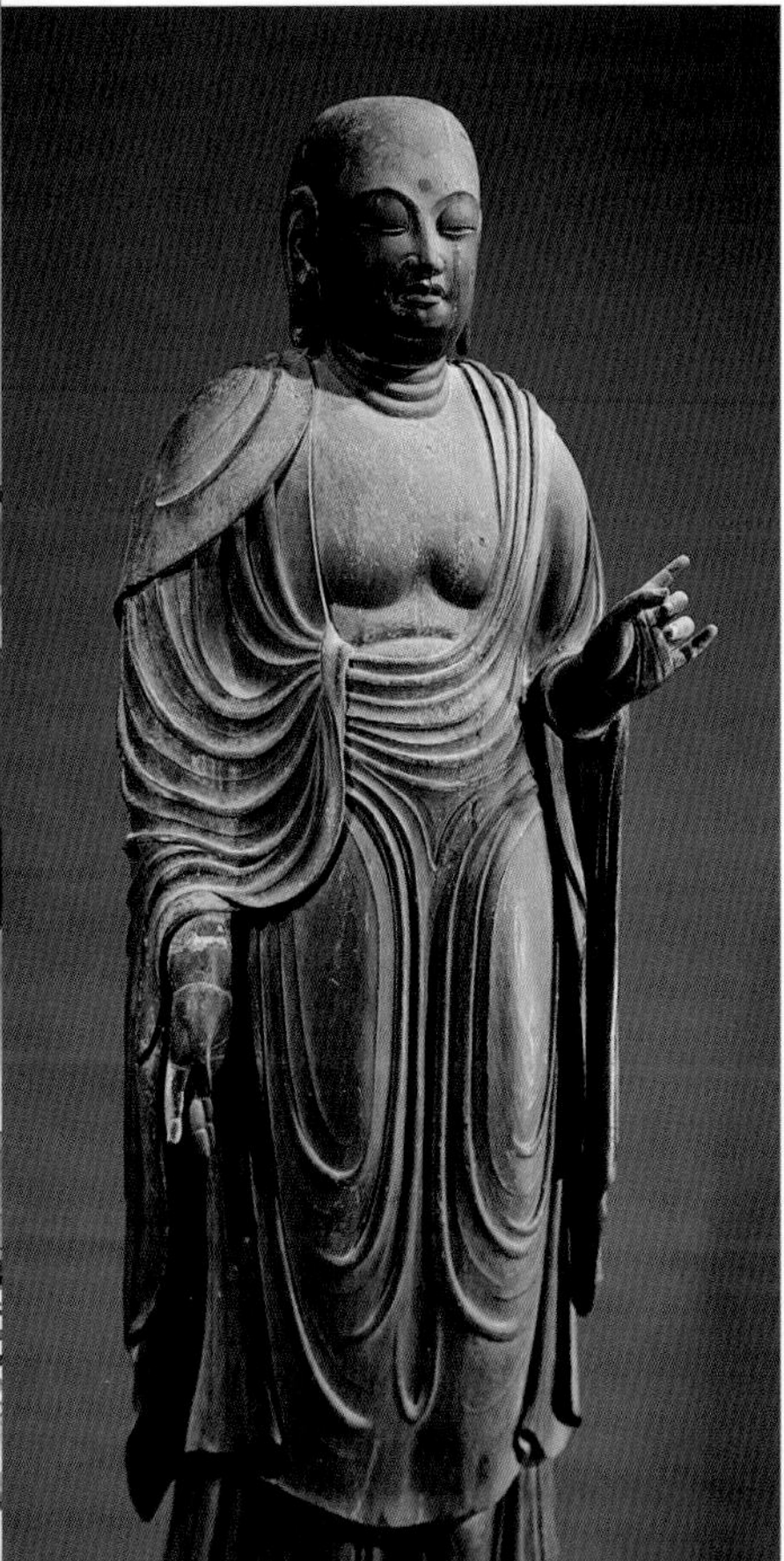

▲生駒郡法隆寺蔵・地蔵菩薩立像／写真:飛鳥園

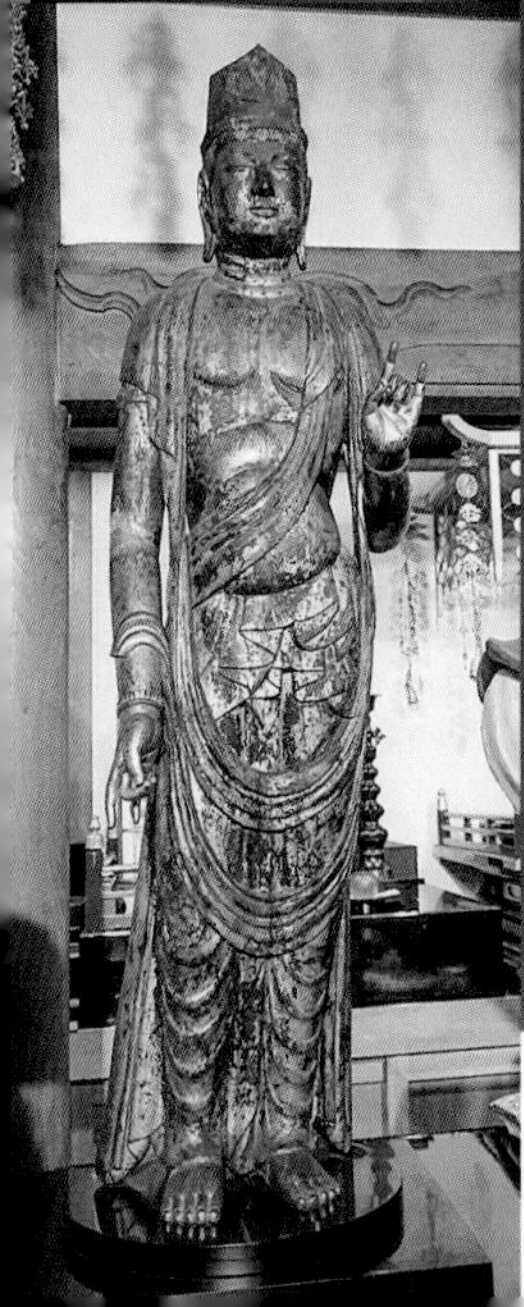

◀奈良市正暦寺蔵・伝月光菩薩立像

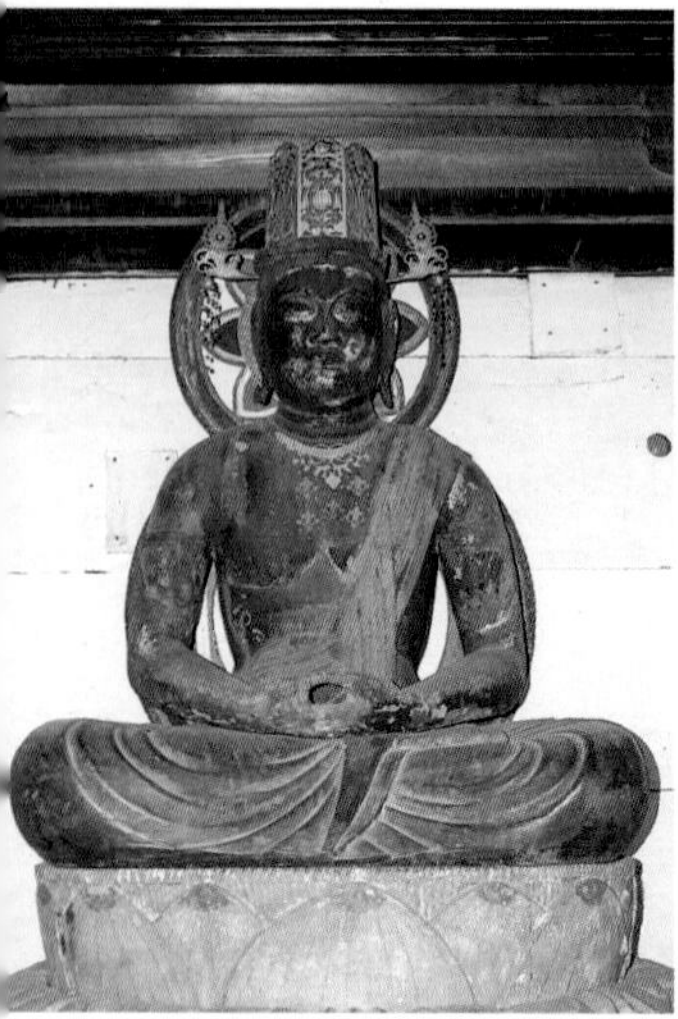

▲宇陀市大日堂安置・大日如来坐像

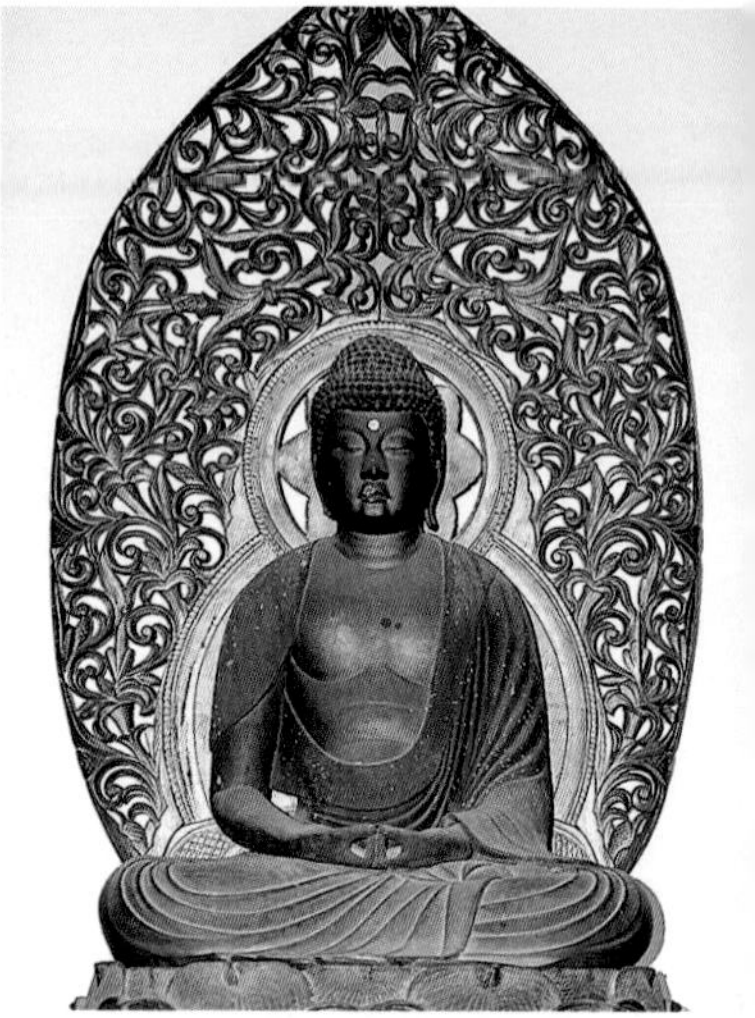

▲桜井市極楽寺蔵・阿弥陀如来坐像

▼御杖村安能寺蔵・地蔵菩薩立像

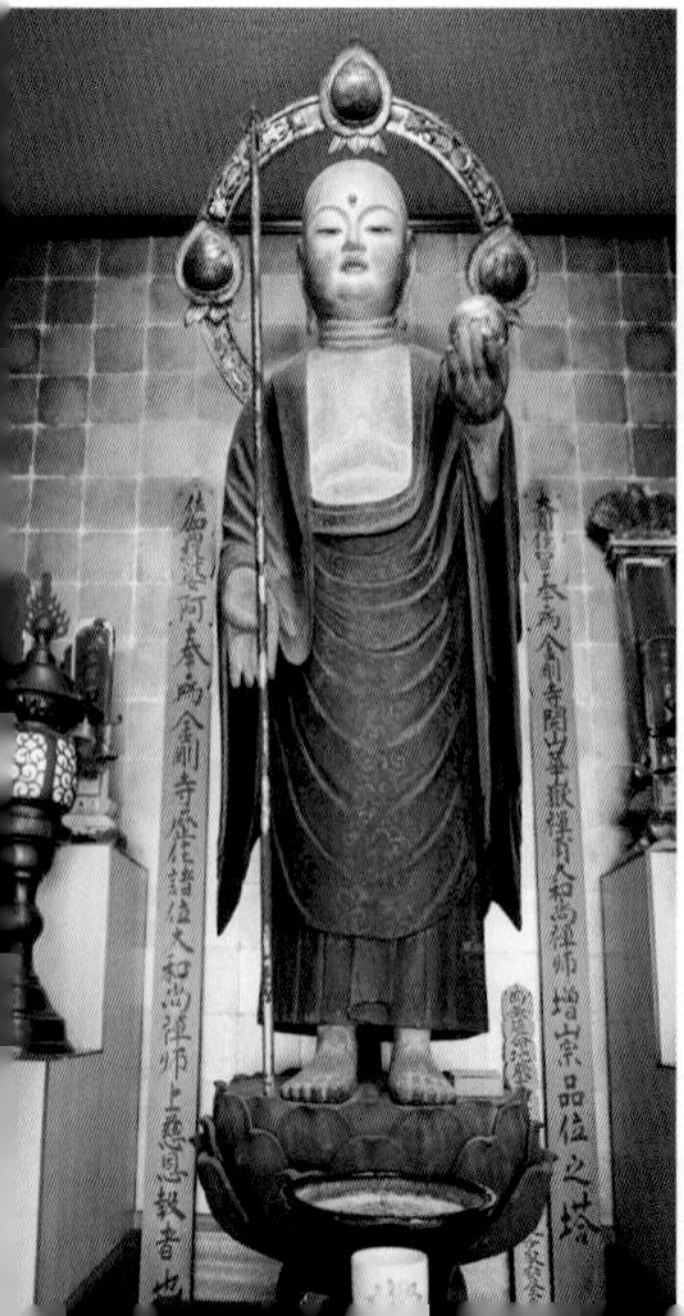

▼榛原市西峠集会所安置・薬師如来坐像

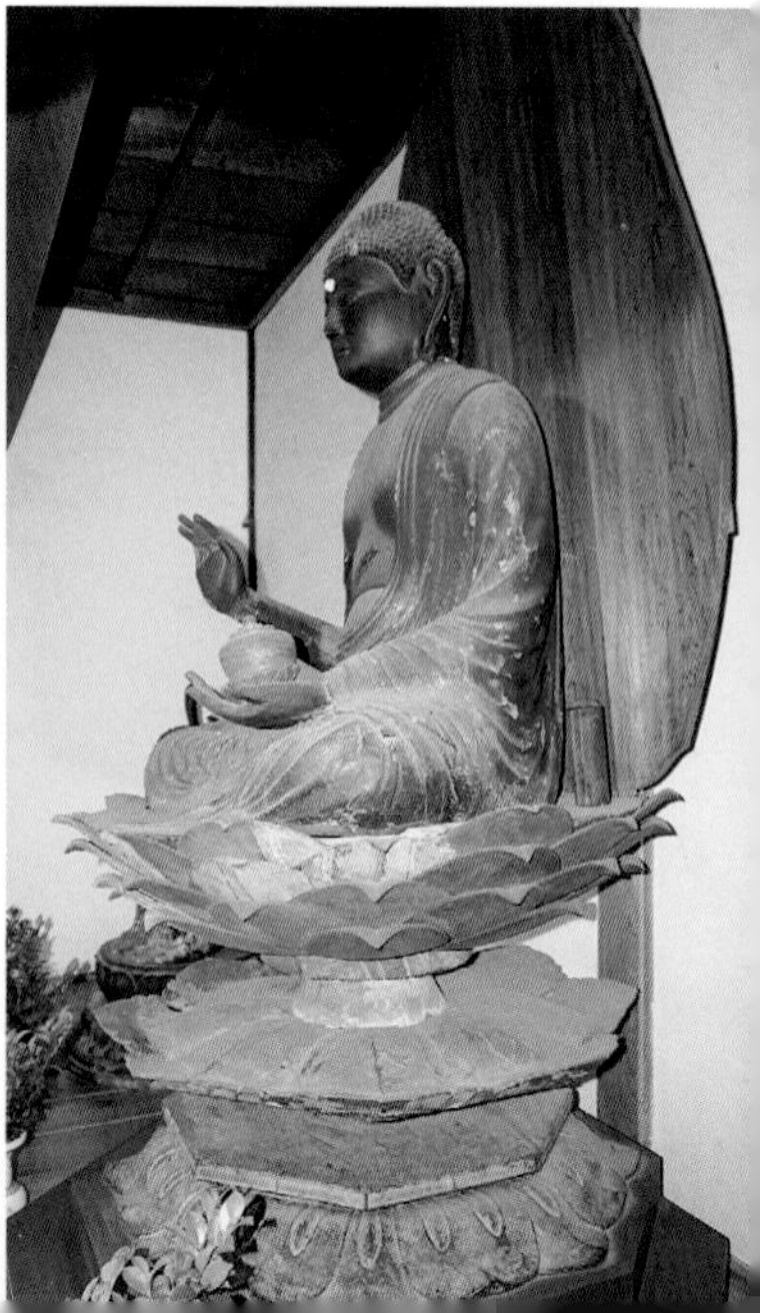

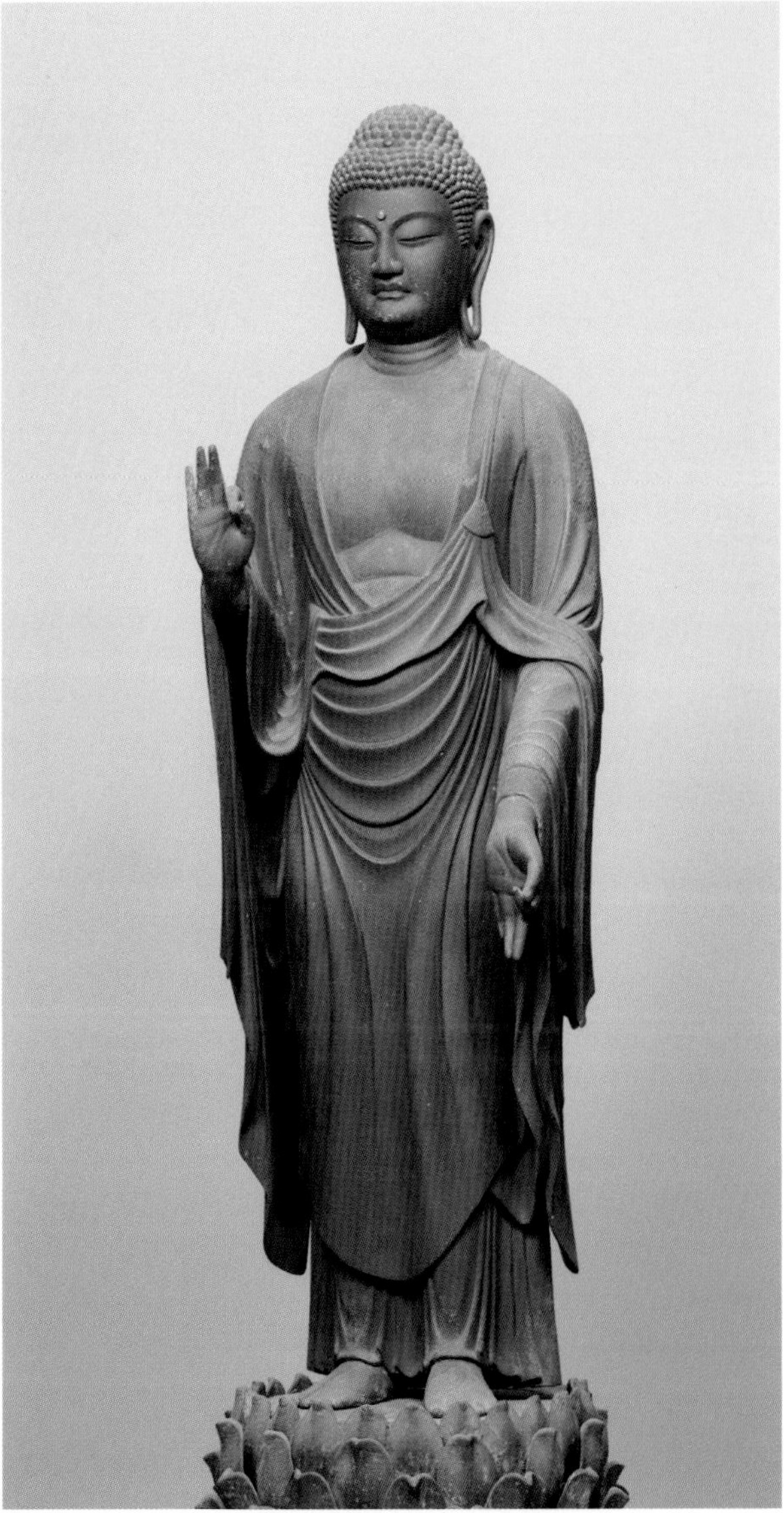

山添村西方寺旧境内収蔵庫安置・快慶作阿弥陀如来立像
写真提供:広瀬区(ブックカフェ)

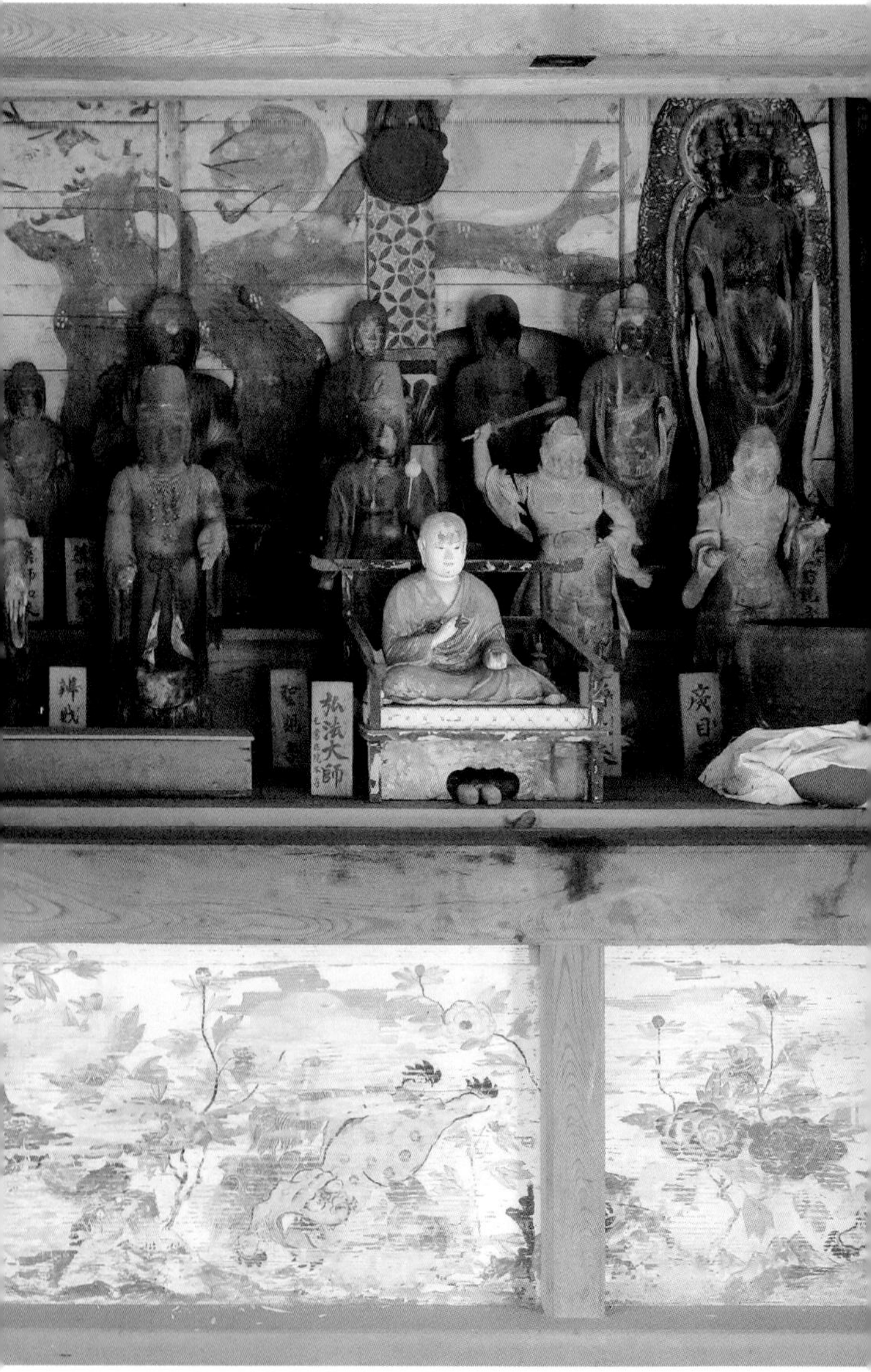

山添村薬音寺蔵・木造仏像群／写真提供:橋詰輝己

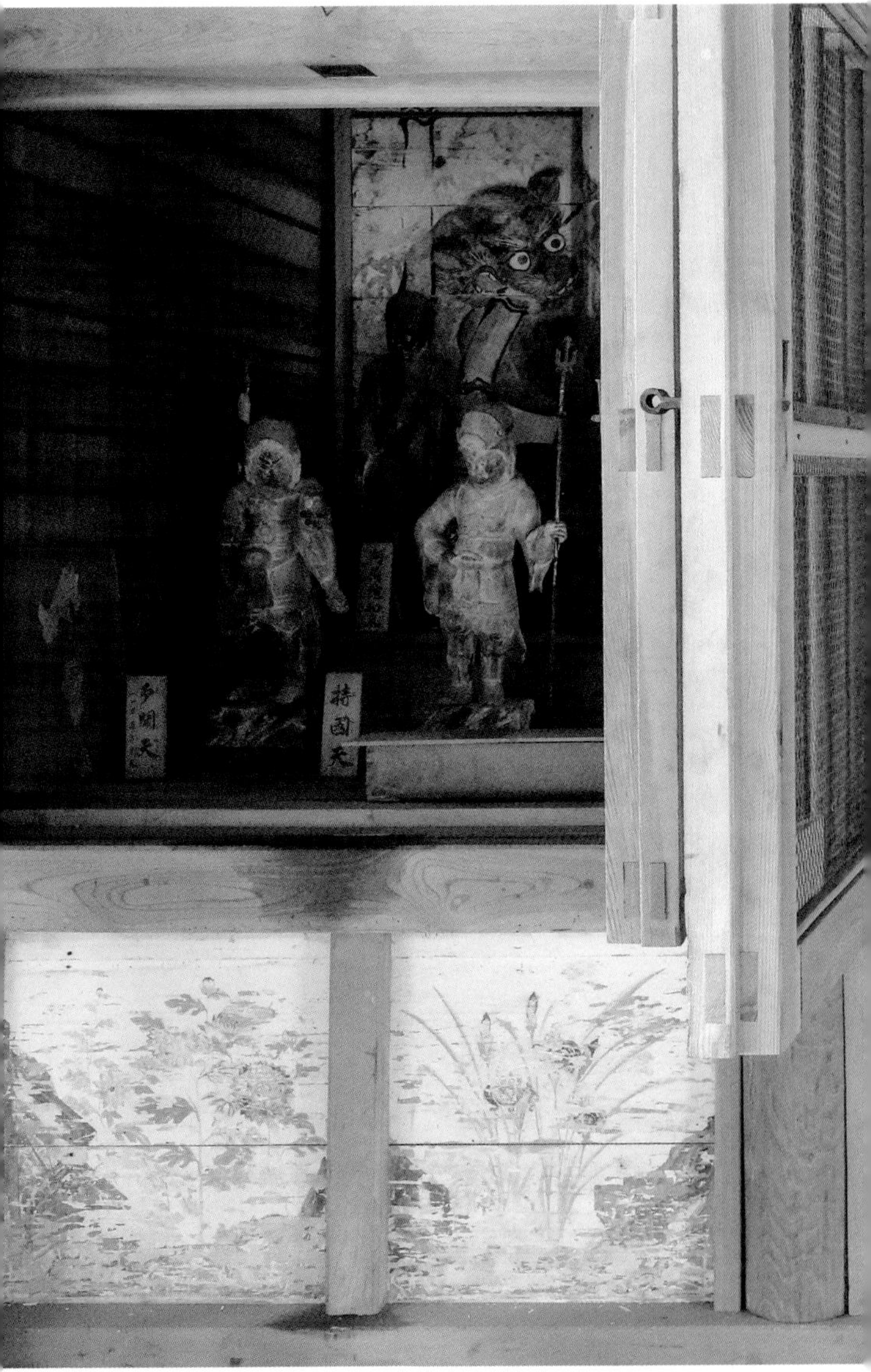

多聞天
持国天

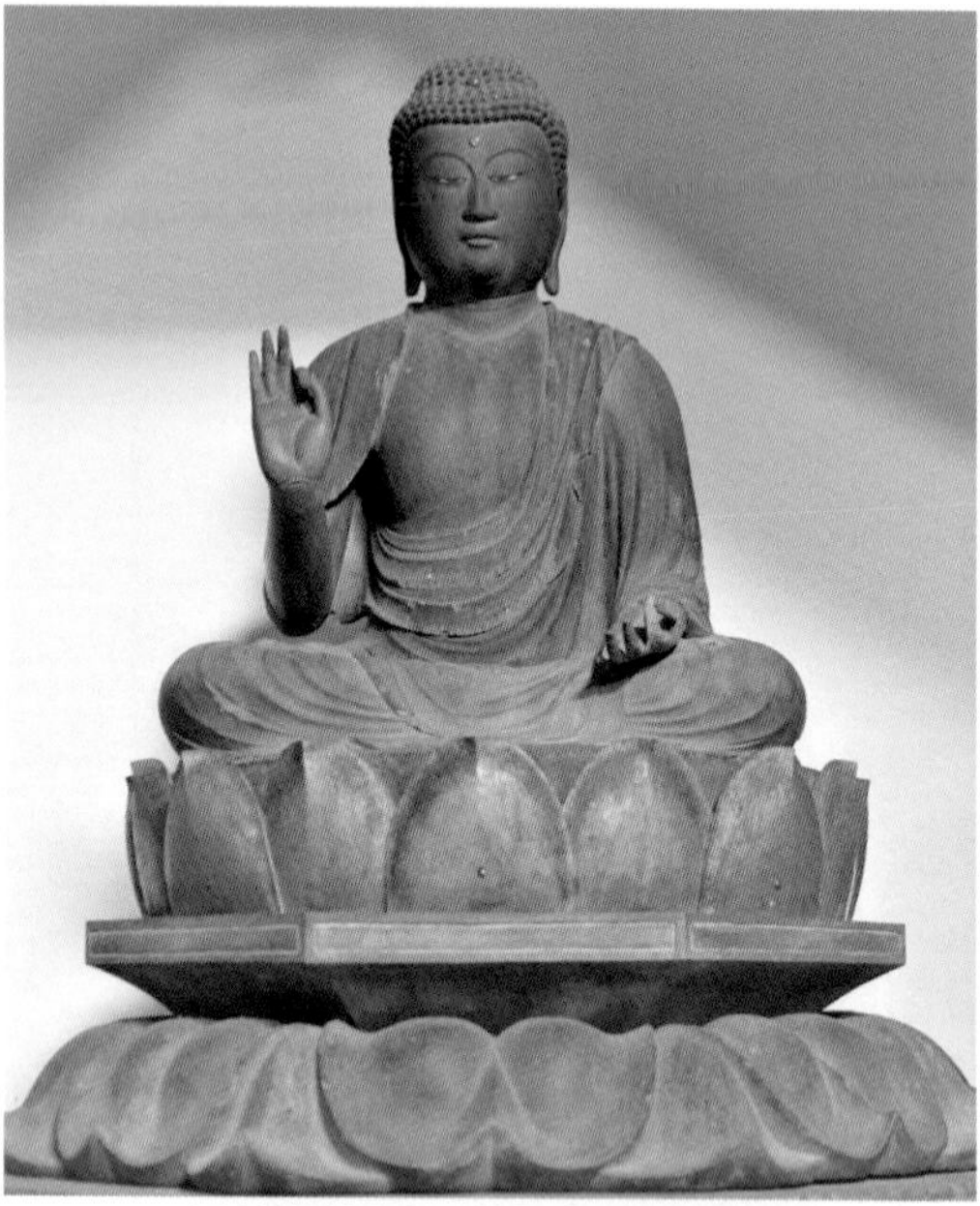

山添村腰越集会所安置・阿弥陀如来坐像

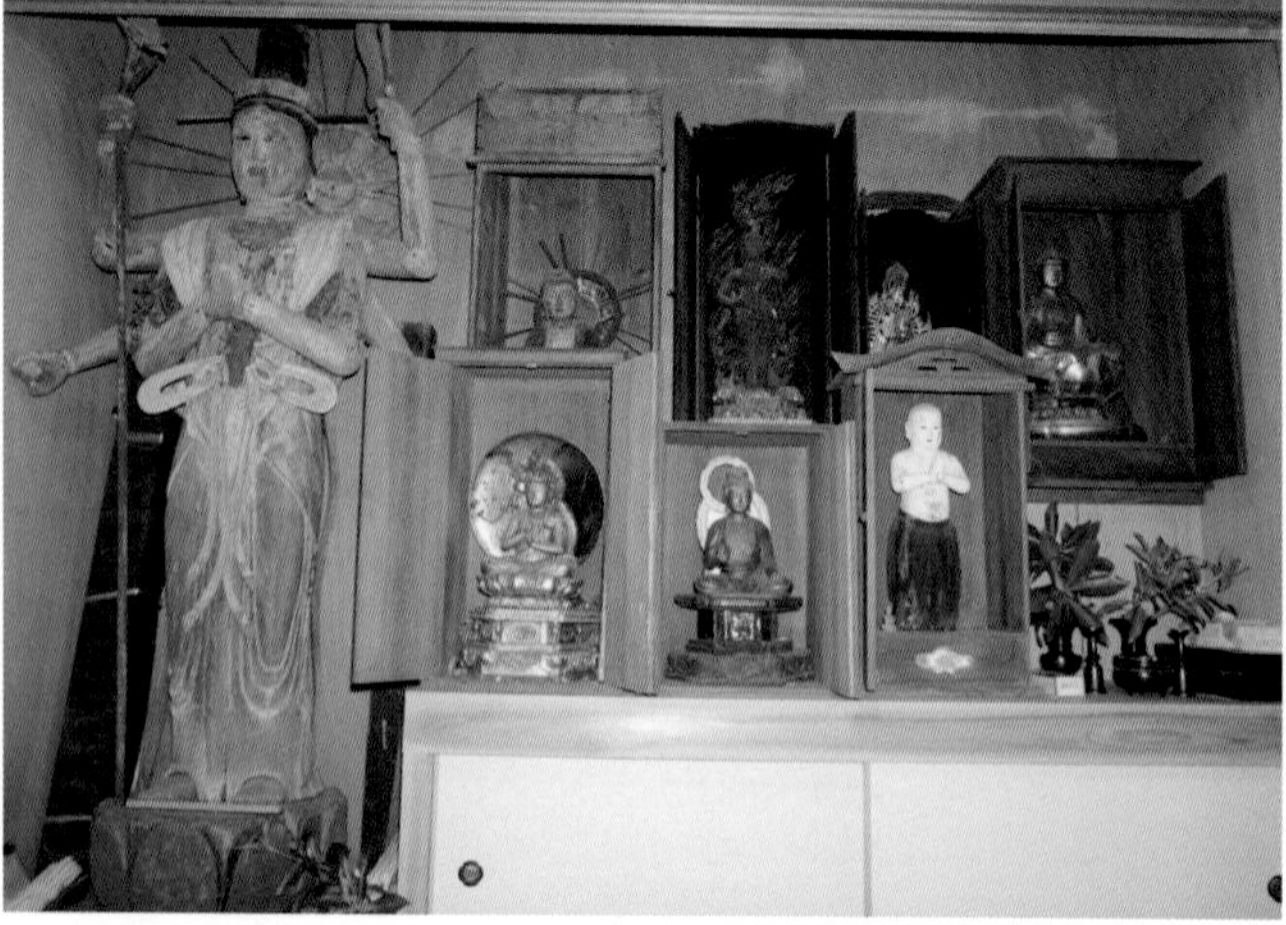

奈良市真性寺蔵・木造仏像群

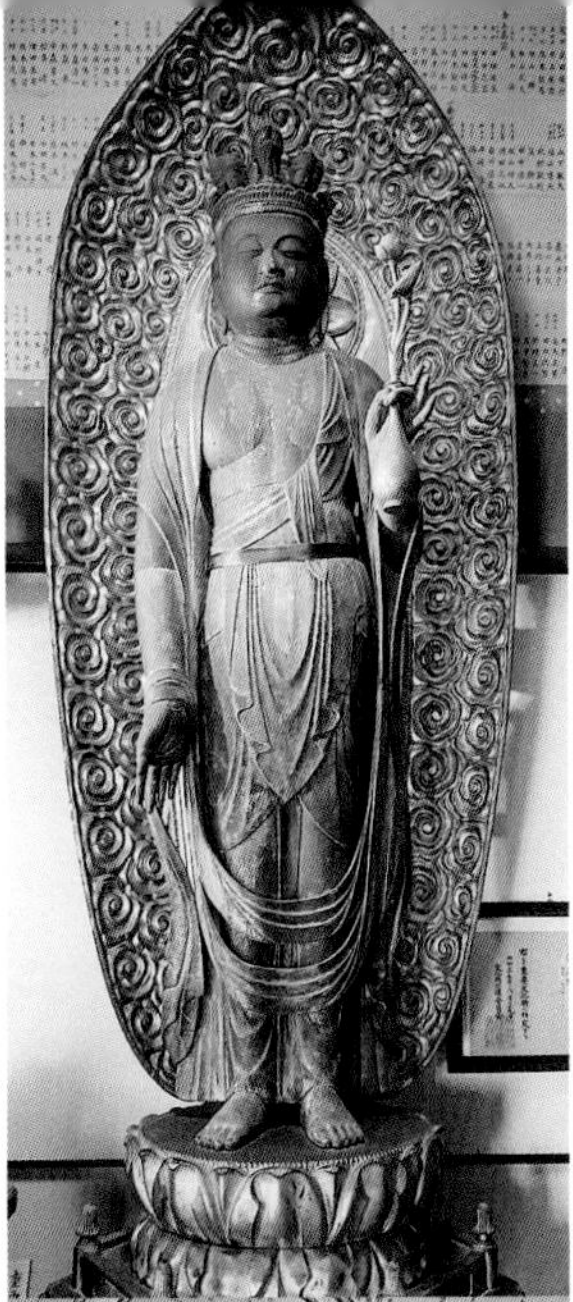

◀三重県弥勒寺蔵・十一面観音立像

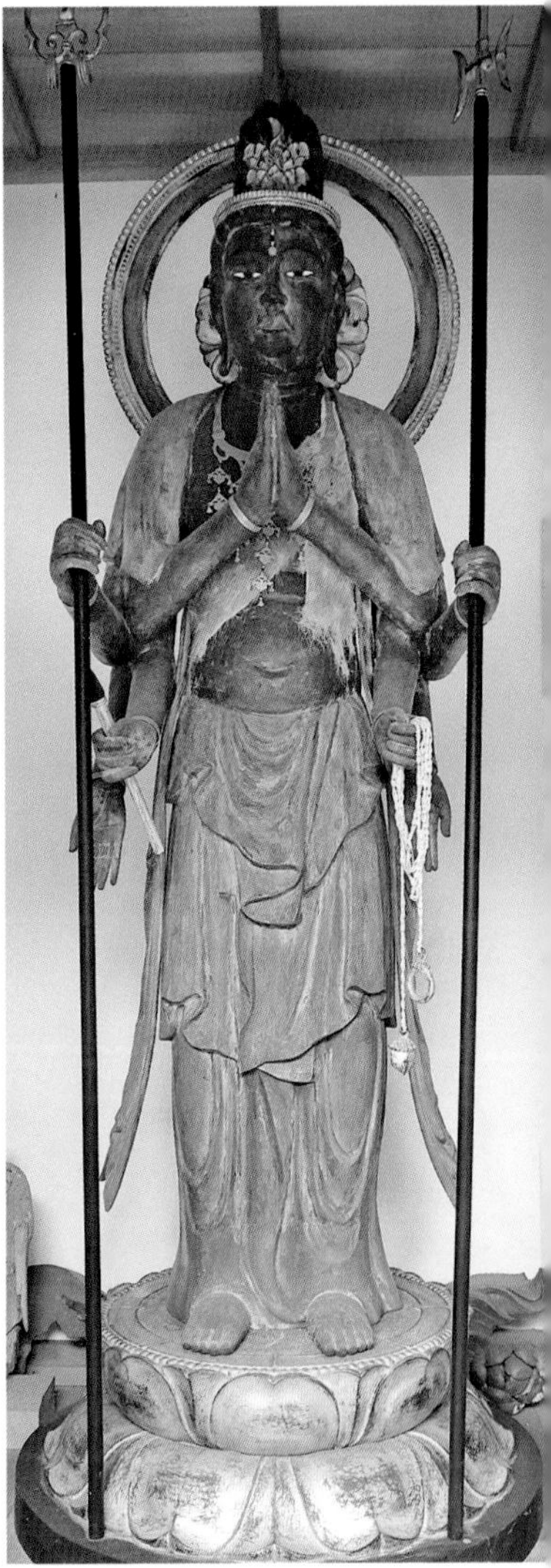

▲山添村腰越集会所安置・不空羂索観音立像

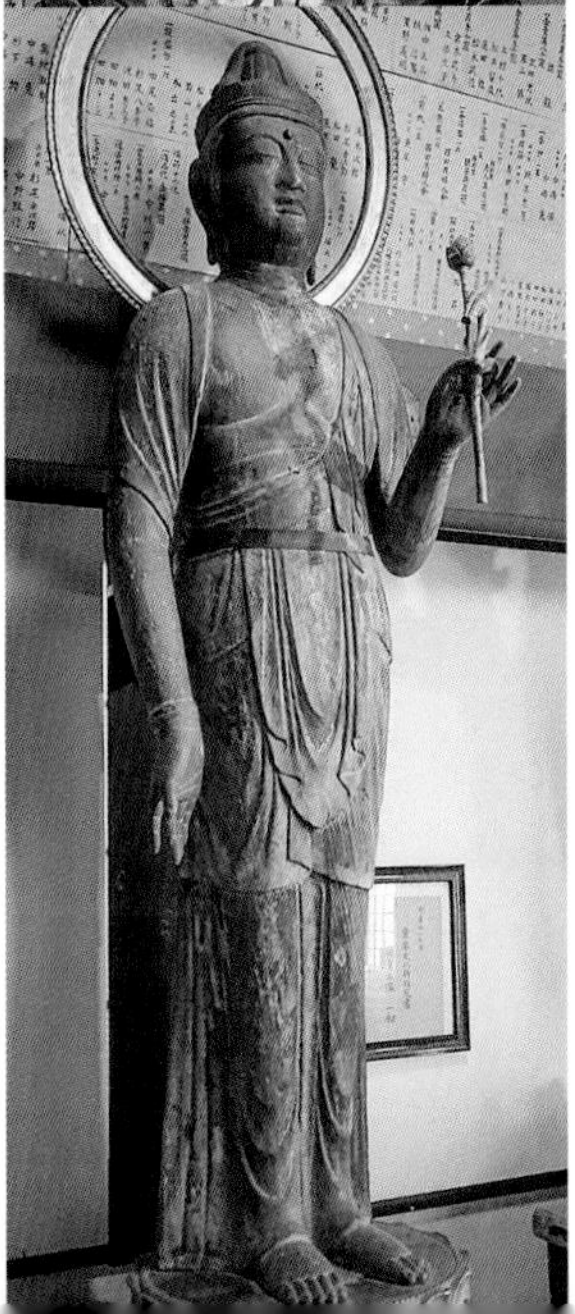

◀三重県弥勒寺蔵・聖観音菩薩立像

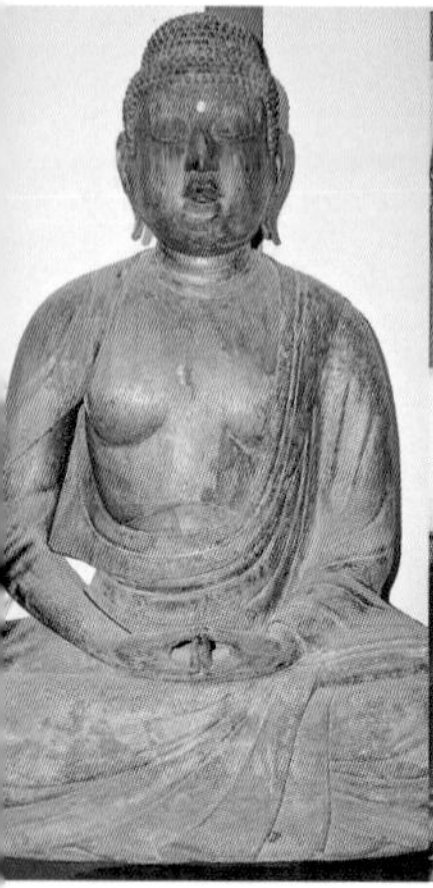

奈良市中墓寺蔵
阿弥陀如来坐像

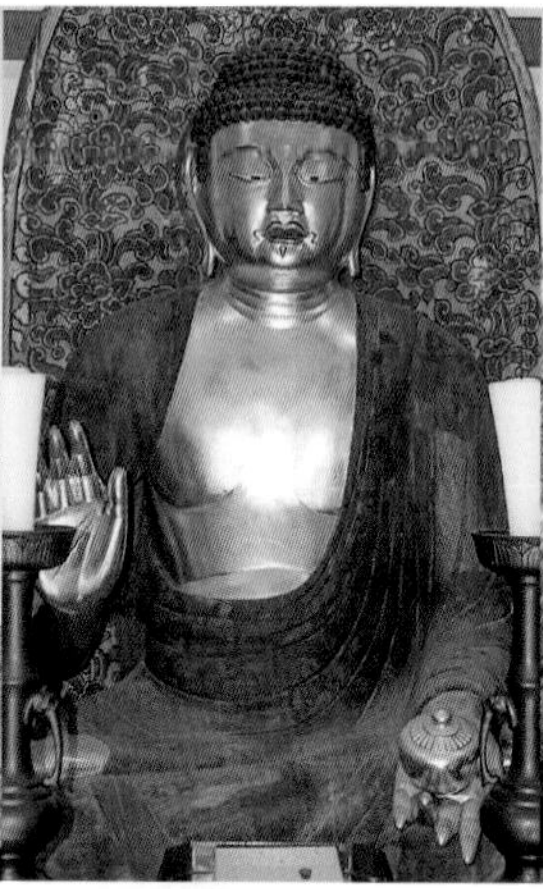

奈良市中墓寺蔵
薬師如来坐像

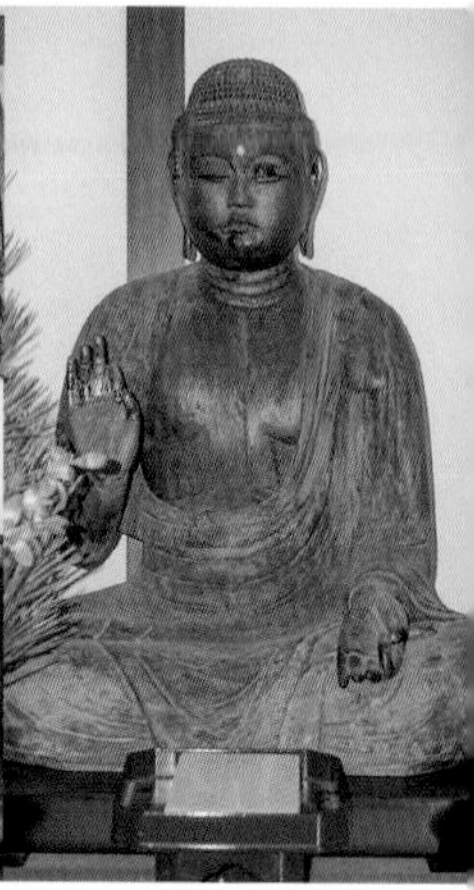

奈良市中墓寺蔵
阿弥陀如来坐像

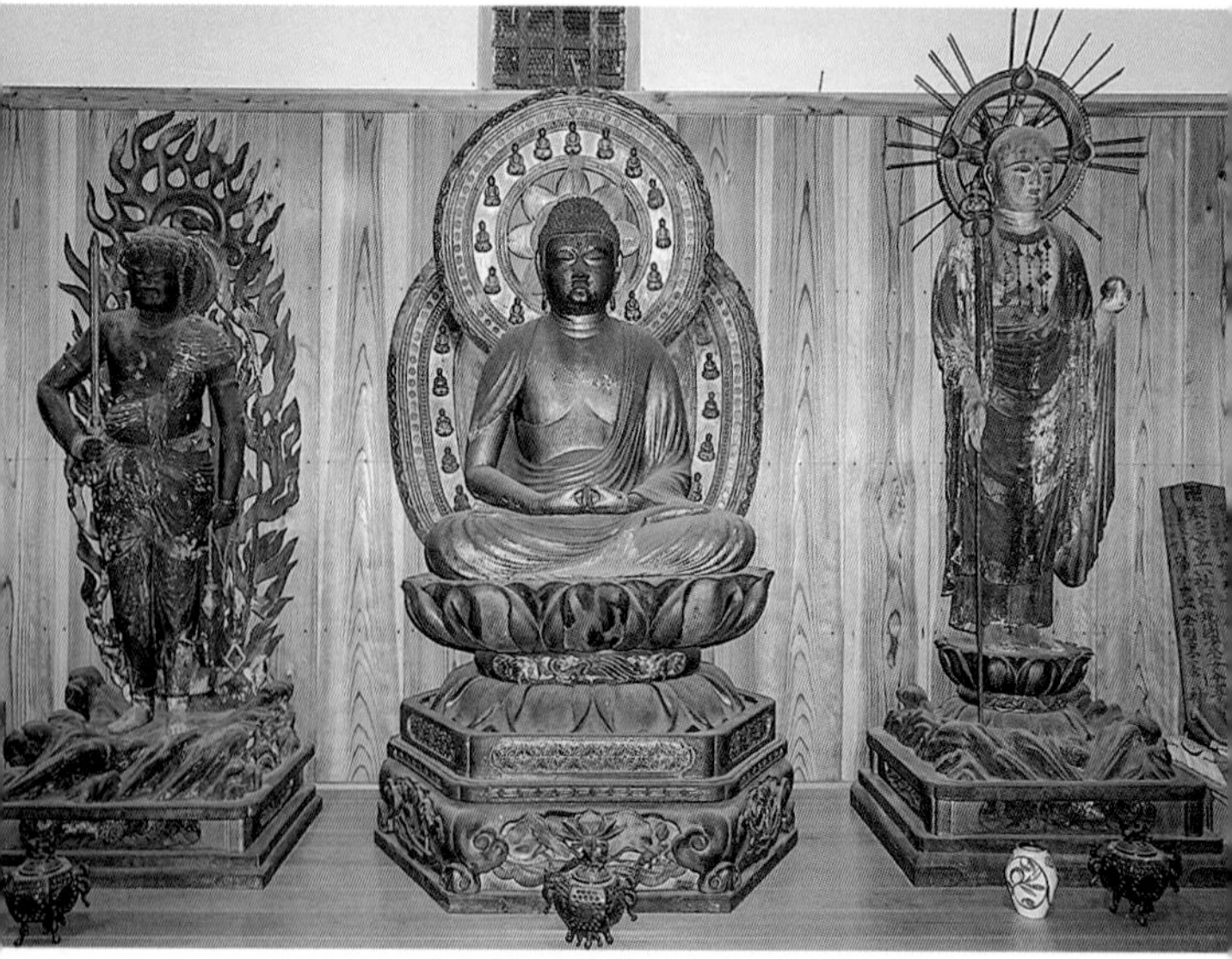

奈良市極楽寺蔵・三尊像

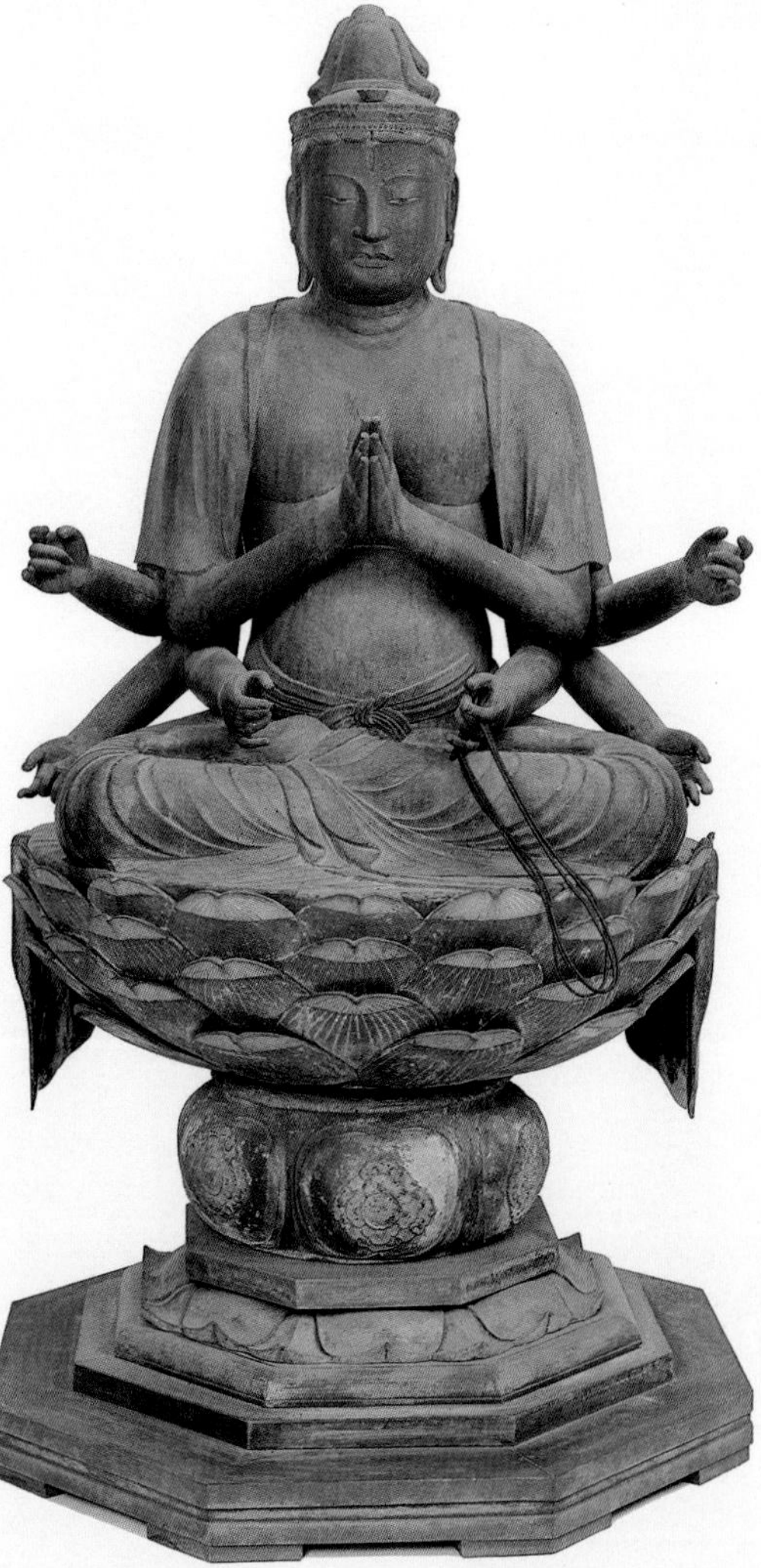

奈良市応現寺蔵・不空羂索観音坐像／写真提供:奈良市文化財課

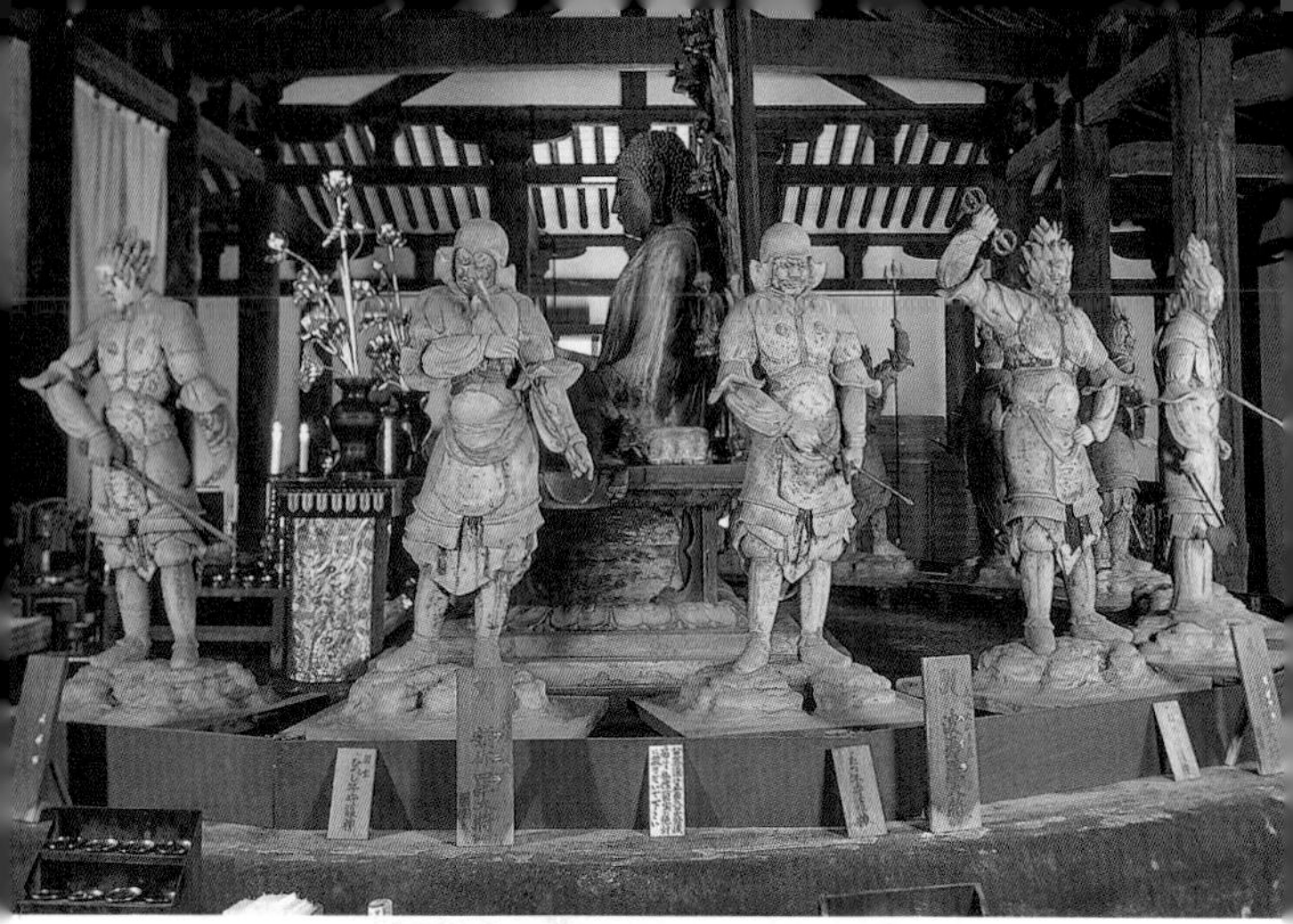

奈良市新薬師寺蔵・十二神将立像

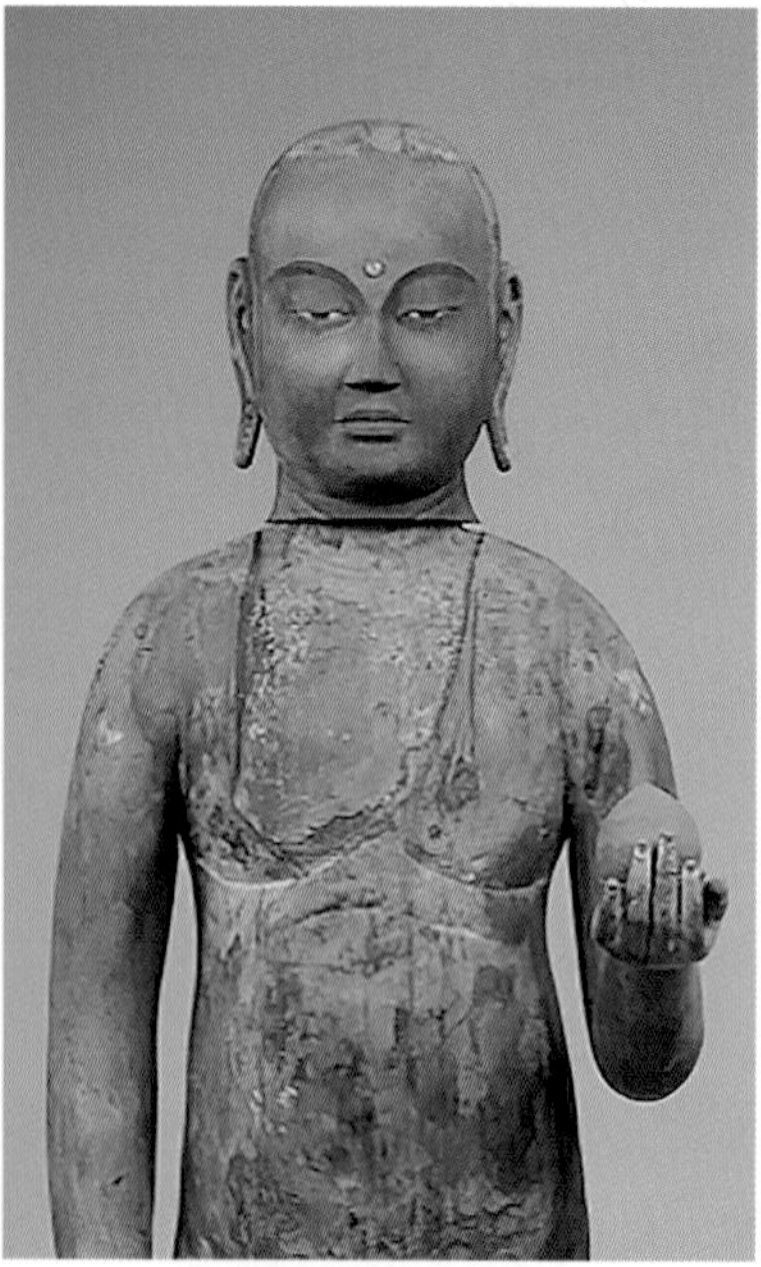

奈良市新薬師寺蔵・おたま地蔵尊像
写真提供:新薬師寺

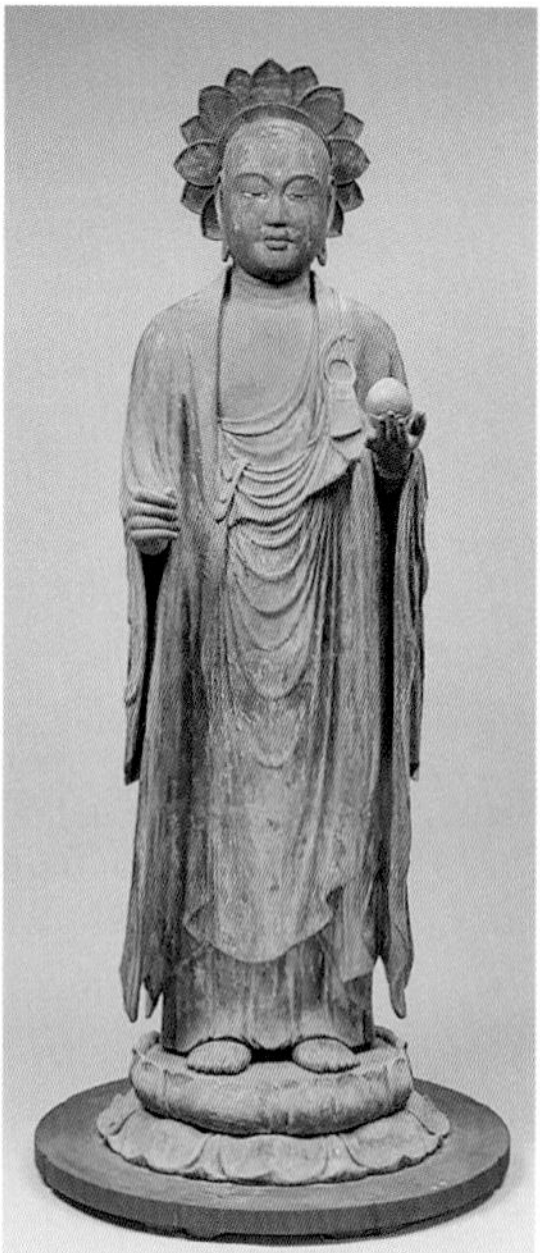

奈良市新薬師寺蔵・伝景清地蔵菩薩立像
写真提供:新薬師寺

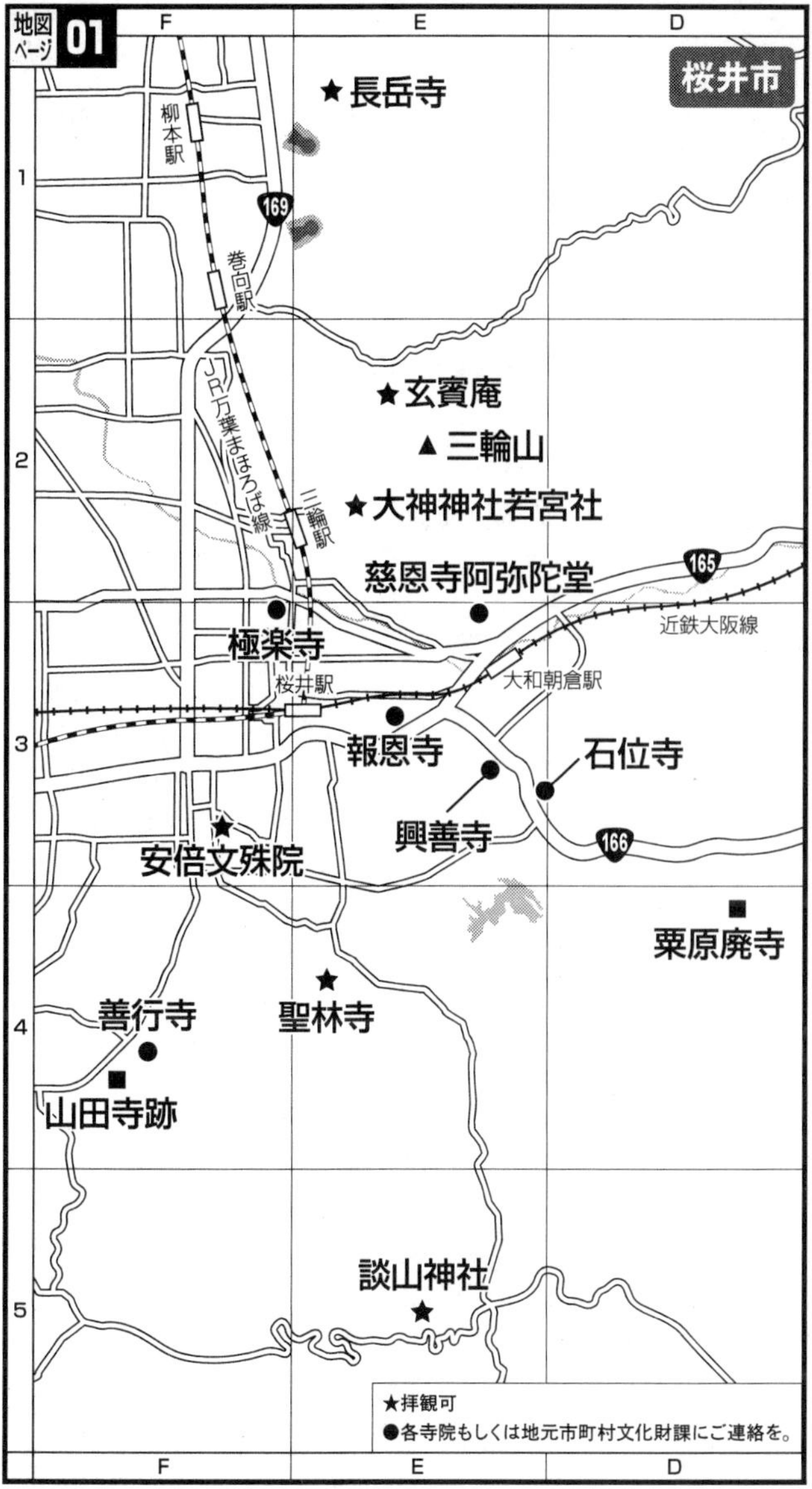
地図ページ 01
桜井市
F
E
D
1
2
3
4
5
長岳寺
柳本駅
169
巻向駅
JR万葉まほろば線
玄賓庵
三輪山
大神神社若宮社
三輪駅
慈恩寺阿弥陀堂
165
近鉄大阪線
極楽寺
桜井駅
大和朝倉駅
報恩寺
石位寺
興善寺
166
安倍文殊院
栗原廃寺
聖林寺
善行寺
山田寺跡
談山神社
★拝観可
●各寺院もしくは地元市町村文化財課にご連絡を。
F
E
D

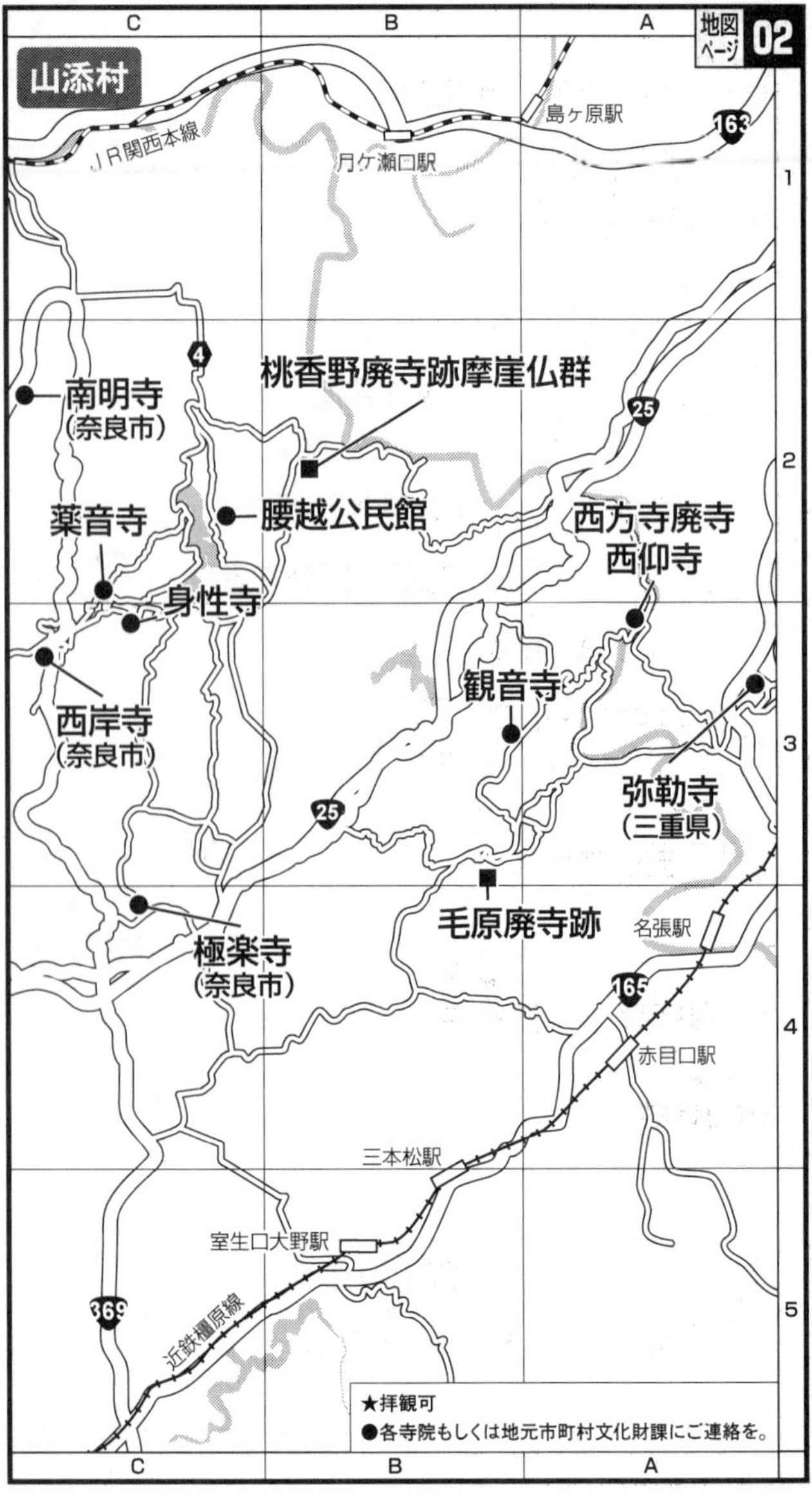
地図ページ
02
山添村
C
B
A
1
2
3
4
5
JR関西本線
月ヶ瀬口駅
島ヶ原駅
163
4
桃香野廃寺跡摩崖仏群
南明寺
(奈良市)
25
腰越公民館
薬音寺
身性寺
西方寺廃寺
西仰寺
観音寺
西岸寺
(奈良市)
弥勒寺
(三重県)
毛原廃寺跡
極楽寺
(奈良市)
名張駅
165
赤目口駅
三本松駅
室生口大野駅
369
近鉄橿原線
★拝観可
●各寺院もしくは地元市町村文化財課にご連絡を。

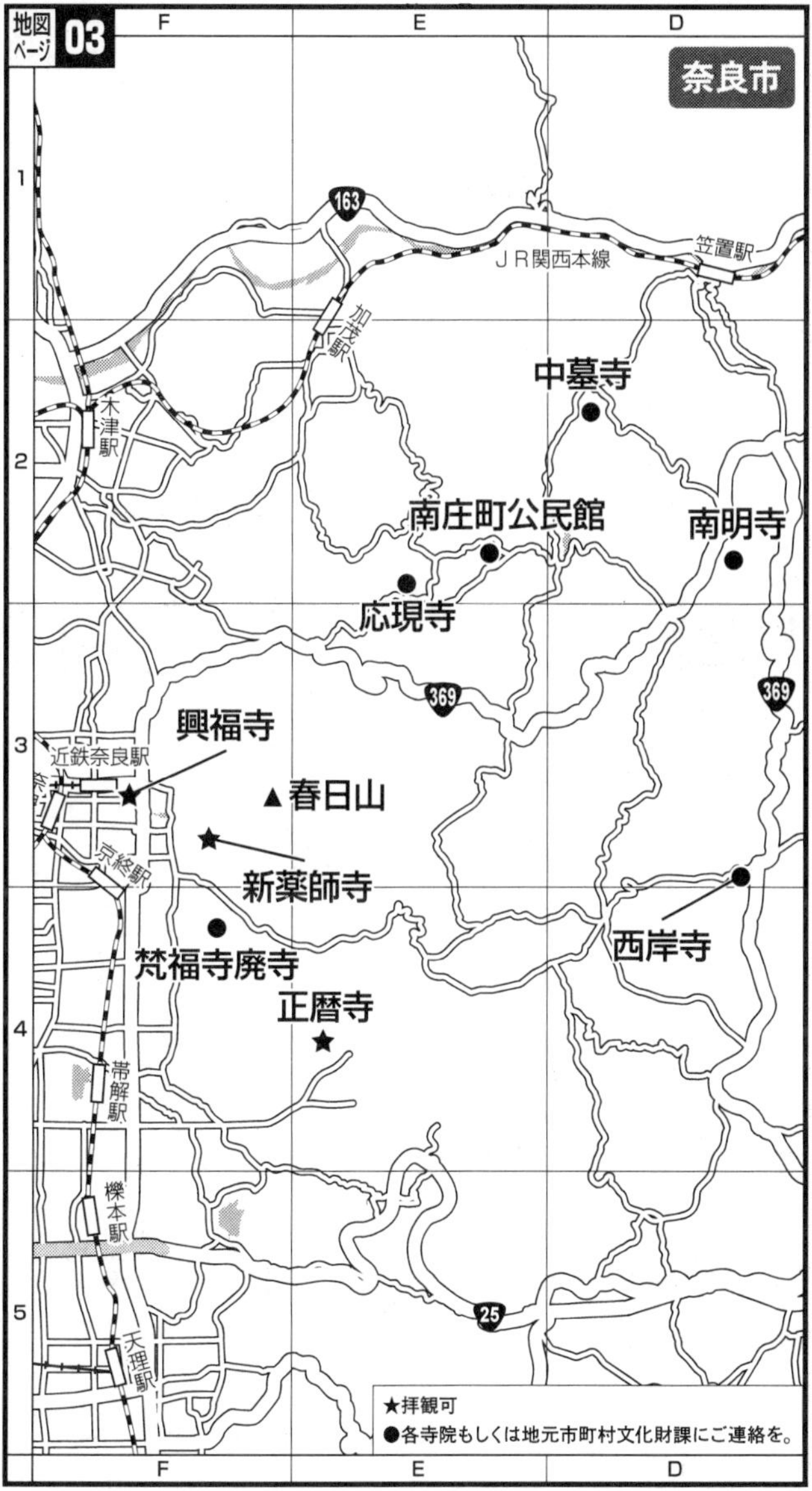
地図ページ 03
F
E
D
奈良市
1
2
3
4
5
163
笠置駅
ＪＲ関西本線
加茂駅
木津駅
中墓寺
南庄町公民館
南明寺
応現寺
369
369
興福寺
近鉄奈良駅
春日山
新薬師寺
京終駅
西岸寺
梵福寺廃寺
正暦寺
帯解駅
櫟本駅
25
天理駅
★拝観可
●各寺院もしくは地元市町村文化財課にご連絡を。

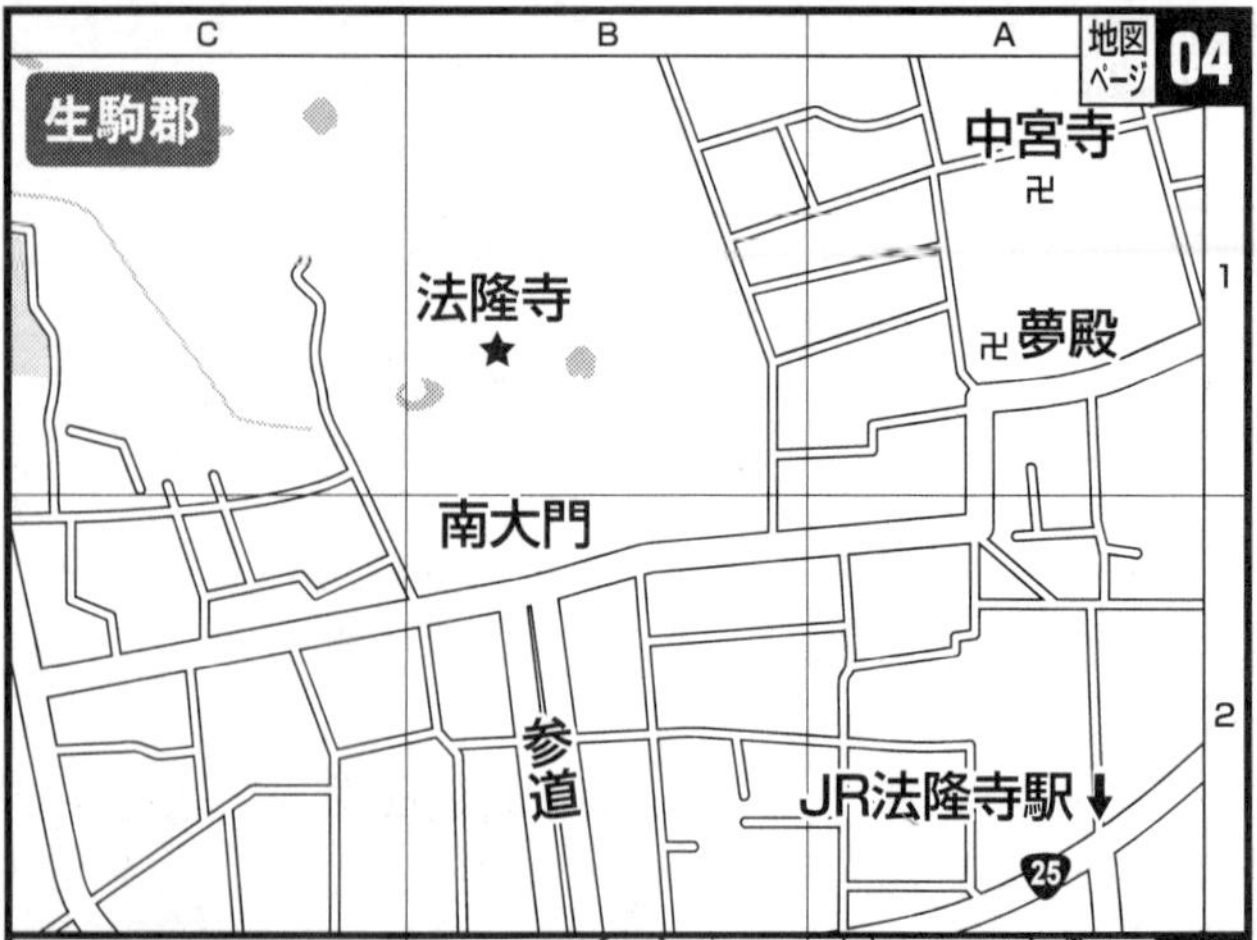
C
B
A
地図ページ
04
生駒郡
中宮寺
1
法隆寺
夢殿
南大門
2
参道
JR法隆寺駅
25

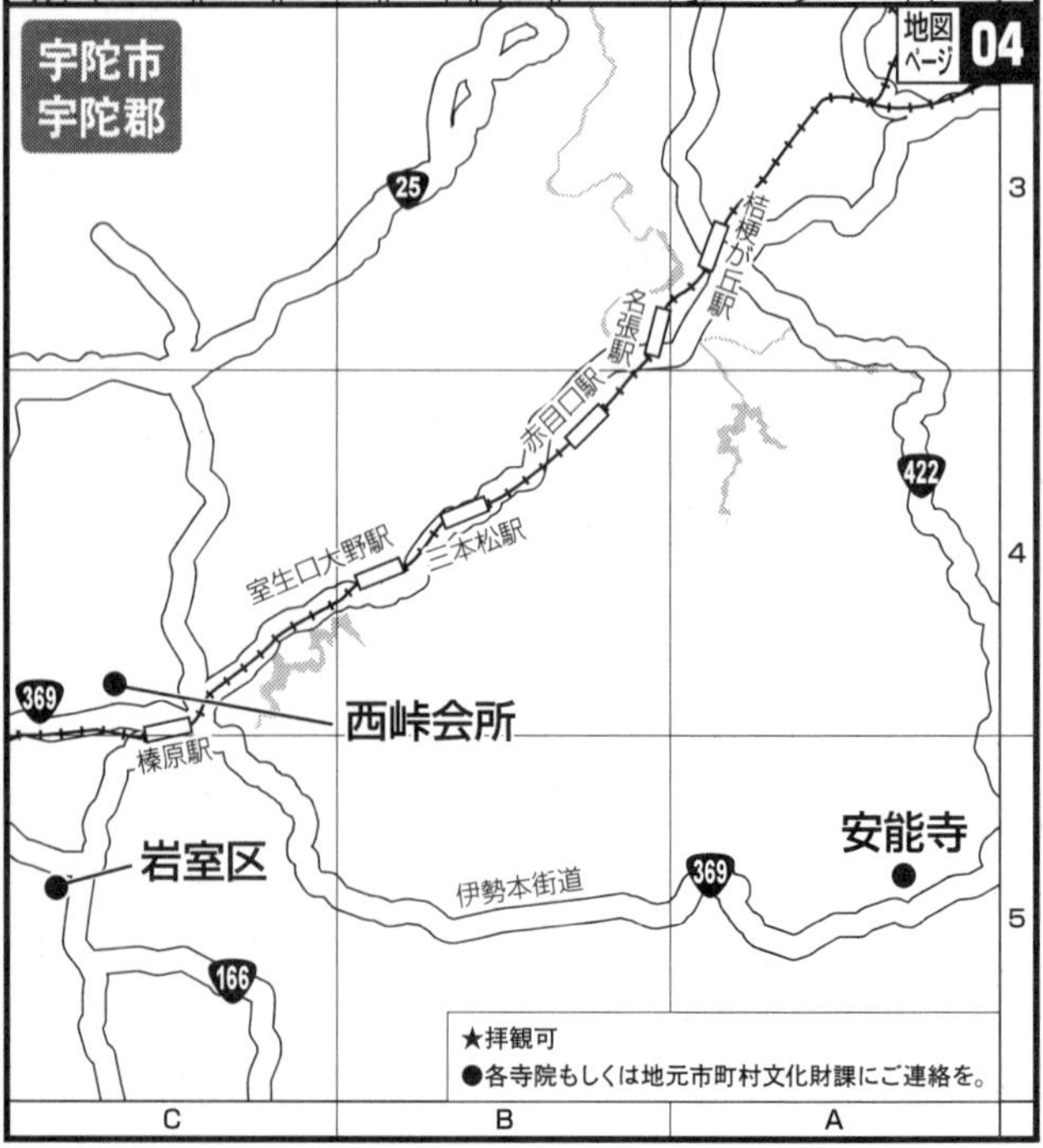
地図ページ
04
宇陀市
宇陀郡
25
3
桔梗が丘駅
名張駅
赤目口駅
422
三本松駅
4
室生口大野駅
369
西峠会所
榛原駅
安能寺
岩室区
伊勢本街道
369
5
166
★拝観可
●各寺院もしくは地元市町村文化財課にご連絡を。
C
B
A

はじめに

所属している「NPO法人・奈良まほろばソムリエの会」の保存継承グループが、二〇一七年から行っていた、奈良県指定の仏像や建造物などの現状調査に参加していました。

特に仏像に関心を寄せながらまわっていたのですが、山間部や僻地で無住の寺や公民館の収蔵庫にポツンと安置されている指定仏にしばしば出合い、感慨深いものがありました。過疎になるほどに高齢化が進み、今後の維持に不安を抱えている人たちの多さも知りました。廃寺の仏像ともなると、事態はさらに深刻です。

仏像は、信仰の対象、仏教教義の表現であることはもちろんですが、人々の悲喜こもごもの祈りを受けつつ、世情や争いを見てこられた、地域の歴史遺産でもあると思うのです。廃寺となっても、人々は知恵を絞り、時には命をかけて仏様だけは守ってこられたのでしょう。しかしながら若い住民が減少していく集落では、諸仏を次世代へいかに引き継いでいくべきか。今、厳しい問題に直面されています。

仏教美術や古代史の専門家ではありませんが、かつては奈良市の新薬師寺で先代住職の下で勤め、退職後は信貴山千手院で、在家ながら得度をしていただいた仏教徒です。しかも仏教伝来の地である奈良に住み、奈良の歴史やよもやま話を楽しみながら県下を巡ってきた者として、多くのドラマを背負った「廃寺の仏像」だけでも取り上げ、現状をまとめてみようと思い立ちました。

山間部ばかりに目を向けて資料を集めていた二〇一八年夏、奈良大学前副学長の関根俊一先生にご助言をいただく機会に恵まれ、桜井市の粟原寺などの格式高い廃寺の旧仏が、各所でお祀りされているとのことをお教えいただきました。そのご指導を機に、奈良県下の廃寺となった寺院の旧仏をつぶさに追い、読み物としてはもちろん、ひとまとめにした記録書になればと、県東部の桜井市、宇陀市、宇陀郡、山添村、奈良市東部から取材を始めました。

大半は明治初頭の神仏分離令による、廃仏毀釈のあおりを受けた仏像ですが、寺院の衰退や伽藍の焼失、寺院同士の権力争いの犠牲になったものなど、理由は様々です。国宝仏から、無造作に並べられた無指定の仏像群や秘仏にいたるまで、廃寺からの流出を余儀なくされながらも、篤い信仰に守られてきた仏様と、それらを守ってこられた人たちにお会いする度に感動を受けました。

本書を通じて、廃寺となった寺院の諸仏の軌跡とお姿を楽しんでいただければ幸いです。　合掌

二〇二〇年五月

小倉 つき子

目次

宇陀市と宇陀郡

山添村

奈良市東部地域

桜井市

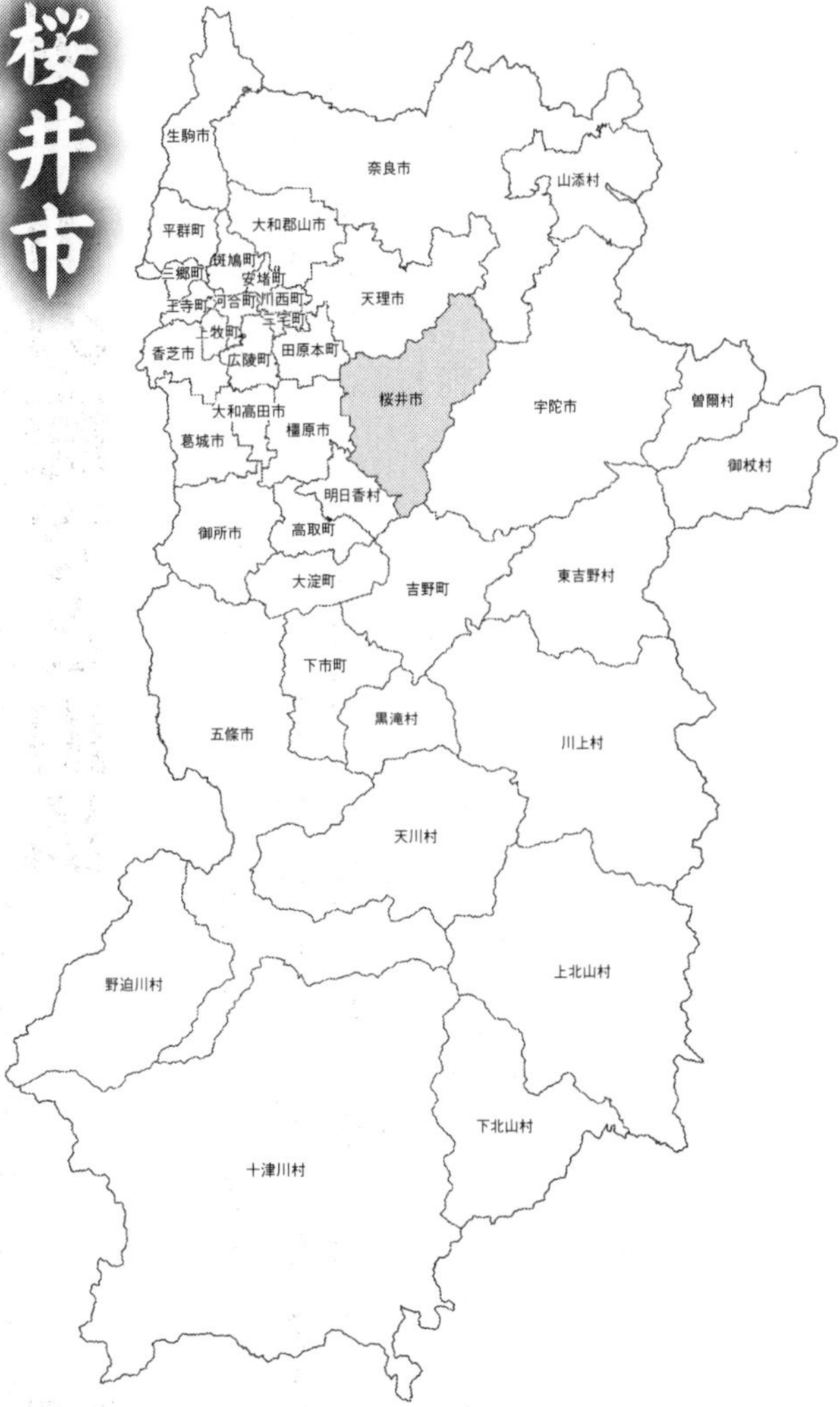
生駒市
奈良市
山添村
平群町
大和郡山市
斑鳩町
三郷町
安堵町
王寺町
河合町
川西町
三宅町
上牧町
天理市
香芝市
広陵町
田原本町
桜井市
宇陀市
曽爾村
御杖村
大和高田市
橿原市
葛城市
明日香村
御所市
高取町
大淀町
吉野町
東吉野村
下市町
黒滝村
五條市
川上村
天川村
野迫川村
上北山村
下北山村
十津川村

桜井市の廃寺と旧仏

地図ページ 01

桜井市には、三世紀初めに大集落が形成された纒向《まきむく》遺跡や、纒向型前方後円墳と呼ばれる古墳群が存在している。三輪山を神山とする日本最古の神社大神《おおみわ》神社がある。金屋の河川敷のあたりには、欽明《きんめい》天皇の時代に、百済（いまの韓国西部）からの使節が仏教を伝えた「佛教伝来之地」がある。

六世紀末、第三十三代推古天皇が飛鳥の地に都を遷すまでの、およそ四〇〇年にわたる我が国の国家成立の舞台となった地であり、古代からの貴重な歴史的遺産が点在している地域が桜井市である。

本書では、確認されている多くの廃寺のうち、東部に位置する著名な粟原寺、妙楽寺、大御輪寺そして山田寺の旧仏を追って取材した。

■栗原廃寺の旧仏と伝わる諸像

栗原寺《おうばらでら》は桜井市の東南、栗原集落（大字栗原）丘陵地の斜面を造成し、建てられた寺院と思われる。創建は七世紀末というが、現在は塔跡などの礎石だけが残る廃寺である。発掘調査は行われておらず、伽藍配置は不明。塔跡の東側にも礎石が並べられているが、現在十三重石塔が建っているあたりから移動されたものという。塔跡の西に金堂跡と推定される数個の礎石がある。

塔跡の付近には寛政一〇年（一七九八）の石碑や安政年間の役行者石像などがあるが、徳川時代に寺が存続していたかどうかはわからない。栗原寺がいつ頃廃寺となっていったのかは不明である。

この跡地一帯が、「栗原寺跡」として明治三五年（一九〇二）、国の史跡に指定された。出土された瓦は橿原市の本薬師寺跡（七世紀末創建）のものと時代が近いといわれている。

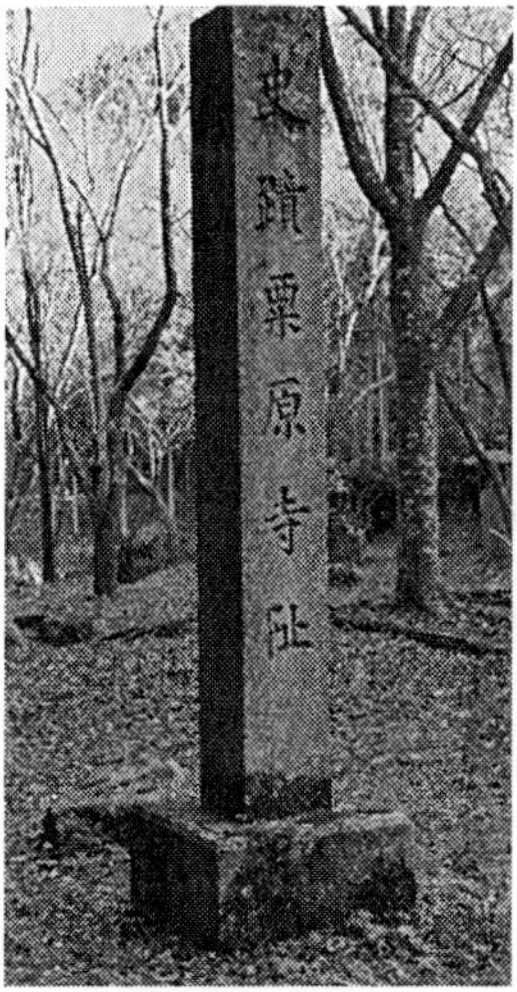

栗原寺跡の碑

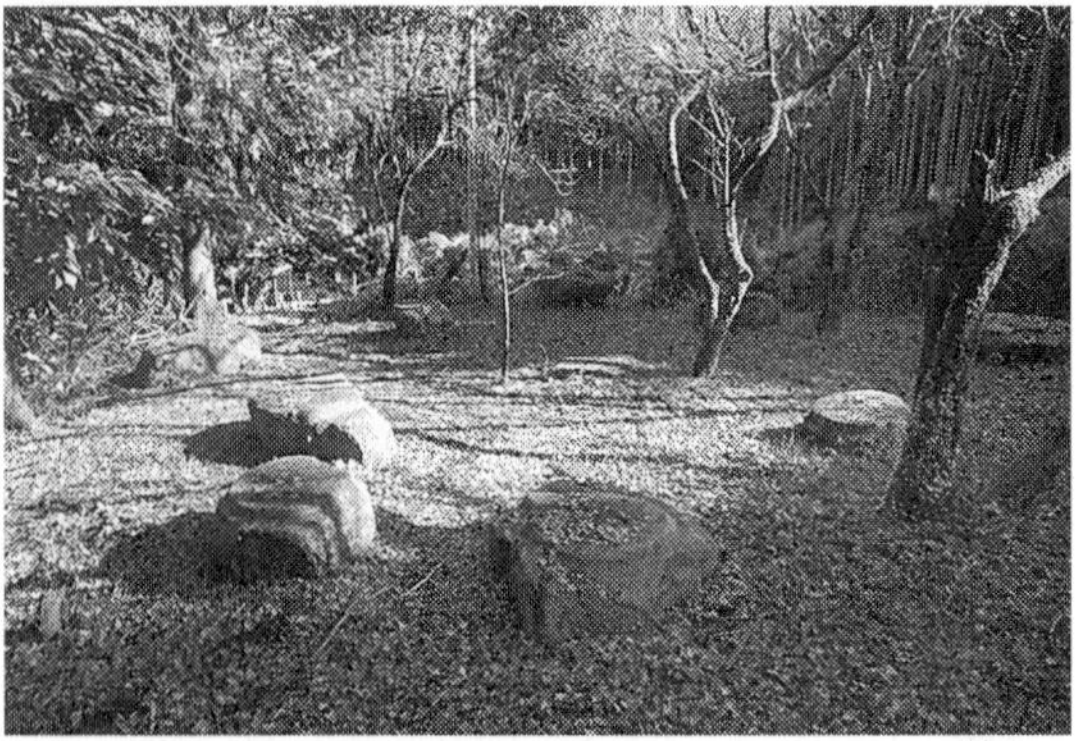

粟原寺跡の礎石

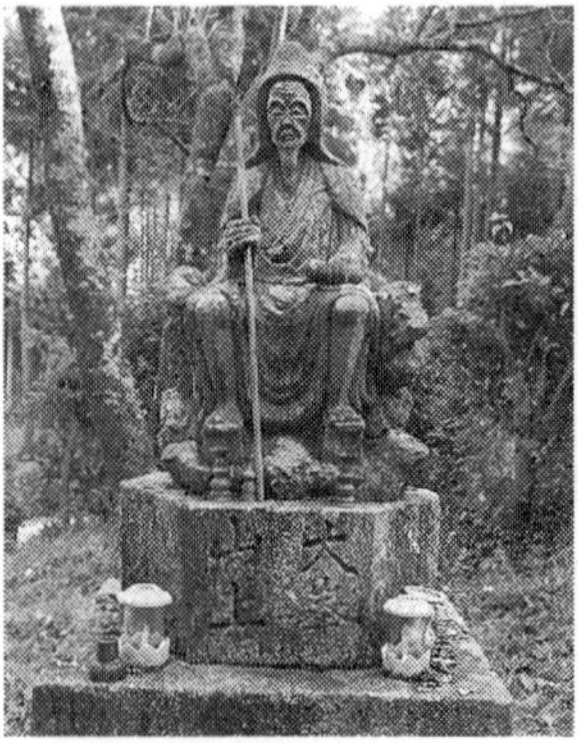

粟原寺跡の役行者石像

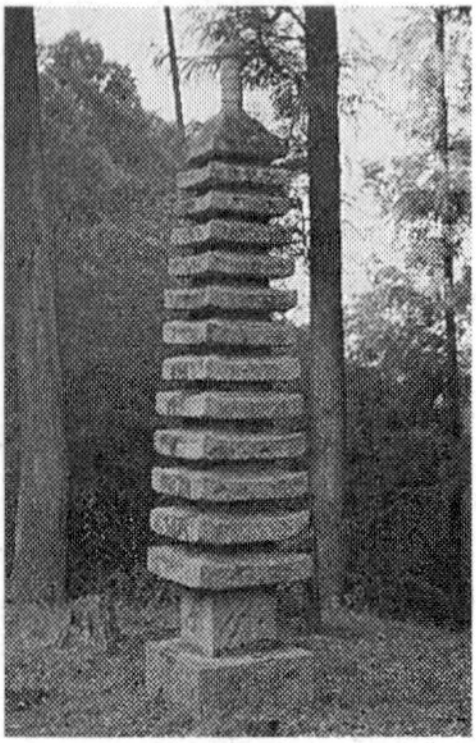

十三重の石塔

由緒を刻む「粟原寺三重塔伏鉢」が談山神社（旧多武峰妙楽寺）に

江戸時代中期、多武峰妙楽寺《とうのみねみょうらくじ》（現談山《たんざん》神社）の宝庫から、粟原寺三重塔露盤の伏鉢《ふくばち》が発見された（伏鉢とは、仏塔の上部にある相輪の一部）。高さ約三五cm、底径約七六cmのどんぶり鉢をひっくり返したような形をしている。鋳銅製で鍍金がよく残っており、そこに刻まれている十五行にわたる銘文がはっきりと読み取れるため、塔建立の経緯が知ることができる。飛鳥時代の貴重な金石文資料として国宝に指定されている。（現在、談山神社宝物・奈良国立博物館に寄託）

この銘文を訓読すると、

「寺壱院、四至、東は竹原谷の東岑《しん》を限りとし、南は大岑を限りとし、西は樫村谷の西岑を限りとし、北は忍坂川を限りとす。

此の粟原寺は中臣朝臣大嶋《なかとみのあそんおおしま》がつつしみて誓願し、大倭国浄美原宮治天下天皇《おおやまときよみはらのみやにあめのしたしろしめししすめらみこと》の時《おんとき》、日並御宇東宮《ひなめしのもうけのきみ》の御為《おんため》、敬《つつ》しみて伽藍を造ると之尓《しかいう》。故《か》れ比売朝臣額田《ひめのあそんぬかた》、甲午の年を以《も》ち始め、和銅八年に至る合わせて二二年の中、敬しみて伽藍を造る。而して金堂を造り、仍《よ》って釈迦丈六尊像を造る。

和銅八年四月、敬しみて以ちて三重宝塔に七科《しな》の露盤を進め上《たてまつ》る。

仰ぎ願くは此の功徳を籍《か》りて、皇太子の神霊、速やかに無上菩提果を証せんことを。
願くは七世の先霊共に彼岸に登り、願くは大嶋大夫、必ず仏果を得、願くは含識に及び□に正覚を成ぜんことを」(『桜井町史』)とある。

以上を要約すると、

最初に寺の四至(境域)が示される。続く銘文では、仲臣朝臣大嶋が草壁皇子《くさかべのみこ》(天武天皇と持統天皇の男子で、皇太子のまま薨じた)をしのび、この寺を発願したとあり、大嶋の死後は比賣朝臣額田《ひめのあそんぬかた》が引き継ぎ、足掛け二二年を要して造営を続けた。金堂を造り、丈六の釈迦仏像を安置し、和銅八年(七一五)に三重塔が完成した、という内容である。最後は、この功徳により草壁皇子や大嶋が「仏果を得ること」すなわち極楽浄

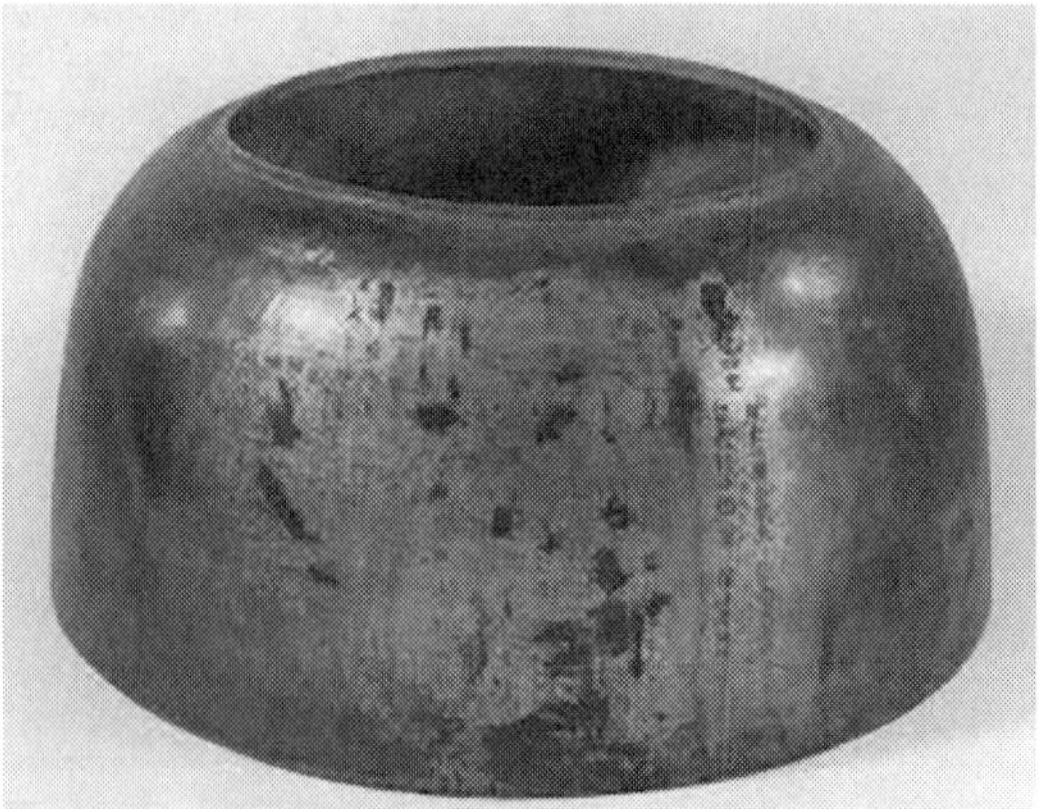

談山神社蔵(奈良国立博物館に寄託) 国宝、粟原寺三重塔伏鉢
飛鳥時代/写真提供・談山神社

土への到達を願う文で結ばれている。

仲臣朝臣大嶋とは天武天皇を支えた重臣、『古事記』の元となった『帝紀』（天皇の系譜等を記した書物）の成立に関わった教養人で、中臣鎌足公のいとこの子に当たるといわれる。

一方、造営を引き継いだ比賣朝臣額田は謎の人物。一説には天武と天智両天皇に愛されたと伝わる有名な万葉歌人、額田王《ぬかたのおおきみ》であり、大嶋は額田王の晩年の夫ではないだろうかという説もあるが、確証を欠く。

余談だが、文武天皇四年（七〇〇）、遣唐使僧・道昭が没した際、この粟原寺で火葬されたという。わが国の火葬のはじまりである（『続日本紀』）。

伝説の「粟原流れ」で仏像が漂流？

昔は粟原には粟原川と初瀬川が流れており、ともに水量の多い川だったという。徳川時代末頃、この地方に山崩れをともなう大洪水があり、粟原寺が一瞬にして押し流されたことを「粟原流れ」と伝えられている。このとき、多くの仏像も流され、拾い上げられて近くの寺に納められたという伝承がある。しかしながら激流の中を、木彫の仏像が無事に流れ得たとは思えない。

いつのころからか寺運が衰え、仏像や什器が地理的に便利な赤尾や忍阪《おっさか》、外山《とび》などの集落に流出したのではないだろうか。これらの事情も含めて「粟原流れ」の仏像としているのかもしれない。国や県の文化財指定を受けている仏像が多いのは、粟原寺の寺格の高さを示している。ただし、粟原寺の流出仏と伝わる諸仏は、すべて口伝であり確たる裏付けがあるわけではない。

◇粟原廃寺旧仏とされる仏像を多数安置していた、興善寺

桜井市を流れる寺川の支流で、国道一六六号線に沿って流れる粟原川。「粟原流れ」の言い伝えとなった川である。粟原川を隔てて、東が忍阪、西が赤尾に分かれる。

赤尾の集落内にある神社が忍坂山口坐神社《おしさかやまぐちにいますじんじゃ》で、延喜式祝詞に記される大和国内の山口社六社（飛鳥・石寸・忍坂・長谷・畝火・耳無）のうちの一社である。この忍坂山口坐神社の神宮寺であったのが白雲山・興善寺（こうぜんじ＝光善寺とも記す）で、昔は規模の大きな寺であったらしく、同神社付近の観音堂もその境内であった（『桜井町史』）。村人の深い信仰により守られてきたが、建物の損傷がひどくなり、平成二一年（二〇〇九）に建て替えられた。

興善寺にはかつて粟原寺の旧仏が多数安置されていた。しかしながら興善寺も衰退していくなか、現在安置の毘沙門天（多聞天）立像と薬師如来坐像を除いて、忍阪の石位寺《いしいでら》に遷された。さらに三転してこれらの仏像の多くが大正六年に長野県保科《ほしな》の清水寺《せいすいじ》に渡った（本書清水寺の項50～61ページ参照）。

『桜井町史』によるとその時の目録は次の通りである。

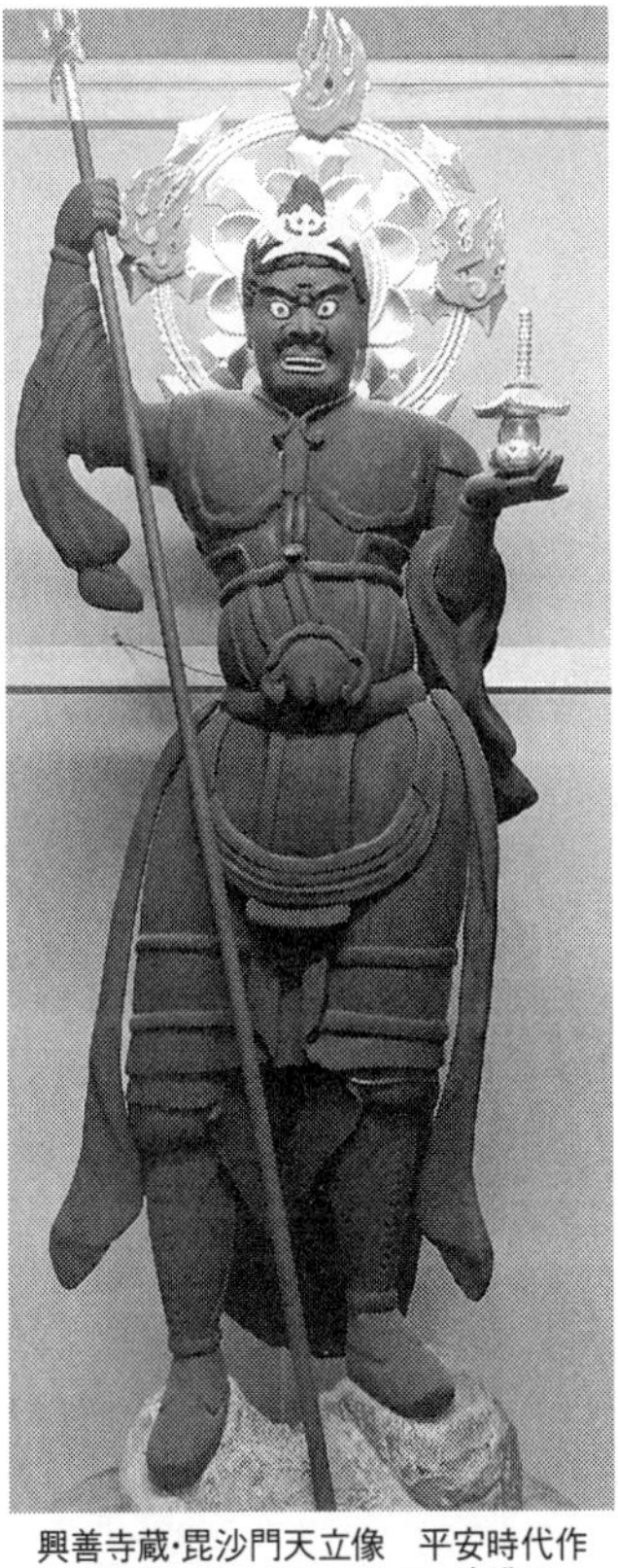

興善寺蔵・毘沙門天立像　平安時代作
像高約132㎝・クスノキの一木造り

「地蔵菩薩立像（五尺五寸）、観音立像（五尺五寸）、千手観音坐像（四尺六寸）、多聞天立像（五尺）、広目天（五尺）、大日如来坐像（二尺六寸）、大日如来立像（五尺五寸）＝以上元興善寺安置の分。光背蓮座ほとんど完備。十二神将立像十二軀（八寸及至九寸）＝元石位寺安置の分」と記されている。

興善寺に残った、毘沙門天立像と薬師如来坐像

多数安置されていた粟原寺伝来とされる仏像のうち、毘沙門天立像と薬師如来坐像だけが残された。毘沙門天立像は平安時代の作で、像高約一三二㎝のクスノキの一木造り。素朴な作柄だが、修復により本来の様相がわからなくなっている。

薬師如来坐像は、平安時代中期に制作された像高約八三㎝のクスノキの一木作り。虫害が甚しく、両手が補修されている。左手の肘裏に修復の際の墨書銘があり、像を釈迦仏としている。いつの頃からか、薬壺をもち薬師如来像として信仰されるようになった。

◇名品三軀が、新たに見つかる！

興善寺の堂内に赤茶けたモノクロ写真三枚が、飾られている。向かって左から増長天像、薬師如来像、持国天像の順で一つの額に納められている。奈良国立博物館の山口隆介主任研究員が二〇一九年夏に興善寺を訪れた際、この三枚の写真に目がとまった。

粟原寺伝来とされる仏像を多く所蔵していた興善寺だが、ほとんどの仏像を石位寺に遷したようで、現在、興善寺に残っているのは毘沙門天像と薬師如来像だけである。だが、写真の三軀についてはいつ、どこに移ったかわからないままであったのを、山口氏が見覚えのあるその姿から、行方の追跡、確認作業を進められたのだ。

前職の鎌倉国宝館にて、戦前に撮影された館内の写真に写っている薬師如来像に興味を抱いていた山口氏は、戦前の『庶務日誌』を手がかりに薬師如来像の伝来を追っていた。

山口氏は「昭和二年（一九二七）以前に奈良の古美術商が所有し（持国天・増長天像も同様か）、昭和十五年（一九四〇）以前には三軀揃って大阪の古美術収集家の所蔵に替わり、翌十六年に三軀は大阪市立美術館に出陳されていました。その後、薬師如来像は鎌倉国宝館に移されたのですが、

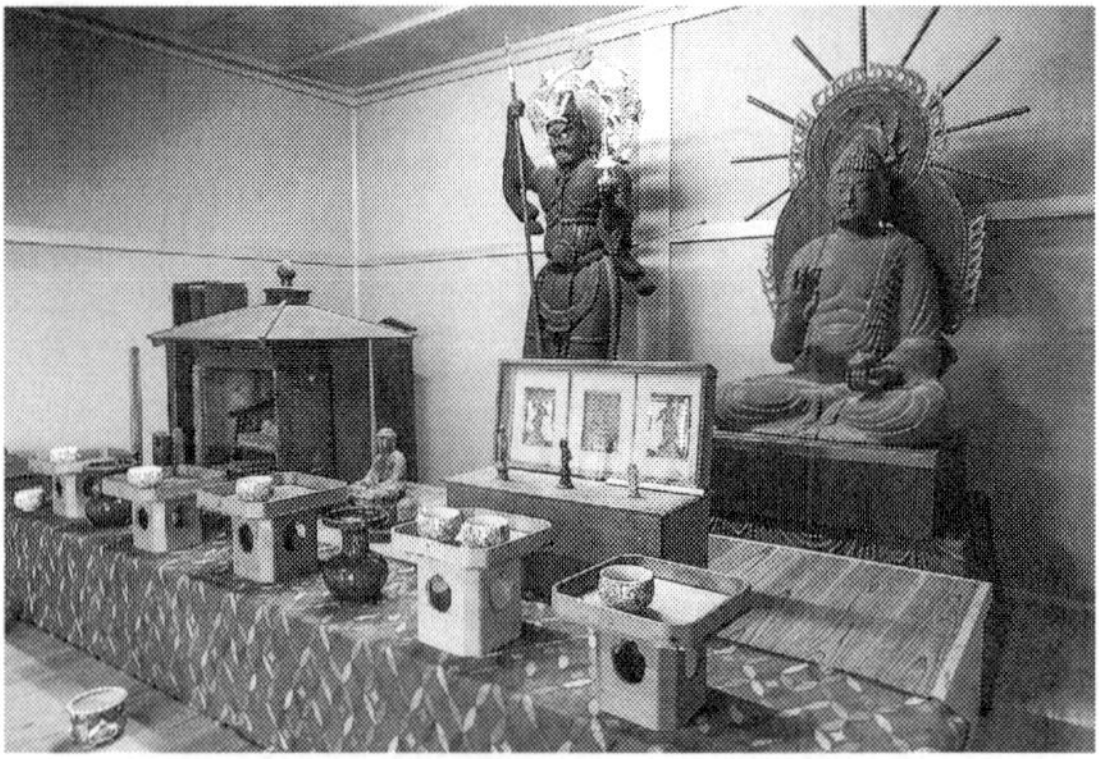

毘沙門天像と薬師如来像が祀られている、興善寺堂内
／写真提供:山口隆介(奈良国立博物館)

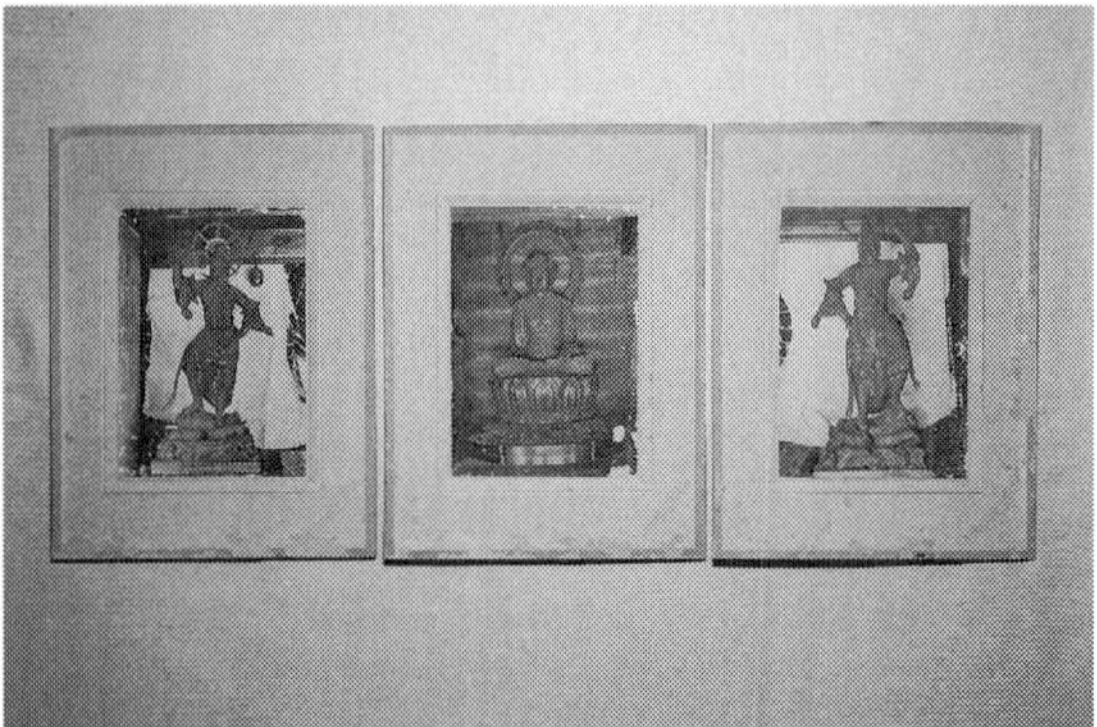

興善寺に伝わる古写真／写真提供:山口隆介(奈良国立博物館)

再び大阪の古美術収集家のもとに戻されました」と説明。三軀の所蔵先が転々としていたということだ。

薬師如来像が延暦寺国宝殿に
増長天・持国天像は、サンフランシスコ・アジア美術館に

「昭和三八年（一九六三）にスポーツ界の重鎮で美術品コレクターとしても知られるアメリカ人、アベリー・ブランテージ氏が持国天・増長天像を購入し、のちにサンフランシスコ・アジア美術館に寄贈。一方、薬師如来像は昭和五四年（一九七九）に延暦寺に寄進されたのです」と山口氏の説明は続く。

現在、延暦寺国宝殿に安置されている薬師如来像には、像内背部墨書の一部に「大興善寺中興住寺」と記されていることから、佐賀県にある大興善寺旧蔵と考える向きもあった。ところが氏によれば、「墨書銘には、赤尾村恵心らが元禄六年七月七日に再興したと記されており、大興善寺の「大」は、尊称とみられ、興善寺旧蔵であることを示していると思われます。同時に増長天・広目天（注一）も同時期に修理されていることが記されています」また「大正四年（一九一五）刊の『磯城郡史』の、

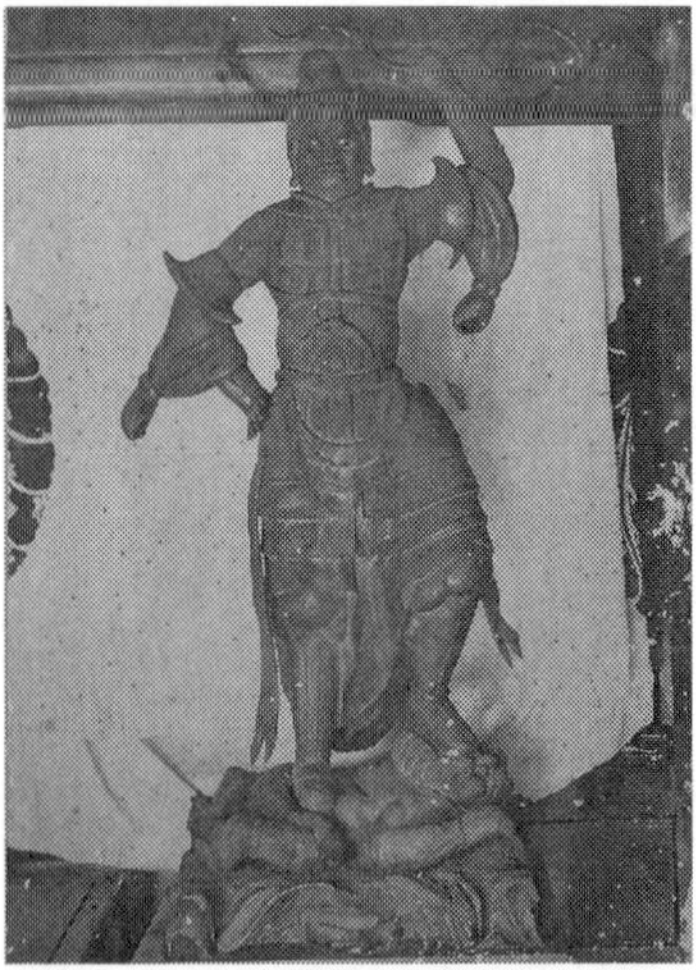

アメリカ・サンフランシスコ・アジア美術館に所蔵される、
持国天像を写した古写真／写真提供:山口隆介(奈良国立博物館)

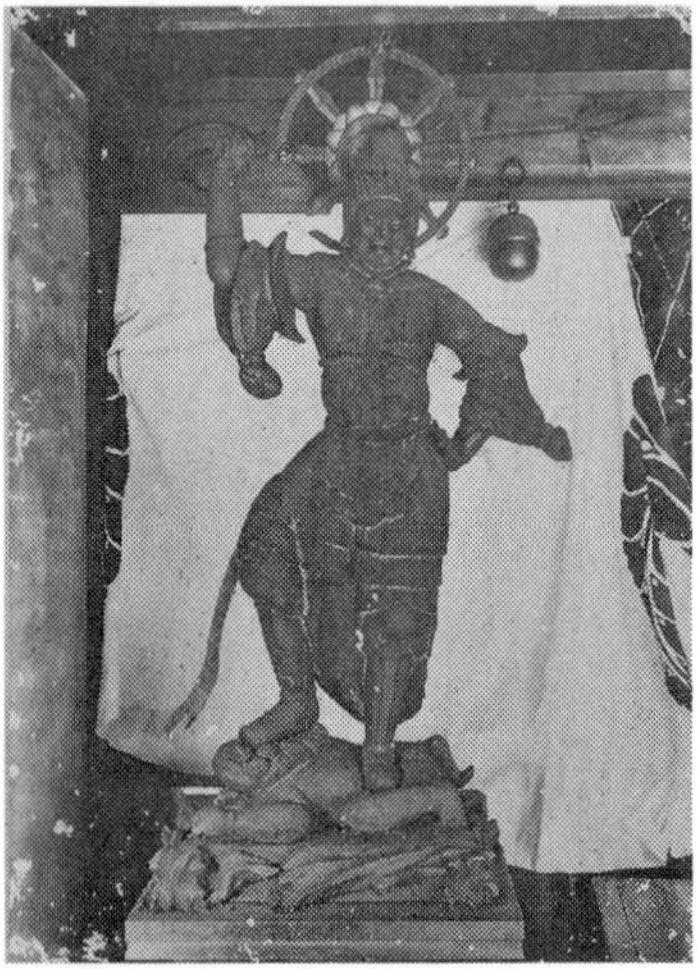

アメリカ・サンフランシスコ・アジア美術館に所蔵される、
増長天像を写した古写真／写真提供:山口隆介(奈良国立博物館)

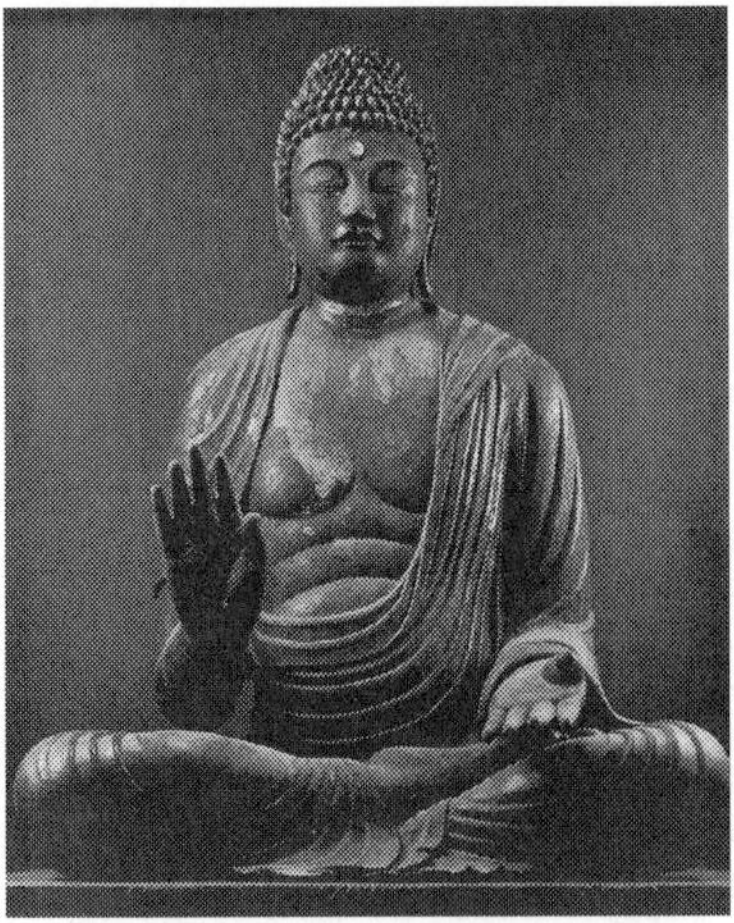

延暦寺蔵・薬師如来像(重要文化財)
木造漆箔・像高125.7cm・平安時代
クスノキの一木造り/写真提供:延暦寺

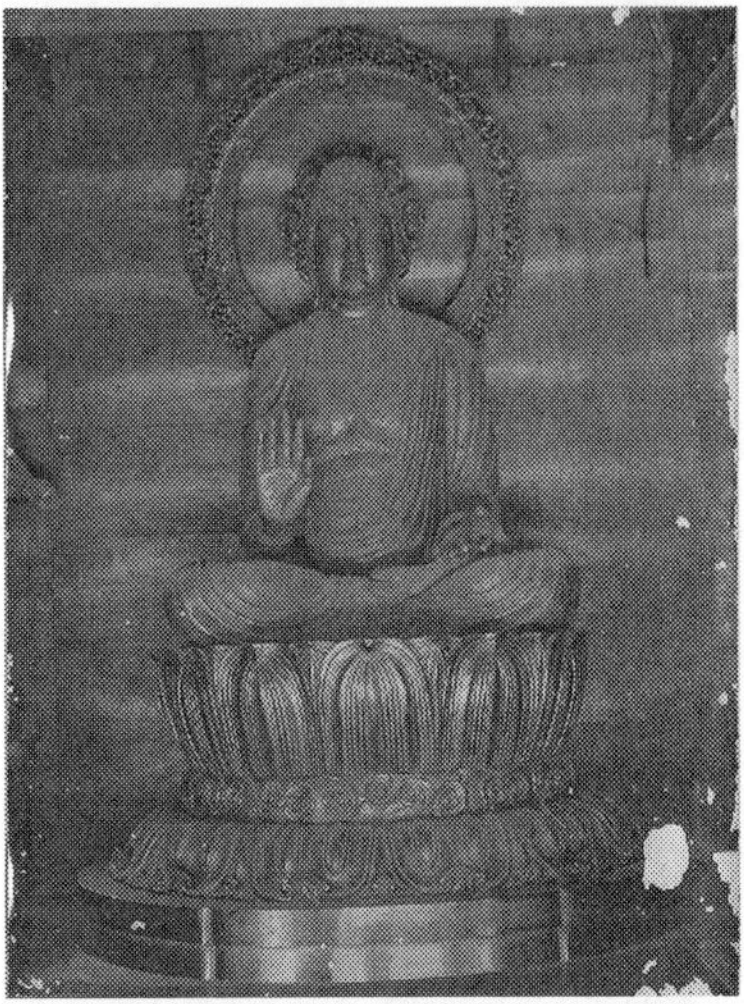

延暦寺に遷座された、興善寺蔵古写真に写る薬師如来像
/写真提供:山口隆介(奈良国立博物館)

白雲山興善寺の項には、粟原寺の旧仏と伝わる、釈迦如来・薬師如来・毘沙門天・広目天・増長天を安置しており、とくに釈迦如来・広目天（注一）・増長天の三像は美術上、参考たるべき品として、九鬼男爵（注二）の監査状があると書かれています」とのことである。

延暦寺蔵の薬師如来像は、本来は釈迦如来であったのだが、いつのころからか薬師如来として祀られるようになったという。同像は、木造漆箔、像高一二五・七cm、平安時代に制作された国の重要文化財である。クスノキの一木造りで、頭体幹部を一材から彫り出している（延暦寺・二〇一九年度春季企画展示『比叡山の如来像』図録）。頭部はやや小さめだが、眉や唇の彫り口はしっかりとしており、衣文も深く品格がある。上半身は長めだが、全体に存在感のある像である。（※巻頭カラーページに写真掲載）

（注一）『磯城郡史』記載の九鬼男爵の監査状がある広目天は、サンフランシスコ・アジア美術館所蔵の持国天のこととみられる。

（注二）九鬼男爵とは、東京国立博物館の前身である宮内省図書寮附属博物館を統括していた九鬼隆一（一八五二〜一九三一）のことである。

歴史資料としての古写真

「興善寺に残る三枚の写真は、延暦寺蔵の薬師如来像と、サンフランシスコ・アジア美術館蔵の持国天・増長天像にそれぞれ一致します」と山口氏は古写真の貴重さを力説される。

栗原寺の旧安置仏かどうかについては、いずれも確たる証拠はない。すべてが口伝ではあるが、この古写真は興善寺に伝来したことを裏付ける数少ない証しなのだ。

◇栗原寺の石造を守る、石位寺

石位寺の創建は不詳。山号は高円山。旧忍阪《おっさか》街道東に、今は収蔵庫と礼拝堂だけがあり、集落共同（忍阪区）で維持管理されている寺である。元禄時代初めに建立された薬師堂があったが取り壊され、昭和四五年（一九七〇）ごろから現在のかたちになった。

周囲には、八角墓・舒明《じょめい》天皇陵や額田王《ぬかたのおおきみ》の姉とされる鏡女王《かがみのひめみこ》押坂墓など古墳も多い。

石造浮彫伝薬師三尊像

石位寺の収蔵庫に、粟原寺旧像とされる石仏が安置されている。白鳳時代の作で、国内に現存する石仏では最古級とされる国指定重要文化財の「石造浮彫伝薬師三尊像」である。高さは一一五㎝、幅一五〇㎝ほどの丸みのついた三角状の石に三尊像が刻まれている。半肉彫りだが、側面から見ると丸彫りに近い立体感があり、実に精巧な白鳳彫刻で、わが国石仏では第一級の名品である。

中尊は倚像（いぞう＝両脚を前に垂れて椅子や台座に腰を掛けた姿の仏像）で、両手を丹田で組み、衣は左肩から右脇下に流れて、右肩と腕は露出している。左右脇の菩薩立像は蓮座の上で合掌している。石像全体に漆箔が施されていたらしく、今も三尊仏の耳の裏や口唇などに赤い彩色が残っている。

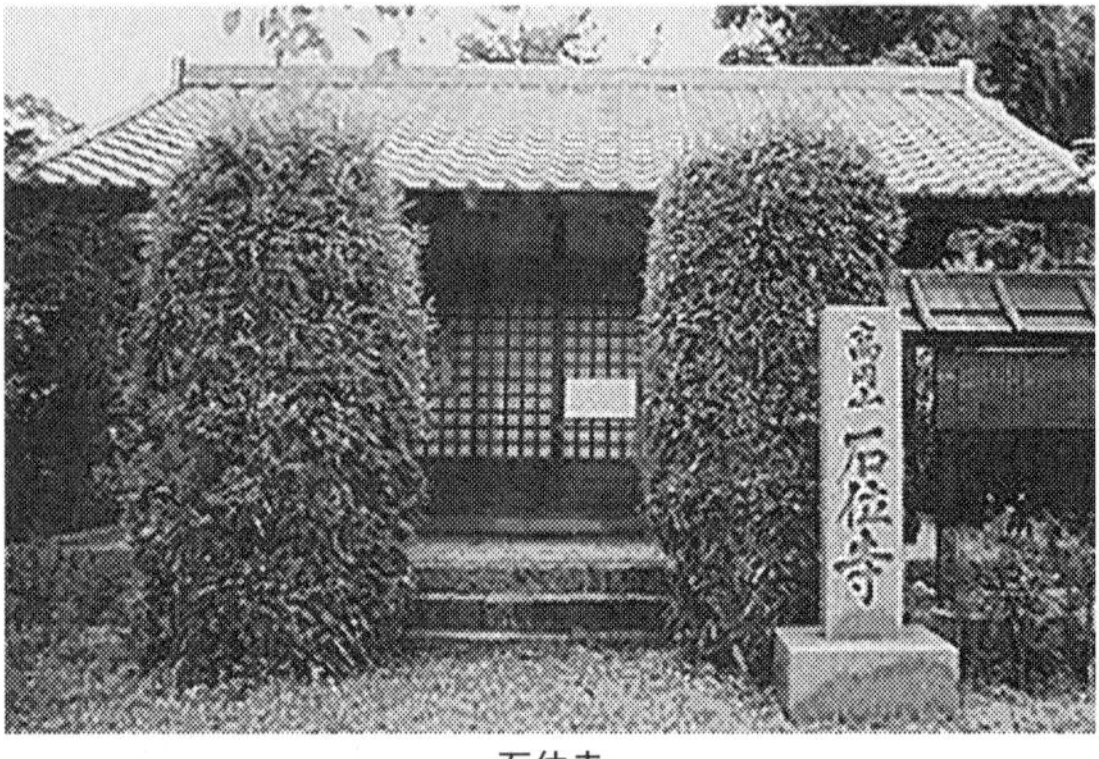

石位寺

三尊については釈迦三尊、弥勒三尊とする説もあるが、寺伝では薬師三尊としている。

以前、石仏は寺の側の庭に放置されており、インド伝来仏とされていたが、大正五年（一九一六）、関野貞氏によって認められて以来、研究が進められたという。

石仏は額田王の念持仏で、「粟原流れ」で流されてきたとの伝説がある。

（※巻頭カラーページに写真掲載）

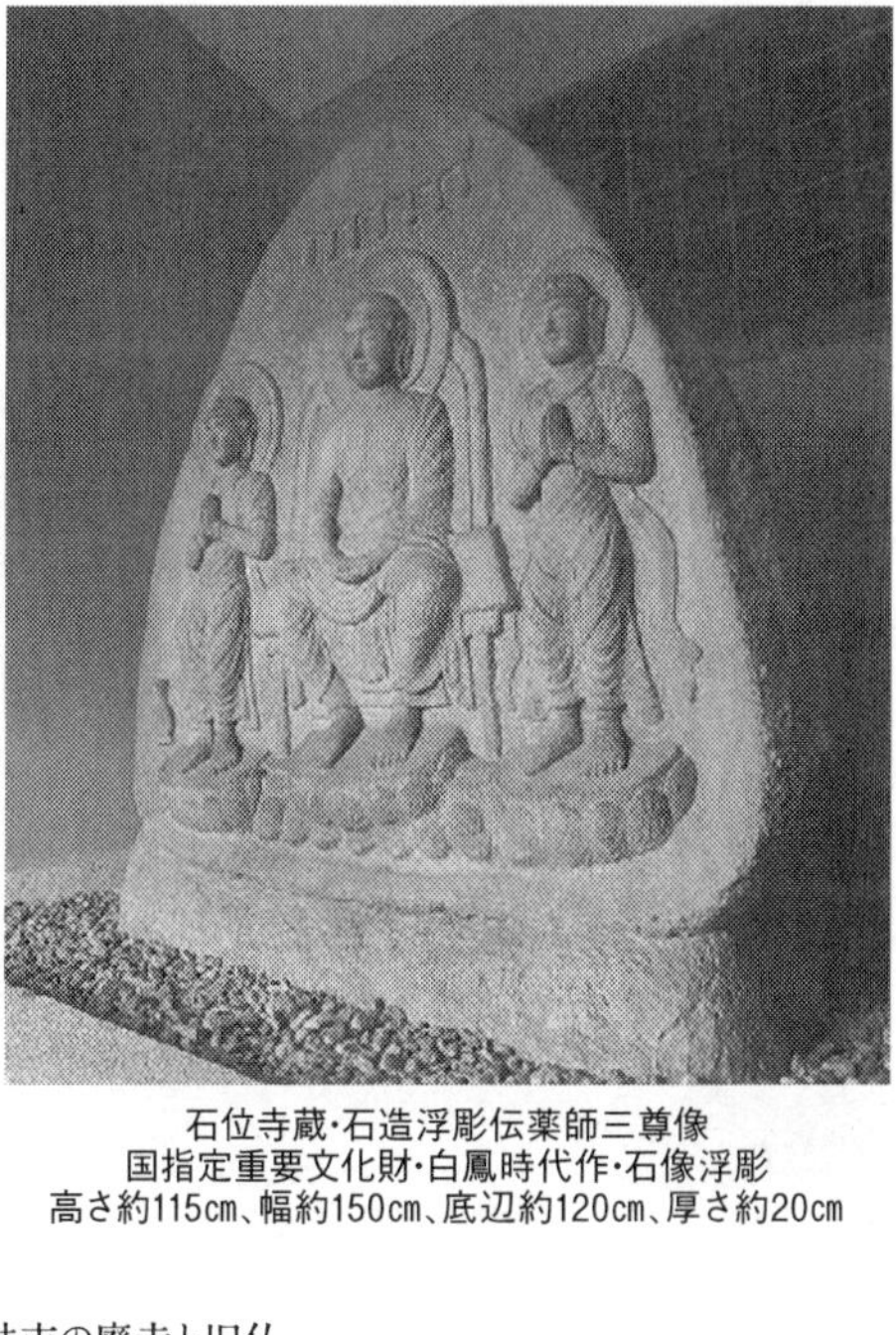

石位寺蔵・石造浮彫伝薬師三尊像
国指定重要文化財・白鳳時代作・石像浮彫
高さ約115cm、幅約150cm、底辺約120cm、厚さ約20cm

◇長野県清水寺にまで旅された仏像たち

阿弥陀山清水寺《せいすいじ》は、長野市若穂保科《わかほほしな》にある、真言宗智山派の寺。JR長野駅からバスで約五十分を要する、まさに深山幽谷の地にある古刹である。

寺伝によると、天平十四年（七四二）に行基菩薩が創建。桓武天皇の時代に坂上田村麻呂《さかのうえのたむらまろ》が東奥（陸奥《むつ》）地方平定に向かう折、戦勝を祈願したところ無事に平定できたとのことで、伽藍の建立に尽力したとある。中世には七堂伽藍が整う壮大な寺院として「信濃清水寺」の名が全国に知れ渡るほどであったという。

中世以降は度重なる火災と再建を繰り返し、大正五年（一九一七）の保科川流域全体を包む大火事で、伽藍や仏像がことごとく焼失したのであった。すぐに本堂の再建

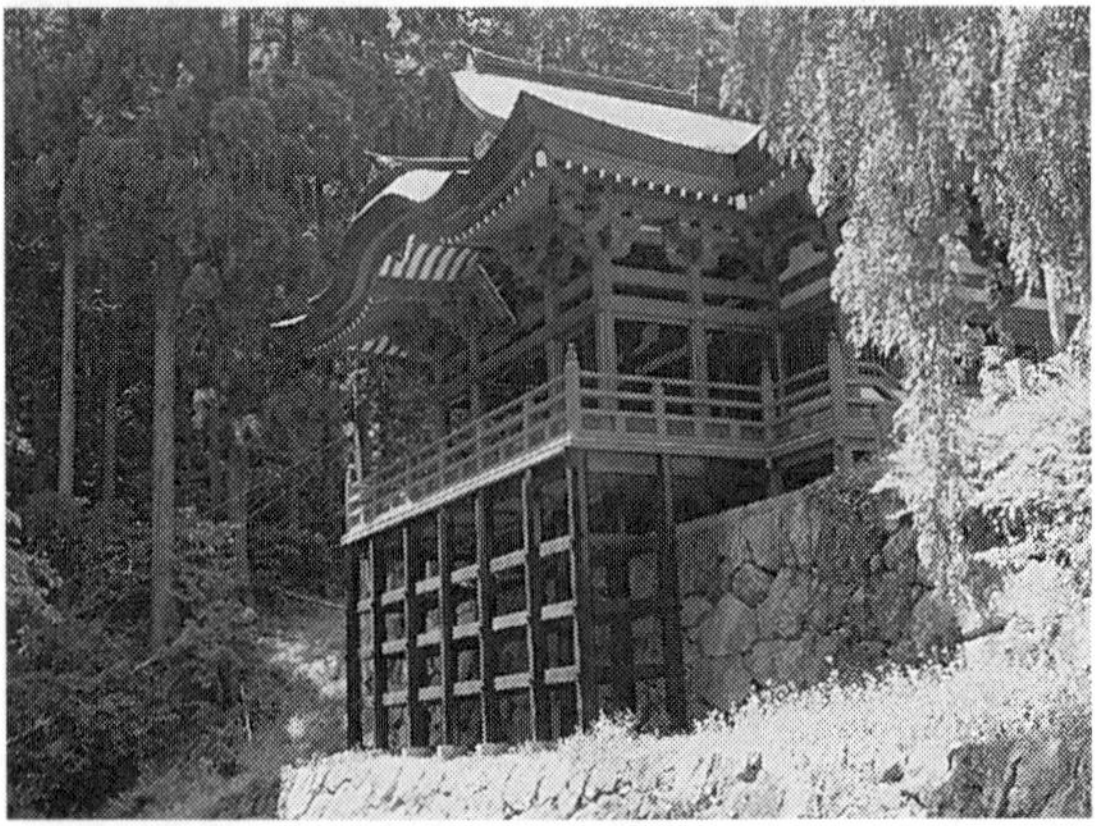

清水寺奥の院観音堂

がはじまり、その際、奈良県桜井市の石位寺から二十余の仏像が遷されることになったのである。

清水寺及び石位寺では、粟原廃寺から石位寺に遷ったとされる仏像の多くを清水寺で祀られるようになったと伝わっている。しかしながら、粟原寺の旧仏がまず前述の興善寺に多数遷されたと伝わっており、そこから石位寺に、さらに清水寺に遷されたという。つまり、粟原廃寺⇓（口伝により）興善寺⇓石位寺⇓長野県清水寺という流れとなる。

以下、奈良県から長野県に旅してこられた諸仏を紹介する。

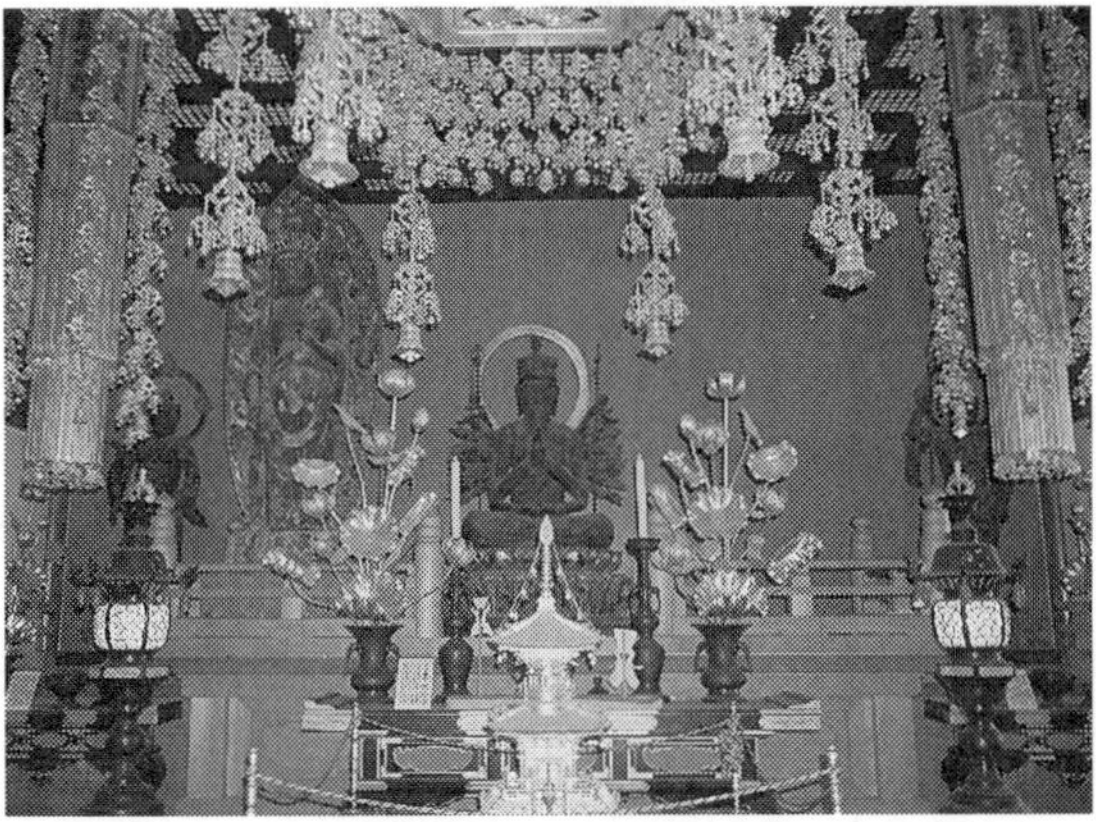

清水寺奥の院観音堂須弥壇

・清水寺奥の院観音堂の諸仏

木造千手観音菩薩坐像

頭と躰ともにサクラ材の赤味色を利用して作られた古式の一木造りで、背部にわずかな内刳《うちぐ》りを施し、膝の前は横剥《よこは》ぎにしている。化仏は植え付け、目は彫眼。瓔珞《ようらく》（＝装身具）・腕輪・臂釧《ひせん》も彫りだしにし、毛筋はまばら彫りにしている。

膝は厚めで翻波式《ほんぱしき》衣文で、彫りは浅い。上半身は抑揚のない筒形。やや長い顔に弧を描くような切れ長の目と微笑をたたえた独特の表情をしている。全体にシンプルだが上品な姿の千手観音菩薩坐像である（「長野

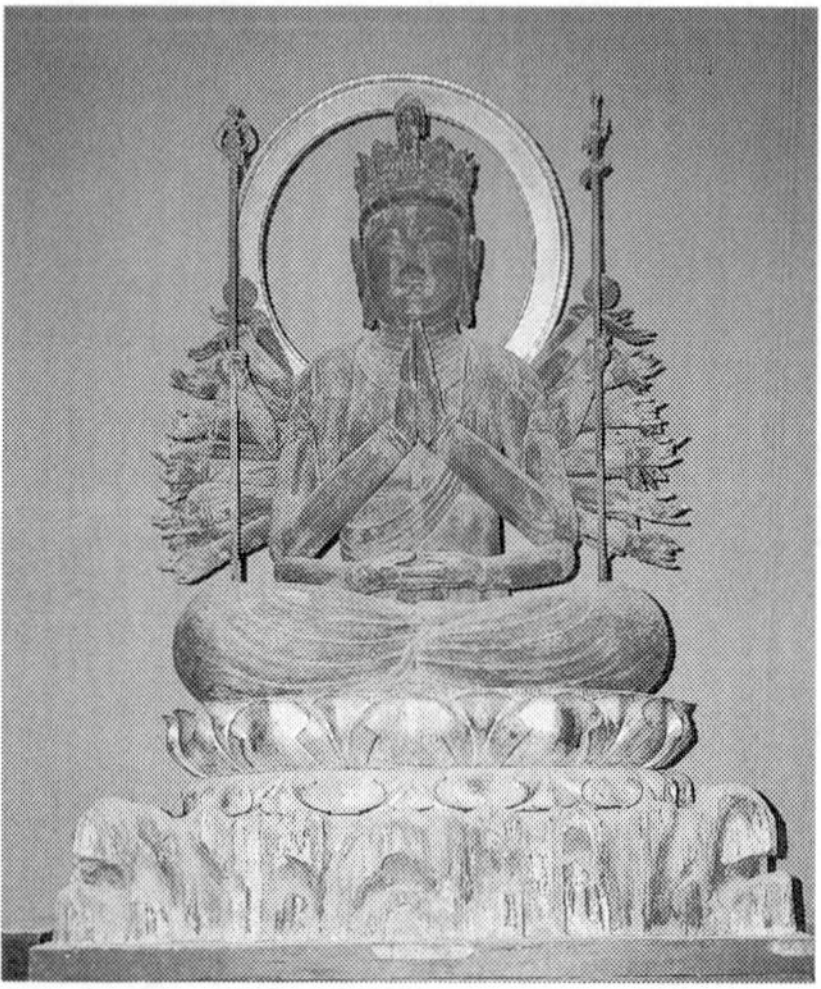

清水寺蔵・木造千手観音菩薩坐像
国指定重要文化財・平安時代中期作
像高約139㎝・サクラ材一木造

市文化財課デジタル図鑑」)。光背は後補。平安時代中期作で、像高は約一三九㎝。国の重要文化財に指定されている。(※巻頭カラーページに写真掲載)

脇侍地蔵菩薩像

寄木造で丸みを帯びた円造りの像。丸い顔とふっくらとした両肩に、衣文が流れるように曲線を描いている。彩色は剥げ落ち、素地を表しているが、洗練された優美さは失われていない。平安時代末頃の作で、像高約一五九㎝。国の重要文化財に指定されている。(※巻頭カラーページに写真掲載)

木造広目天立像

広目天は仏法守護神の四天王のうちの西北を守る天部像である。

耳前の鬢を炎髪にし、口を閉じている。右手は臂を曲げ、掌を上に向けている。左手は下げて掌を腰に当てている裸足の像である。鎌倉時代の天部像に見るような激しい動きを示さず、静かな姿態に作られている。光背は後補。平安時代後期作で像高約一五〇㎝の寄木造。国の重要文化財に指定されている。

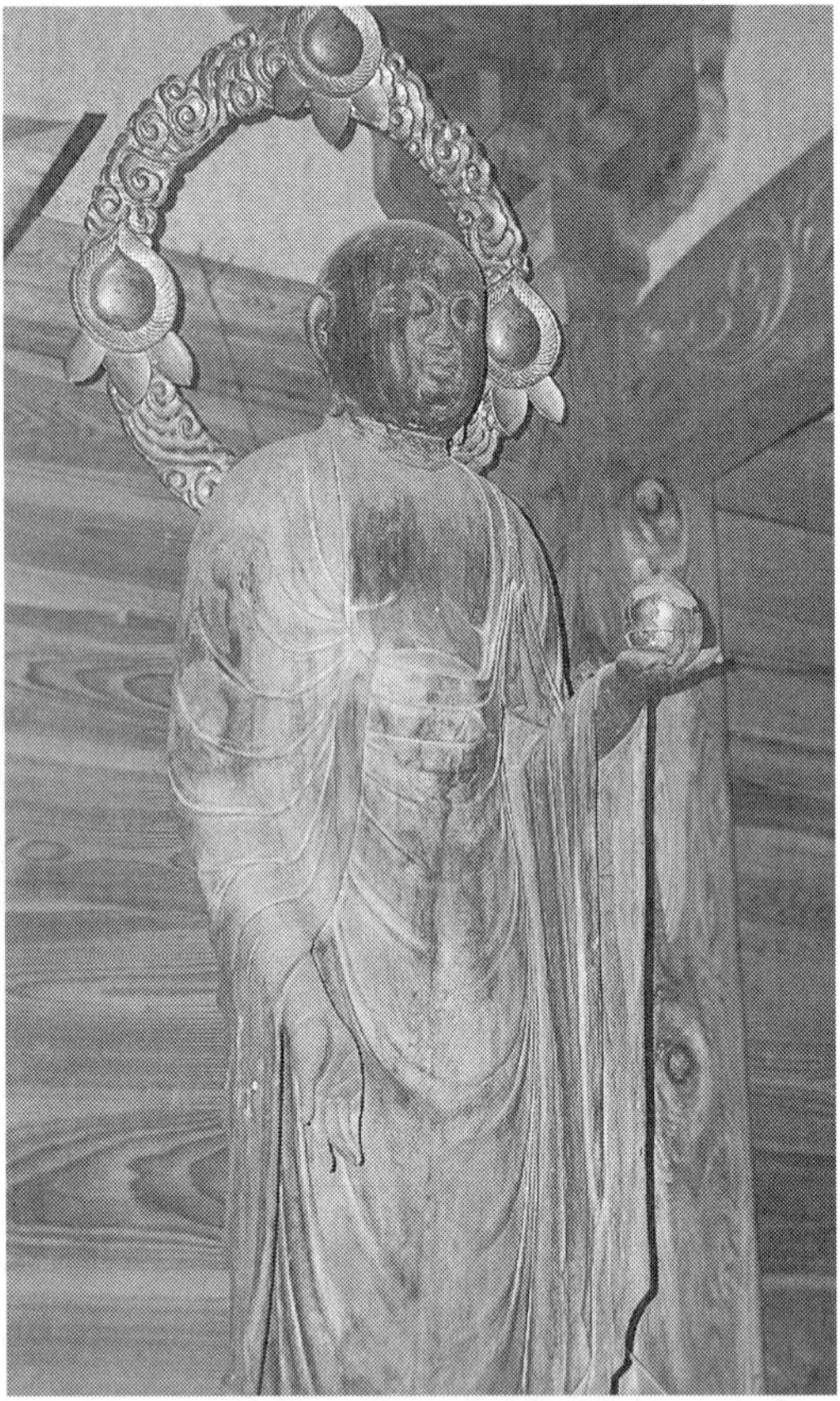

清水寺蔵・脇侍地蔵菩薩像
国指定重要文化財・平安時代末作・像高約159㎝・寄木造

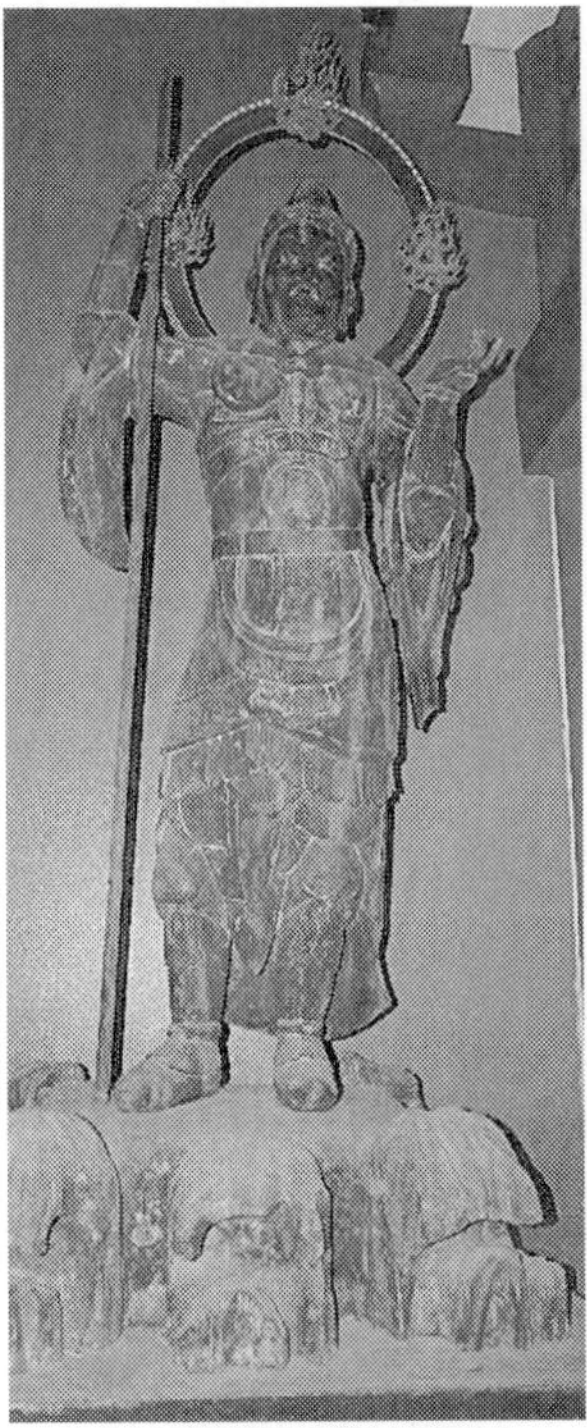

清水寺蔵・木造多聞天立像
国指定重要文化財・平安時代後期作
像高約153㎝・寄木造

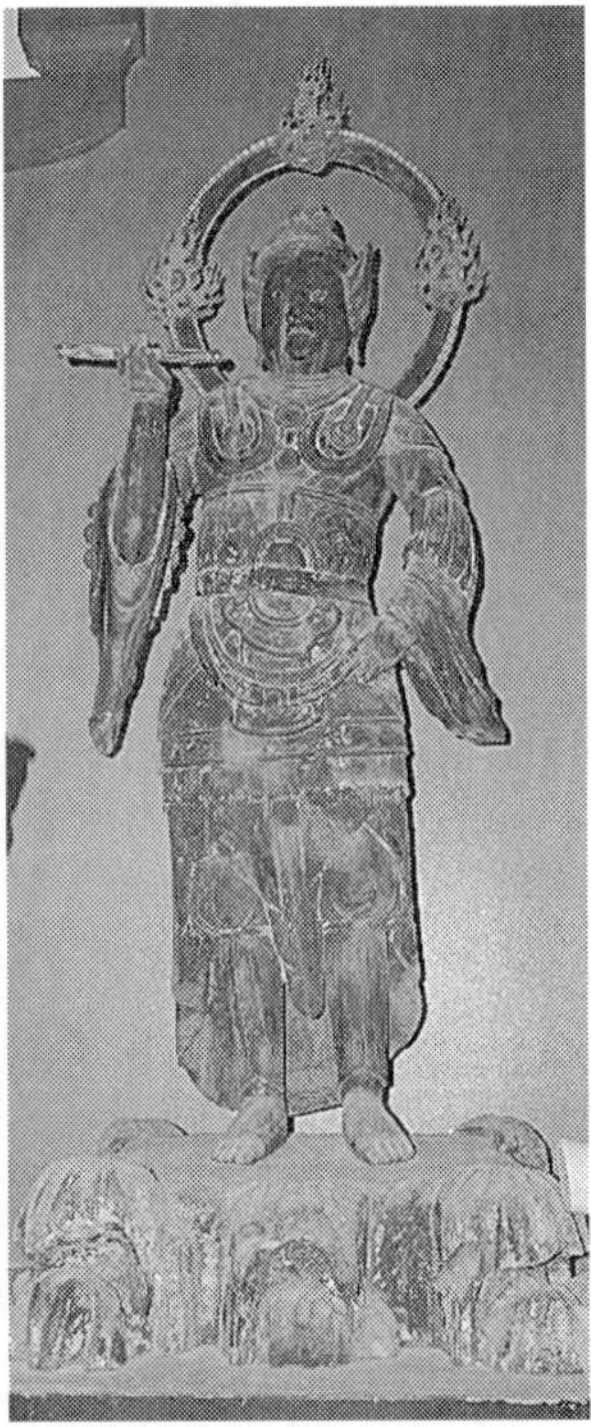

清水寺蔵・木造広目天立像
国指定重要文化財・平安時代後期作
像高約150cm・寄木造

木造多聞天立像

多聞天は仏法守護神の四天王のうちの東北を守る天部像である。毘沙門天として独尊でも信仰されている。同像は左手の臂を曲げ、掌を上に向けているが、捧げ持っているはずの宝塔は失われている。右手は鉾を持っている。憤怒の形はなく、広目天立像と同様、穏やかな表情の天部像である。光背は後補。平安時代後期作で、像高約一五三㎝の寄木造。国の重要文化財に指定されている。

清水寺の説明文によると、県内における四天王の古例に属し、洗練された得難い像という。

宮澤章泰住職は「両四天王像は、同じ一群を構成する像ではないと思います。それぞれが異なる構成の四天王像のうちの一軀ずつではないでしょうか」と話される。

・清水寺本堂の諸仏

木造薬師如来坐像

衣文の彫りが荒くて直線的など、観音堂の千手観音坐像と作風が似ている。額の下の方まで螺髪で覆われている（額が非常に狭い）のが特徴的な頭部だが、顔は端正で穏やかな表情である。左手は膝の上に置き掌を上に向けている。おそらく薬壺を載せていたのだろうが、今は失われている。右手は臂を曲げて掌を前方に向けている。光背は後補。平安時代中期の作で、像高約八五㎝の一木造。国の重要文化財に指定されている。

木造阿弥陀如来立像

ヒノキの寄木造りで、漆箔像。清水寺説明文によると「髪際を一文字にし、目を半眼に開いて三昧相に安住する相好、肩の自然の弧を描いた円曲線と、両肩から襟元を広く開いて下る衲衣《のうえ》は褶の彫りが浅く、稜立てず腰上でまとまり、両股中央を垂下していて、それが衣を通して肉身を感じさせるなど彫技が優れて見事であり、藤原時代末期の典型的な阿弥陀如来像である」と記されている。一級の仏師作と思われる優美な仏像で、国指定重要文化財である。

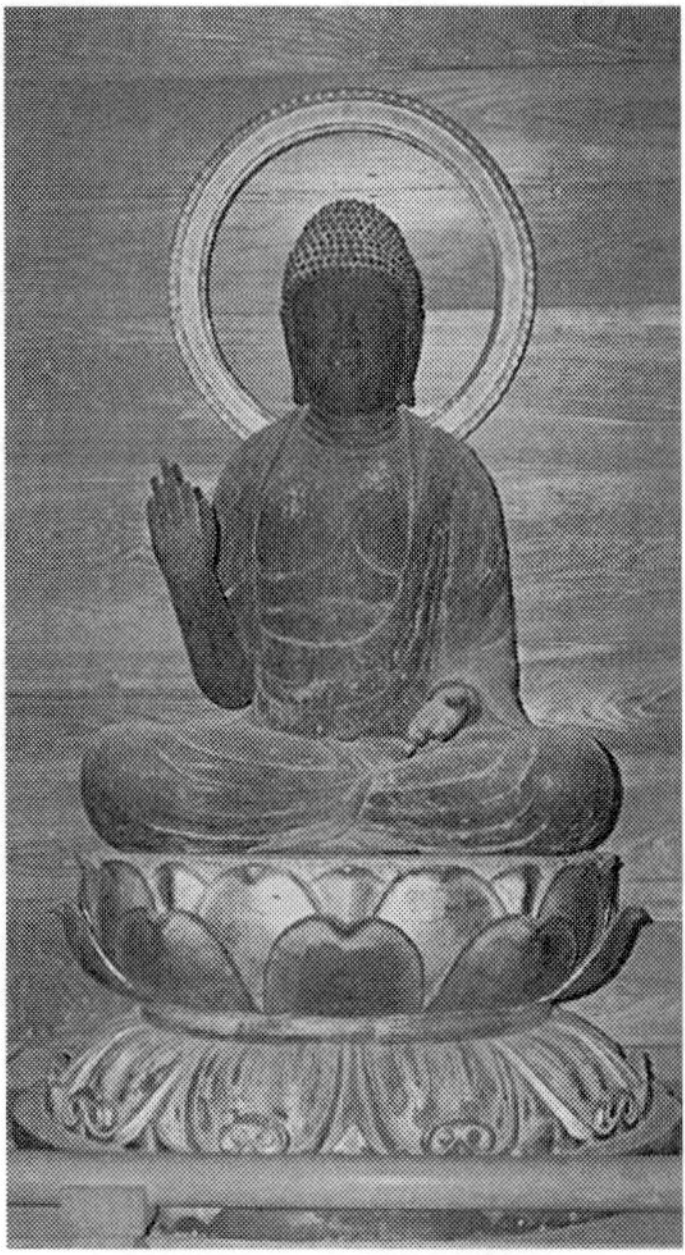

清水寺蔵・木造薬師如来坐像
国指定重要文化財・平安時代中期作・
像高約85㎝・一木造

木造聖観音菩薩立像

像高一七七cmのヒノキの寄木造りで、彩色はほとんど剥落して素地を表している。左手は臂を曲げて蓮華を持っている。中指と薬指を折り、水瓶を握る形に表現されている。右手は下げて与願《よがん》印《いん》を表している、聖観音像の一般的な印の形である。やや腰をひねり、右足をわずかに踏み出しており、全体に軽快な動きのある、平安時代後期作としては異色の姿の像である。

髪はたばねて垂れ下げた垂髻《すいけい》の形、卵型に近い顔、見開いた両眼、引き締まった口もとなど、見

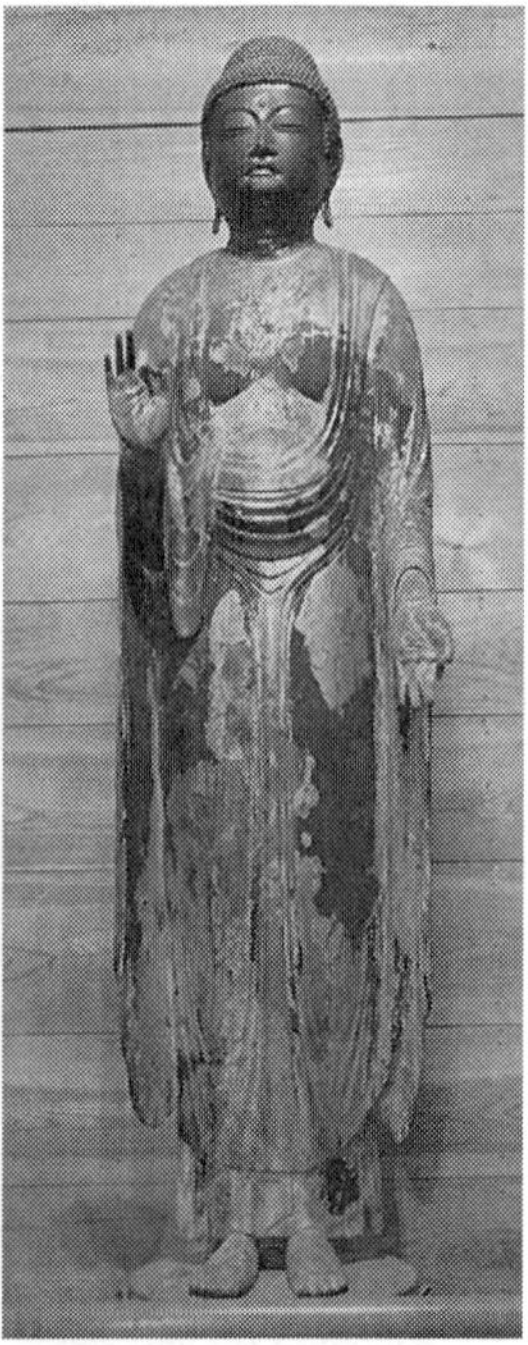

清水寺蔵・木造阿弥陀如来立像
国指定重要文化財:平安時代後期作:
像高約161cm:寄木造
ヒノキ材の寄木造で、漆箔像

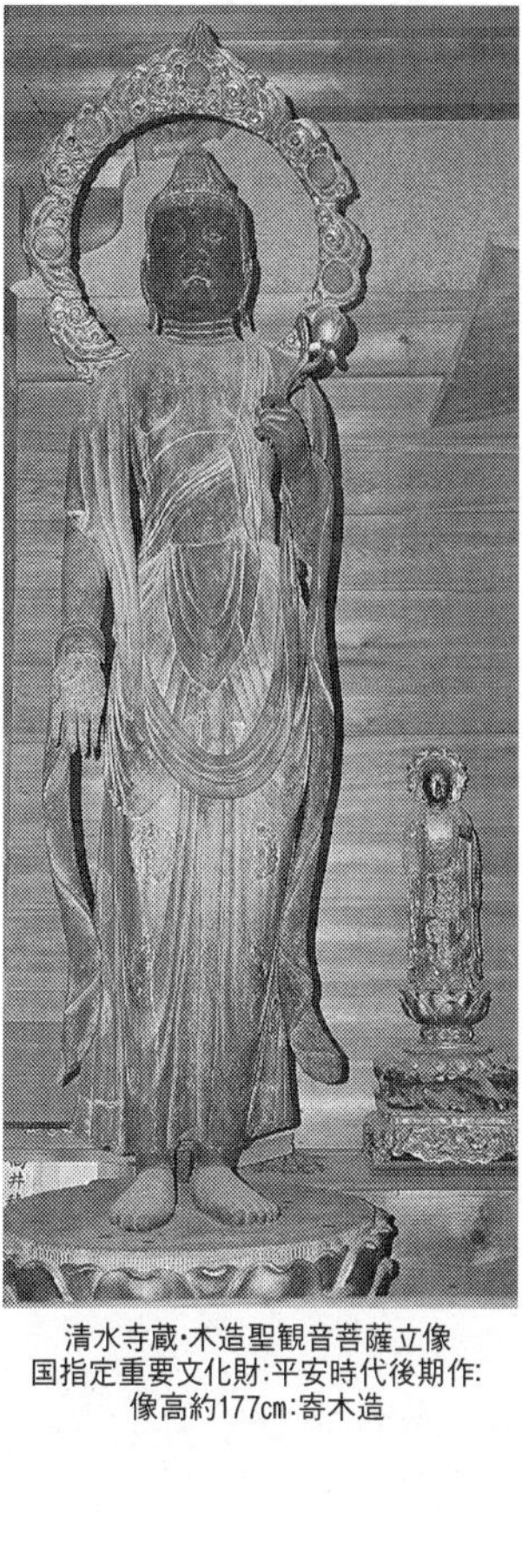

清水寺蔵・木造聖観音菩薩立像
国指定重要文化財:平安時代後期作:
像高約177㎝:寄木造

事な表現である。両肩を覆って腕にかかる天衣《てんね》や裳のひだも整っており、彫り口も美しい。まさに秀作である。（「長野市文化財課デジタル図鑑」）

国の重要文化財に指定されている。（※巻頭カラーページに写真掲載）

清水寺収蔵庫の十二神将立像

新設の収蔵庫に、修復したばかりの十二神将立像が並べられている。

同十二神将立像は、桜井市忍坂区によると、粟原廃寺から石位寺へとわたった旧仏と伝わっている。興善寺経由ではないらしい（『桜井町史』）。像高約二十㎝余の小像で、江戸時代の作である。

「損傷がひどかったのですが、見違えるほど美しい仏像に甦りました」と宮澤住職。

残念ながら、十二軀全部は揃ってはおらず、六軀だけが現存する。（取材時は一軀が修復未完成のため、五軀のみの撮影）

石位寺から遷ってこられたすべての仏像が現在のように丁寧に安置されていたわけではなかったという。「二〇軀余りあったと伝わる仏像は大正五年から一〇〇年の間には失われたり、破損したものもあるだろう」と宮澤住職は話される。

しかしながら奈良から遷ってこられた多くの諸仏のうち、七軀もの仏像が国の重要文化財に指定されており、今遠く長野の地で丁重に祀られているのである。

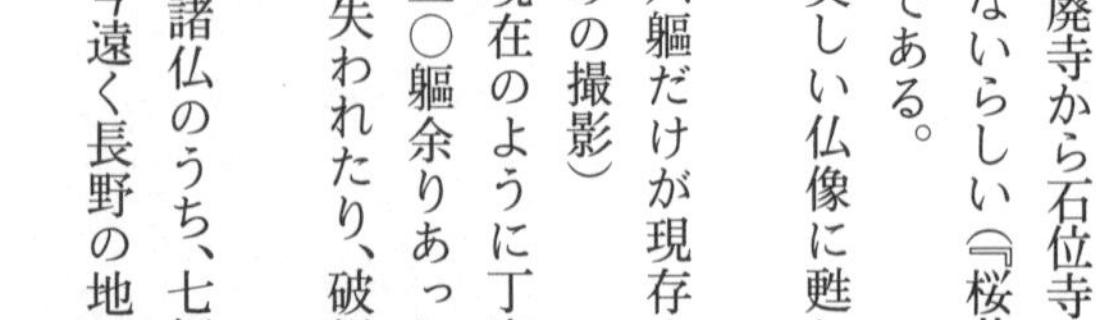

清水寺本堂

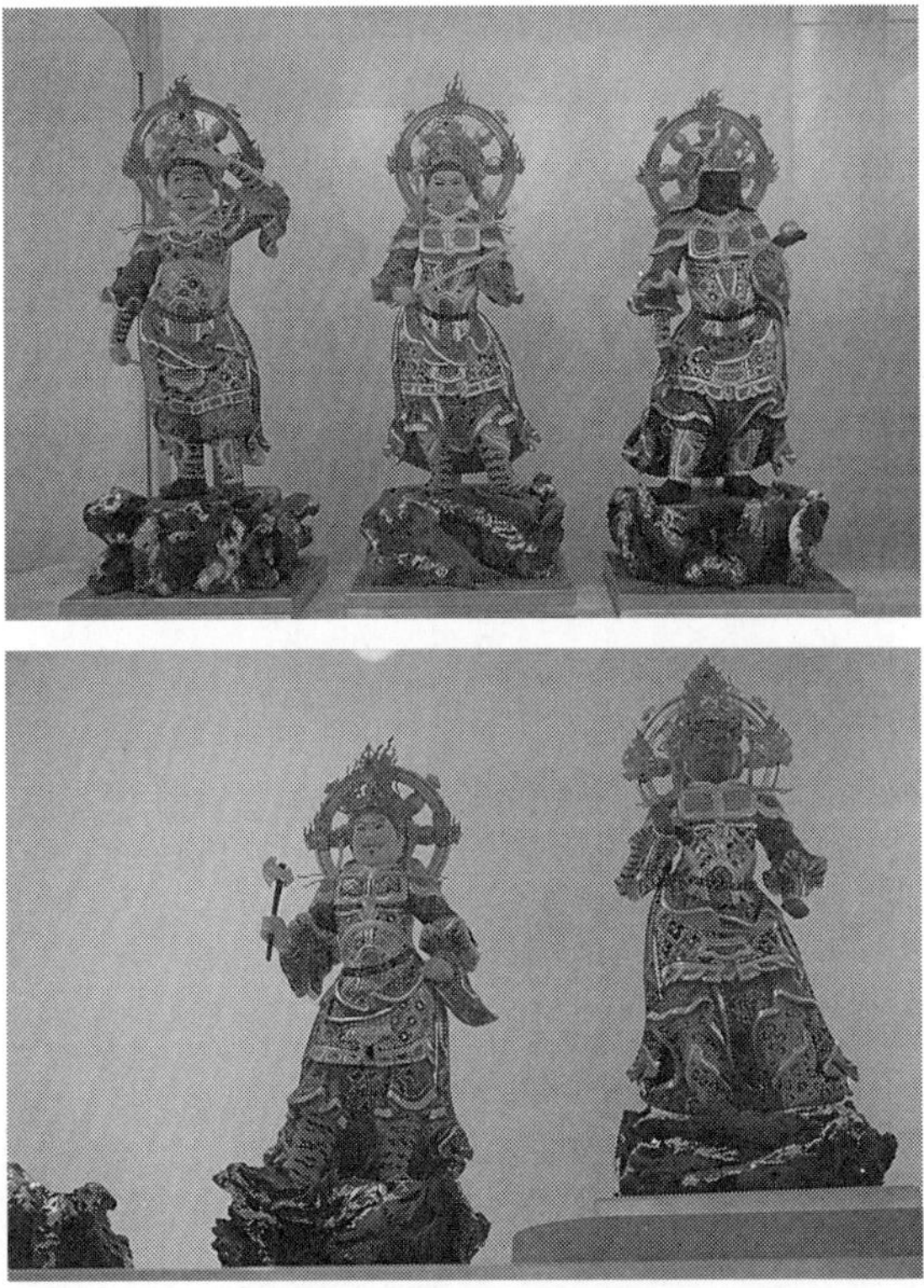

清水寺収蔵庫の十二神将立像

◇報恩寺

桜井市外山《とび》の報恩寺は、薬師如来を本尊とする天台系の寺院だったと伝わるが、開創開基は不明である。

天和三年（一六八三）に、粟原寺の旧仏と伝わる阿弥陀如来坐像を本尊として迎え入れるために新たに本堂が建てられた。以来、長い年月の間に仏像と堂宇共々荒廃していったが、大正元年（一九一二）に大師講が発足して以来、代々尼僧により法灯を守り続けてきた。本尊阿弥陀如来坐像の修復に併せて本堂も寄棟造本瓦葺に改築された。山号は神應山という。

木造阿弥陀如来坐像

周丈六（仏様の身長は唐尺の丈六仏＝約四・八五ｍだが、約二割短い周尺に基づく仏像が周丈六仏）の阿弥陀如来坐像で定印

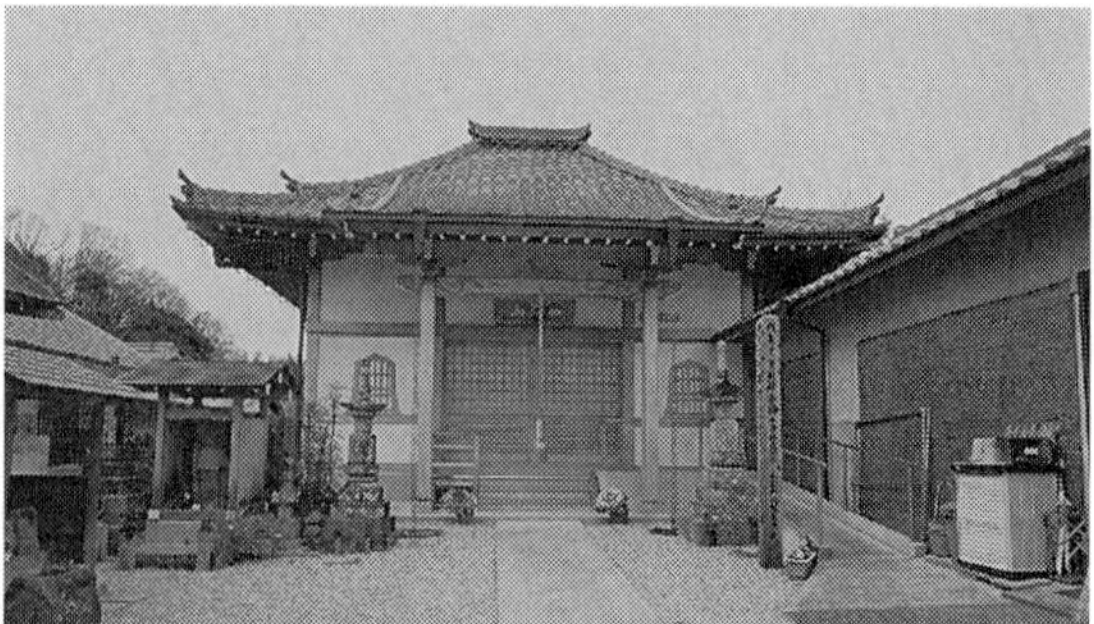

報恩寺本堂

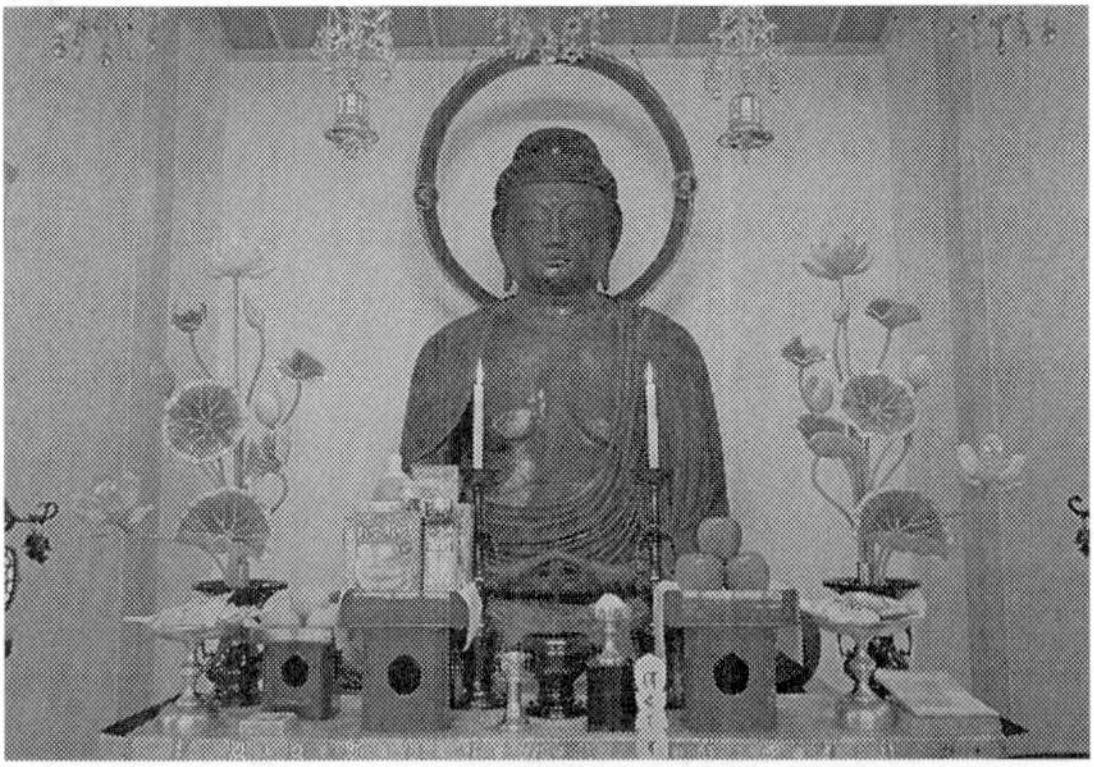

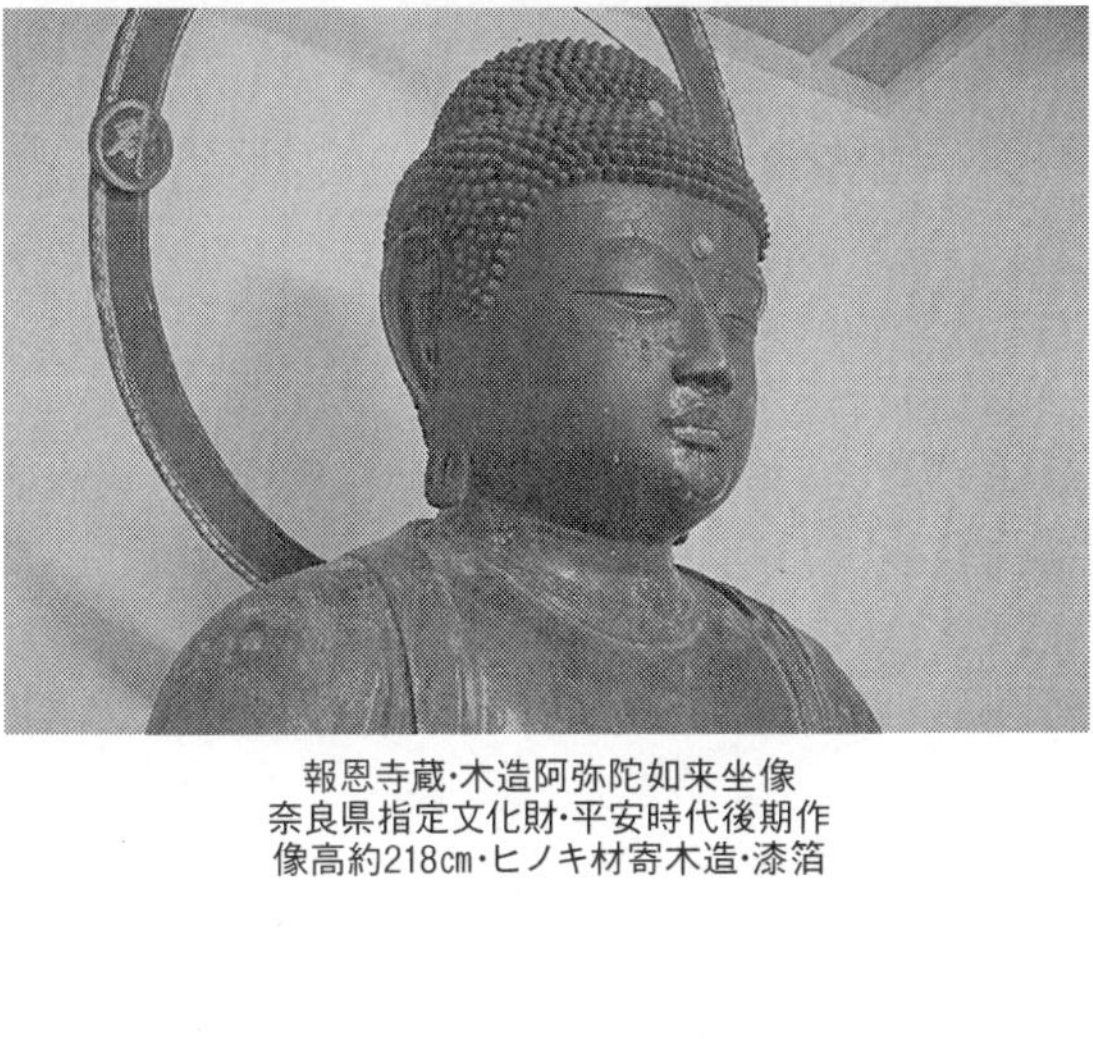

報恩寺蔵・木造阿弥陀如来坐像
奈良県指定文化財・平安時代後期作
像高約218cm・ヒノキ材寄木造・漆箔

を結び、右脚を上にして結跏趺坐《けっかふざ》する。ヒノキの寄木造りで漆箔仕上げ、目は彫眼である。肩幅があり肘をはっているが、脚部の表現が低く平らなため安定感がある。衣の襞の彫りは浅いが、その流れは美しく整理されている。洗練された美と穏和な表現が、平安時代後期の作風を表している。平成二一年（二〇〇九）に奈良県文化財に指定され、翌二二年から二年半を費やして修復されたのち、奈良国立博物館に展示されていた。

大きく胸を開け、堂々とした姿を示しながらも温和な表情の作風から、定朝様に属する作品と考えられている。阿弥陀如来坐像修復前に報恩寺を訪れた美術史家・井上正氏は、同像を見た瞬間「定朝の作品だ」と感動されたそうだ。その裏付けとなるのが衣紋の襞の薄さ。子供っぽく可愛らしい顔。特に眼の造形の違いにあるという。

梶原珠亨住職は「左右の眼の違いを見比べて欲しい。これは定朝が左利きだったため、右眼（向かって左の眼）の曲線の方が滑らかに表現されているのです」と説明される。

定朝作の確証はないが、奈良県文化財課においても「定朝様の形成期の様相をうかがえる点においても高い評価を有するものである」としている。

これほど無心で穏やかな表情の阿弥陀仏はあまり例を見ない。しかも、すぐ間近で拝すること

ができる。何度も訪ねたくなる仏様である。(※巻頭カラーページに写真掲載)

◇慈恩寺阿弥陀堂

玉列《たまつら》神社参道入り口の東側に建つ、寄棟造のお堂が慈恩寺阿弥陀堂(桜井市慈恩寺)。元《もと》同社の神宮寺で、融通念仏宗の寺院である。南北朝の争乱により、廃寺となり、現在は阿弥陀堂を残すのみとなった。

近年まで同社社務所の近くに薬師堂があったが廃され、本尊の薬師如来坐像や十二神将立像も阿弥陀堂に安置されるようになった。

阿弥陀堂本尊の厨子入り阿弥陀如来坐像が、粟原寺旧仏との口伝がある。

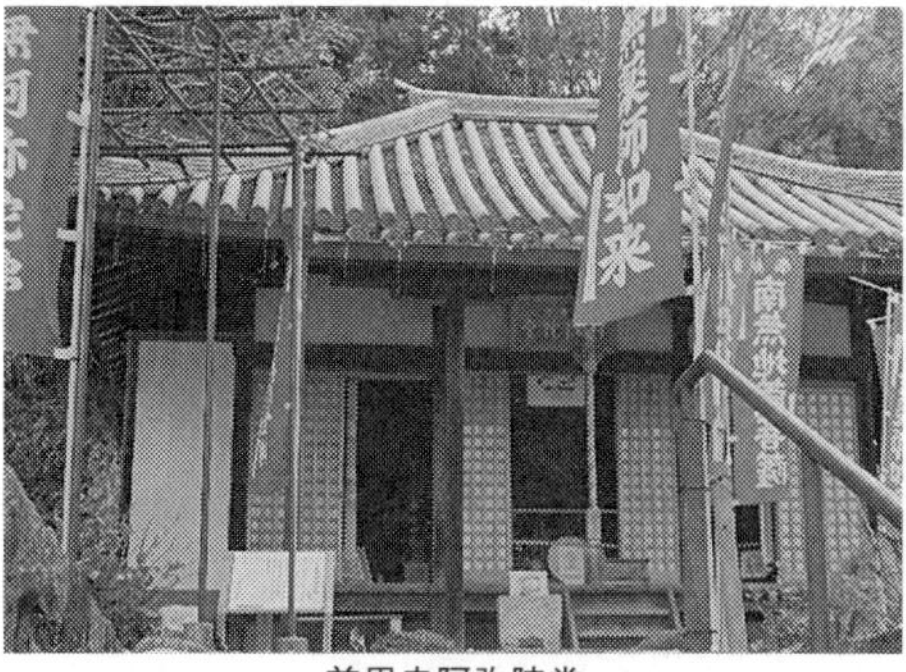

慈恩寺阿弥陀堂

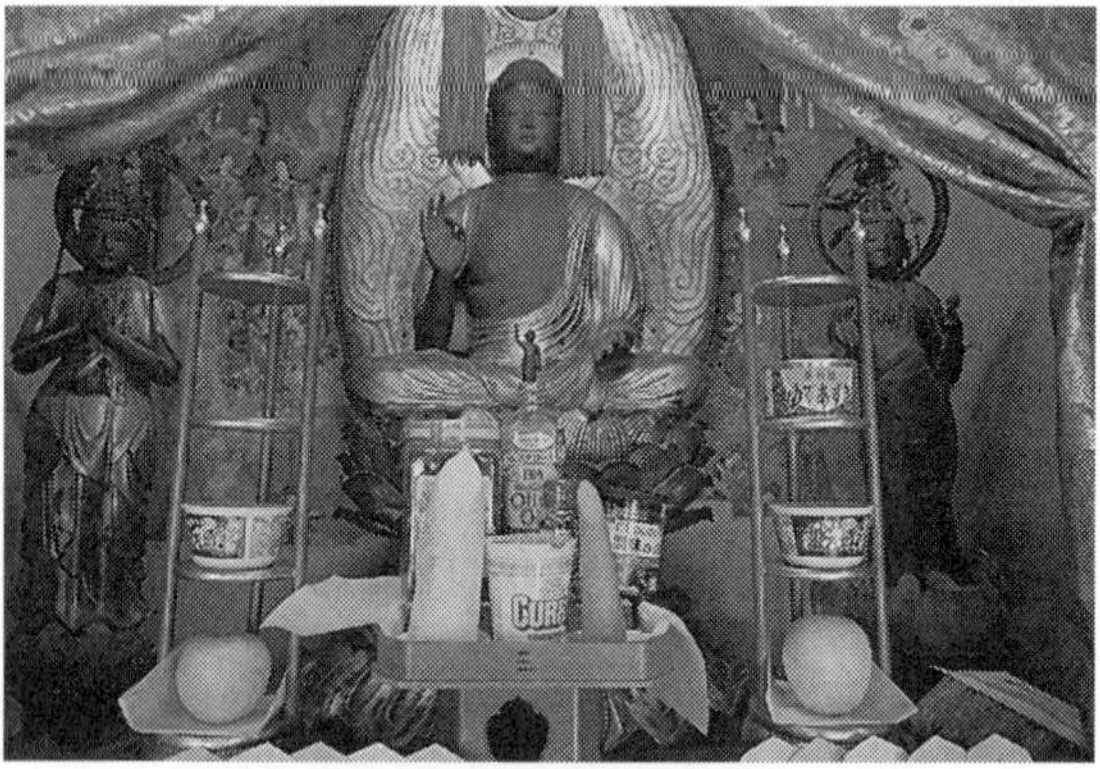

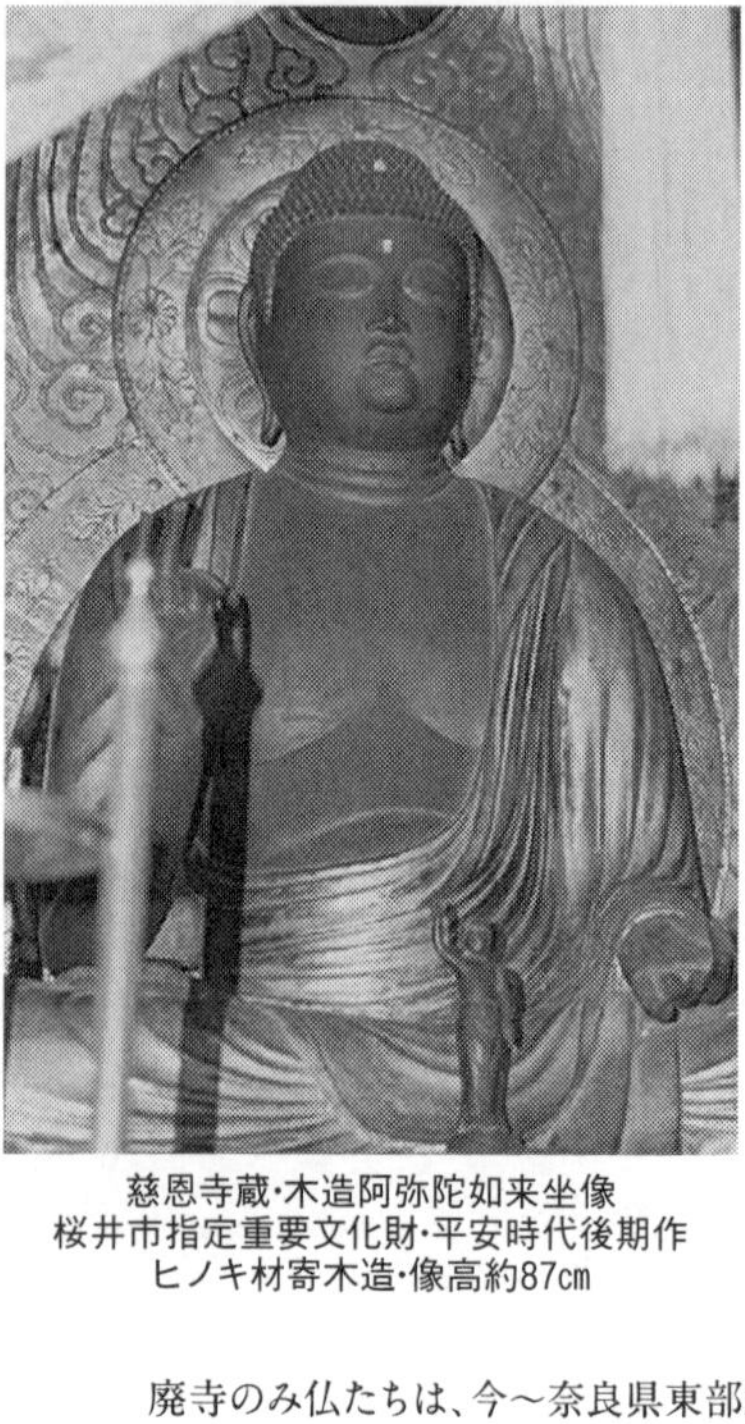

慈恩寺蔵・木造阿弥陀如来坐像
桜井市指定重要文化財・平安時代後期作
ヒノキ材寄木造・像高約87㎝

木造阿弥陀如来坐像

浄土信仰が盛んであった平安時代末期に作られた阿弥陀如来坐像である。この時代は極楽浄土を願う人々により、多くの阿弥陀像が作られたが、その中でも秀作という。

同像は、来迎印を結ぶ等身大の大きさで、ヒノキの寄木造り、眼は彫眼である。後世の修理の際に肉身部に金泥を塗り、衣部に漆箔を施し、像の底部に板が貼られてある。そのため構造の詳細は定かでなくなっているのが残念だ。

頭部の螺髪が小さい（螺髪が細かく刻まれている）のが特徴で、顔はやさしく円満な相である。衣は左肩から右肩にかけてまとい、両足は左足を上にして組む、結跏趺坐《けっかふざ》の姿勢である。

均整のとれたプロポーションで、肉身部は適度な肉付けがみられ、衣部は衣文をやや多めに表しているが、よく整理されている。いかにも平安後期の彫像らしい温雅な趣の作品で、典型的な定朝様の如来像である。（慈恩寺冊子・大脇潔氏の解説文）

西野寛山住職によると「慈恩寺区の説では、この像は栗原寺から伝来した阿弥陀像といわれています」とのことだが、あくまでも口伝であるという。

粟原寺の伝来とされる諸仏の流れ

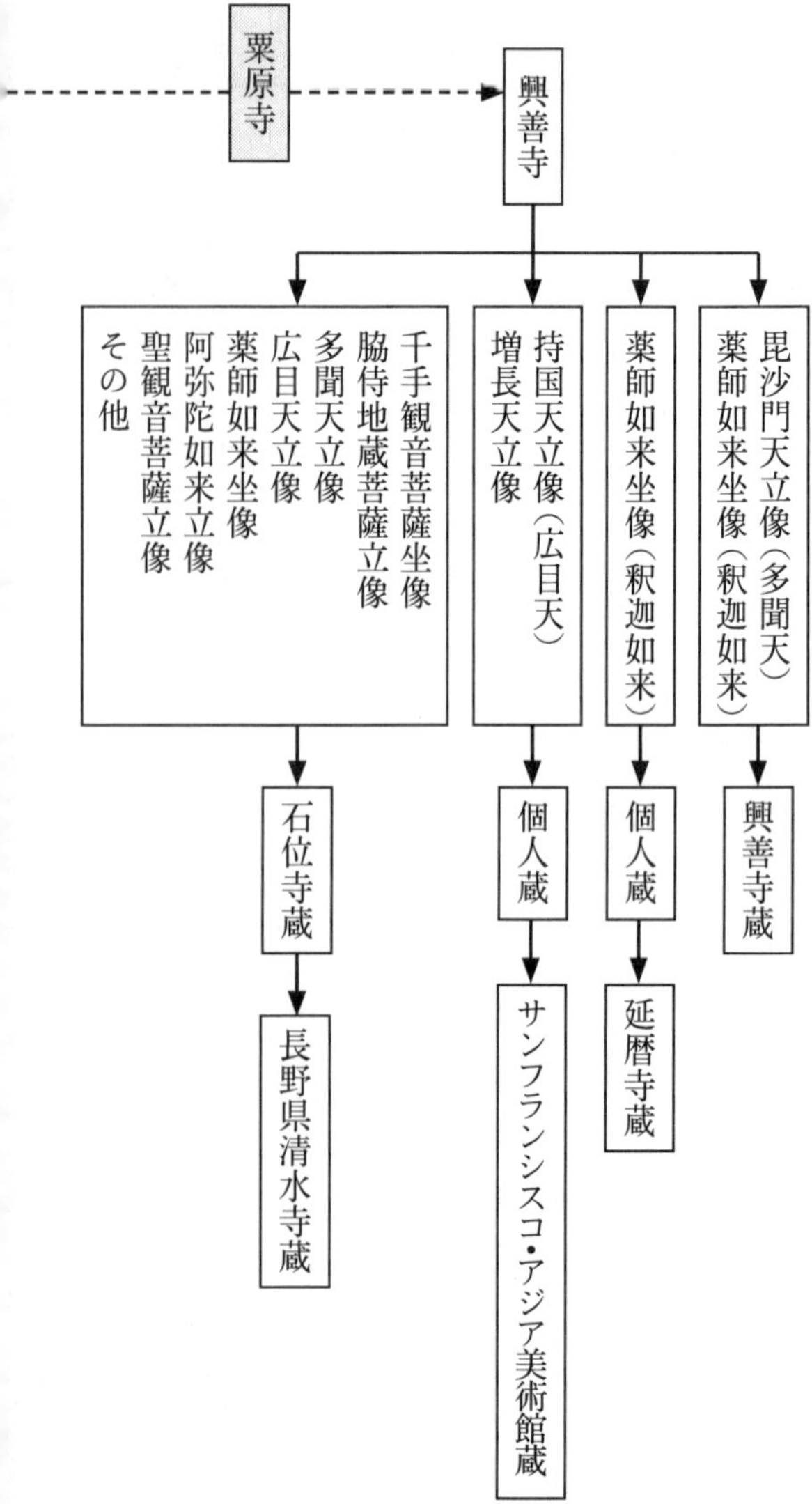

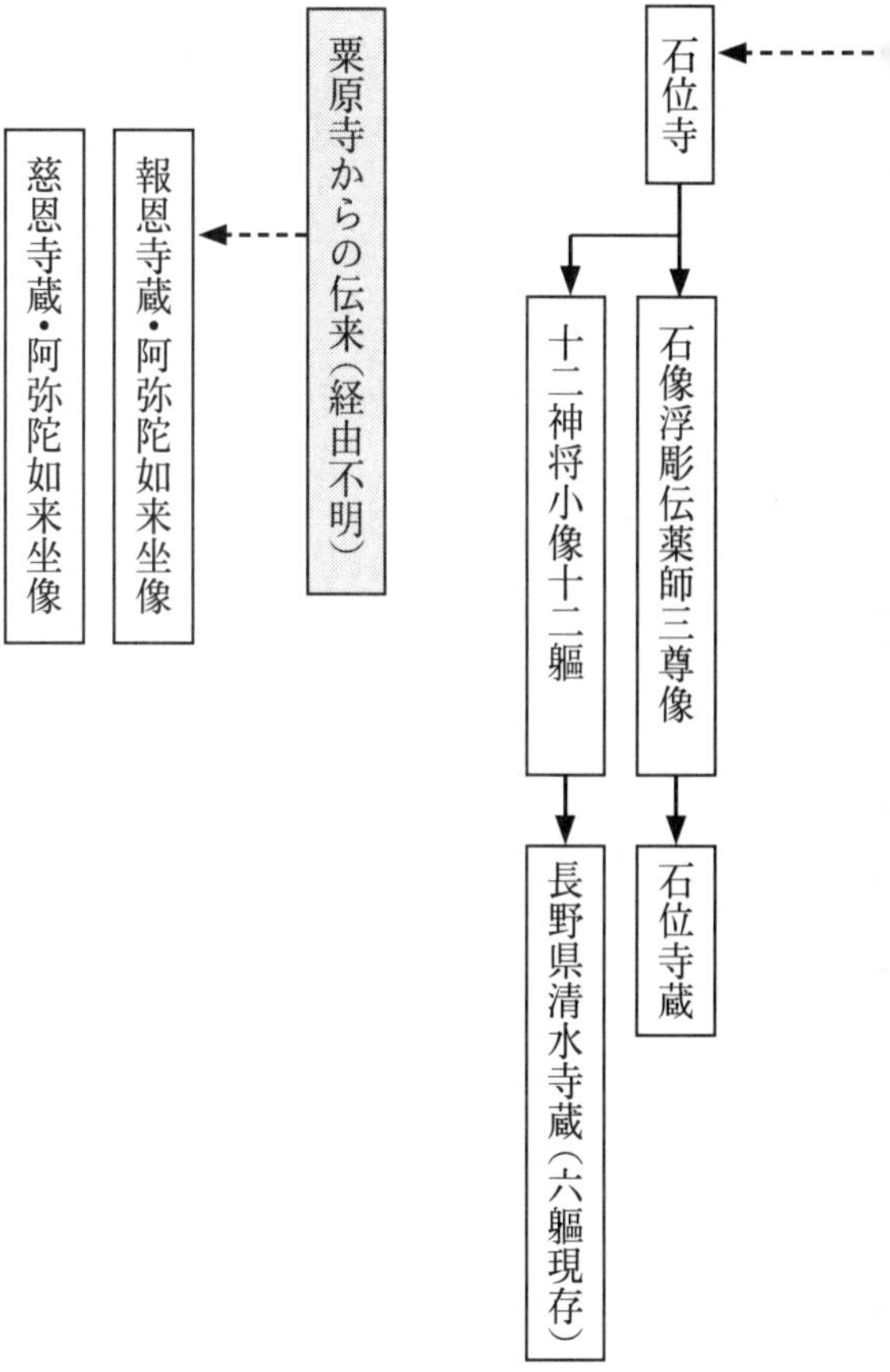

※栗原寺からの伝来については、
口伝のため実線ではなく---（点線）で表記

■旧多武峰妙楽寺の旧仏

多武峰妙楽寺から談山神社へ

蘇我蝦夷《そがのえみし》と入鹿《いるか》親子による独裁政治が強まるなか、飛鳥・法興寺《ほうこうじ》（現飛鳥寺）で行われた蹴鞠会《けまりえ》で中大兄皇子《なかのおおえのみこ》（後の天智天皇）と中臣鎌足《なかとみのかまたり》（後の藤原鎌足）が出会い、蘇我氏打倒の談合が倉橋山系の峰で密かに行われた。この峰が後に談峰と称されるようになり、多武峰談山神社《とうのみねたんざんじんじゃ》社号のおこりと伝わる。

六四五年、入鹿は討たれ、蝦夷は自殺。新しく「大化」の年号が立てられ、鎌足は中大兄皇子の内臣《うちつおみ》に任じられて国政の中心となった。

『多武峰縁起』によると、鎌足没後、鎌足の長子・定慧《じょうえ》和尚が多武峰に父を弔うために木造の十三重塔を建立したと伝わる。さらに塔の南に講堂を建て「妙楽寺《みょうらくじ》」と称した。

塔と並んで鎌足を神として祀る「聖霊院《しょうりょういん》」が建立され、神とともに仏を祀る神仏習合の多武峰信仰が始まったのである。

ところが平安時代末、多武峰は比叡山天台宗に属する青蓮寺の末寺になったため、同じく藤原氏の氏寺である興福寺が怒り、両寺の対立が始まり武力衝突を繰り返した。また室町時代の大和永享《えいきょう》の乱では多武峰は全山を焼き払われた。度重なる戦火にあいながら、その都度復興を遂げてきたのである。

明治維新新政府は神道・国学思想により「神仏分離令」を発布した。多武峰一山の僧侶は還俗して妙楽寺を廃寺とし、明治二年（一八六九）談山神社として新たな歩みを始めたのである。

仏教的要素は境内から排除し、仏像などは別の寺院に遷し、講堂は神廟拝所《しんびょうはいしょ》と名前を変えた。（『大和多武峯紀行』談山神社編）

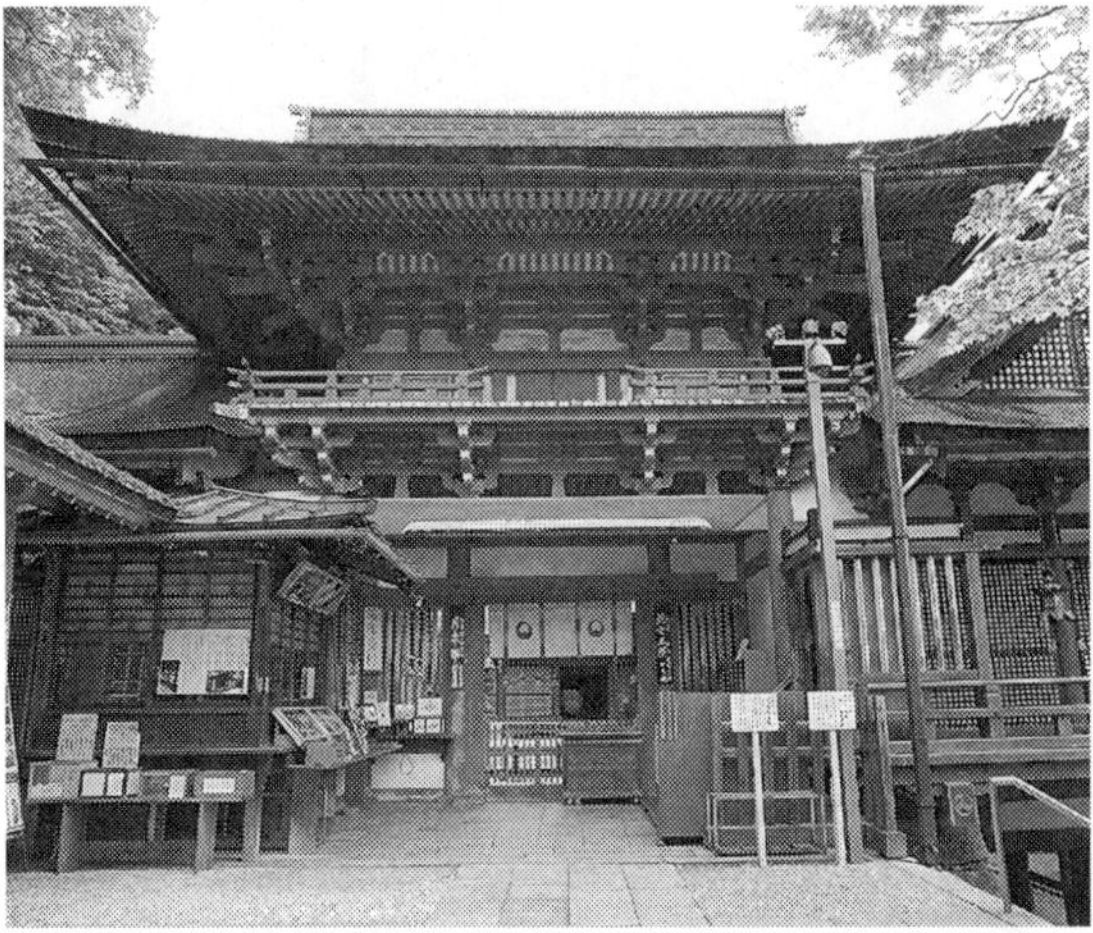

談山神社楼門

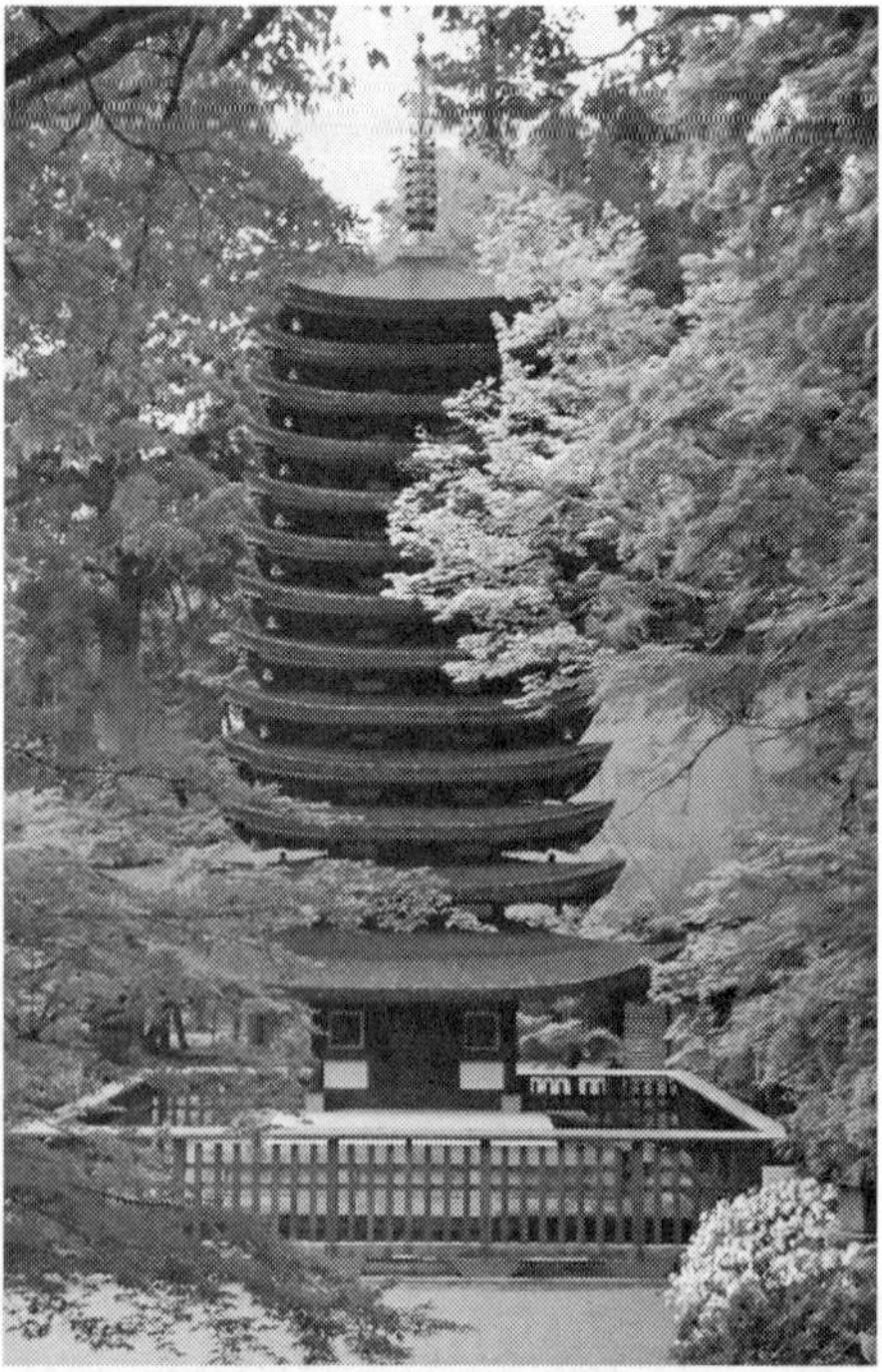

世界唯一の木造十三重塔

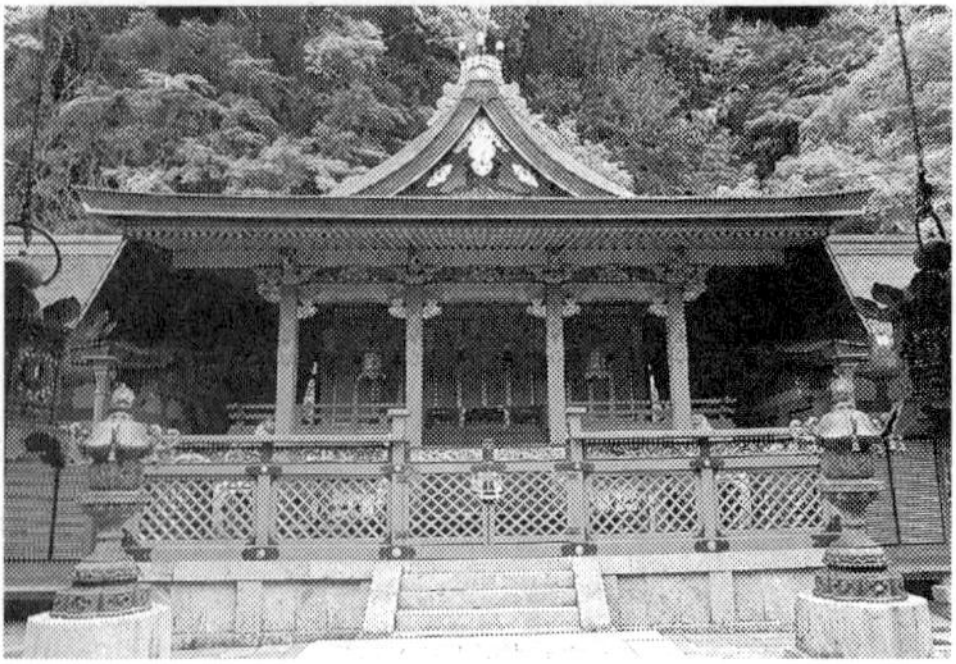

旧妙楽寺聖霊院・現本殿

今も談山神社に残る、妙楽寺時代の寺院建築

談山神社の境内や参道を歩くと寺院建築が随所に残っており、神仏習合の名残をとどめている。

•木造十三重塔

父・鎌足の追福のため、長男・定慧《じょうえ》が建立したとされる、約十七ｍの高さを誇る檜皮《ひわだ》葺き屋根の木造十三重塔は、今も美しい容姿を誇っている。現存の塔は享保五年（一五三二）の再建だが、木造の十三重塔としては世界唯一のものである。神仏習合時代の名残であるとともに、今も談山神社のシンボル的建造物である。

•神廟拝所

十三重塔南方の一段低いところに建つ建物で、旧妙楽寺の講堂であった（本尊は現在安倍文殊院に遷されている）。妙楽寺時代は中心的な建物であったが、神仏分離の際に神

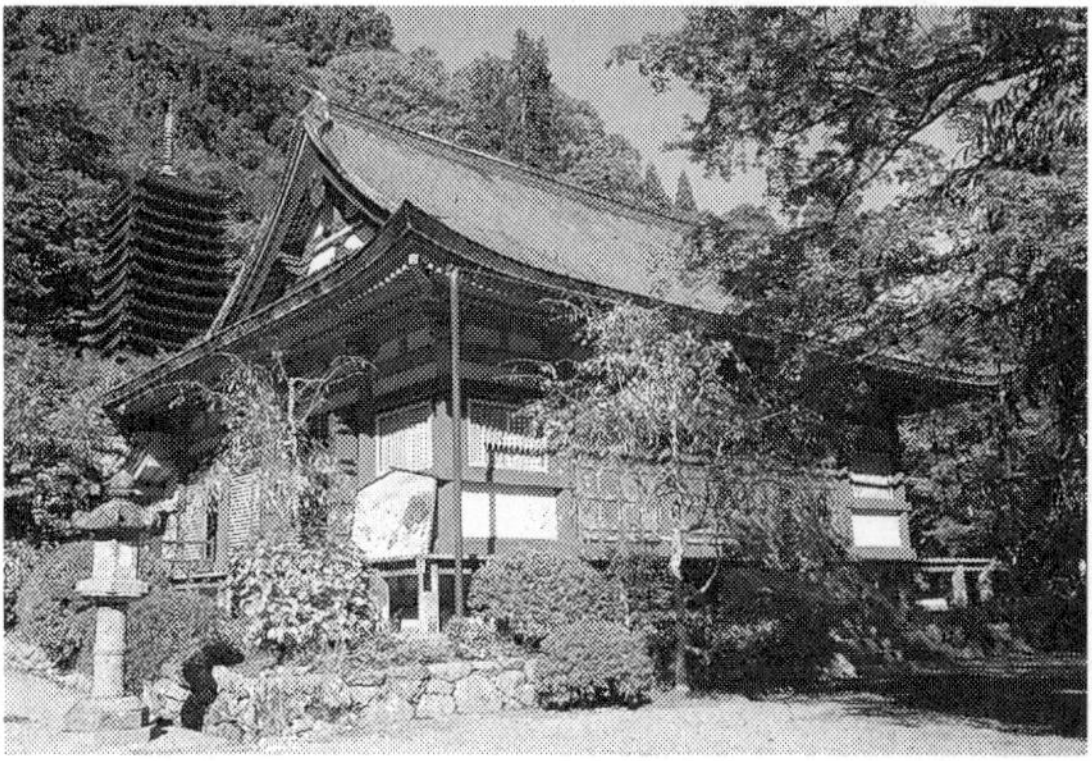

旧妙楽寺講堂・現神廟拝所

廟拝所と改称された。

•権殿

十三重塔の西に建つ権殿は、もと妙楽寺常行三昧堂であった。現在は芸能・芸術にたずさわる人たちの守り神として崇拝されている。

•東大門

境外の屋形橋から西へ行くと古色蒼然とした構えの「東大門」が立ちはだかる。旧妙楽寺護国院の山門で、両袖付きの高麗門である。

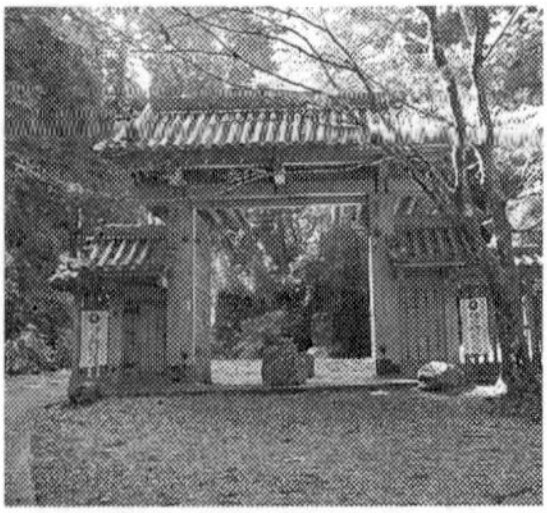

東大門

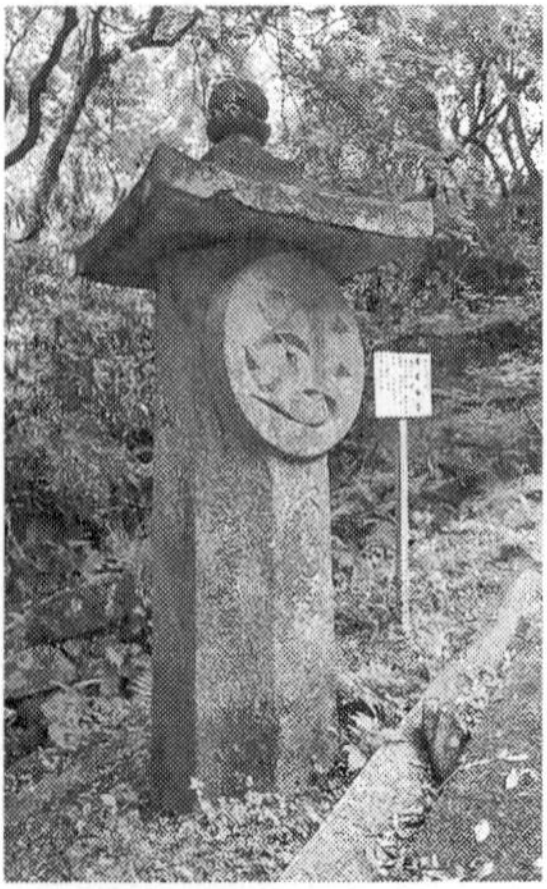

摩尼輪塔

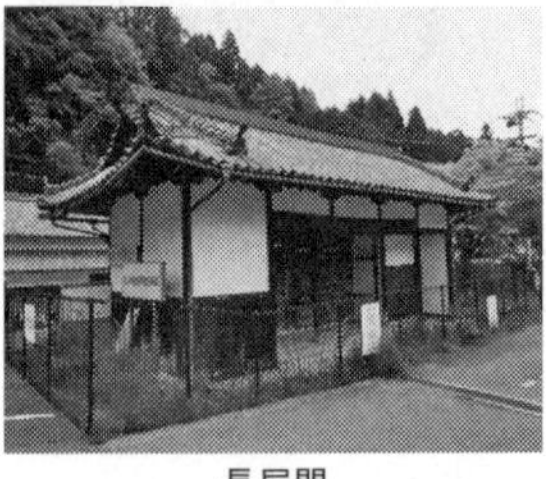

長屋門

・摩尼輪塔と長屋門

さらに西に進むと「摩《ま》尼《に》輪《りん》塔《とう》」と称される八角円柱の石造物がある。笠塔婆の一種であり、摩尼とは梵語で宝珠の意味で、石柱の相輪部には宝珠が載っている。柱に梵字が刻まれた丸い額があり、上に笠を被っている。鎌倉後期の作だが、明治初頭の神仏分離の時から近年まで土中に埋められていたため、美しい姿を保っている。

駐車場の一角に「長屋門」と呼ばれる妙楽寺の子院・常住院の門が建っている。

・西大門跡と石仏

東大門から参道をさらに西に進むと、西大門の跡がある。門は残っておらず跡地に女人禁制を示す石柱が建っている。中世から近世まで、女人の立ち入りを

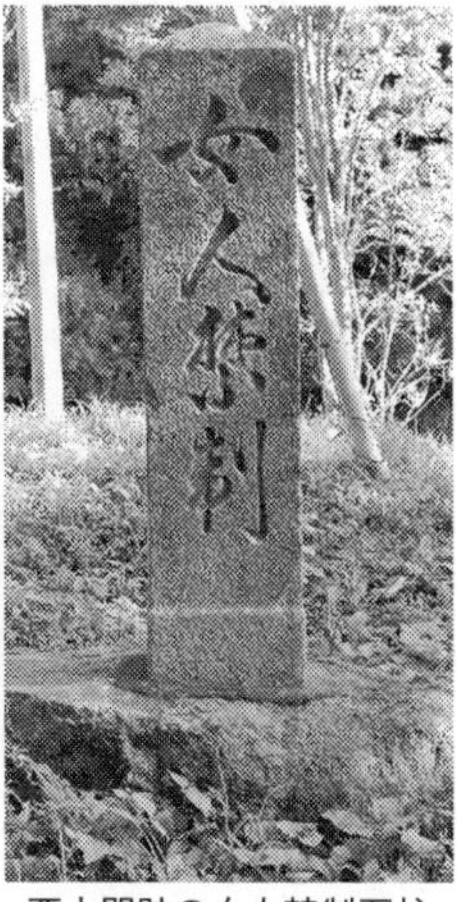

西大門跡の女人禁制石柱

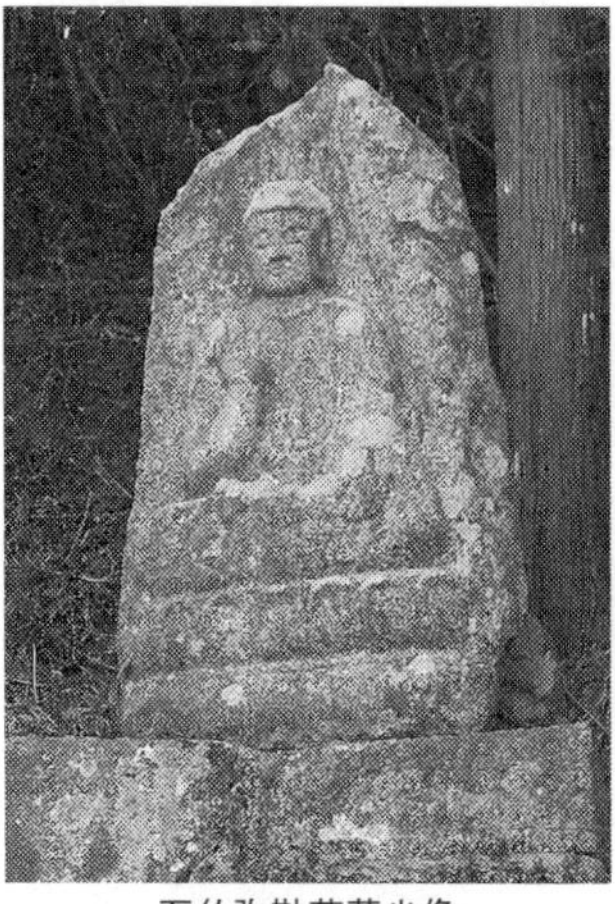
石仏弥勒菩薩坐像

禁じていた妙楽寺時代の名残である。

同じく西大門跡の北側、石垣の上に石仏が置かれている。鎌倉時代の作で、花崗岩の一石造り出し、半肉彫りの穏やかな表情の高さ一・五mの弥勒菩薩坐像である。石像に文永三年（一二六六）奉造立と刻まれている。桜井市内の在銘石仏では最古のものという（桜井市教育委員会・石仏案内）。

・談山神社に何故か残る、旧妙楽寺の仏教美術

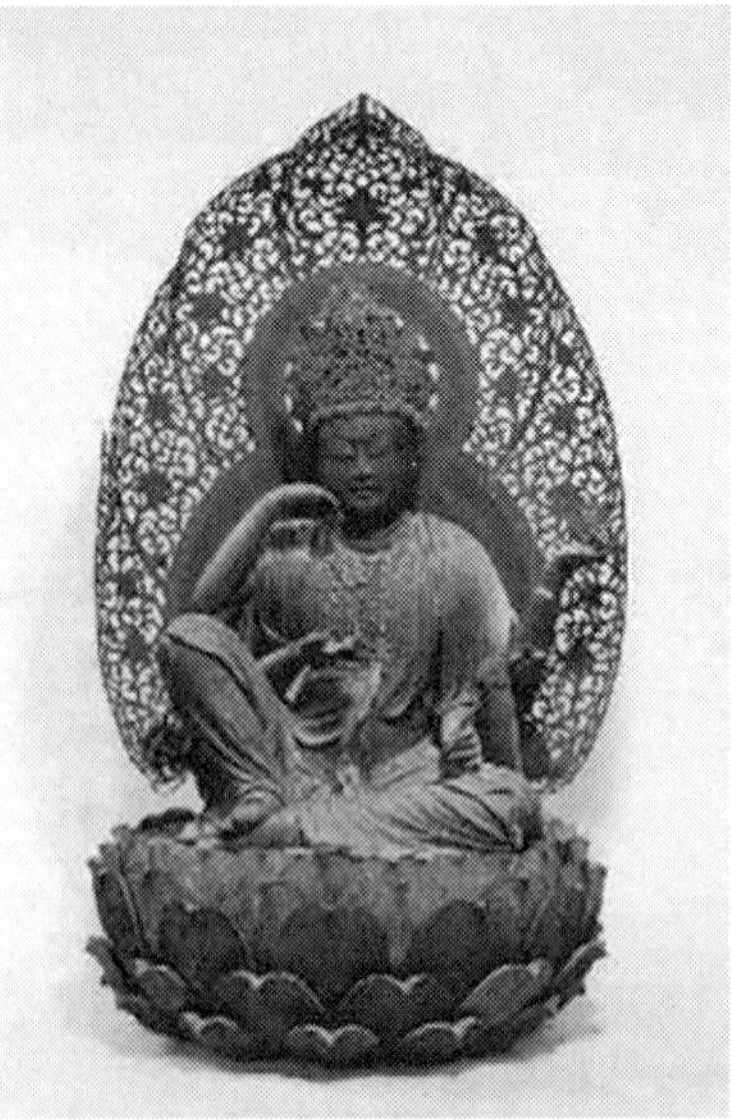

談山神社蔵・談峯如意輪観世音菩薩坐像／写真提供：談山神社

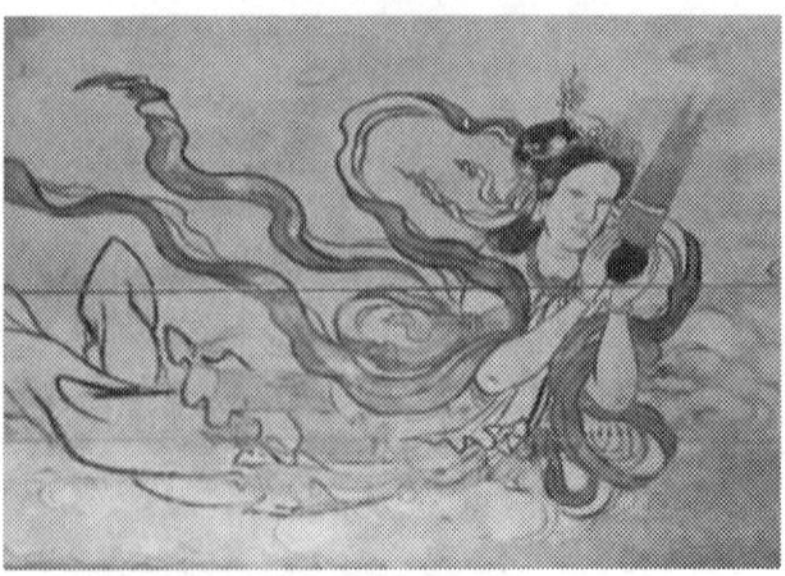

神廟拝所壁画／写真提供：談山神社

廃仏毀釈により、多武峰妙楽寺の仏教美術品はほとんど失われたが、談峯《だんぽう》如意輪《にょいりん》観世音《かんぜのん》菩薩《ぼさつ》坐《ざ》像《ぞう》だけが残った。像高約四八cmの伏し目がちで穏やかな表情の仏像である。

また神廟拝所には、狩野派の絵師により描かれた笙《しょう》を持って空を飛ぶ飛天の壁画が、今も美しい衣をなびかせている。

これら寺院の残照に、神仏習合の歴史を見ることができるのも談山神社の魅力だ。

◇安倍文殊院に遷された諸仏

華厳宗の安倍文殊院（桜井市阿部）は、大化元年（六四五）に左大臣となった安倍倉悌麻呂《あべのくらはしまろ》が、安倍一族の氏寺として創建した寺院である。

創建時の安倍寺（崇敬寺・現安倍寺跡）は現在地より南西三〇〇mにあったのだが、妙楽寺と興福寺の対立による武力衝突の際、興福寺の要塞となり、兵火によって伽藍が焼失した。

鎌倉時代に今の地に移転し、再び隆盛を取り戻したが、永禄六年（一五六三）に松永久秀の兵火にあい、一山のほとんどを焼失。その後再建されて現在に至っている。この時の兵火で難を免れたのが、本尊の快慶作・渡海文殊菩薩群像（国宝）である。

旧妙楽寺の阿弥陀三尊像が、
安倍文殊院では釈迦三尊像として遷座

明治の神仏分離令により多武峰妙楽寺の仏像が安倍文殊院に遷座されてきた。

ただし、旧妙楽寺講堂の本尊だった阿弥陀三尊像は、安倍文殊院では釈迦三尊像として祀られている。

半丈六の中尊像の左右に等身の脇侍仏が従っている。いずれもヒノキの寄木造りで、玉眼嵌入《ぎょくがんかんにゅう》、肉身部に金泥を塗り、衣部を漆箔としている。

中尊像の像内に、寛文八・九年（一六六八～六九）の修理の銘文がある。また、この修理の際、像内より阿弥陀経が発見されたという（『桜井市史』）。

安倍文殊院・東快應執事長は「手の形は阿弥陀仏の中品中生の印を胸の前で結んでおられるのですが、当

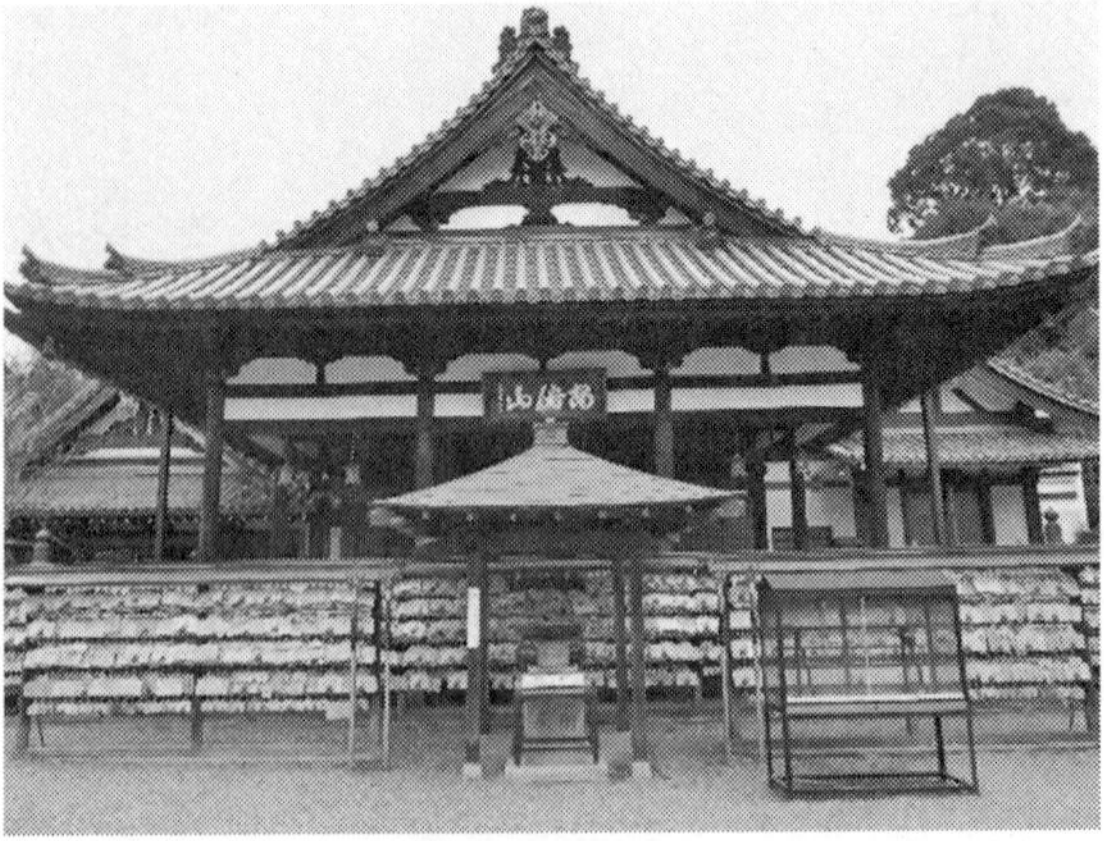

安倍文殊院の本堂

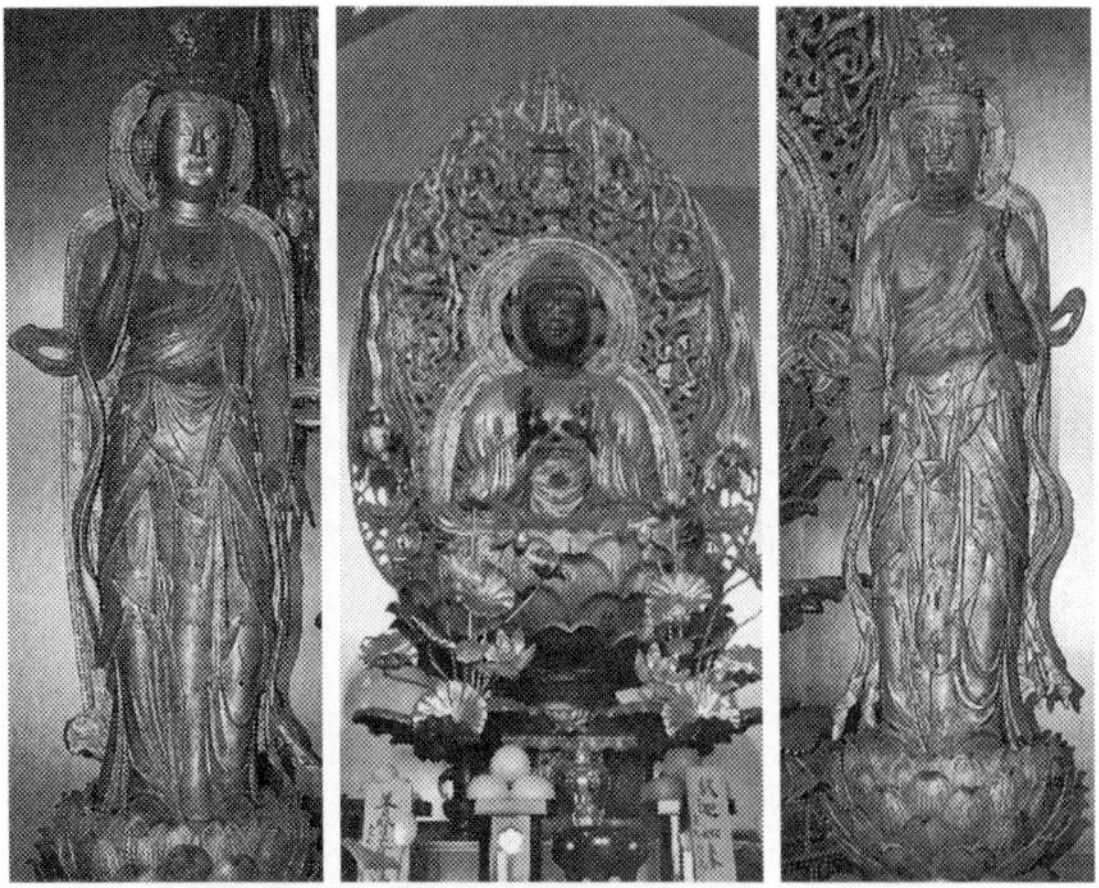

安倍文殊院蔵・釈迦三尊像として祀られている、
妙楽寺の阿弥陀三尊像
桜井市重文・室町時代後期作・ヒノキの寄木造り・漆箔
中尊・像高約165㎝、左脇侍約165㎝、右脇侍約160㎝

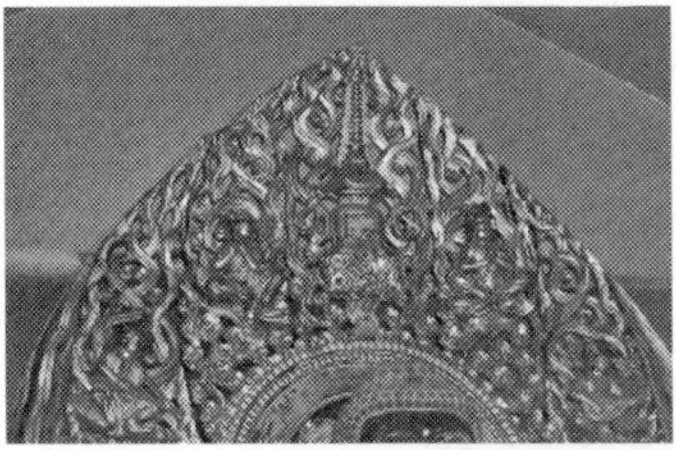

中尊・光背先端中央に十三重塔が刻まれている

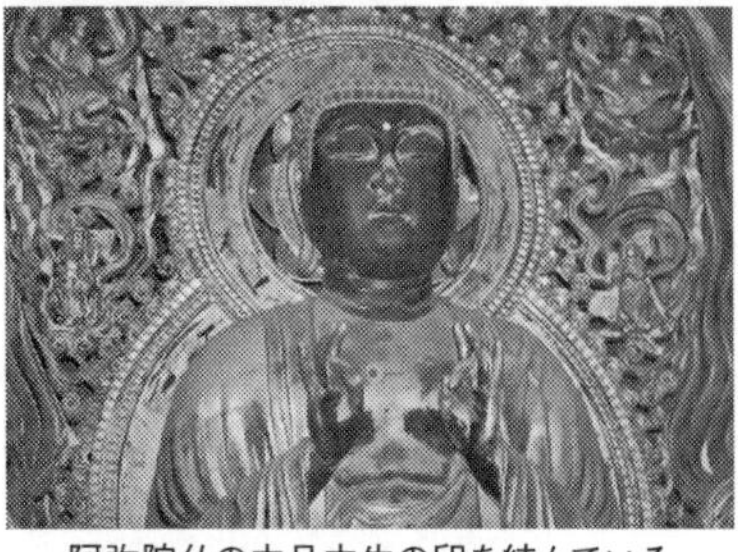

阿弥陀仏の中品中生の印を結んでいる

寺では遷座されたとき、釈迦仏の御霊をお入れして釈迦三尊像として拝んでいます」と説明。しかし、なぜ釈迦仏として拝まれるようになったかは不明だそうだ。

　中尊の光背の中央先端に「十三重の塔」が彫られている。明らかに妙楽寺の木造十三重の塔を表している。〝多武峰妙楽寺の仏像である〟と主張しているかのようだ。

（※巻頭カラーページに写真掲載）

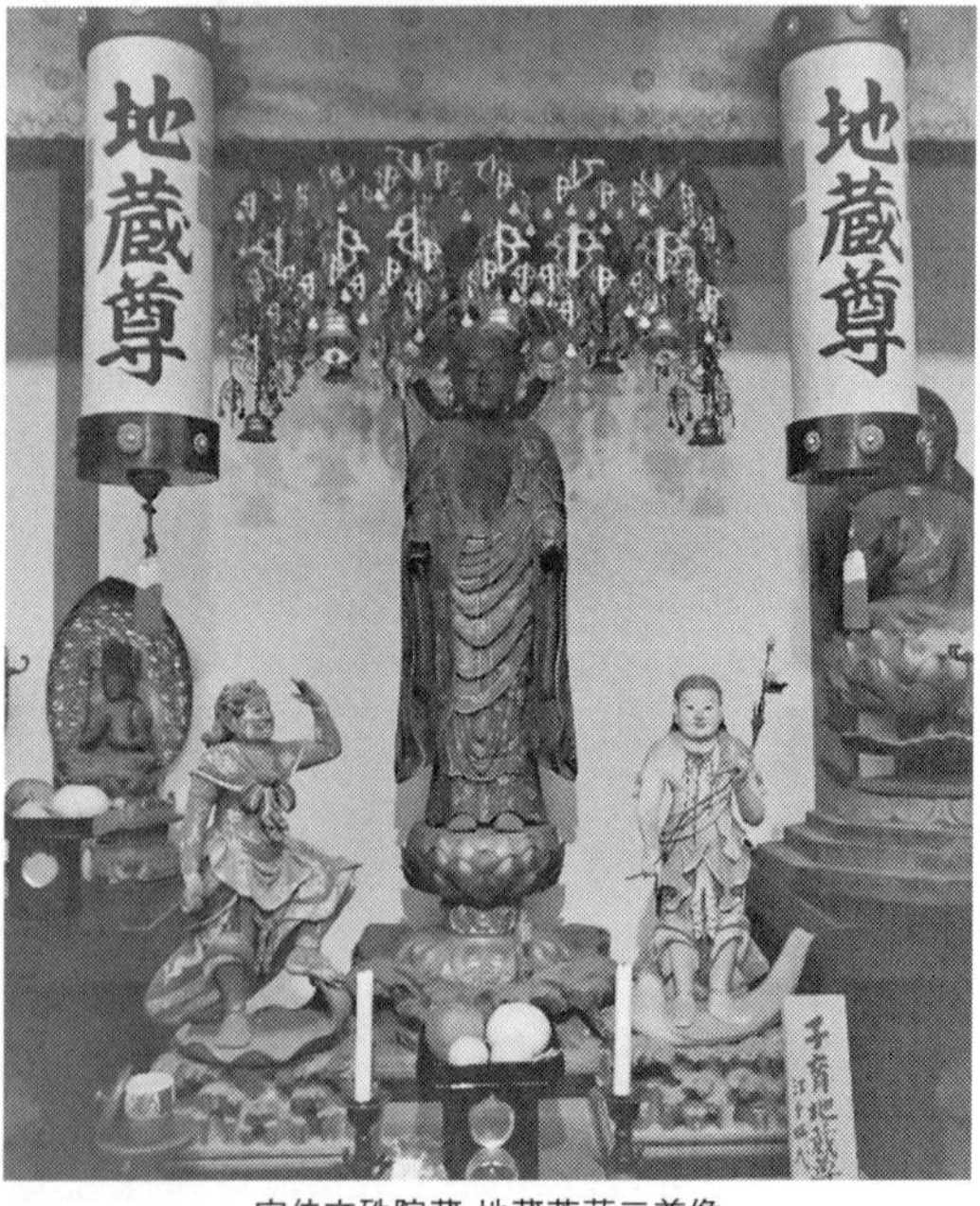

安倍文殊院蔵・地蔵菩薩三尊像

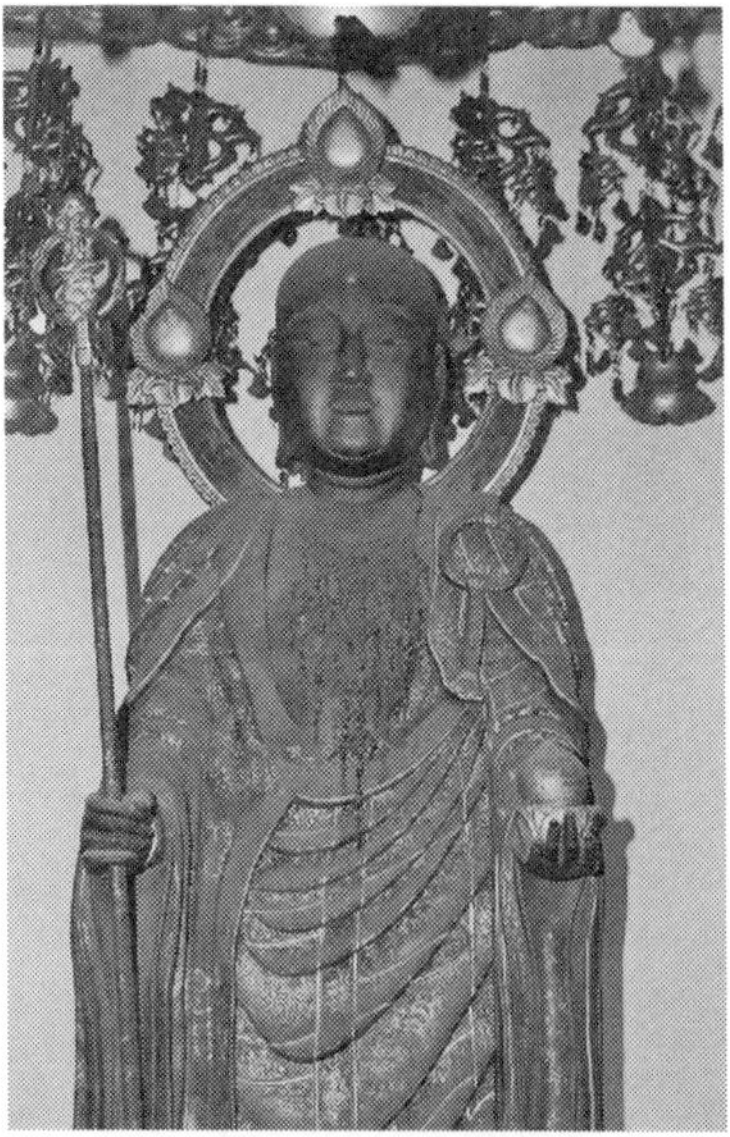

中尊の地蔵菩薩立像

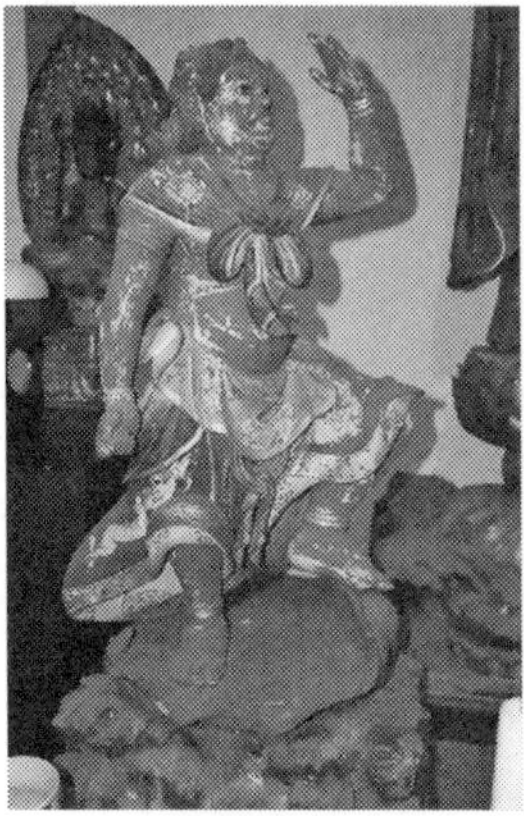

脇侍仏(左)

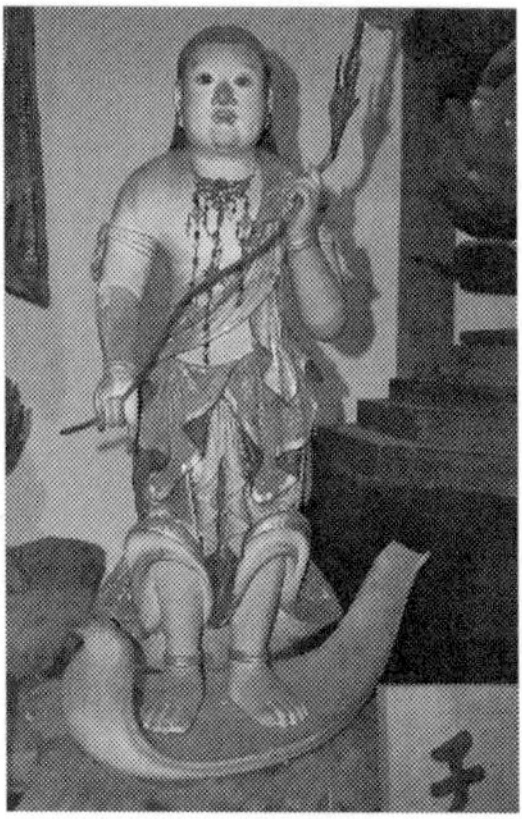

脇侍仏(右)

妙楽寺の地蔵菩薩立像と、脇侍仏

本堂奥に仏像が並んでいる。妙楽寺から遷座された地蔵菩薩三尊像である。

江戸時代作とされている木彫の三尊像だが、中尊地蔵菩薩立像と両脇侍仏とは趣が異なる。静かな面持ちの中尊に対して、脇侍仏は躍動感があり、後補かと思えるほど彩色が良く残っている。

近代奈良県の歴史を語る仏たち

明治元年（一八六八）、和泉国（現・大阪府南西部）の旧幕府領を管轄するために、大阪府から堺役所を分割して堺県が発足した。明治九年（一八七六）の第二次府県統合により、堺県に奈良県が編入された。明治十四年（一八八一）に堺県は大阪府へ編入され、明治二〇年（一八八七）に奈良県は独立して再設置されることになった。明治の一時期、奈良県はなかったのである。

「奈良県が堺県に編入されていた明治十六年に、堺県知事により出された、妙楽寺から安倍文殊院への移設認可状があります」と、東執事長。つまり、神仏分離令から十数年後の明治十六年（一八八三）に仏像群は遷座されたのだろう。

妙楽寺と興福寺の対立により兵火を被った安倍文殊院に、神仏分離令により居場所を失った妙楽寺の諸仏が避難されてこられたというわけだ。

◇極楽寺庫裡お内仏は、妙楽寺の旧仏だった

桜井市粟殿に建つ、浄土宗・極楽寺。安土桃山時代の創建だが、飛鳥時代に建てられた念仏三昧堂跡地に建てられたと伝えられている。ここに定印を結ぶ像高約六〇㎝のヒノキの木造阿弥陀如来坐像が安置されている。平安時代の作で、面相部や胸のふくらみなどは写実的に表現されているが、衣文や衿などの彫りは浅い。

平成二五年（二〇一三）に庫裡を建て替えた際、お内仏である阿弥陀如来坐像を修理した。像の背中を開いたところ、背板に「天台慈覚大師御作・大和国多武峰安養院」と、両脚部裏にも「大和国多武峰安養院持仏堂本尊弥陀慈覚大師作云々」と書かれているのが発見され

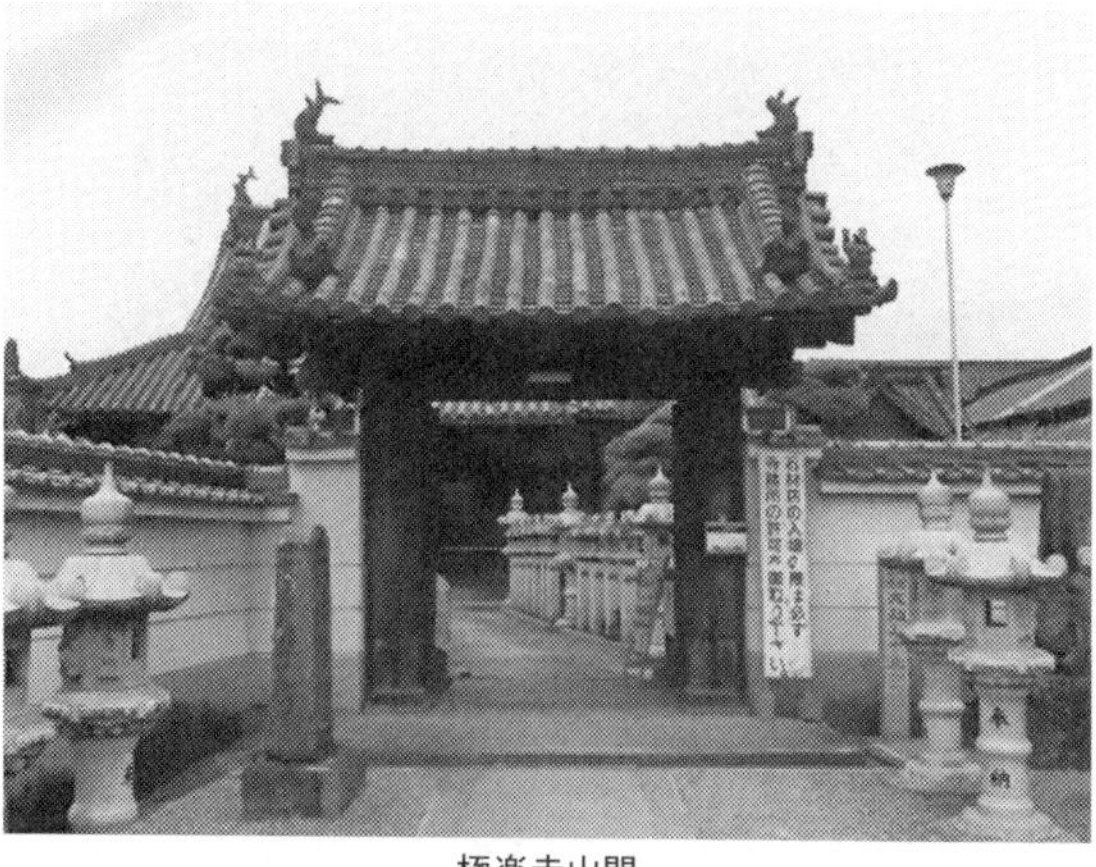

極楽寺山門

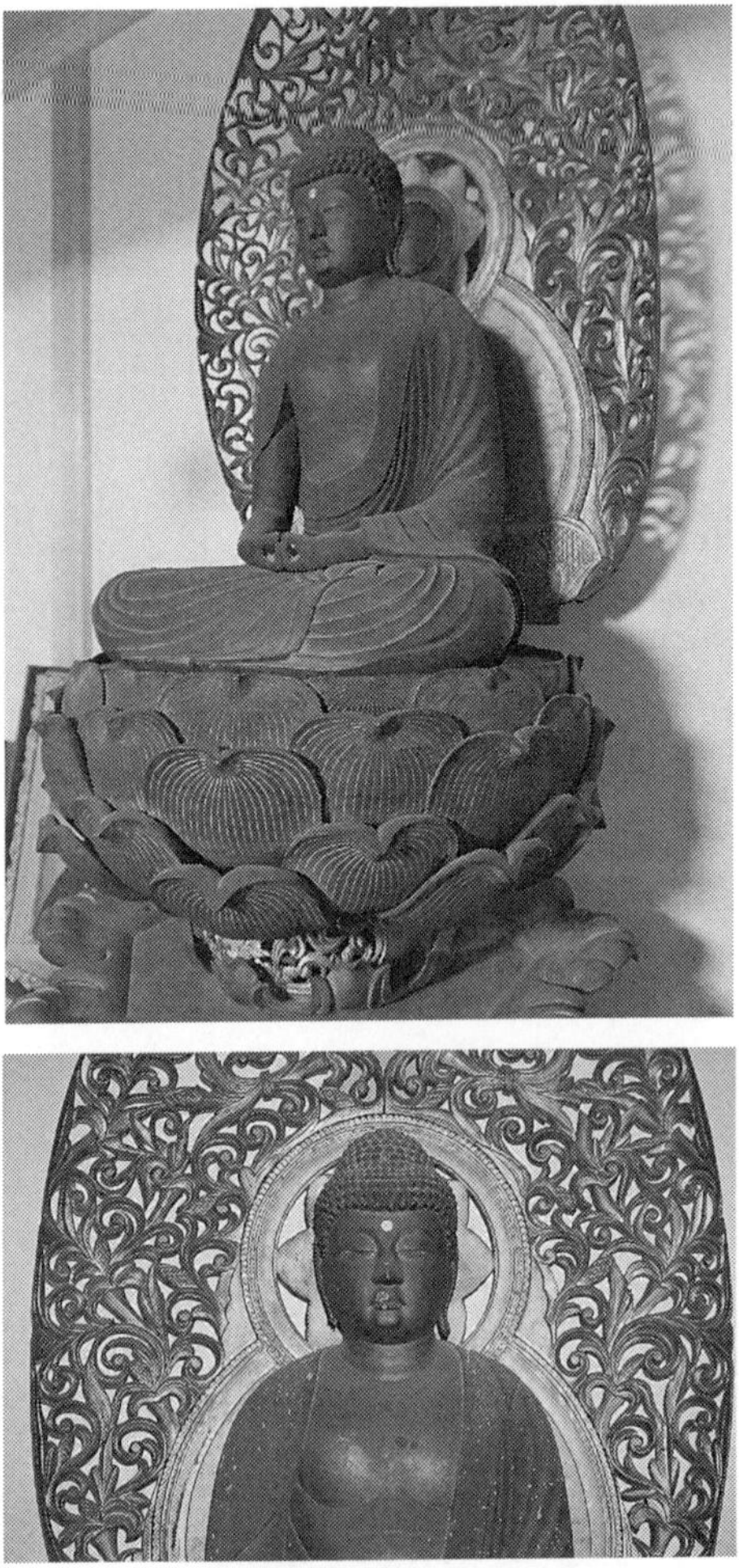

極楽寺蔵・木造阿弥陀如来坐像
平安時代前期作・ヒノキの木彫・像高約66㎝

た。慈覚大師とは、第三代天台座主、平安初期の僧・円仁（七九四～八六四）のことである。

野島学道住職によると「修理の人が墨書銘を発見され、それで初めて妙楽寺の旧仏とわかったのです」とのことだが、「妙楽寺の仏像が、いつごろからどうして極楽寺に遷されたのかはわかりません」と話される。

廃仏毀釈で流出したのか、それ以前の伽藍焼失の際に持ち出されたのかは明らかではない。ただ、今回の修理で墨書銘が発見され、「妙楽寺」の仏像であったことがようやく知らされたわけだ。

（※巻頭カラーページに写真掲載）

◇桜井市山田の三寺院に預けられた妙楽寺旧仏の一軀が、善行寺の木造地蔵菩薩坐像と礼盤

桜井市山田に建つ、浄土真宗・善行寺に、旧妙楽寺の地蔵菩薩坐像が安置されている。

像高約四十㎝（台座からは六五㎝）、玉眼嵌入《かんにゅう》、左手に宝珠、右手に錫杖を執っており、彩色が良く残っている木造の坐像である。

武田博彰住職によると「廃仏毀釈のとき、妙楽寺から仏像や仏具を預かってほしいと頼まれたので、この山田の地にある三つの寺院で寺宝を分けたと聞いています」そして「善行寺に地蔵菩薩坐像と礼盤を、西念寺に八光掛け軸を、山田寺にお大師像を預けたと思われますが、善行寺蔵のもの以外は行方がわからなくなっているようです」と説明される。

　地蔵菩薩坐像を載せている台座は、幅六一㎝、高さ十八㎝のヒノキ材の礼盤《らいばん》である。礼盤とは、仏像に経をあげるときに僧侶が座る台のこと。この礼盤の天板裏面に「多武峰妙楽寺阿中坊常住（88頁写真下右）」「大永五年六月吉日（88頁写真下左）」の墨書銘があり、もと妙楽寺の什物であったことがうかがえる。つまり、一五二五年（室町時代）に作られた礼盤である。「専門家

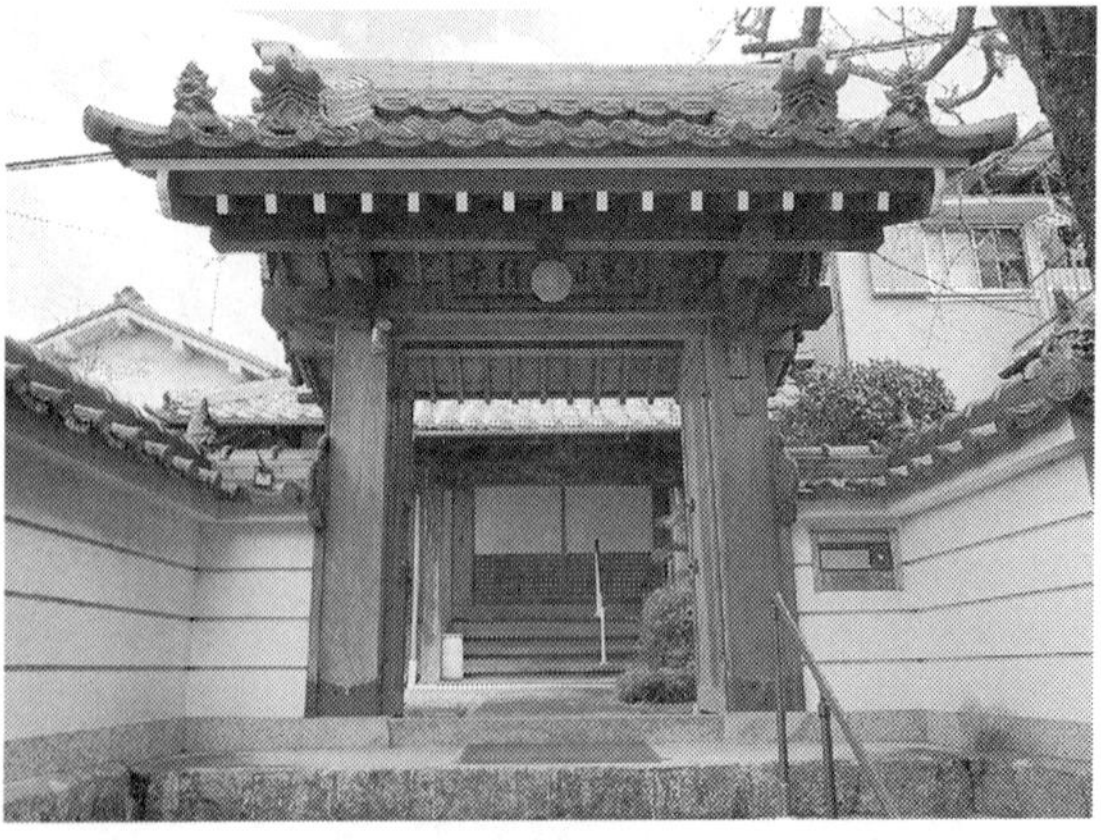

善行寺山門

は仏像よりも礼盤の墨書銘を見に来られる」と、武田住職は苦笑される。

　地蔵菩薩坐像が同時期の作かどうかはわからないが、二つまとめて移ってきたことから、仏像も旧妙楽寺のものであることが裏付けられるだろう。

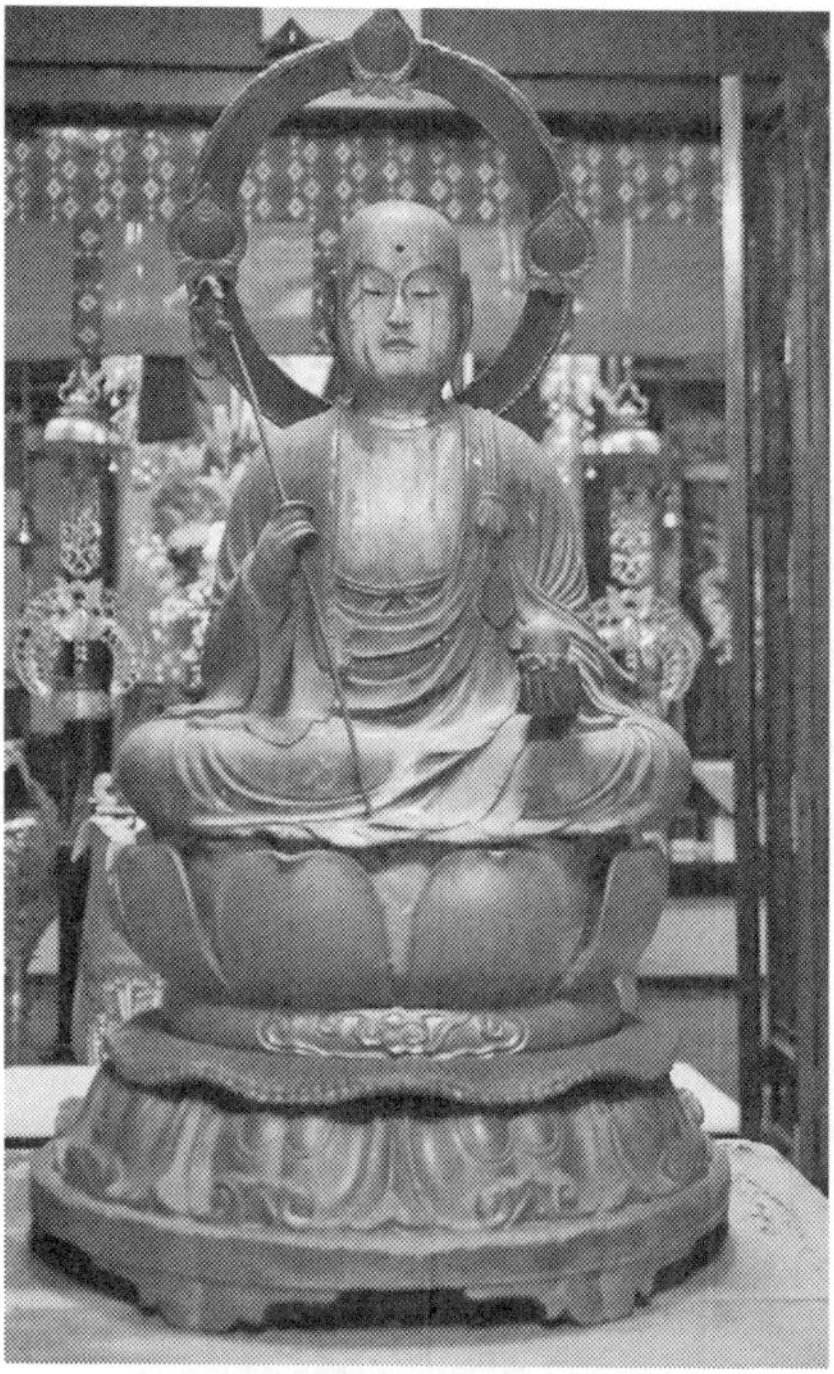

善行寺蔵・木造地蔵菩薩坐像
室町時代作・木彫彩色・像高約40㎝

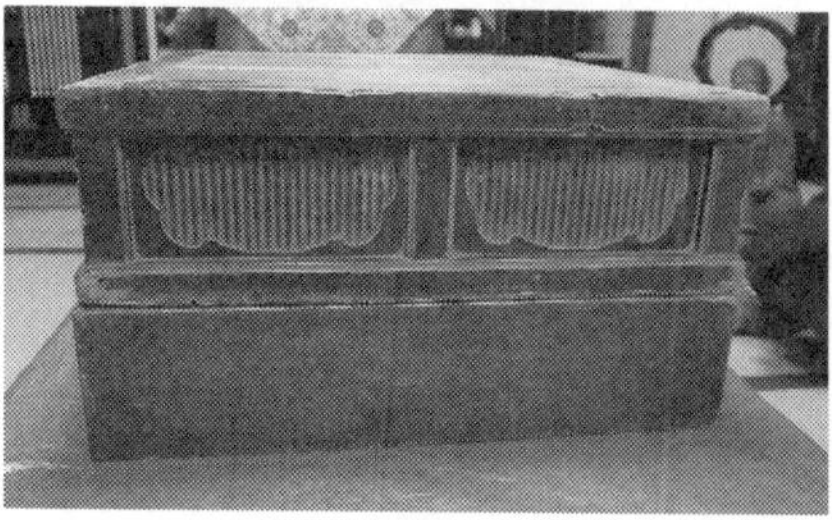

礼盤
ヒノキ材、幅61cm、高さ18cm

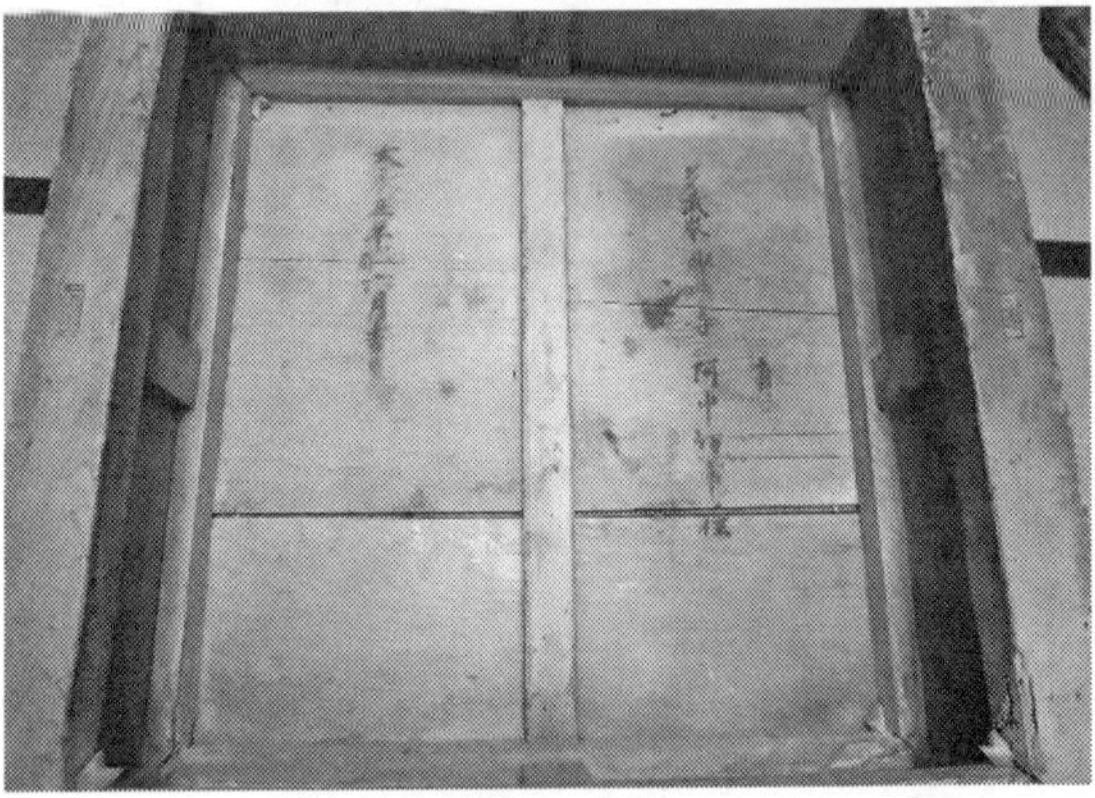

礼盤裏の全体

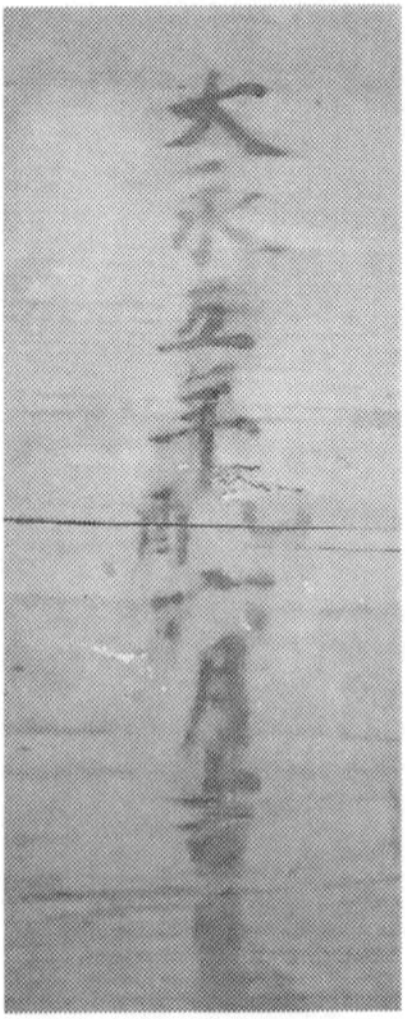

礼盤裏左の墨書銘
「大永五年六月吉日」

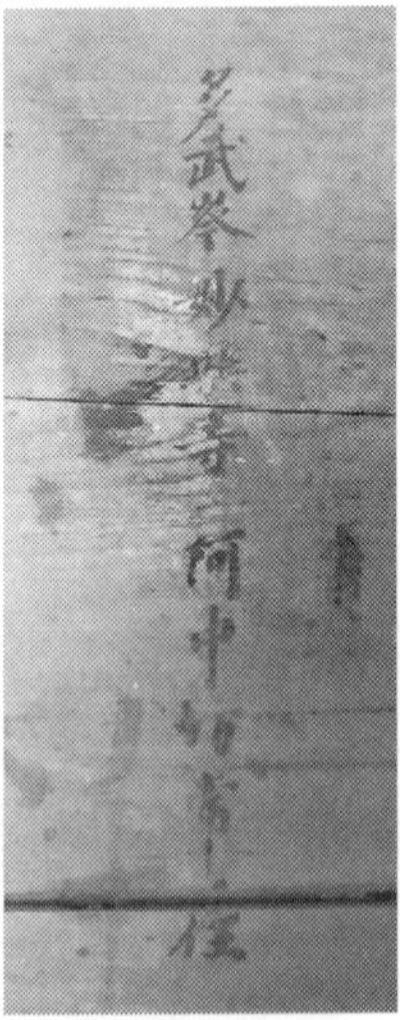

礼盤裏右の墨書銘
「多武峰妙楽寺阿中坊常住」

彩色がよく残っている美しい姿の地蔵像である。両眼から下に筋状の剥落があり、まるで涙を流しておられるかのような表情になっているのが印象に残る。(※巻頭カラーページに写真掲載)

◇桜井市の廃寺の伝来品を多く有する、来迎寺

室町時代に道場があり、融通念仏宗の開祖良忍も巡錫《じゅんしゃく》されたと伝わる地に建つ、来迎寺(桜井市桜井)。一六〇〇年前後に建立された、融通念仏宗の大寺で、多くの仏像、文化財を有する寺院である。

『桜井町史』によると、本堂の諸仏のうち、阿弥陀如来立像は平安時代の秀作で、粟原寺伝来の像ではないかと記されている。

また、木村了昴住職は「木彫阿弥陀如来坐像の蓮台に、妙楽寺塔頭のご本尊であると記された銘文を読みました」と話される。

庭には粟原寺や妙楽寺の礎石が置かれており、大御輪寺の擬宝珠《ぎぼし》が一つ、階段の手すりを飾っている。桜井市の廃寺の遺品を楽しめる寺院だが、観光寺院ではなく、撮影も不可のため、記事でのみの案内とする。

■旧大御輪寺（大神寺）の旧仏

大神神社の旧神宮寺・大御輪寺と、大直禰子神社

高さ四六七ｍの円錐型の三輪山全体を御神体とする、大神《おおみわ》神社（桜井市三輪）。今も本殿を設けず、拝殿と三輪山の間に三ツ鳥居（明神型の鳥居を横一列に三つ組み合わせた独特の形式）と称する特異な鳥居と瑞垣を設けており、上代の神祀りの様を今に伝えている。

御祭神は大物主大神《おおものぬしのおおかみ》で、『古事記』によれば、大物主大神が出雲の大国主神の前に現れ、国造りを成就させる為に「吾をば倭の青垣、東の山の上にいつきまつれ」と三輪山に祀られることを望んだとある。『日本書記』でも同様の伝承が語られ、大物主大神は大国主神の別の御魂として顕現され、三輪山に鎮まられたということだ。記紀神話に創祀の伝承が明瞭

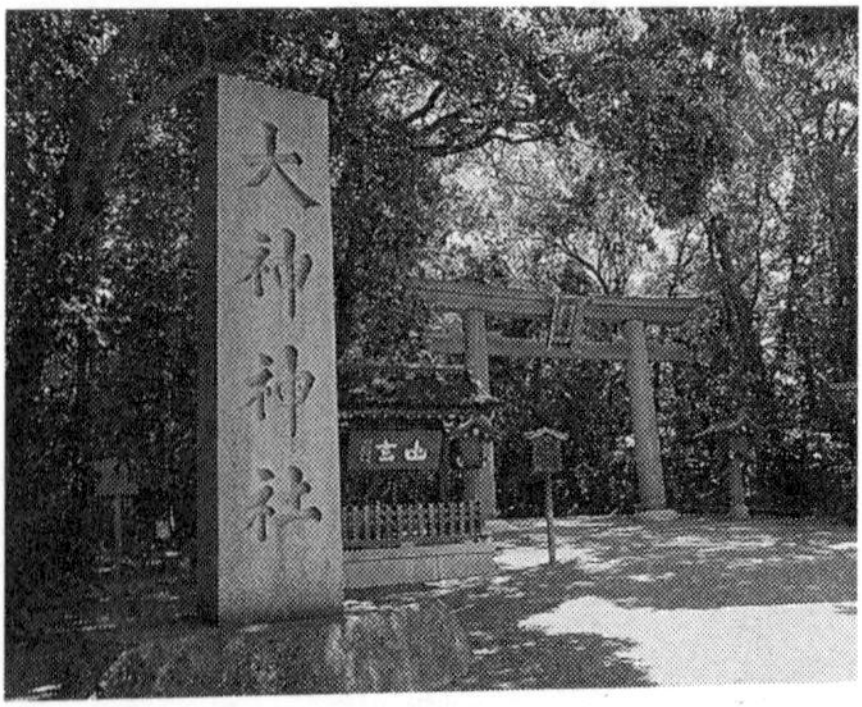

大神神社（二の鳥居）

に記されている古社中の古社で、大和国の一の宮である。

大鳥居をくぐり参道を進み、二の鳥居手前を左（北側）に折れると若宮社である、摂社大直禰子《おおたたねこ》神社がある。かつて大神寺《おおみわでら》（大御輪寺《だいごりんじ》）と称されていた大神神社の旧神宮寺である。

本殿は奈良時代の建物で、大神寺と称されていたが、鎌倉時代に西大寺の叡尊《えいそん》上人が本堂の改造などに関わったのを機に、寺号が大御輪寺と改められた。

慶応四年～明治元年（一八六八）の神仏分離の施行により、大神神社の若宮となり、明治十年には大直禰子神社として本社の摂社となった。

廃仏毀釈《はいぶつきしゃく》により廃された大御輪寺の三重塔、護摩堂、そして客殿の堂塔は撤去された。本堂だけが取り壊しを免れ、社殿に変更、現在に至る。

一方、神仏習合時代の本尊十一面観音立像など、本堂の諸

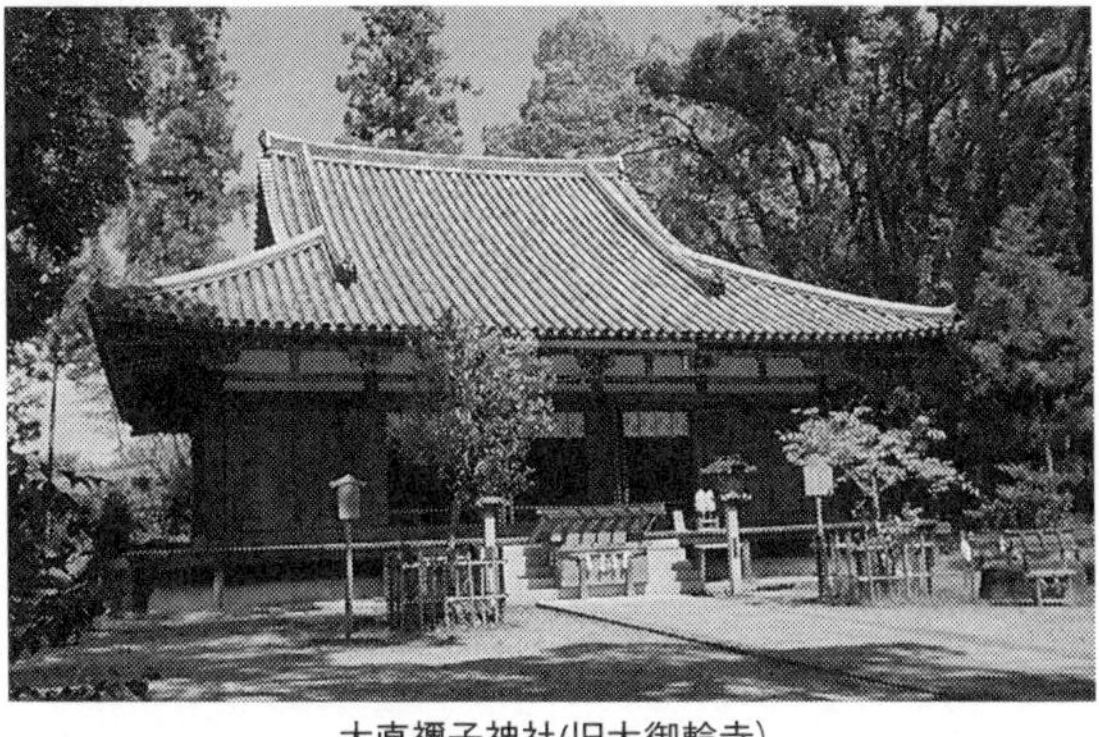

大直禰子神社(旧大御輪寺)

仏は他の寺々に預けられこととなり、今も各寺院で大切に保存されている。

神仏分離令により本堂の諸仏は取り除かれ、併祀されていた若宮神・大直禰子命の神像だけをお祀りするようになった。

大御輪寺の本堂に祀られていた名品の数々

大御輪寺本堂にはかつて十一面観音立像を中尊に、いくつかの仏像が安置されていたが、明治初期、奈良盆地の諸寺院に遷された。

中尊の十一面観音立像は桜井市の聖林寺へ、本尊右脇に祀られていたと思われる地蔵菩薩立像は法隆寺へ、本尊左脇に安置されていたと思われる不動明王像は「山辺の道」沿いに建つ玄賓庵《げんぴあん》へと遷されたのである。

また、奈良市の正暦寺《しょうりゃくじ》にも伝日光・月光菩薩立像二軀が遷され、現在同寺薬師堂に安置されている。

◇桜井市の古刹・聖林寺

奈良県桜井市の町はずれ、談山山系の中腹に建つ、霊園《りょうおん》山聖林寺《ざんしょうりんじ》。和銅五年（七一二）、藤原定慧《じょうえ》が精舎を建立して、父鎌足《かまたり》の菩提を弔ったのが始まりと伝えられる。以後、多武峰妙楽寺《とうのみねみょうらくじ》の別院だったが、天台宗の妙楽寺と興福寺のいさかいのあおりをうけ、興福寺僧兵の焼き討ちにあい、焼失した。鎌倉時代に再興され、江戸時代に巨大な地蔵石仏を本尊とする本堂が改築されて現在に至る。

明治初頭の神仏分離令発布のころ、談山山中の伽藍がことごとく神社に改装され、山中の塔頭すべてが民家に還俗したなか、聖林寺だけが唯一仏教寺院として残る幸運を得たのである。

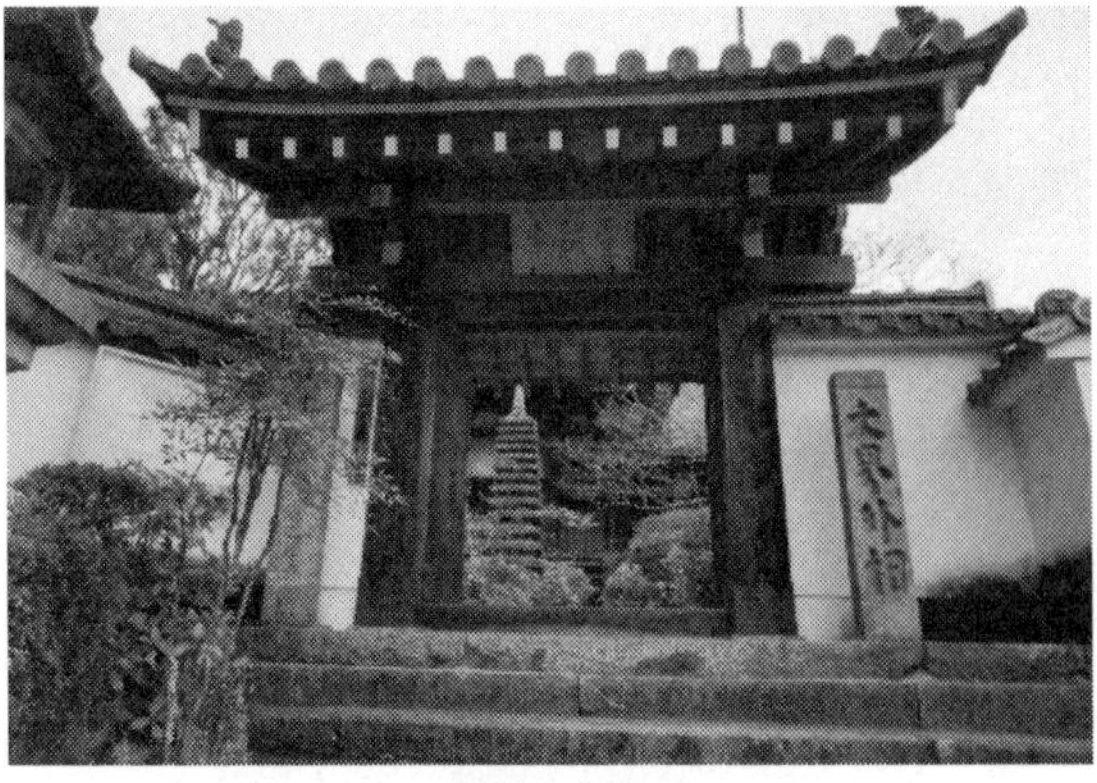

聖林寺山門

古代仏像傑作の一つ、十一面観音立像

奈良国立博物館名誉館員・鈴木喜博氏『三輪山セミナー講演録』によると、「聖林寺十一面観音像は、奈良時代の中頃、東大寺大仏より少しあとぐらいに造立されたかと推測される」とある。

木心乾漆造《もくしんかんしつづくり》という、木彫像の原型の上に漆を盛り上げて作った仏像で、像高二〇九㎝、台座は約七八㎝、本体と併せると三m弱の大きさになり、堂々とした雰囲気をもっておられる。光背は毀れているため奈良国立博物館に預けられているが、仏像の保存は良好。均整の取れた美しいプロポーションで、頭相部や体全体の肉付けは乾漆独特の柔らか味がある。衣は薄く流れるように表現されており、崇高なお姿である。近づきがたいような緊張感を放っておられるのだが、お顔からは慈しみが伝わってくるため、離れがたくなってしまう観音像である。（※巻頭カラーページに写真掲載）

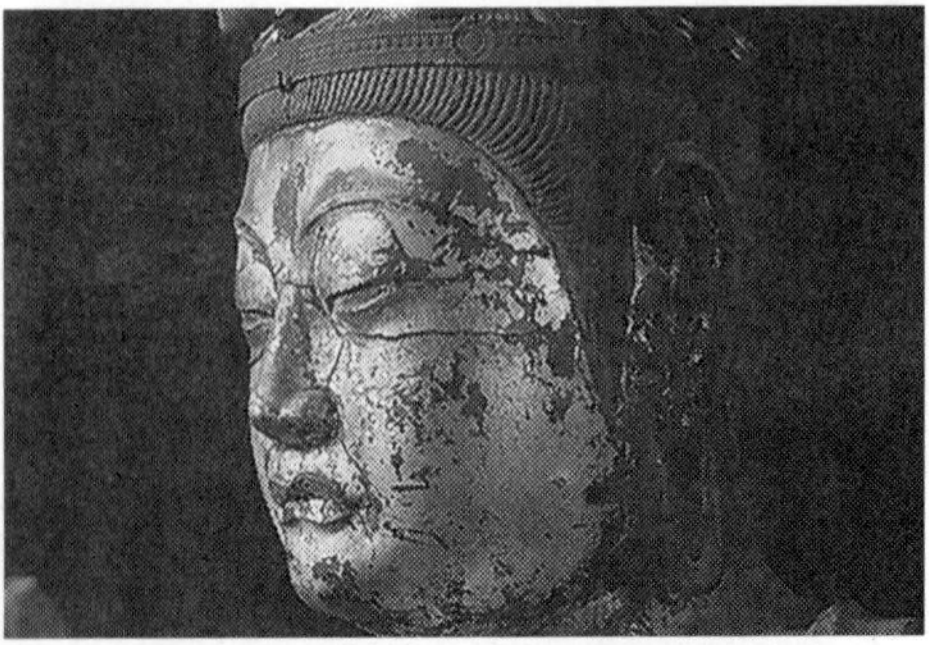

聖林寺十一面観音立像　国宝・奈良時代後期作
木心乾漆造・像高209㎝／写真提供:聖林寺

聖林寺に残る大御輪寺からの「預証文」

和辻哲郎著『古寺巡礼』には「田圃に転がっていた仏様を大八車で運んだ」という内容の伝承が書かれている。

しかし、聖林寺に預証文（96頁写真下）があり

本尊十一面観世音　一躰
前立十一面観世音　一躰
地蔵尊　一躰
（他道具類などが記されている）

以上を慶應四年（一八六八）五月に預かったという、三輪・大御輪寺あての覚書が残っているのだ。「預証文」によると、三軀が聖林寺に預けられている。のちに、本尊は聖林寺に、前立像は兵庫県金剛福寺に、地蔵尊は法隆寺に安置されることになった。

大神神社から聖林寺へ、どのようにして移動されたかはわからないという。しかし、仏像に損傷が少ないところから、丁重に運ばれたことがうかがえる。

遷座当初、本堂横の部屋に置かれていたというのだが、「高さ三mの仏像を、最初はどのようにご安置されていたかはわからない。もしかしたら、ふかふかのお布団に涅槃《ねはん》の形で置かれていたのかもしれない」と倉本明佳住職は話される。

フェノロサが感嘆！

聖林寺略記によると「聖林寺に遷った観音さまは明治二〇年(一八八七)、アメリカの哲学者フェノロサによって秘仏の禁が解かれ、人々の前にその美しい姿を初めて現した。(中略)今に残る本堂脇の厨子は、その際フェノロサらが寄進したものであり、文化財保護施設のさきがけとも言うべき工夫がなされている」と記されている。

昭和二六年(一九五一)の新国宝制度で、第一回の国宝に選ばれた(この時指定された国宝仏はわずかに二四軀)、まさに国宝中の国宝である。

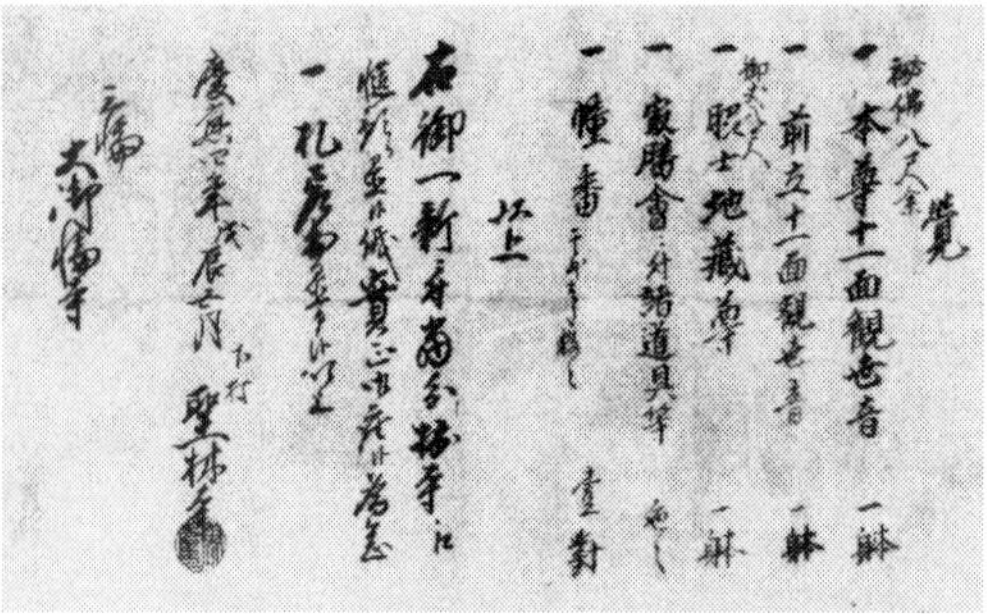
覚
一 本尊十一面観世音 一躰
一 前立十一面観世音 一躰
一 脇士地蔵尊 一躰
[illegible]
以上
[illegible]
聖林寺

聖林寺から大御輪寺に渡された「預証文」

◇兵庫県に遷られた、お前立像

本尊十一面観音立像のお前立像が、兵庫県の金剛福寺に

大御輪寺の十一面観音立像（現聖林寺蔵）の前立《まえだち》として祀られていた、木彫十一面観音立像が、兵庫県神戸市灘区に建つ真言宗・四恩山《しおんざん》金剛福寺の本尊として安置されている。

聖林寺から大御輪寺への預証文（覚）の二番目に記されている（写真96頁）「前立十一面観世音」である。像高約八〇㎝の総金箔の木彫で、非常に保存状態がよい。享保年間修復の記録があるが、それ以降に修理はしていないという。お前立像だけあって、聖林寺の十一面観音立像と腰の肉付きなどが似ている。

幾多の災禍を経て今、安らかにお祀りされている観音像

金剛福寺創建は大正七年（一九一八）だが、高見寛信住職によると「第二次世界大戦の神戸空襲で建物も仏像もすべて焼失。終戦後の混乱期に、先代住職同士が縁者であることから、聖林寺にしまわれていたお前立像を頂戴し、ご本尊としてお迎えしました」とのことである。

同寺は神戸市灘区にある。平成七年（一九九五）に発生した阪神淡路大震災で地震の直撃を受けた地域だ。その惨禍のさなか、本堂の貴重な仏像や仏具を数日間かけて搬出。最後に本尊を出し庫裡に遷した翌日に、建物（本堂）が倒壊したという。

今、また復興され、真新しい本堂の須弥壇中央に十一面観音立像はお祀りされている。

「大御輪寺から聖林寺を経て当寺へ。大きな人災、天災を何度も被られ、数奇な運命をたどって

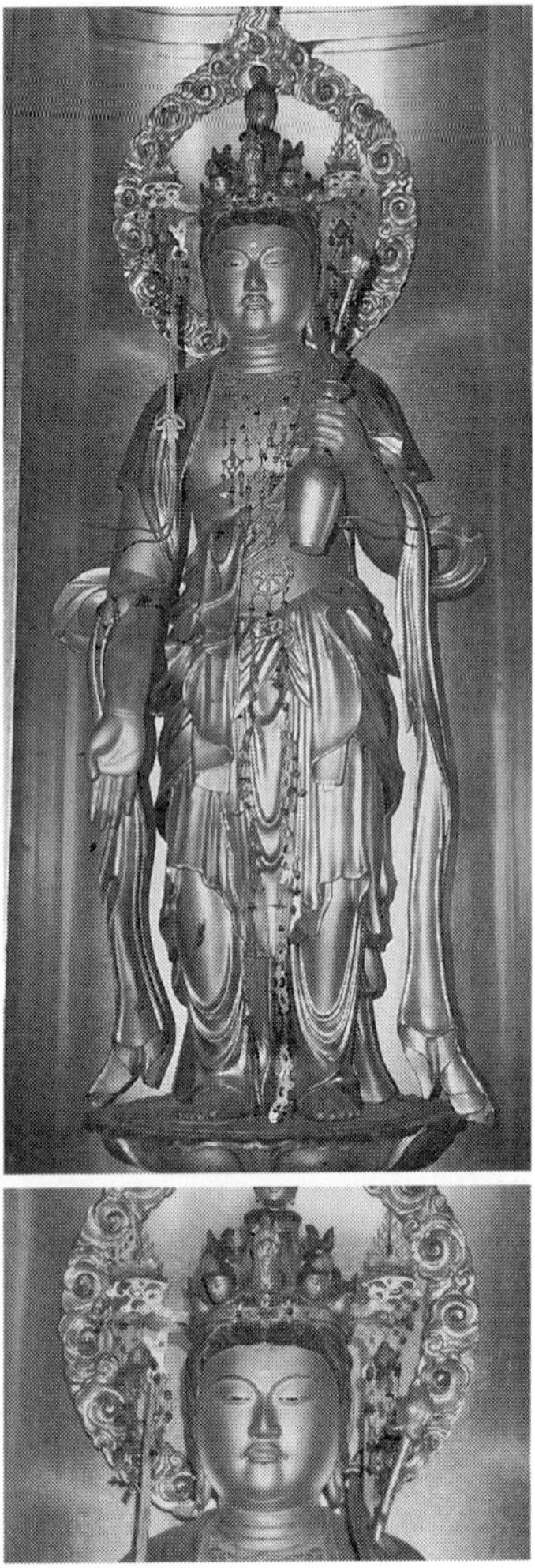

金剛福寺蔵・十一面観音立像
江戸時代作・木彫・総金箔・像高約80cm

こられた観音様です」と高見住職は話される。小像ながらも存在感のある仏像だ。

阪神淡路大震災で本尊を搬出した際、厨子の裏に墨書が発見された。（写真下）。「海龍王寺（奈良市）の住職が弘化四年（一八四七）に新調し寄進している」旨のことが記されている。本像は江戸時代作と推定されるらしいが、墨書銘により明治の神仏分離政策直前の幕末期に、海龍王寺住職より厨子の寄進があったことがわかる。（※巻頭カラーページに写真掲載）

◇法隆寺の地蔵菩薩立像

大御輪寺本堂中尊の右脇に祀られていたと伝わる地蔵菩薩立像（国宝）。聖林寺に一旦遷された後、明治六年

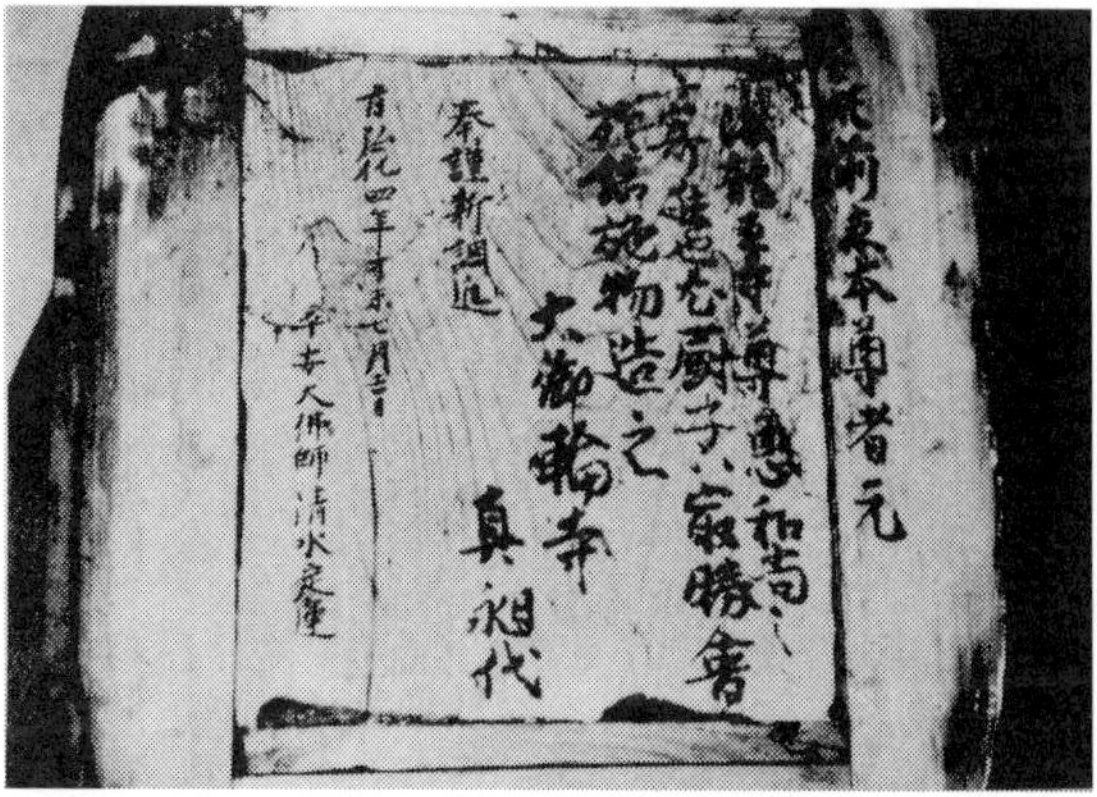

厨子の裏の墨書。海龍王寺からの寄進が記されている

（一八七三）に法隆寺北室院に再度遷され、今は大宝蔵院にて安置されている。

　像高約一七三㎝、平安時代初期作のカヤの一木造りで、本体から台座までの丸彫りである。横幅があり奥行きが厚い、量感あるずっしりとした体軀に切れ味鋭く深く刻んだ衣文など、平安初期彫刻の完成した様式を伝えている。

　錫杖を持たない地蔵像で、右手は下げて掌を前に向け、左手は肩のあたりに上げて蓮を持っている。（※巻頭カラーページに写真掲載）

なぜ、法隆寺に

　聖林寺の十一面観音立像と法隆寺の地蔵菩薩立像は、共に大柄で体格のよい仏像で、奈良時代後期から平安時代初期の典型的な様式の、第一級の作品である。

　では、なぜこの二軀が法隆寺と聖林寺に一軀ずつ安置されたのか。『大三輪町史』によると、聖林寺の大桂和尚（東大寺戒壇院にも住した）に三人の兄弟弟子がおり、それぞれが大御輪寺・法隆寺・聖林寺に住したことから、大御輪寺の仏像が現在の如く分配されたのではなかろうかという。

◇玄賓庵の不動明王坐像

玄賓庵《げんぴあん》は三輪山の麓、山辺《やまのべ》の道沿い（桜井市茅《ち》原）に佇む古刹。平安時代初期、法相六祖の一人・玄賓《げんぴ》僧都《そうず》が隠棲した庵と伝えられる。

大御輪寺の中尊・十一面観音立像の左脇に安置されていたと伝わる不動明王坐像（神仏分離令直前まで大御輪寺境内の護摩堂に祀られていたとする説もある）が、現在玄賓庵の本尊として祀られている。

藤原時代作で、像高約九五㎝、ヒノキの一木造り。頭には反花付きの蓮台を載せ、左右の髪の生え際を逆立てている。顔は憤怒の形相を強く表しており、両目を釣り上げ、上の歯が下の歯を噛む特異な容貌である。左手で羂索を執り、右手を腹脇で宝剣を構える形は通形だが、大きい頭部に太い腕、がっしりと高く組んだ膝は量感がある。

彩色はほとんど後補だが、奈良県最古の不動明王という。

「玄賓庵は明治二二年（一八八九）に火災にあい、国の重文だった不動明王坐像は奈良国立博物館に預けられていたのですが、昭和十一年（一九三六）に帰ってこられたのです」と、金澤延眞住職は話される。

明治初年から昭和の初めまでの六五年ほどの間に、大御輪寺⇒玄賓庵⇒奈良国立博物館⇒玄賓庵と移動を余儀なくされた不動尊である。

◇正暦寺の伝日光・月光菩薩立像

紅葉の名所、清酒の発祥地として知られる、奈良市菩提山《ぼだいせん》町の山間に建つ古刹、正暦寺《しょうりゃくじ》。一条天皇の勅命により、正暦三年（九九二）に創建された。当初は堂塔伽藍を中心に、八六坊の塔頭が菩提仙川の渓流に沿って建ち並んでいたのだが、度重なる兵火などにより衰退し、僅かな建物を残すのみとなった。

同寺本堂傍の土蔵二階に、二軀の菩薩像が安置されて

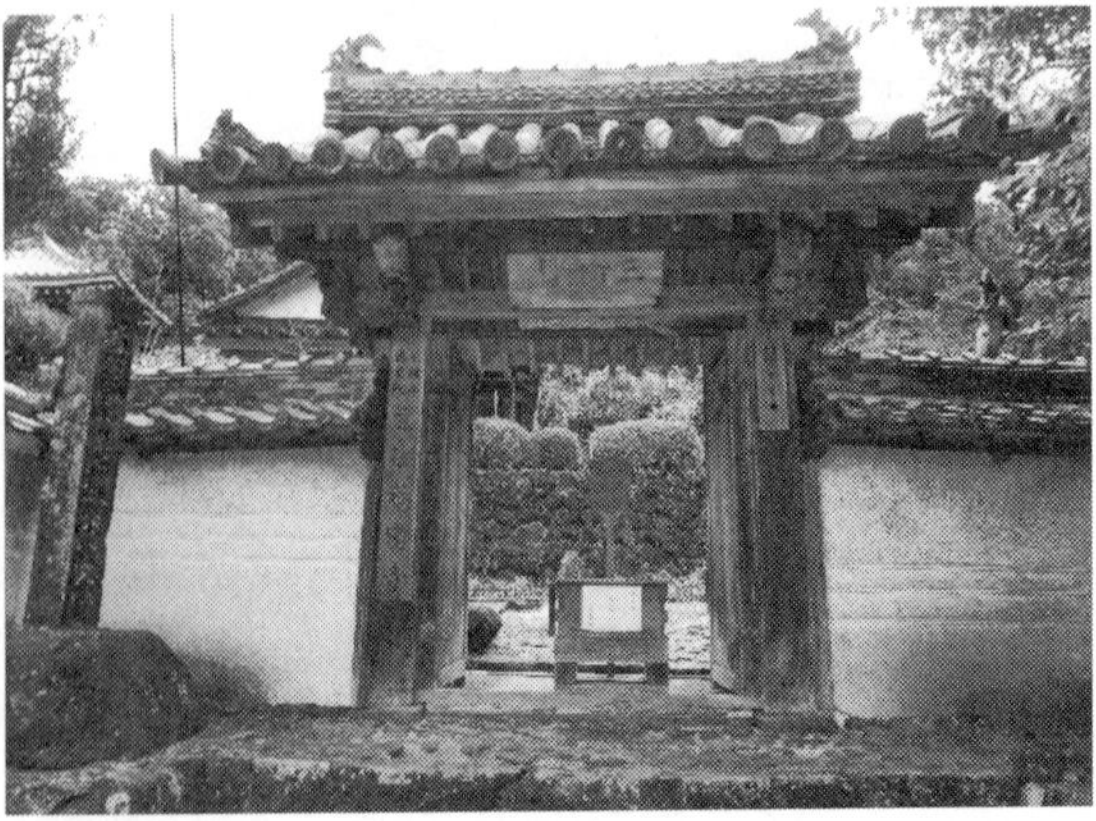

玄賓庵山門

いた。像高一六六・三cmの伝日光菩薩立像と一六四・三cmの伝月光菩薩立像である。

ともに一木造り漆箔仕上げで、左手を上に曲げ、右手を下に垂らし、腰を左にひねって立つ、よく似たお姿である。

大原弘信住職によると「月光菩薩はヒノキ材で平安中期、日光菩薩はさらに古く、平安の初めごろのケヤキ材の作ではないでしょうか」とのこと。「作風がやや異なるため、本来は、一対の像ではなかったと思います」と話される。

両像とも当初の漆箔は残るものの、手先、光背、台座などに損傷があったため、平成二六年（二〇一四）から美術院（国宝修理所）にて修復が行われた。

一方、同二六年に大雪による倒木で損壊した、本堂

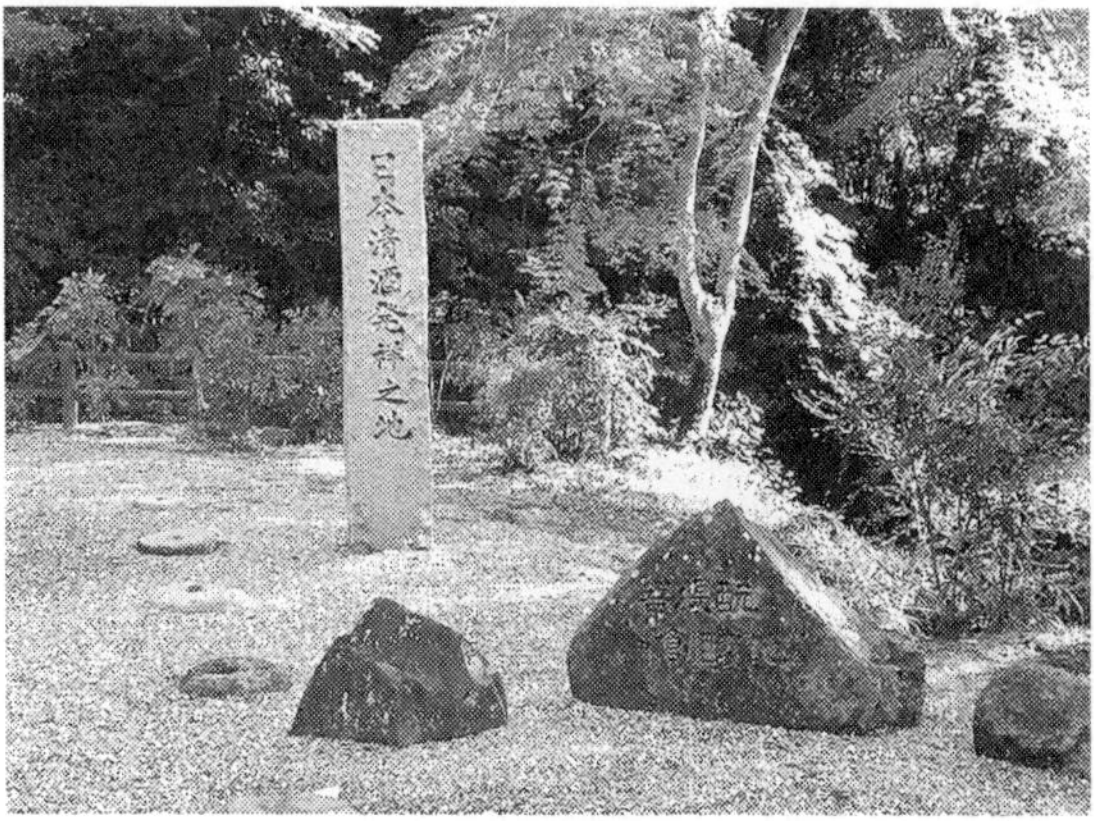

正暦寺　日本清酒発祥之地の石碑

の修理も行われていた。同二八年（二〇一六）、本堂が完成した際、本尊に薬師如来坐像が祀られ、脇侍として、修復が完成したこの両菩薩像が安置されたのである。

神仏分離政策を受けて、慶應四年（一八六八）に大御輪寺から譲渡された二軀の菩薩像が、ようやく安住の場所を得たことになる。（※巻頭カラーページに写真掲載）

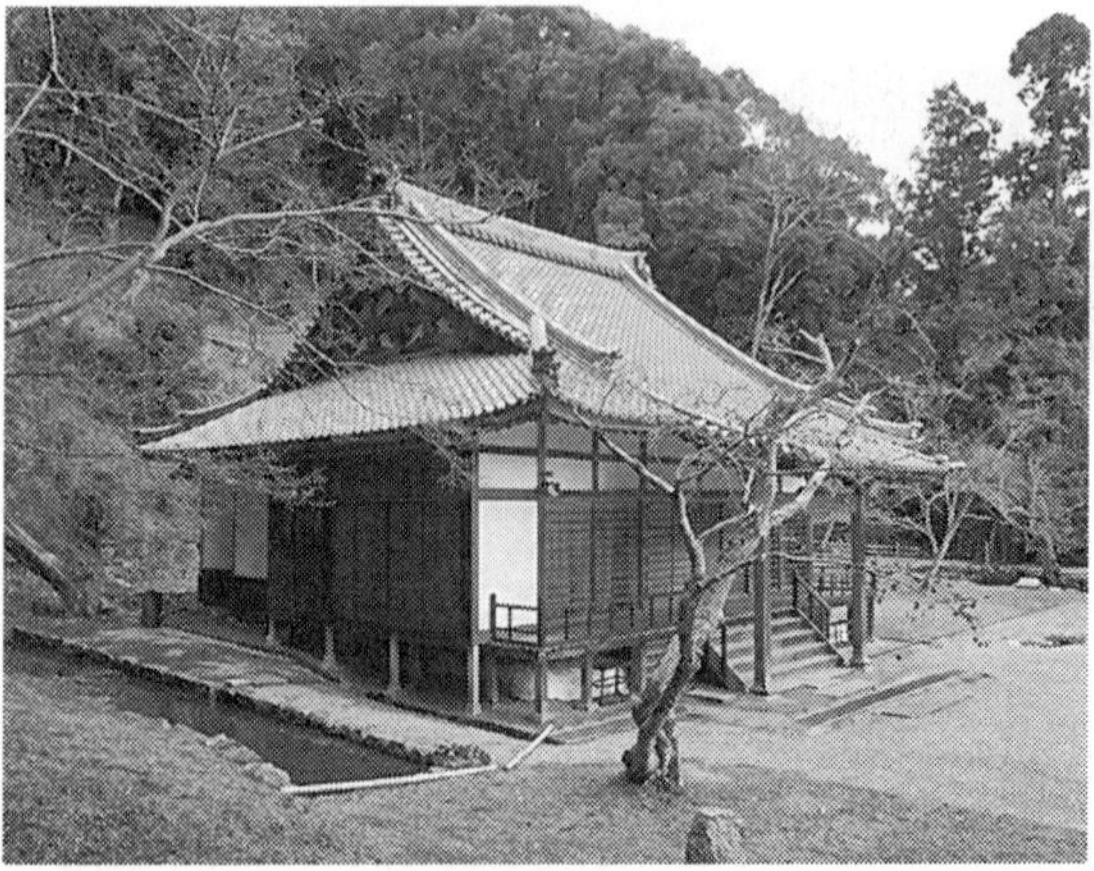

正暦寺本堂

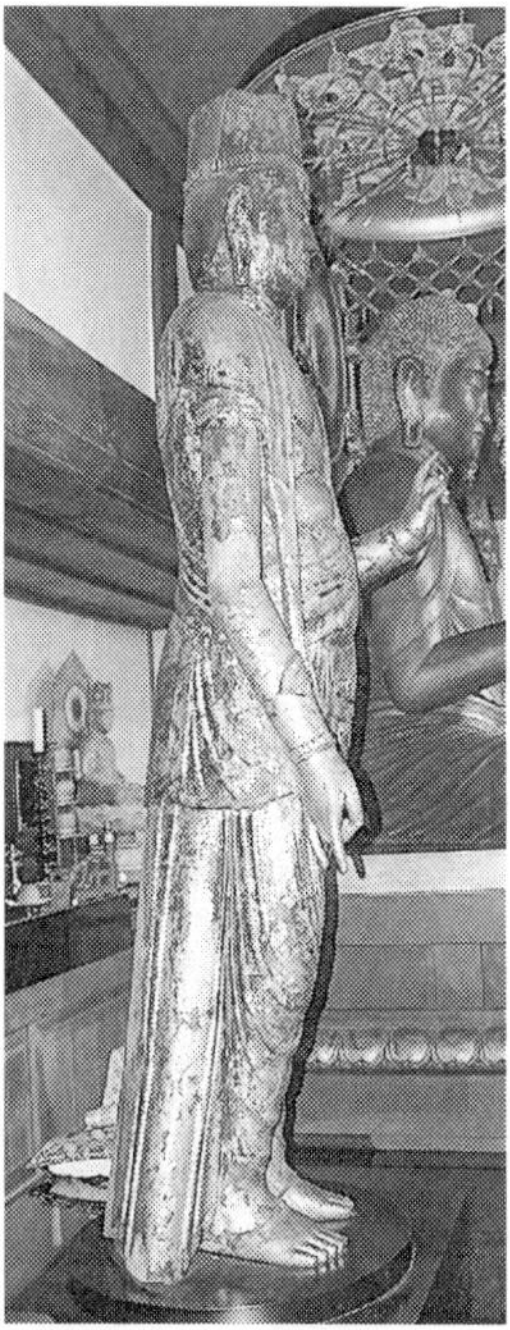

正暦寺蔵･伝月光菩薩立像
奈良県指定文化財･平安時代作
ヒノキの一本造･漆箔･像高約165cm

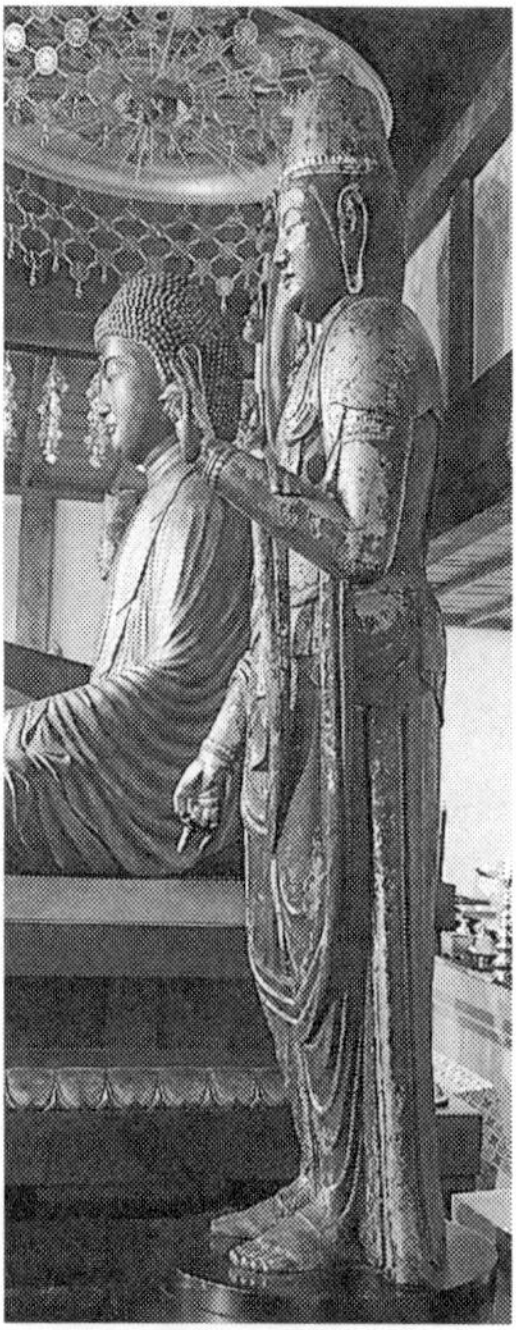

正暦寺蔵･伝日光菩薩立像
奈良県指定文化財･平安時代作
ケヤキの一本造･漆箔･像高約166cm

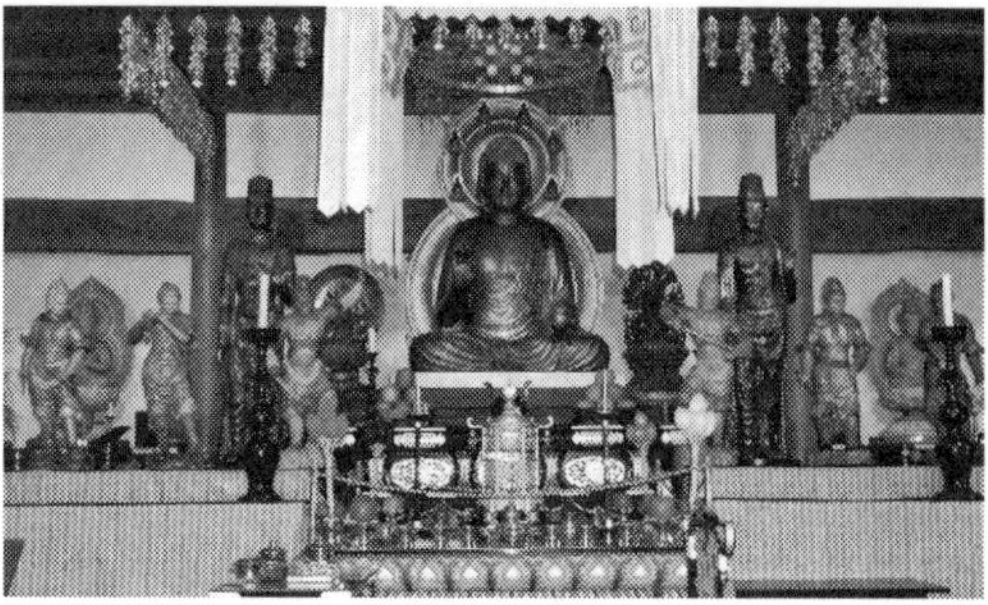

正暦寺本堂内陣

一四九年ぶりに叶えられた願い

土蔵から大御輪寺の二軀の菩薩像が発見された。さらに大原住職から「こういうものも出てきたのですよ」と見せていただいたのが「寄付証文」三通。そして本堂修復前まで懸けられていた、大御輪寺の和幡である。

和幡は幅約二六cm、長さ二二五cmの絹布製で、近年まで本堂に懸けられてあったという。さすがに破損が甚だしいため保存されることになり、本堂落慶に際し、新しい幡に取り替えられた。

土蔵から二軀の仏像（伝日光・月光菩薩立像）を出したとき、大神神社からの証文三通も発見された。（写真109頁）

「証券には〈厳飾《げんしょく》〉にという言葉があり、末永く大切に、立派にお飾りしてほしいという旨のことが記されていました。私の代になってようやく、二軀とも修復され本堂に

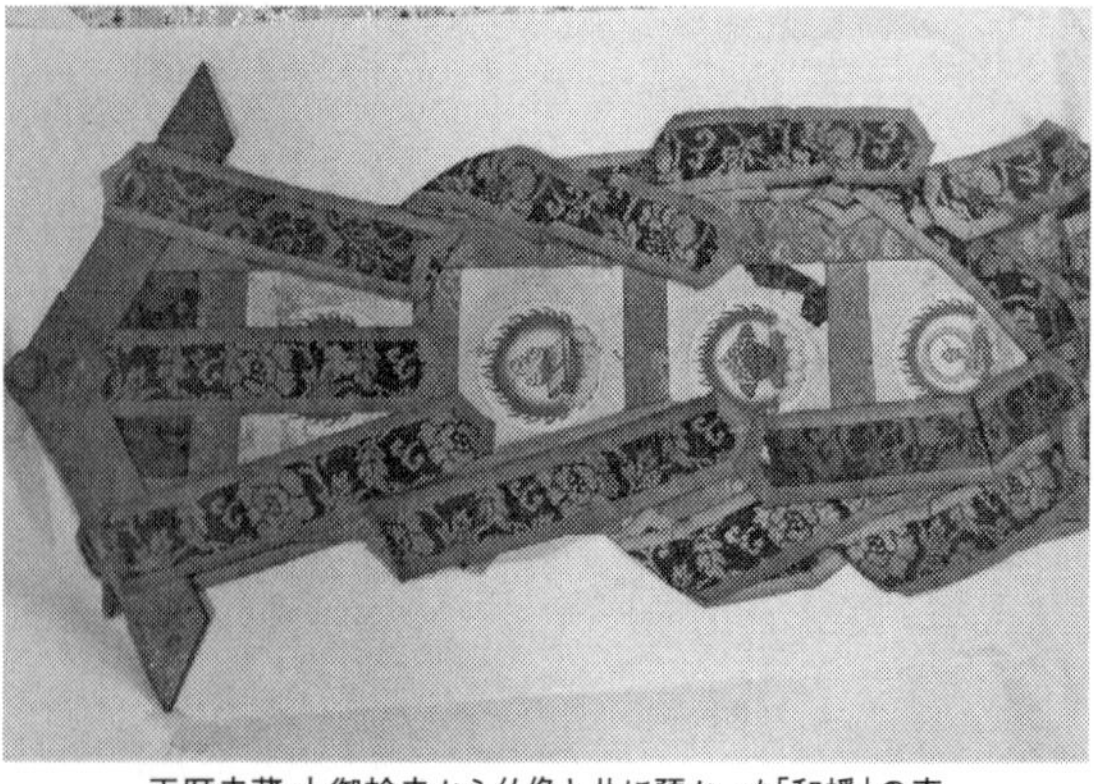

正暦寺蔵・大御輪寺から仏像と共に預かった「和幡」の表

お祀りされることになりました。一四九年ぶりに三輪の宮司さんたちの願いを叶えることができ、肩の荷がおりました。使命を果たした気持ちです」と、大原住職は喜びを語られる。

聖林寺の例と同じように、正暦寺にも大御輪寺との預証文がある。

ご一新につき別紙の通り仏具の類
今般　貴山へ寄付せしむるの条　天白なり
それについては御冥加として金五十五両
贈られ給い　正しく社納致し候　よって
后代永く貴山の道場に厳飾
下されたき所　仰せ候
依って証券　件《くだん》の如し

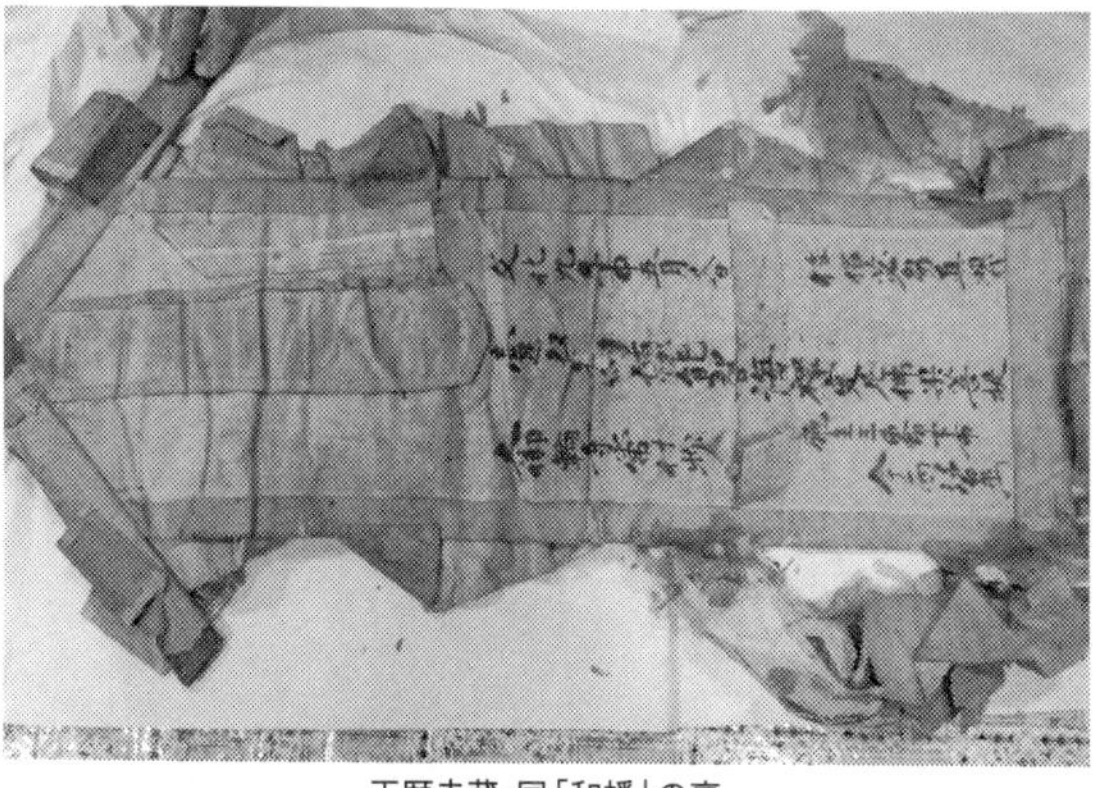

正暦寺蔵・同「和幡」の裏

慶應四年（一八六八年）三輪社若宮
七月　神先大膳
菩提山　御一山中

というものである。

聖林寺の預証文とは異なり、五十五両と金額が記されている。恐らく大御輪寺へ支払った際の領収書なのだろう。

寄付目録、御請證文と併せて三通の証文が、伝日光・月光菩薩立像や仏具類に添えられていた。幸いにも仏像とともに保存されており、「新しい時代の流れに翻弄されながらも、冷静に仏様や仏具の移動・保管の道を遂行された方々の思いが偲ばれる」と住職は深い感慨で話を結ばれた。

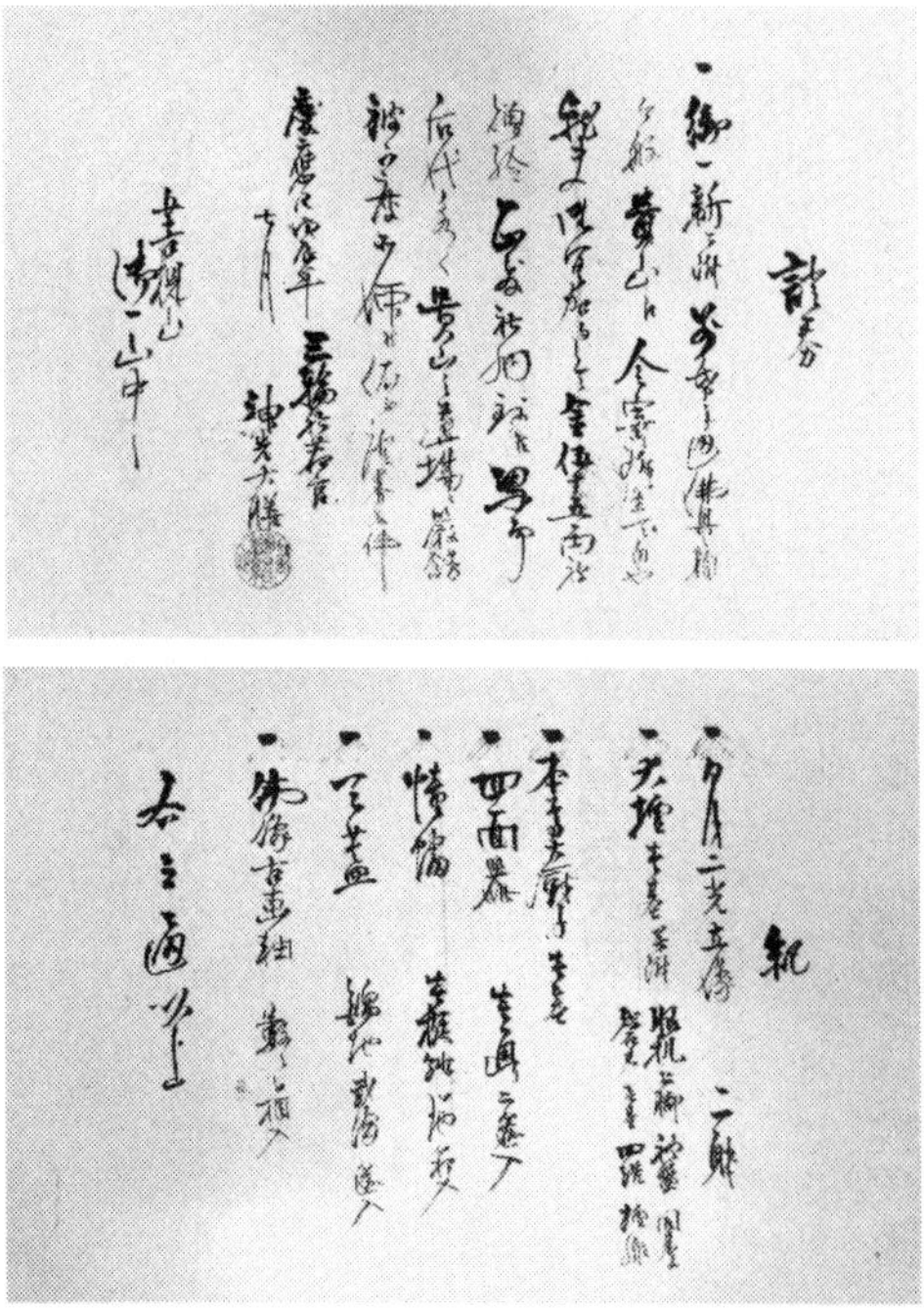

▲正暦寺蔵・発見された大神神社からの3通の証文

◇大御輪寺客殿が安倍文殊院に

仏像の移動ではないが、大御輪寺客殿が明治のご一新の際、桜井市の安倍文殊院に移設され旧庫裡として保存されている。昭和四八年（一九七三）、奈良県文化財に指定された。

◇大御輪寺の仏像ではなかった！ 長岳寺の多聞天立像と増長天立像

長岳寺（天理市）は淳和天皇の勅願により、弘法大師が大和《おおやまと》神社の神宮寺として天長元年（八二四）に創建されたと伝わる、「山辺の道」に建つ高野山真言宗の寺院である。

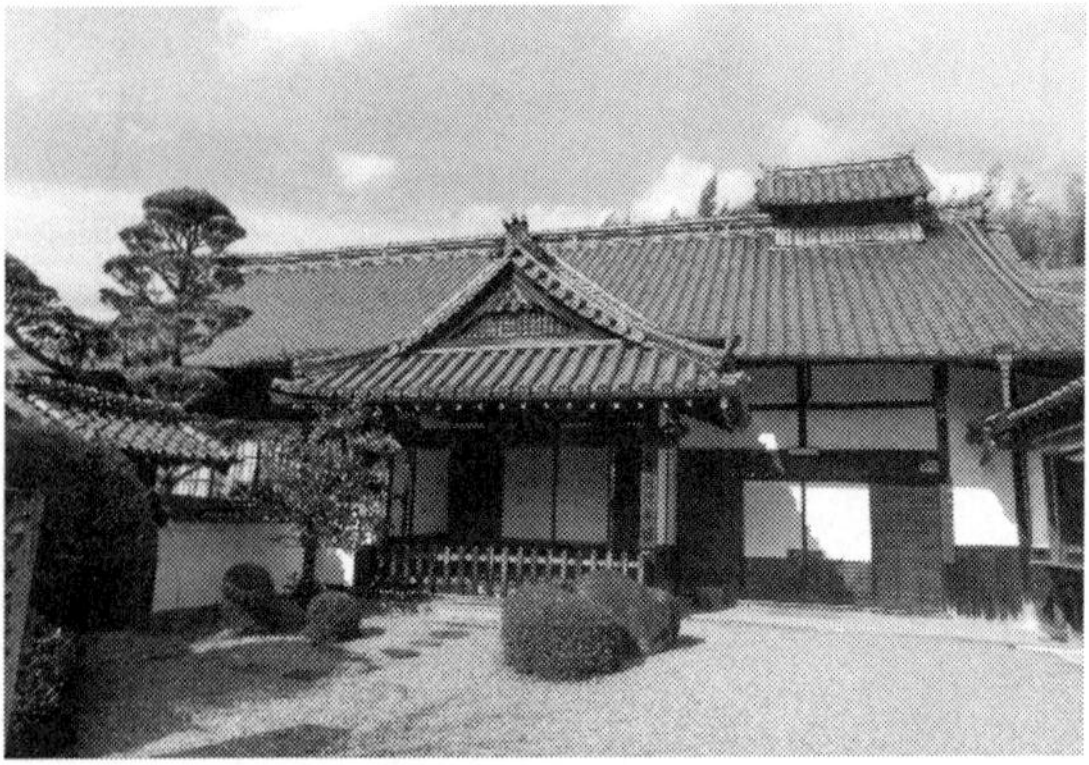

旧大御輪寺客殿が安倍文殊院に移設

本堂本尊の阿弥陀三尊像の両脇に安置されている多聞天立像と増長天立像が、旧大御輪寺護摩堂伝来仏とされてきた。ところが平成二七年（二〇一四）に両脇侍像を修理した際、足のほぞに「釜の口云々」と書かれた墨書銘が見つかった。長岳寺は釜の口山麓にあることから「釜口大師」と称されてきた。

長岳寺住職によると「本尊の阿弥陀三尊の観音・勢至両菩薩像の宝冠と同じものが、多聞天・増長天両像にも被されていた（今は別に保存）ので、本堂の諸仏は従来から長岳寺におられた仏様と思っていました」と話される。墨書銘がその裏付けとなったのだ。

明治初期の混乱期には様々な伝説が飛び交い、大御輪寺からの伝来仏とされたのだろう。

■旧山田寺の旧仏

乙巳《いっし》の変《へん》（六四五年、中大兄皇子と中臣鎌足らが宮中で蘇我入鹿を暗殺）で、蘇我氏でありながら本宗家の蘇我入鹿討伐の側にまわった、蘇我倉山田石川麻呂の発願により七世紀半ばに創建された古代寺院が、山田寺（桜井市大字山田）である。

石川麻呂は乙巳の変後に発足した新政権では、右大臣に任ぜられた。だが、大化五年（六四九）、石川麻呂の異母弟の蘇我臣日向《ひむか》から、中大兄皇子を殺害する企みがあるとぬれぎぬを着せられる。それを聞きつけた孝徳天皇は難波の石川麻呂の家を包囲することを命じた。石川麻呂は大和に逃げ、抗戦することなく、一族とともに山田寺仏殿前で自害した。

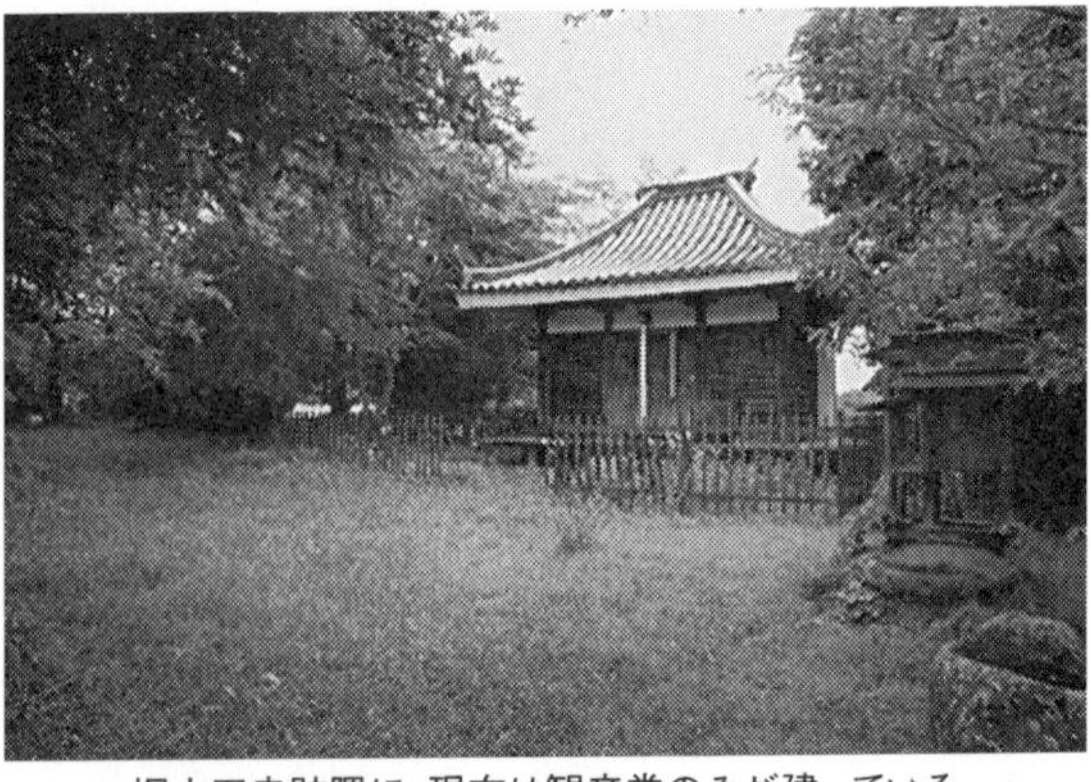

旧山田寺跡隅に、現在は観音堂のみが建っている

ちなみに、父石川麻呂の死で心を痛めて逝ってしまった、娘の越智娘《おちのいらつめ》は持統天皇の実母である。

後に、石川麻呂は無実であり冤罪であったとされるが、諸説ある。ただ『日本書紀』には、中大兄皇子は彼の遺書から無実を知り、おおいに嘆いたと記されている。

山田寺創建の経緯については『上宮聖徳法王帝説裏書』に詳しく書かれている。同書によれば、舒明天皇十三年（六四一）に敷地工事が始まり、皇極二年（六四三）に金堂の建立が始まる。大化四年（六四八）に僧が住み始めたが、翌五年に石川麻呂の上記事件があったことから、造営は一時中断する。その後、天智天皇二年（六六三）から再び建設工事が始められ、天武天皇四年（六七六）に塔が、同六年に丈六仏像鋳造、同十三年（六八五）にその丈六仏が開眼されている。

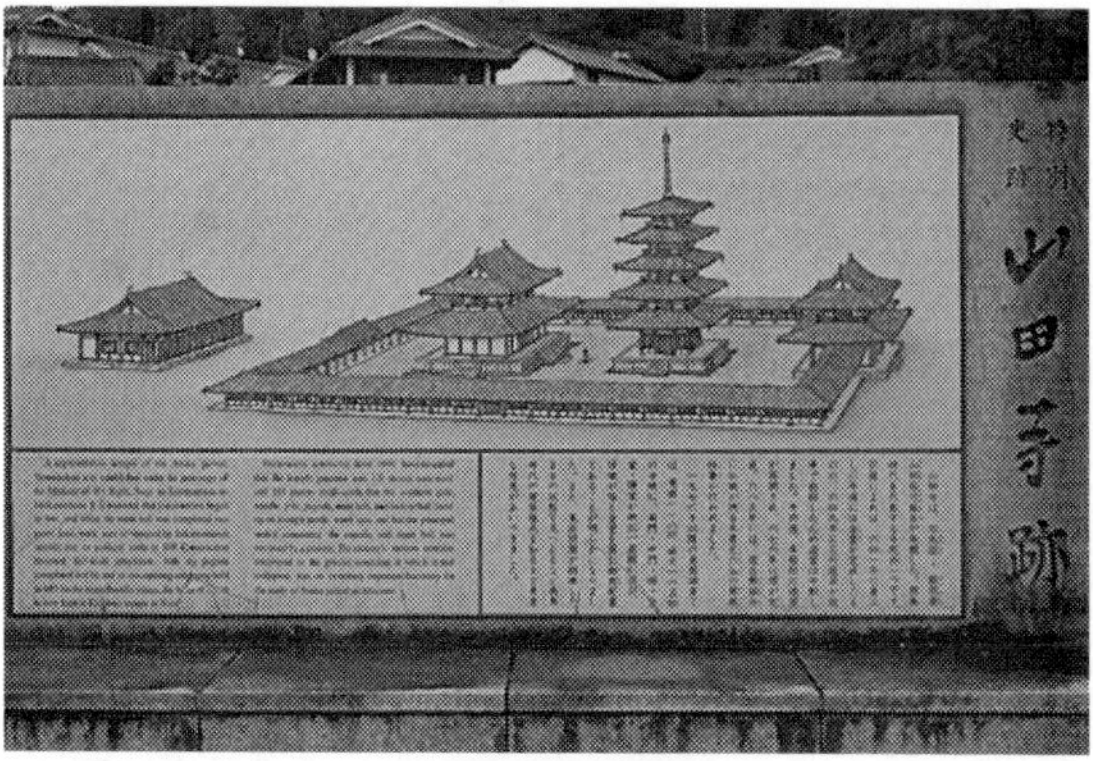

旧山田寺跡の復原図

これによると、山田寺は起工から完成まで四六年を要している。はじめ山田寺は蘇我倉山田石川麻呂が、自身の氏寺として起工したのであろう。だが、その歿後、次第に国家的な大寺として発展していったようである。

すべてが完成した同十四年（六八六）、天武天皇が行幸されたときには、金堂の壁四面に塼仏《せんぶつ》をはめ込み千仏洞の趣を造っていたという。講堂内には、薬師三尊丈六像（後述の現興福寺蔵）が安置されていた。

鎌倉時代に当寺は衰えて多武峰妙楽寺（現談山神社）の末寺となり、伽藍は荒廃していた（『多武峰略記』）。室町時代には更に転じて興福寺末寺になっていたようである。

現在は講堂跡付近に観音堂が建ち、十一面観音像などが安置されている。

旧山田寺跡（国の特別史跡）

山田の郷中から飛鳥方面に向かう道の左側に、旧山田寺跡がある。昭和五一年（一九七六）から発掘調査が実施され、南から北に塔・金堂を並べ、これを回廊で囲み、さらに伽藍中軸線状の北に講堂を配するもので「山田寺式伽藍配置」と称されている。国の特別史跡である。

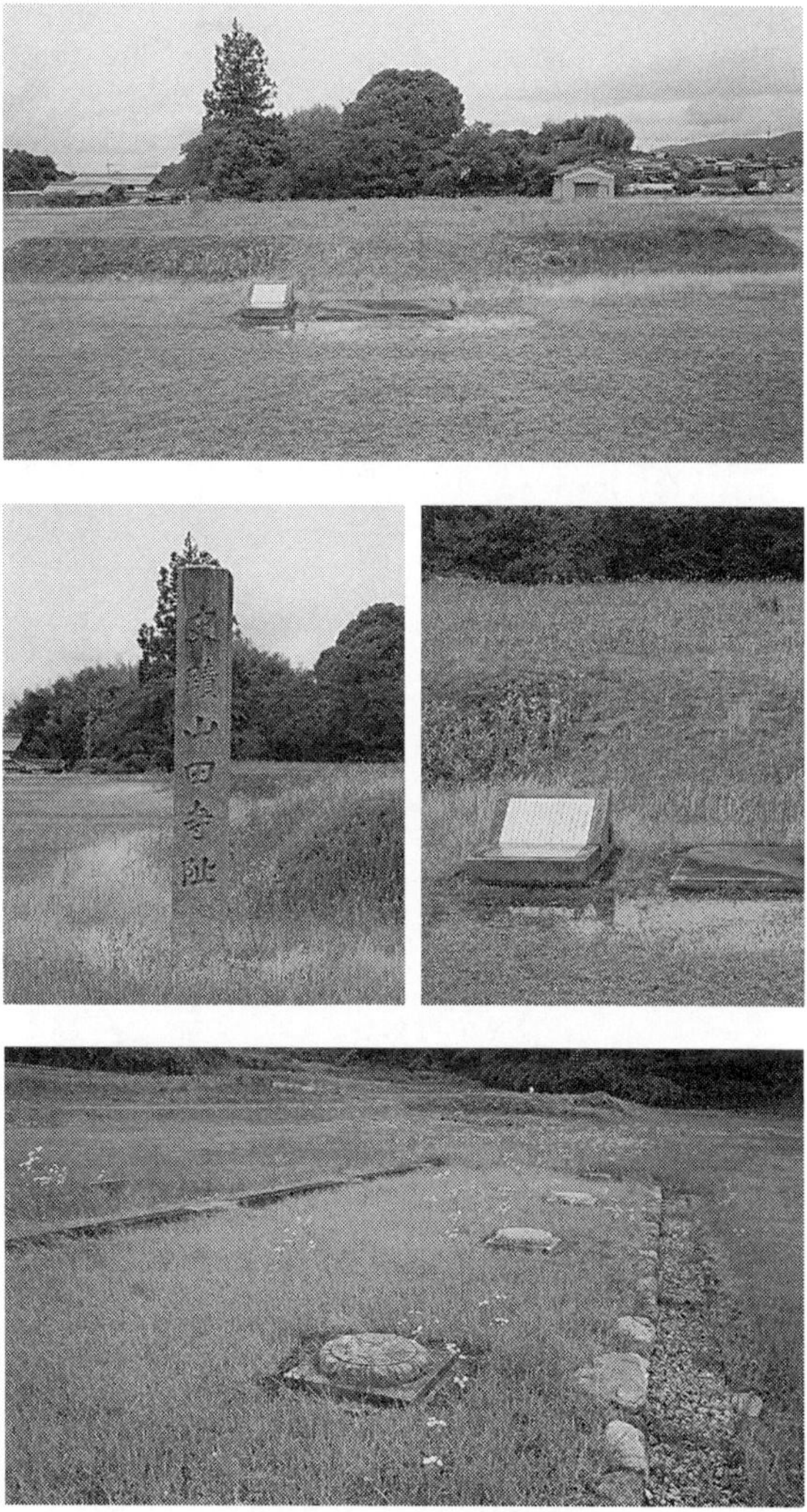

国の特別史跡・旧山田寺跡

昭和五七年（一九八二）、東回廊の建物が発掘された。土砂崩れにより倒壊、埋没した回廊の一部が土中に残っており、柱や連子窓などもそのままの形で出土したのだ。奈良文化財研究所飛鳥資料館に、出土した三間分が再元され展示されている。

◇山田寺創建当初の講堂安置の仏像が、興福寺東金堂に

興福寺（奈良市登大路町）の東金堂は、神亀三年（七二六）、聖武天皇が叔母の元正太上天皇の病気平癒を願って建立された、同寺中金堂の東に建つ薬師如来を本尊とする金堂である。五回焼失したが、その都度再建されてきた。

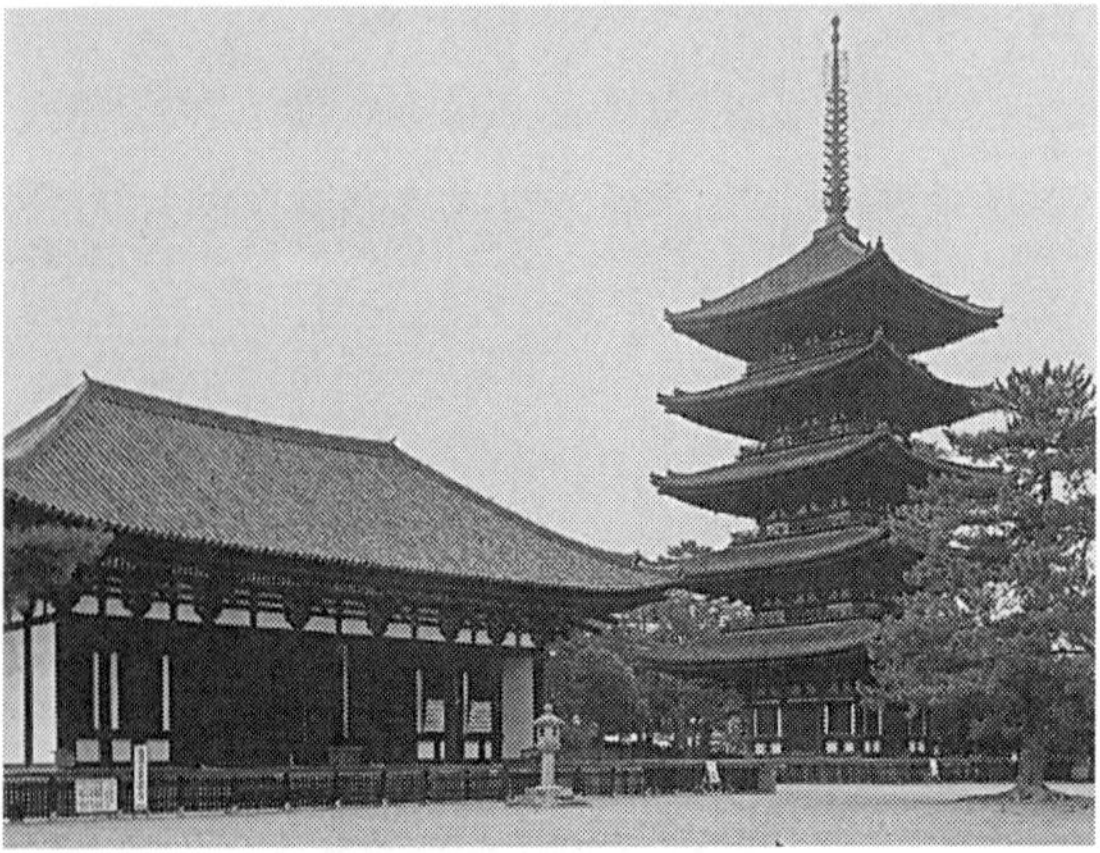

興福寺東金堂(左)と五重塔

治承四年（一一八〇）の平重衡《たいらのしげひら》の兵火によっての焼失後に再建した際、本尊が新造されずに、東金堂衆が当時興福寺末寺であった山田寺講堂の薬師三尊像を奪取し、東金堂の本尊として安置したという。このいきさつを日記『玉葉』に記した九条兼実は、山田寺からもたらされた仏像が新築した東金堂にふさわしい云々と述懐している。

興福寺銅像仏頭

応永十八年（一四一一）、興福寺はまたも火災に見舞われ、東金堂にも燃え移った。幸い諸仏は取り出されたが、本尊薬師如来像は火中に。頭部だけが焼け残り、その後新しく造られた本尊の須弥壇の下に納められていた。昭和十二年（一九三七）の東金堂修理の際、その頭部が発見されたのである。頭部のみの残欠ではあるが、山田寺講堂創建時の本尊薬師如来像である。

天武天皇六年（六七八）に丈六の仏像の鋳造がはじめられ、同十三年（六八五）に完成し、同年三月二五日に開眼供養が行われた薬師如来像である。その日は蘇我倉山田石川麻呂の命日にあたる。政治史上、文化史上において重要な遺品といえる。

残欠の銅像仏頭は、高さ約九八㎝。法隆寺金堂本尊などの、杏仁形の眼の表現を特徴とする飛鳥

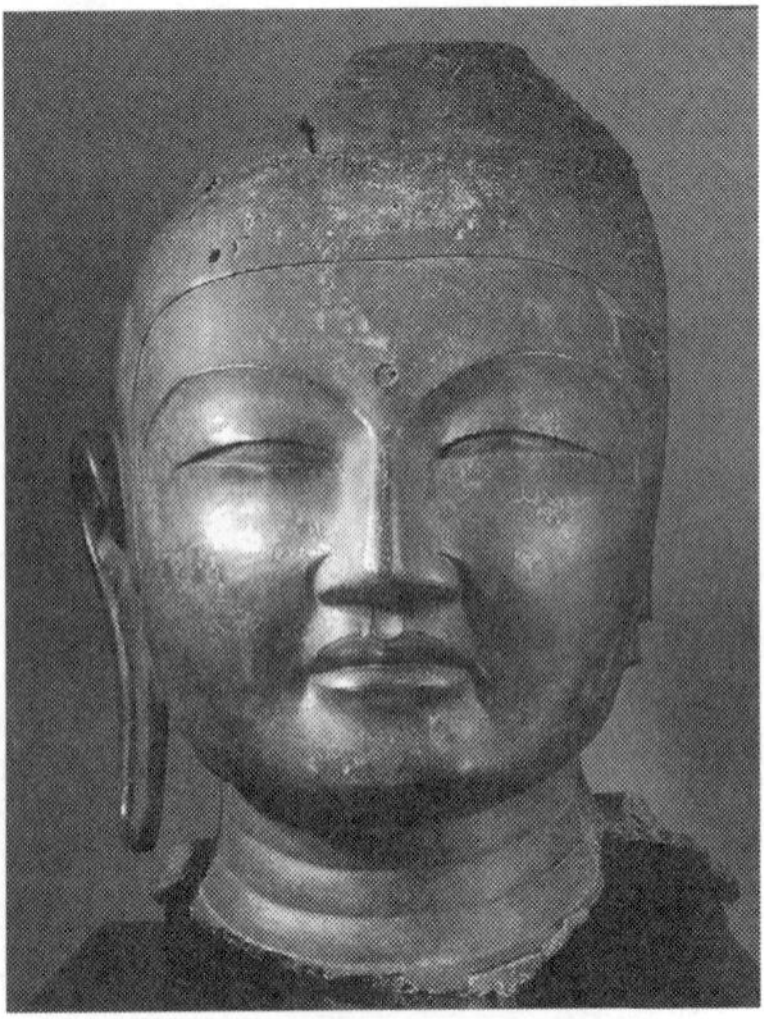

興福寺銅像仏頭
国宝・旧興福寺東金堂本尊残欠
飛鳥時代後期(白鳳期)作・総高約98cm
／写真:飛鳥園

時代の止利《とり》仏師派の様式とは違い、写実に基礎を置いた唐様式の影響を受けている。上瞼の線を弓形に、下瞼をほぼ直線に表している両の眼。顔全体の表情はのびやかで若々しく明るい。おそらく丈六薬師仏の全容は、ゆったりとした、荘厳優美な姿であったと想像される。

興福寺東金堂の伝日光菩薩立像と伝月光菩薩立像

興福寺東金堂衆が山田寺講堂から奪取した薬師三尊像のうちの中尊は後の火災で体部は焼け落ち、頭部のみとなったが、両脇侍像は災禍から免れ、伝日光菩薩立像と伝月光菩薩立像として今も東金堂に安置されている。

ただ、中尊と両脇侍とは作風が異なり、時期もやや遅れて制作されたものと推定されている。

伝日光菩薩像は両手の指の一部を欠き、伝月光菩薩像は左腕が後補である。両像とも髻《もとどり》を高く結い、前面に阿弥陀如来像の化仏をつけている。観音菩薩像を思わせる脇侍仏である。

古代権力争いの負のエネルギーに支えられて造営されていった大寺院・山田寺が衰退していくなか、数奇な運命に翻弄されながらも存在し続けてきた三尊である。

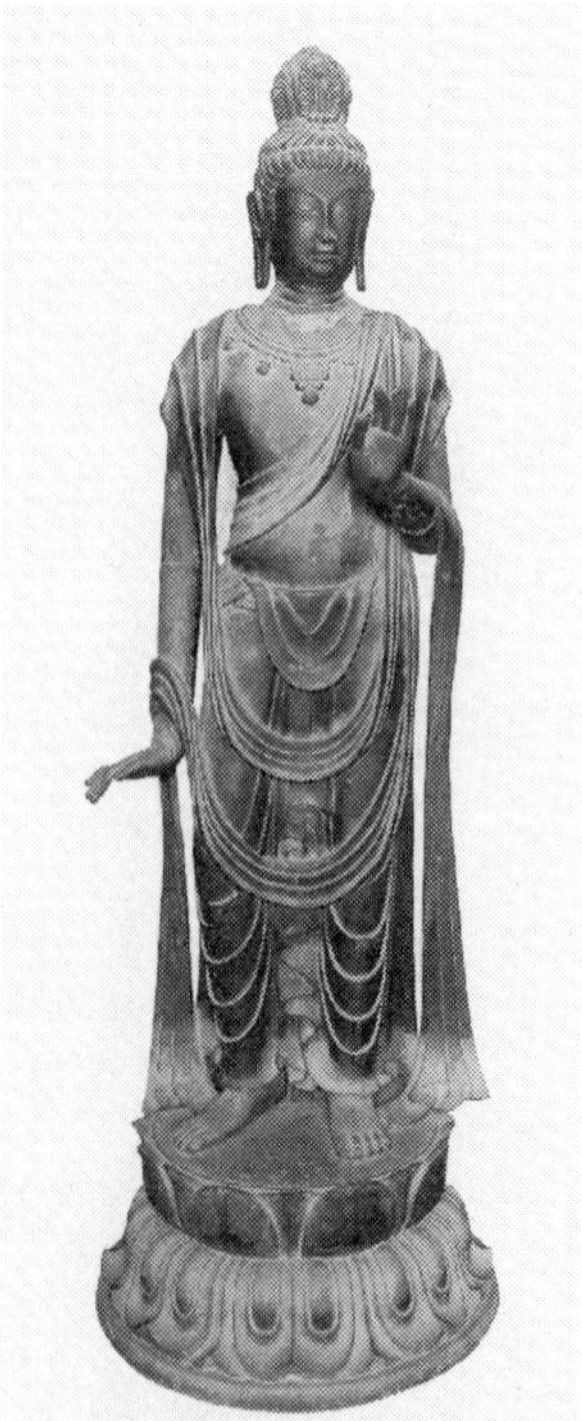

興福寺蔵・重要文化財・奈良時代作
銅像・伝月光菩薩立像
像高約300㎝

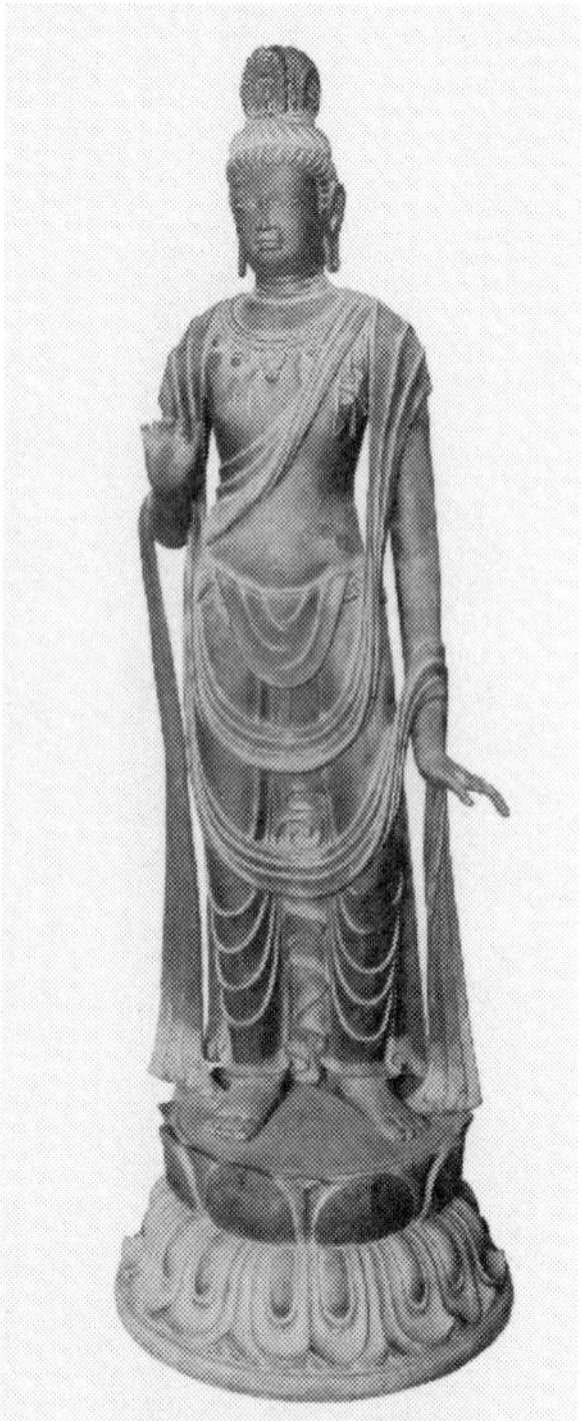

興福寺蔵・重要文化財・奈良時代作
銅像・伝日光菩薩立像、
像高約300㎝

宇陀市と宇陀郡

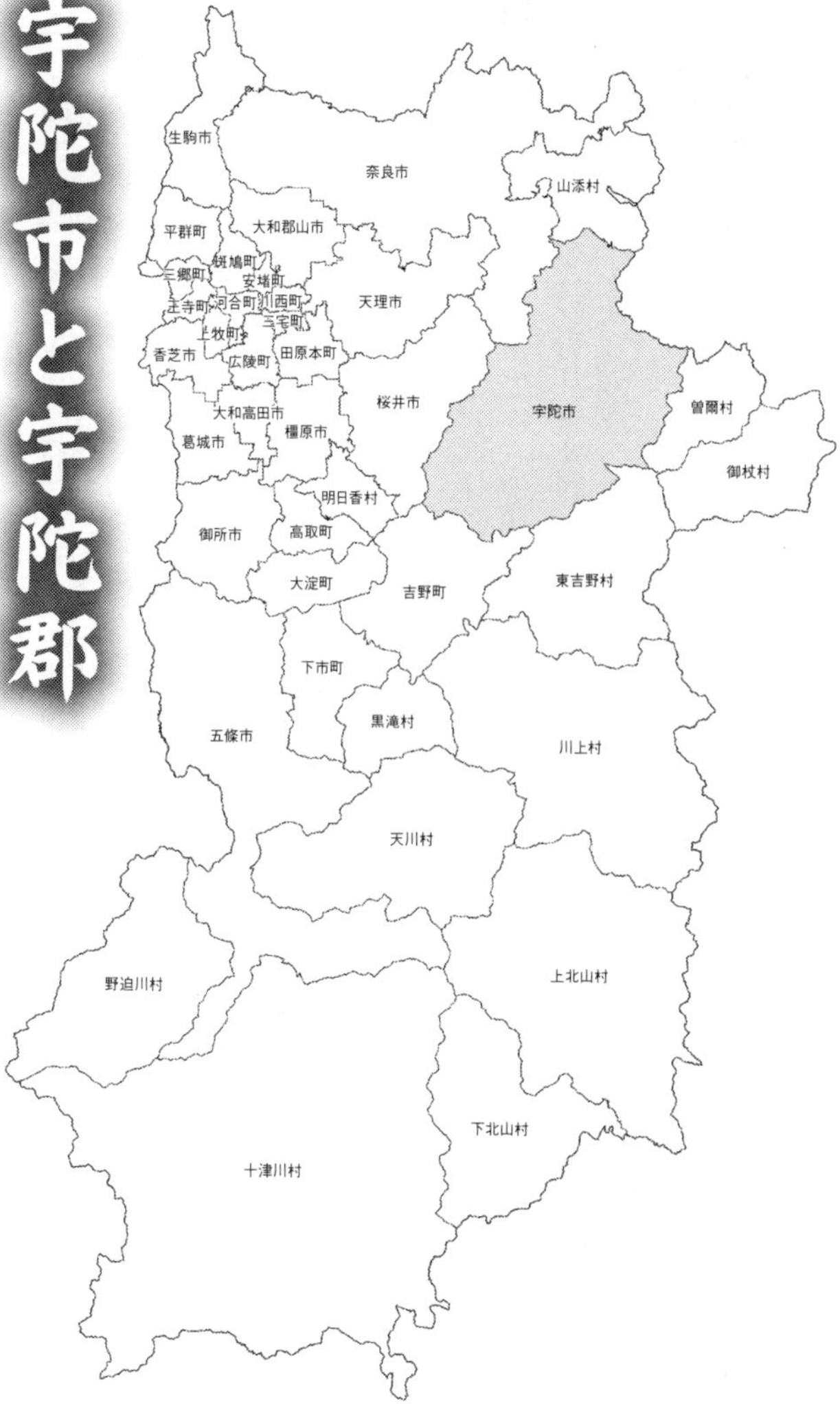
生駒市
奈良市
山添村
平群町
大和郡山市
斑鳩町
三郷町
安堵町
王寺町
河合町
川西町
三宅町
天理市
上牧町
香芝市
広陵町
田原本町
桜井市
宇陀市
曽爾村
大和高田市
橿原市
葛城市
御杖村
明日香村
御所市
高取町
大淀町
吉野町
東吉野村
下市町
黒滝村
五條市
川上村
天川村
野迫川村
上北山村
下北山村
十津川村

宇陀地域の廃寺と旧仏

地図ページ 05

宇陀《うだ》市や宇陀郡は奈良県北東部、大和高原の南端に位置する、四方を山に囲まれた高原都市である。本書では、奈良県宇陀郡と宇陀市を宇陀地域としている。今の宇陀郡は曽爾村《そにむら》と御杖村《みつえむら》の二村からなる。宇陀市は、旧宇陀市と旧宇陀郡の菟田野《うたの》町と大宇陀町、榛原《はいばら》町、室生《むろう》村が、平成二三年（二〇一一）に合併し、現在に至っている。

宇陀の地は、古くから『古事記』『日本書紀』等に地名がでてくる、神武伝承の舞台として知られる。また『万葉集』では柿本人麻呂の「かぎろひ」の歌等にも詠まれており、古代における王朝との関わりをうかがうことができる地域である。

平安時代以降、この辺りは荘園として興福寺の支配下に入り、南北朝時代から戦国時代にかけては、伊勢国司北畠氏の勢力下にあり、江戸時代には宇陀松山藩として織田氏四代の統治の後、幕府の直轄地となった。

自然に恵まれ、史跡遺跡も多い。室生寺や仏隆寺、大蔵寺などの古刹や、大阪や奈良から伊勢を目指した旅人が多く行きかった伊勢街道が、今も昔の風情を残している。

古代寺院跡では、駒帰《こまがえり》廃寺（伝安楽寺・県史跡）や小附廃寺などがあり、発掘調査が行われているが、仏像の行方はわからない。

宇陀市牧には集落で管理している覚恩寺があり、収蔵庫に阿弥陀如来像と薬師如来像が安置されているが、現在、拝観は遠慮頂いているとのことで、本書での紹介は断念した。

◇鑑真招来の仏舎利を安置していたと伝わる、崇福寺廃寺

宇陀市大宇陀岩室《いわむろ》の皇大神社境内の大日堂に、崇福寺の旧仏・大日如来坐像が祀られており、岩室区により管理されている。

崇福寺の創建については詳らかではない。平安時代は在地の有力者により維持されていたが、中世には律宗の僧侶により復興され、独自の舎利信仰を組織していった。

宇陀市教育委員会によると、中世には興福寺大乗院領で、同院主尋尊《じんそん》の日記『大乗院寺社雑事記（一四八六年）』に「崇福寺が唐招提寺の末寺であったこと、奈良朝に鑑真が招来した唐招提寺の仏舎利の一部を、中世に崇福寺が所蔵していたが、その舎利が分粒して六〇〇〇粒余りに増

加したこと」という内容が記されている。また、元禄年間（一七〇一年）編纂の『招提千歳伝記』は「唐招提寺の重宝、鑑真招来の仏舎利が中世、崇福寺に奉安されており、後に崇福寺が退転するに及んで仏舎利は所々に分散され、その一部が再び唐招提寺に安置された」と伝えている。

中世の崇福寺には唐招提寺系の律宗の僧侶が住んでおり、鑑真招来の仏舎利を安置する寺院として著名であったのだろう。

しかしながら崇福寺は明治七年（一八七四）に廃寺となった。岩室区自治会の役員さんによると「近くに建っていた皇大神社境内に大日堂という名のお堂を建て、その本尊として崇福寺の大日如来坐像を祀るようになったのです」と説明される。

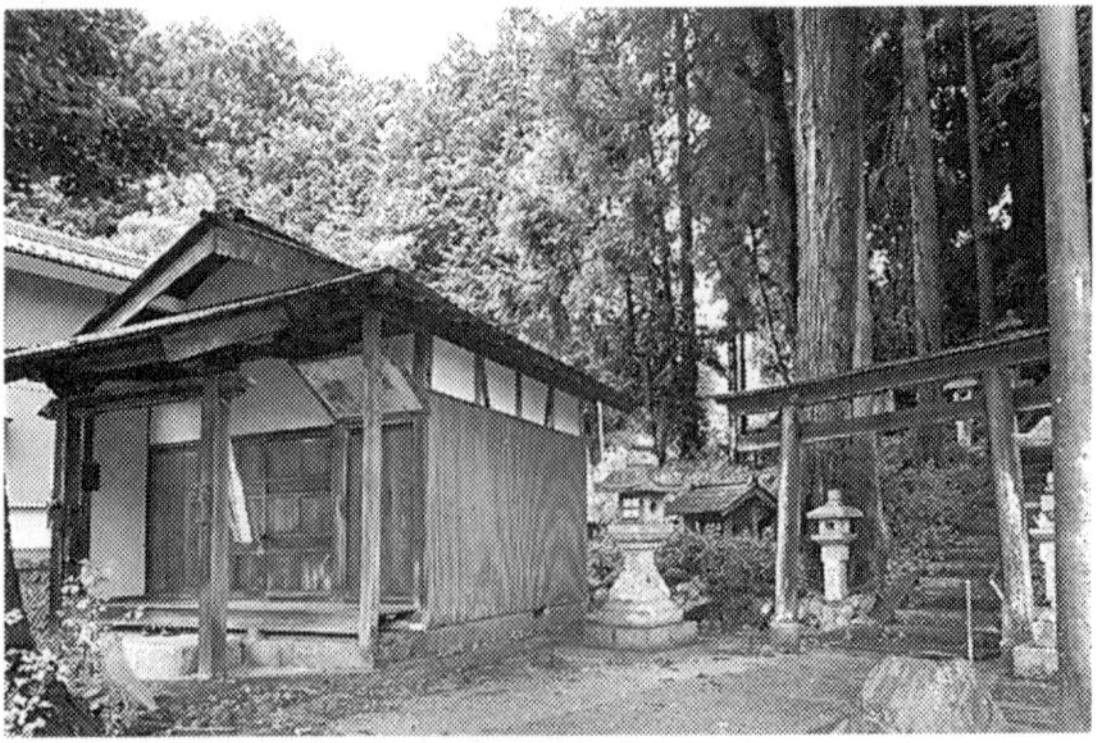

皇大神社境内の大日堂

大日堂の木造大日如来坐像

崇福寺は鑑真招来の仏舎利を安置するほどの寺院だったが廃寺となり、本尊などの行方はわから

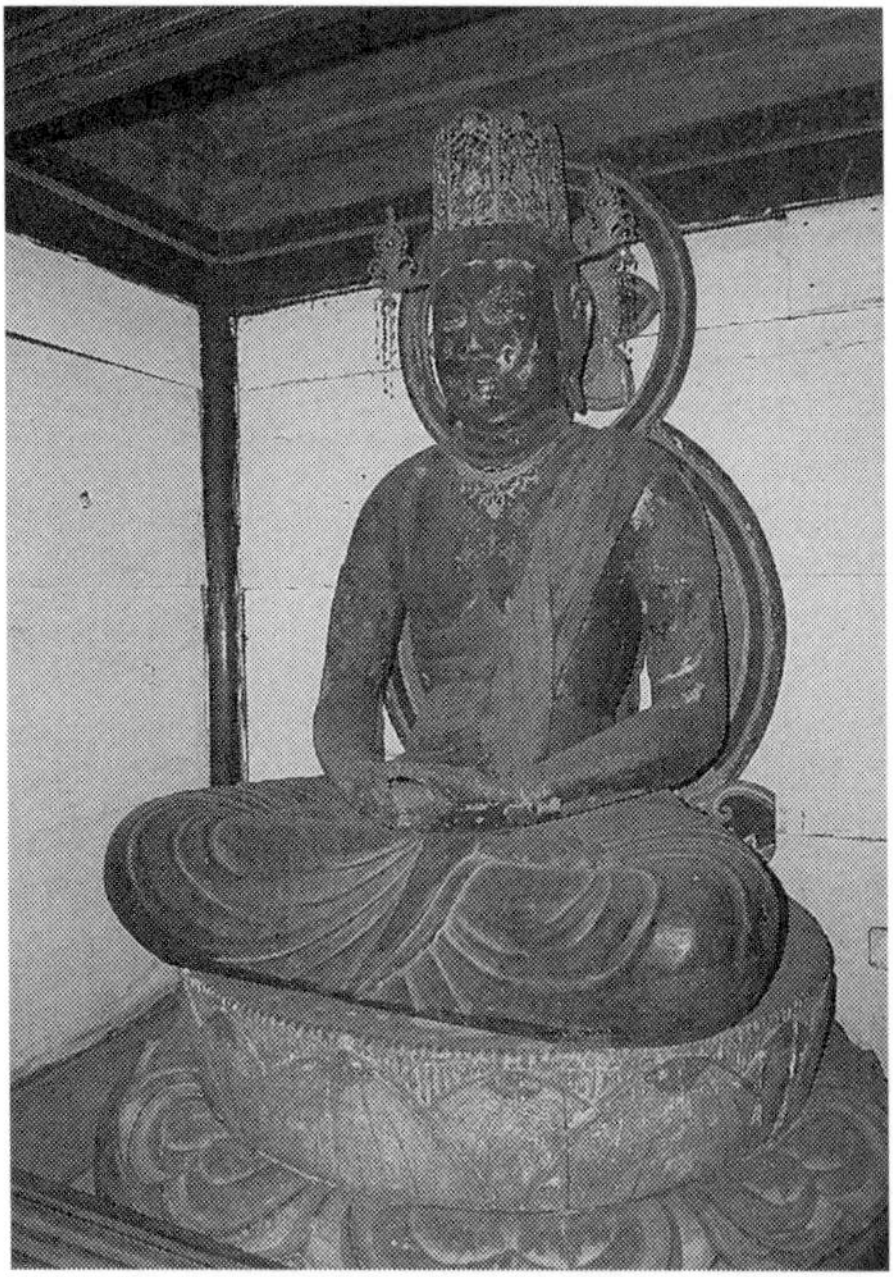

大日堂の木造大日如来坐像
奈良県指定文化財　平安時代中期作　像高約91㎝

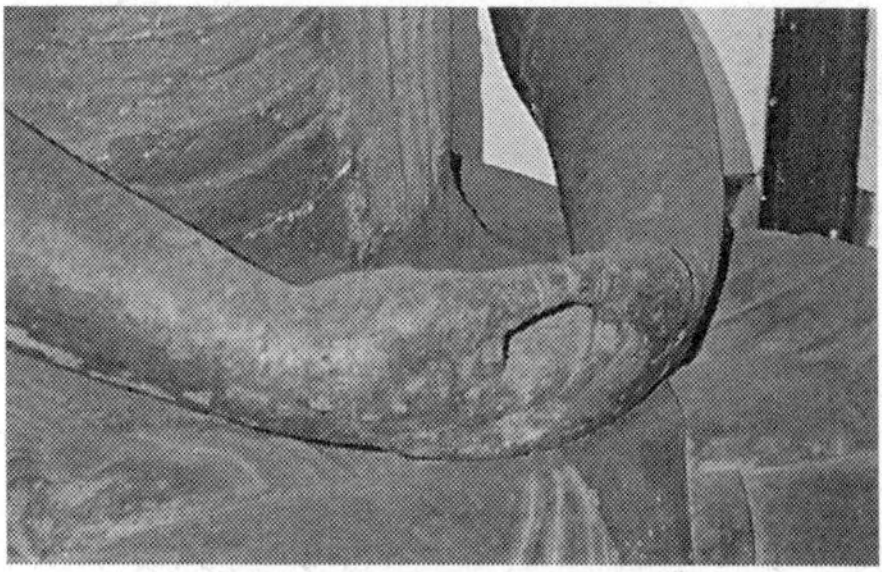

法界定印を結ぶ大日如来像

ない。岩室区で現存しているのは奈良県指定文化財の木造大日如来坐像だけである。

平安中期作の像高約九一㎝の木彫で、異種材を併用している。頭の体幹部はケヤキ材、脚部はヒノキ材である。肩幅が広く、体の肉付けが豊かで、脚部も厚みがあるので、非常に安定感がある。体軀はずっしりとしており、顔の表情は伏し目で温和である。衣文の彫りが浅く、襞《ひだ》数も少ない。光背と台座は後補である。

この大日如来坐像は法界定印《ほっかいじょういん》という印を結び、胎蔵界の姿を表している（密教の教えを視覚的に表した両界曼荼羅には、金剛界と胎蔵界がある）。大日如来像の作例の多くは智拳印という印を結ぶ金剛界の姿で、胎蔵界の法界定印を結ぶ像は奈良県内では少ないという。貴重な平安時代の密教仏である。

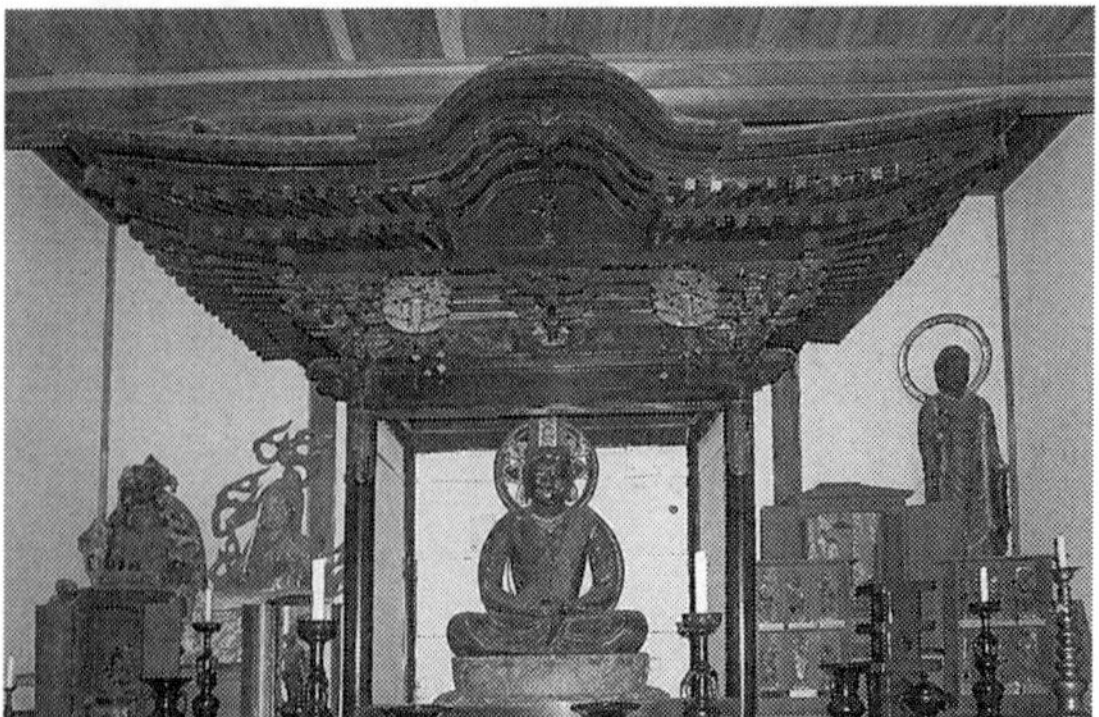

大日堂の諸仏

大日堂の、その他の諸仏

県の指定仏は大日如来坐像だけだが、須弥壇には本尊を中心に多くの小像が安置されている。周辺廃寺や個人蔵の仏像を集めたのだろうか？　時代や由来などは不明だが、比較的新しい作が多い。

崇福寺の大般若経六〇〇巻所蔵

崇福寺に納められていた平安時代末期の大般若経六〇〇巻も所蔵している。江戸時代に欠損分二〇巻を新しく写経して補ってはいるが、当初の一具経が本来の施入寺院にそのまま残存している貴重な例である。

毎年九月に地域の住民が大日堂に集い、地区の安全や無病息災を祈る、大般若経転読法要が営まれている。

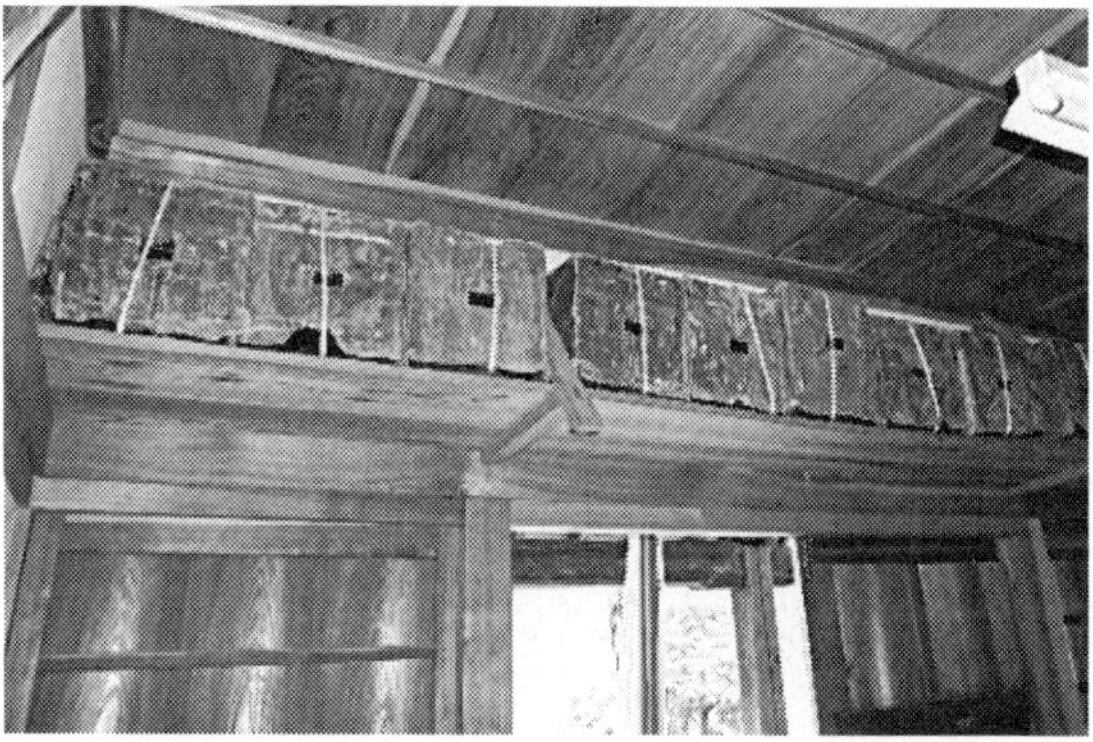

崇福寺に納められていた、大日堂所蔵の大般若経600巻

◇西峠村の三廃寺

かつての磯城《しき》郡と宇陀郡の境に西峠という地がある。古くから天の森とも呼ばれ、墨坂神社が鎮座していたのだが文安六年（一四四九）に宇陀市榛原《はいばら》萩原字天野の現在地に遷座した。その西峠の交差点近くの旧伊勢本街道沿いに、西峠会所がある。阿弥陀堂と称され、西峠区の区民で守られている。会所奥の一室に奈良県指定の薬師如来坐像を中心とする見事な仏像が三軀安置されている。

『榛原町史』によると「会所の奥の墓地には鎌倉時代の五輪塔の残欠が集められており、さらにその裏の畑地には、草葺きの小堂が建っていた記憶があると古老は言う」とある。その小堂が阿弥陀堂なのだろうか。「寺院明細帳」によると西峠村には長平寺、阿弥陀堂、清寿庵と称する融通念仏宗

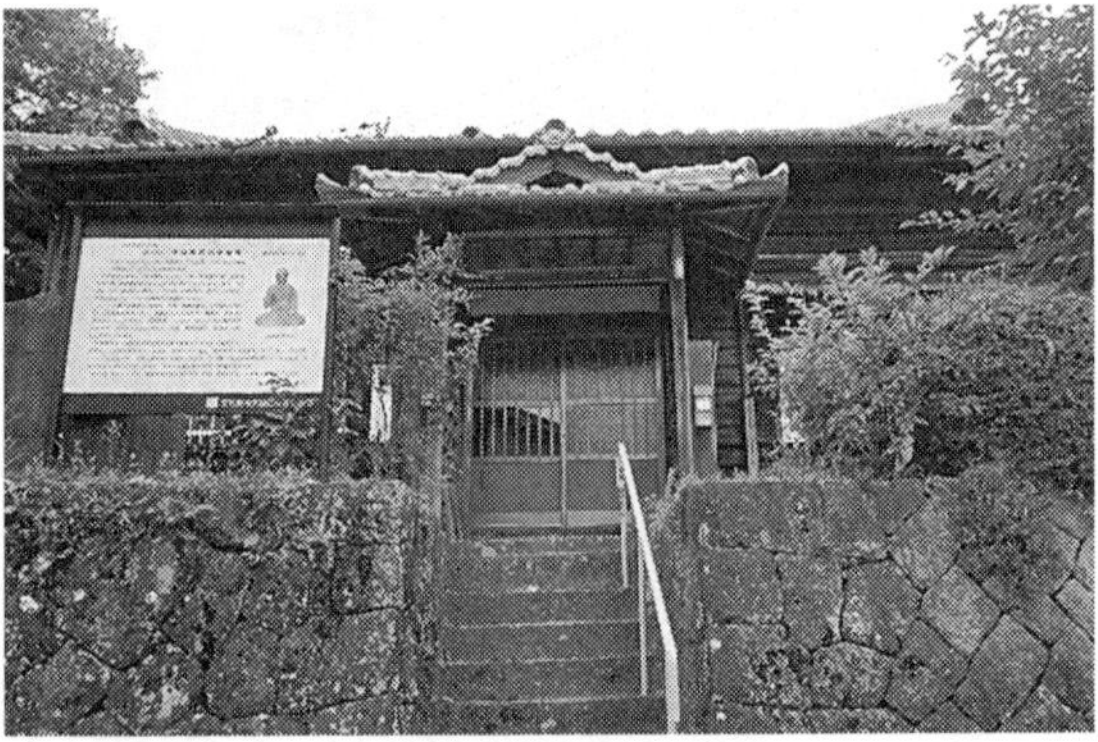

宇陀市榛原萩原の西峠会所

の寺院があったが、明治の初めに三寺とも廃寺になったとも記されている。

三寺のうちの阿弥陀堂が西峠会所に遷されたのだろうが、三軀の仏像はそれら三つの廃寺の旧仏かもしれない。

西峠会所（阿弥陀堂）安置の、廃寺旧仏三軀

西峠会所奥の一室に設けられた須弥壇の、向かって左から阿弥陀如来坐像、薬師如来坐像、阿弥陀如来立像が安置されている。三軀とも昭和五一年（一九七六）に解体修理され、美しい姿が甦った。

特に中央の薬師如来坐像は平安時代後期の作と推定されている。像高約八四㎝、ヒノキの一木造りで、内《うち》刳《ぐ》りを施している。榛原町教育委員会の案内板によると「現状は古色に覆われていますが、当初は漆《しっ》箔《ぱく》仕上げでした。肉身、

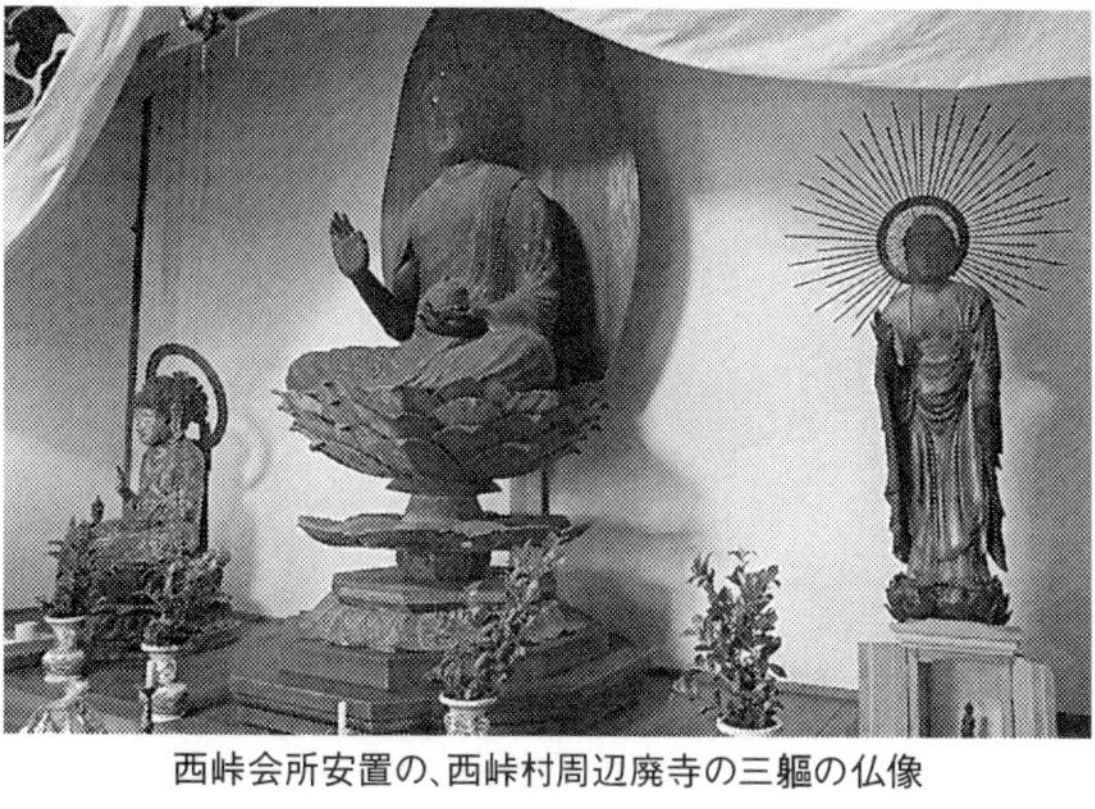

西峠会所安置の、西峠村周辺廃寺の三軀の仏像

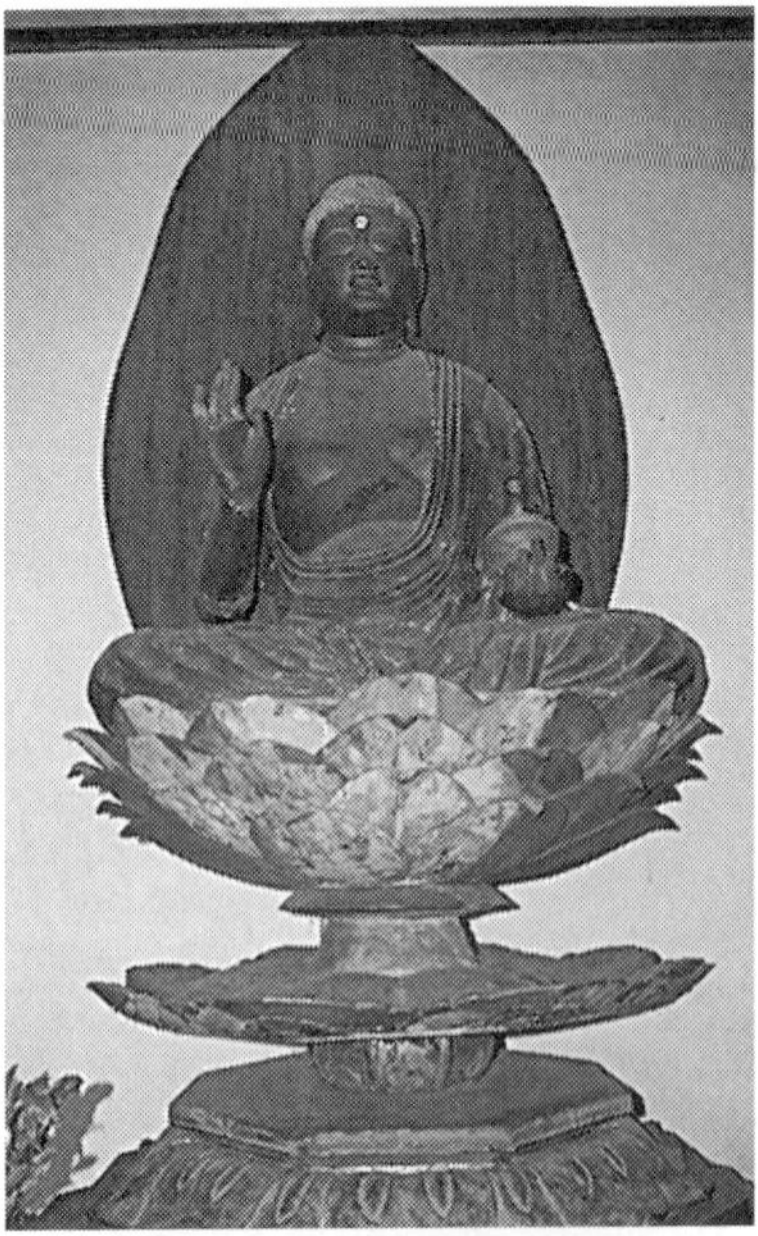

西峠会所蔵・木造薬師如来坐像(中尊)
奈良県指定文化財・平安時代後期作

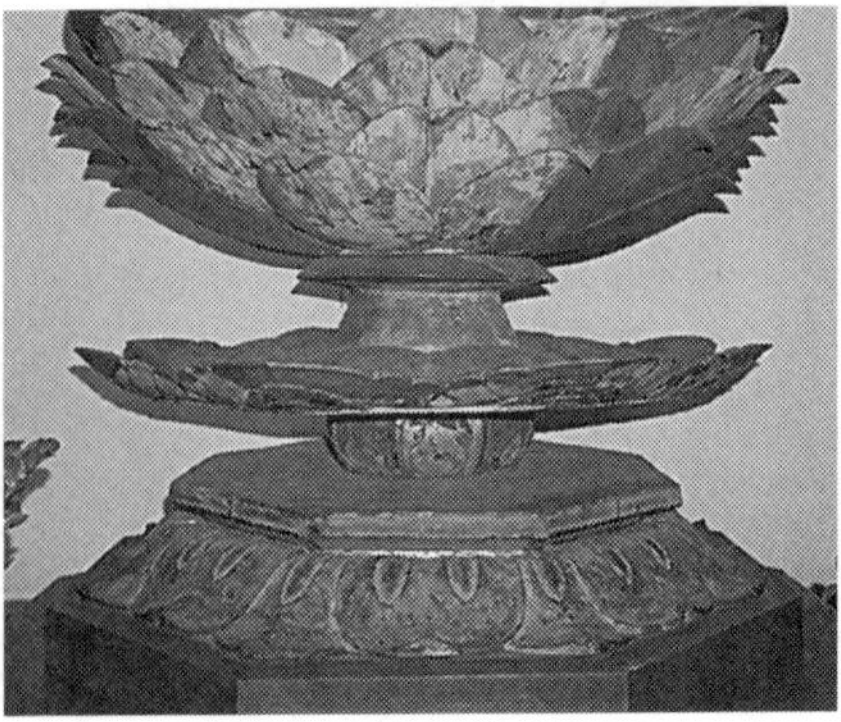

蓮弁から下の反り花が美しい

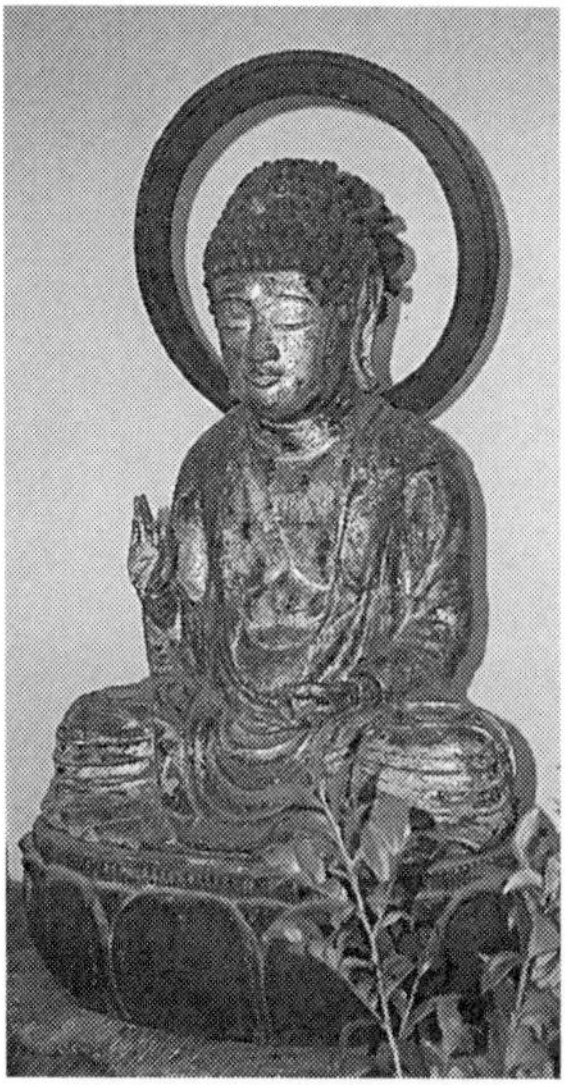

西峠会所蔵・阿弥陀如来坐像
（向かって左）

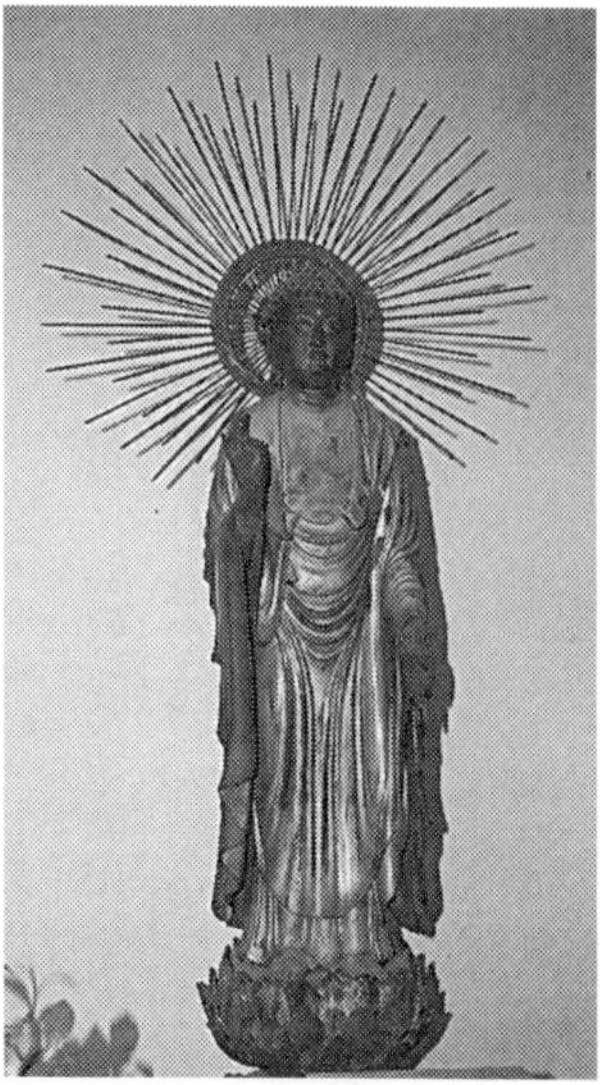

西峠会所蔵・阿弥陀如来立像
（向かって右）

衲衣《どうい》は金泥、裳は錆下地を施し彩色しています」とある。

　左掌に薬壺《やっこ》を載せ、右手は施無畏印《せむいいん》を表し、結跏趺坐《けっかふざ》する薬師像だ。頭部は小ぶりで螺髪を細かく整えている。顔はふっくらとした頬で、やや伏し目のやさしい彫眼である。なだらかな肩に流麗な衣紋が浅く彫られている。薬壺と光背は修理時に補われたものである。また蓮華座は五〇cmあり、蓮弁から下の反り花まで美しく整っている。昭和五六年（一九八一）に奈良県文化財に指定された。（※巻頭カラーページに写真掲載）

　『榛原町史』には「会所の北約一km、天神ノ森の麓の薬師田にあったのを遷したと土地の古老から聞いた。なお、付属の十二神将の小像が三、四体残っていたと言われるが今は見当たらない」とある。同薬師如来坐像の守護神である十二神将像であれば、相応の名品だったと思われる。

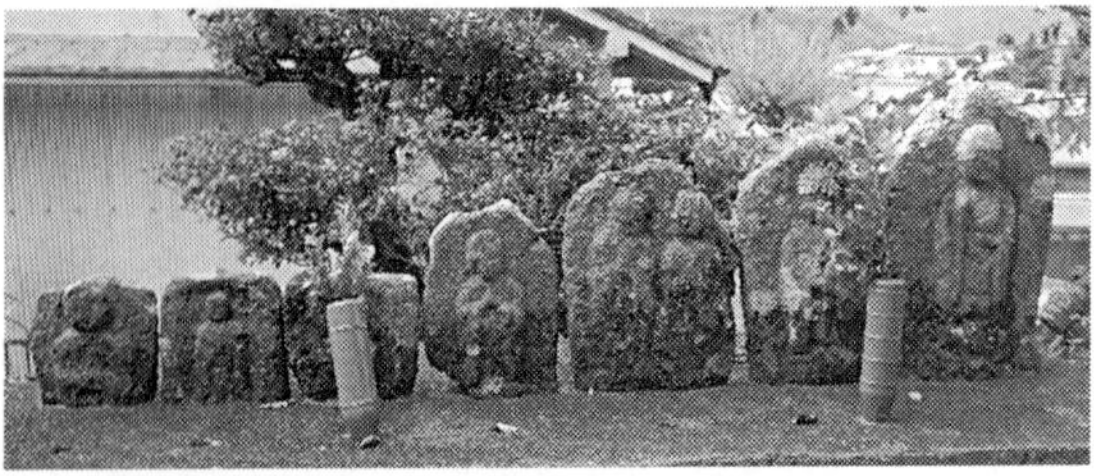

西峠会所前にかわいいお地蔵さんが7体整然と並んでいる

ムラサキ地蔵（石仏の断片）

三軀の仏像が安置されている須弥壇の右に大きな格子窓があり、中に大小の石仏の断片が置いてある。もとはムラサキ地蔵と称された大きな地蔵石仏であったが、火災のために砕けてしまい、ここにまとめて保存しているのだ。

文字が刻まれた三個の断片があり、継ぎ合わせると「永仁二年五月五日造立」と読めることから、永仁二年（一二九四）の造立と推定されている。

この銘が刻まれた断片が、格子窓の横の棚に無造作に置かれており「仁□□□」の文字が刻まれていた。

「こんなところに置いてありますね」と、手に取って撮影させて頂いたのだが、地元ではこの地蔵石仏に触れると目がつぶれると伝えられているという。

会所前の庭に付近から集められたのであろう石仏が並んでい

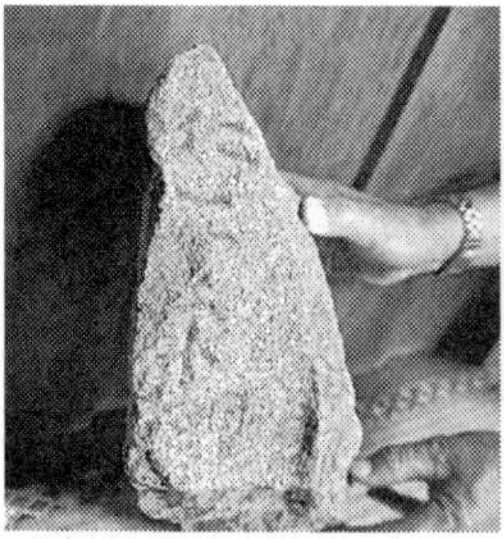

西峠会所蔵
銘が刻まれたムラサキ地蔵断片

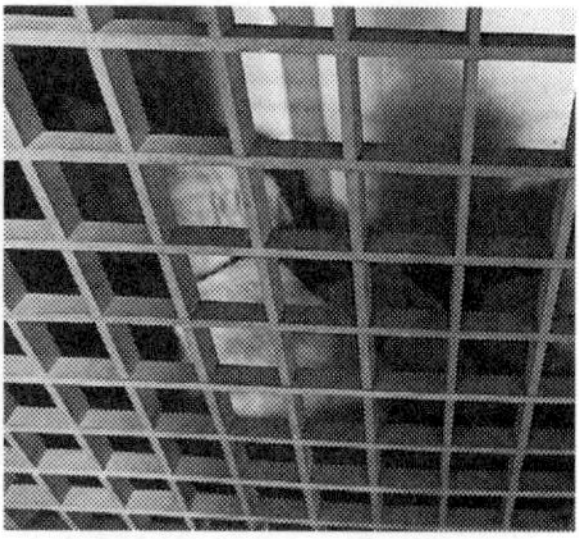

格子窓の中にムラサキ地蔵の
大小の石の断片が集められている

る。六地蔵ならず、かわいいお地蔵さんが七体整然と並べられており、ほほえましい。

◇榛原の金剛寺の本尊だった地蔵菩薩立像が、御杖村に

宇陀市榛原《はいばら》区沢に、正平年間（一三四六～一三七〇）に「宇陀三将」のひとりである沢氏の本城として築かれた宇陀沢城という山城があった。永禄三年から一〇年（一五六〇～一五六七）、高山飛騨守図書《ずしょ》が城主となり、高山右近も幼い頃、ここで過ごしたと伝えられる。

天正の頃（一五七三～一五九二）に廃城となり、今は伊那佐山から南東に延びる山頂に城跡が残っている。

『榛原町史』によると、この沢に、常念寺、金剛寺、岡観音堂、足法庵など七か寺があったと伝えられているが、すべて廃寺となったとある。ほとんどは明治の初めに廃寺となっ

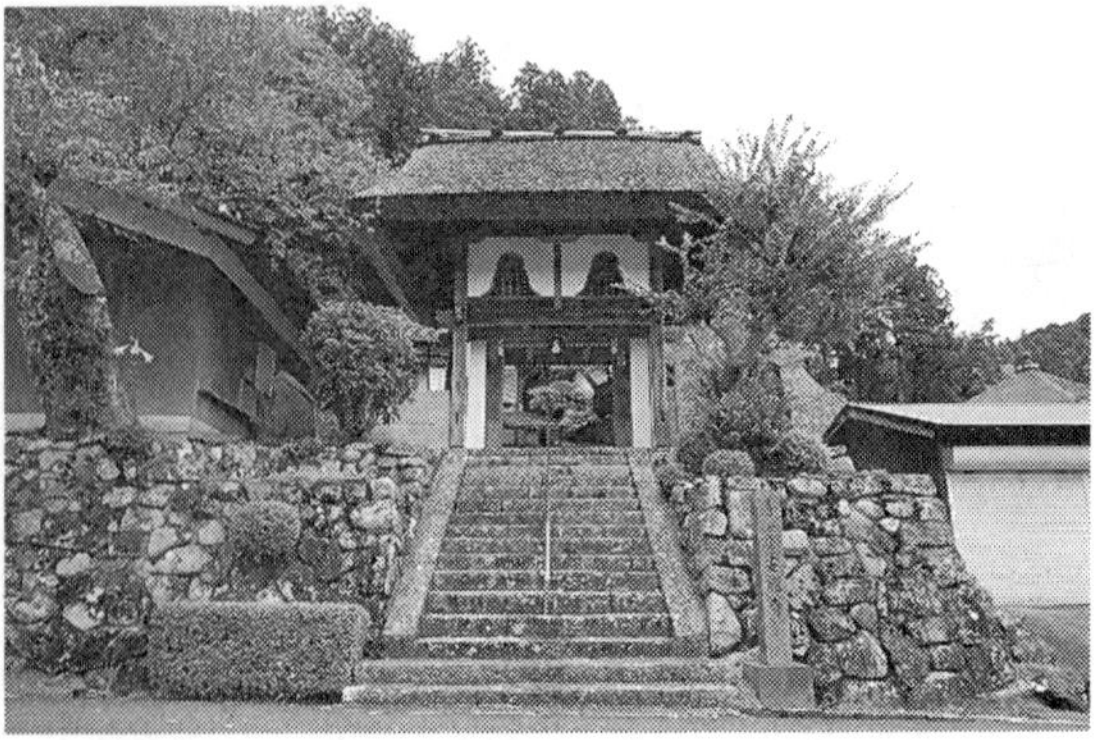

安能寺山門

たようだが、金剛寺は戦後に廃寺となり、本堂が焼却された。幸い仏像だけが御杖村の安能寺に遷されたのである。

安能寺に遷された金剛寺の地蔵菩薩立像

安能寺（宇陀郡御《み》杖《つえ》村）は弘仁年間に弘法大師が建立したと伝えられる古刹で、室生寺の別院であったという。室町時代に衰退し、大和芝村（現桜井市芝）の慶田寺により再興されたが、江戸時代に洪水のため本堂が倒壊したため、その後再建され現在に至る。茅葺の山門は奈良県の指定文化財。本堂には多くの仏像が安置されている。

安能寺の末寺であった榛原区沢の金剛寺が廃寺となったため、本尊の地蔵菩薩立像が昭和四三年（一九六八）に遷されてきた。

明治期に小学校などに使われていた安能寺本堂横の施設を座禅堂として修理した際、この地蔵菩薩立像も解体修理し、台座や光背を補い、お堂の本尊として祀られるようになった。

無指定の仏像ではあるが、等身大のどっしりとした姿の地蔵尊である。

地蔵尊の両脇には旧金剛寺住職の板塔婆も立てかけられている。中嶌教道住職は「金剛寺の檀家さんであった沢の方たちが毎年お参りに来られていたのですが、この頃はお見えにならなくなりましたね」と話される。（※巻頭カラーページに写真掲載）

（拝観は不可）

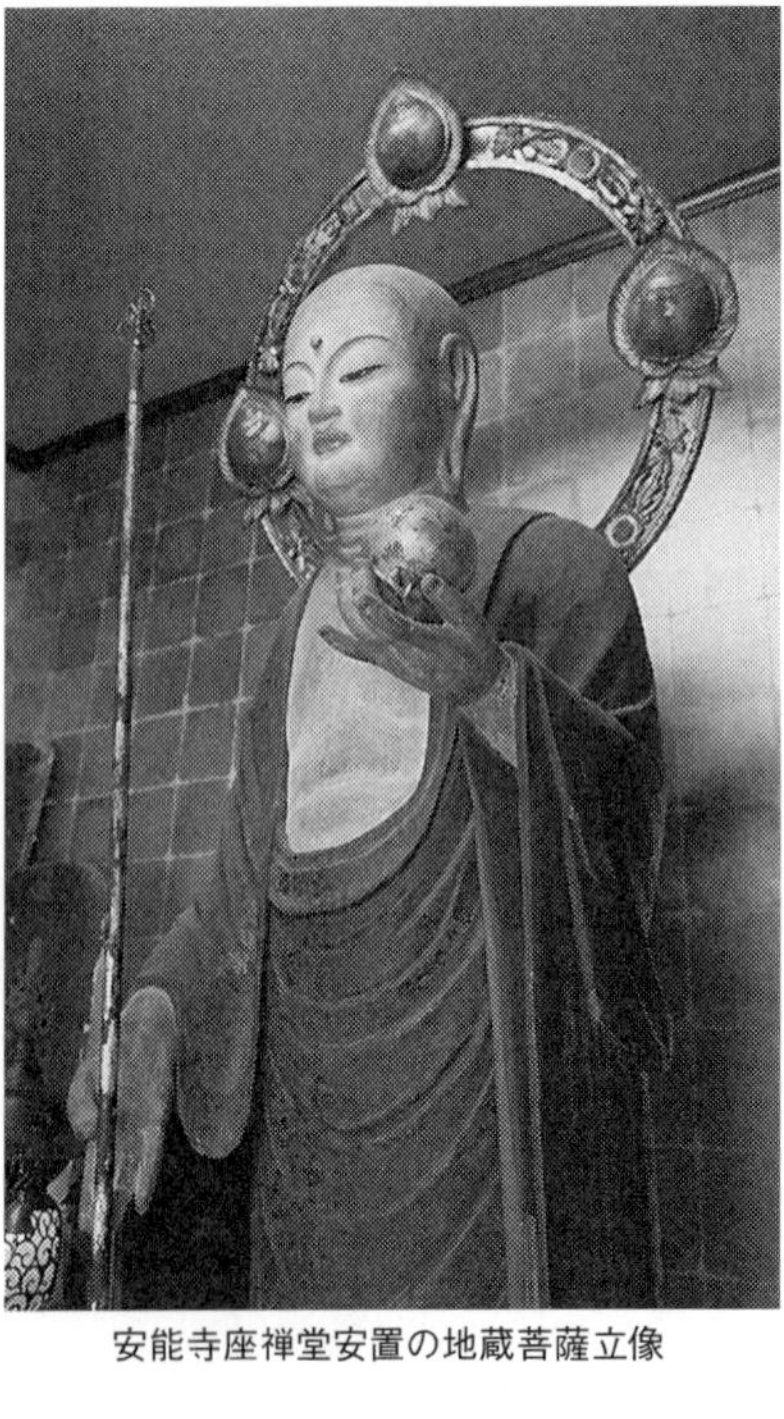

安能寺座禅堂安置の地蔵菩薩立像

山添村

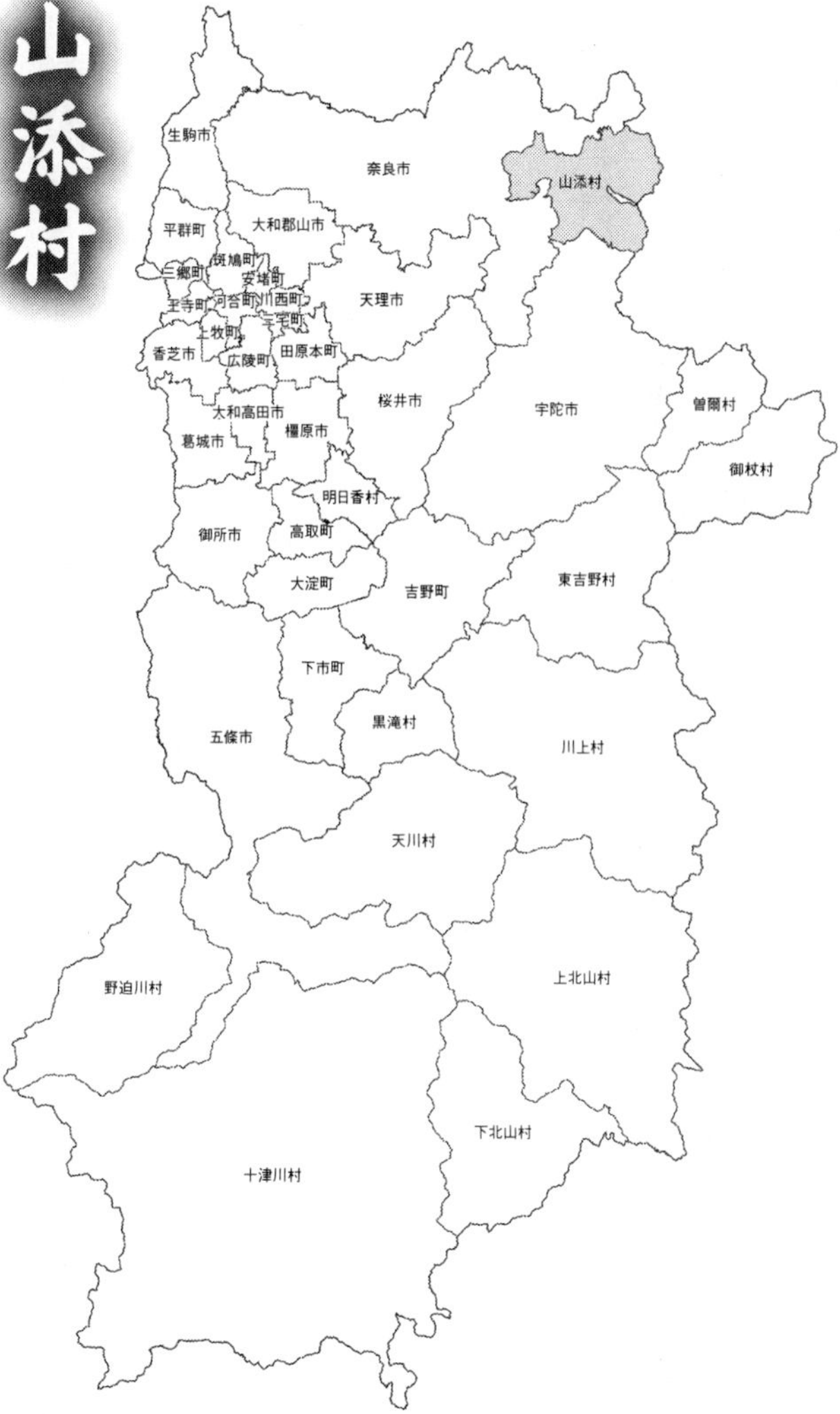
生駒市
奈良市
山添村
平群町
大和郡山市
斑鳩町
三郷町
安堵町
王寺町
河合町
川西町
三宅町
天理市
上牧町
香芝市
広陵町
田原本町
桜井市
宇陀市
曽爾村
大和高田市
橿原市
葛城市
御杖村
明日香村
御所市
高取町
大淀町
吉野町
東吉野村
下市町
黒滝村
五條市
川上村
天川村
野迫川村
上北山村
下北山村
十津川村

山添村の廃寺と旧仏

地図ページ 02

山添村《やまぞえむら》は奈良県の北東に位置し、三重県と隣接する、大和高原の東端にある村。面積の八〇％が山林で、山あいに集落と農地が点在し、のどかな風景が広がる。今は人口四〇〇〇人に満たない自然に囲まれた村だが、縄文時代から古代、近世までの遺跡や文化財が多く残っており、長い日本の歴史を刻む特異な地域だ。

平成一六年（二〇〇三）八月、添上郡月ヶ瀬村と山辺郡都祁《つげ》村とともに奈良市に合併することを問う住民投票が行われたが、反対が多数を占め単独村政を継続することとなり、今に至っている。

◇西方寺廃寺

約八〇〇〇年前の縄文時代草創期の住居跡などが残る大川《おおこ》遺跡の南、三重県との県境を成す名張川沿いにある山添村広瀬に、西方寺《さいほうじ》という天台宗真盛派の寺院があった。同寺は三重県上野市の九品寺の末寺と伝えられるが、由緒ははっきりとしない。

　伝承では、「清和天皇（八五八～八七六在位）の病気平癒祈願のため比叡山の相応和尚《そうおうかしょう》（八三一～九一八）が護摩を修したところ、三日で平癒された。天皇は喜ばれ、貞観三年（八六一）に七堂伽藍の荘厳な寺院を造営された」という。

　明治の調査では、約三十人の尼僧が奉仕している尼寺であったことが確認されている。しかし寺勢は衰え、明治の学制改革により境内は広瀬小学校となり、さらに保育園となった。本堂は一〇〇mほど離れた字上出という地に移築された。

　保育園が閉鎖され、昭和五二年（一九七七）に西方寺元境内跡地（現在地）の一角に収蔵庫が建てられ、本尊の阿弥陀如来立像を安置し、地域の住民により法灯が守られてきた。

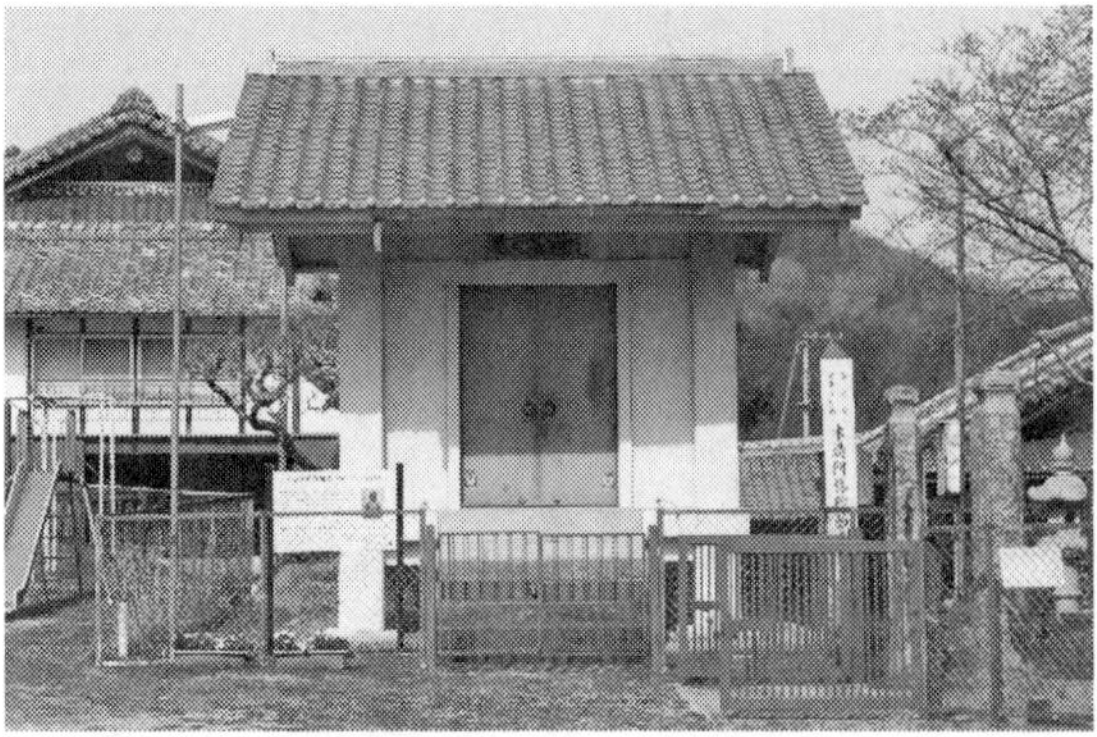

西方寺廃寺跡に建てられた収蔵庫

快慶作・阿弥陀如来立像発見！

昭和三一年（一九五六）に三つの村が合併して山添村になった。翌年、その旧村のひとつ、波多野《はたの》村《むら》の村史編纂のため調査が行われた。その際、同村に建てられていた西方寺の本尊が、快慶作の木造阿弥陀如来立像と確認され、国の重要文化財指定となった。

像高約一m、ヒノキの寄木造りで、すべてに金粉を塗った粉溜《ふんだめ》という手法で作られている。目には水晶製の玉眼を嵌入《かんにゅう》し白毫も水晶。今は年を経たため黒ずんでいるが、衣や裳に切金の文様跡がある。細部にわたり丁寧に作られている仏像である。

顔を正面にして蓮華座の上に立っており、静止を破るかのように左足をやや前に踏み出している。その左足の足ほぞに「巧匠アン（梵字）阿弥陀」という墨書銘があることから鎌倉時代の仏師・快慶の作であることが明らかになった。しかも壮年期の作ということだ。

平成二九年（二〇一七）に奈良国立博物館で快慶展が開催さ

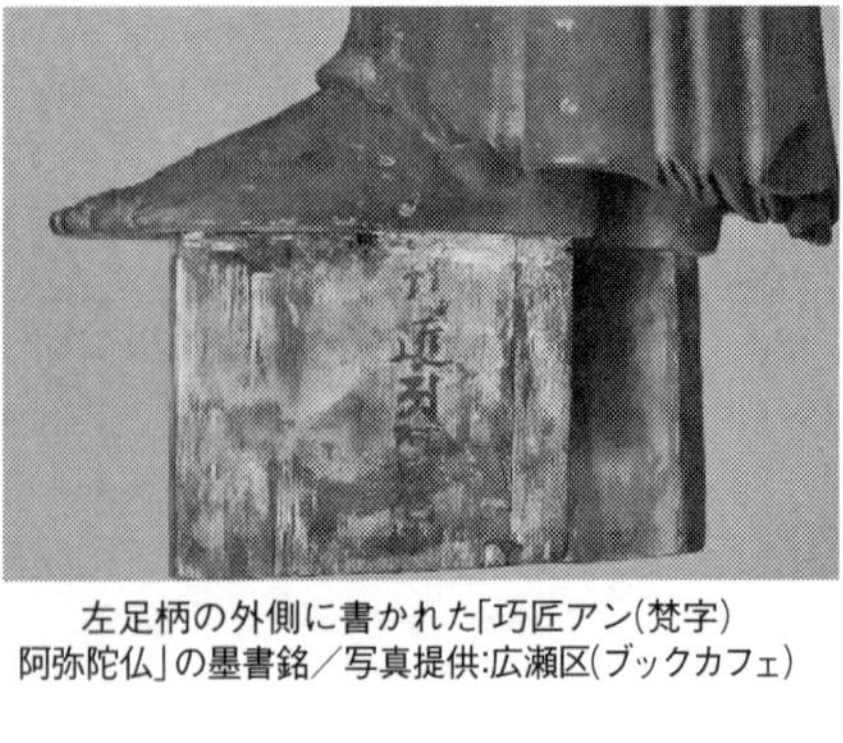

左足柄の外側に書かれた「巧匠アン（梵字）阿弥陀仏」の墨書銘／写真提供：広瀬区（ブックカフェ）

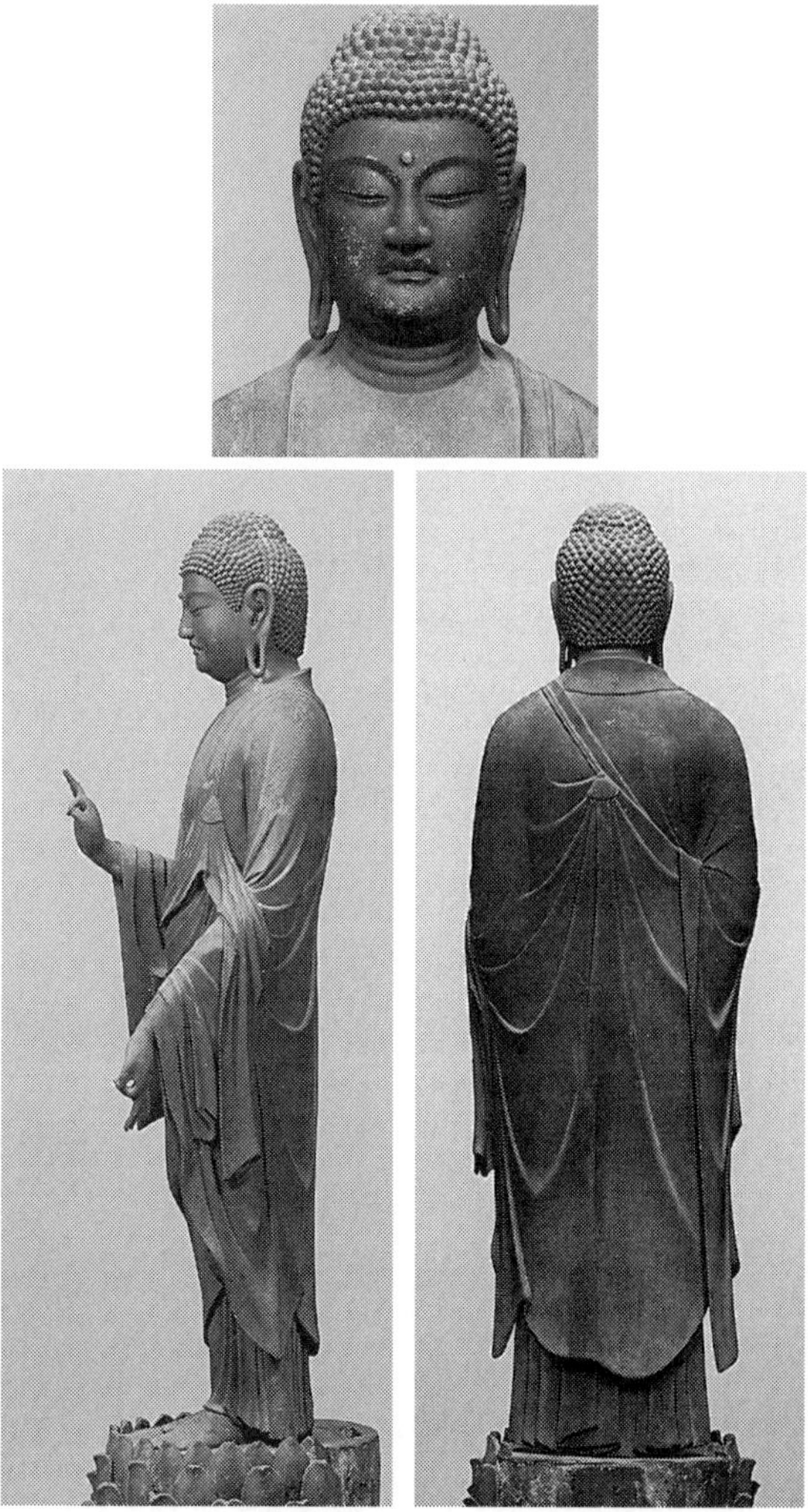

国指定重要文化財・鎌倉時代作・ヒノキ材の寄木造・像高約100㎝
／写真提供：広瀬区（ブックカフェ）

れたとき、同像が出陣された。以来、仏像ファンが広瀬に訪れるようになった。

廃校の跡地でもある旧西方寺境内を利用して、定年を迎えた同校卒業生らが「ブックカフェ」という軽食喫茶を運営し、収蔵庫の管理をしている。その運営者たちが拝観者に仏像の案内をしている。

ブックカフェ運営者の一人、今中忠さんの説明によると「袈裟《けさ》を左肩からひもで吊り、末端を左腕に懸ける表現は、快慶の三尺如来立像では本像のみ」という。「最近は拝観者が多くなり、地域も活気を取り戻しています」とのことだ。

山あいの集落の小さな収蔵庫内で身を潜めながらも、阿弥陀さんは壮年に達した快慶のパワーを放っているのだろう。（※巻頭カラーページに写真掲載）

◇西迎寺

旧西方寺裏に建つ、山添村広瀬の西迎寺《さいこうじ》。東大寺戒壇院の末寺だったという（『波多野村史』）。西迎寺は古儀真言宗であることから、真言宗弘法大師が東大寺におられたときに何らかの関係があったのであろうか。由緒は詳らかではない。

廃寺ではないが、旧本堂が昭和三十五年（一九六〇）に公民館に改築され、仏像がその一室に安置された会所寺となっている。

西仰寺本尊十一面観音菩薩立像を中心に、数体の客仏

西迎寺本尊は木造十一面観音菩薩立像で、像高約一mの、上品な姿の仏像である。頭部や手は補修されている。無指定だが平安時代の作ではないかと推定されている。

本尊以外に堂内には役行者像、千手観音像、毘沙門天像、弘法大師像の小像が安置されているが、制作年代などは不明である。

同寺檀家総代の小南金彦さんによると「本尊以外の仏像はどこからこられたのかわかりません」と。また

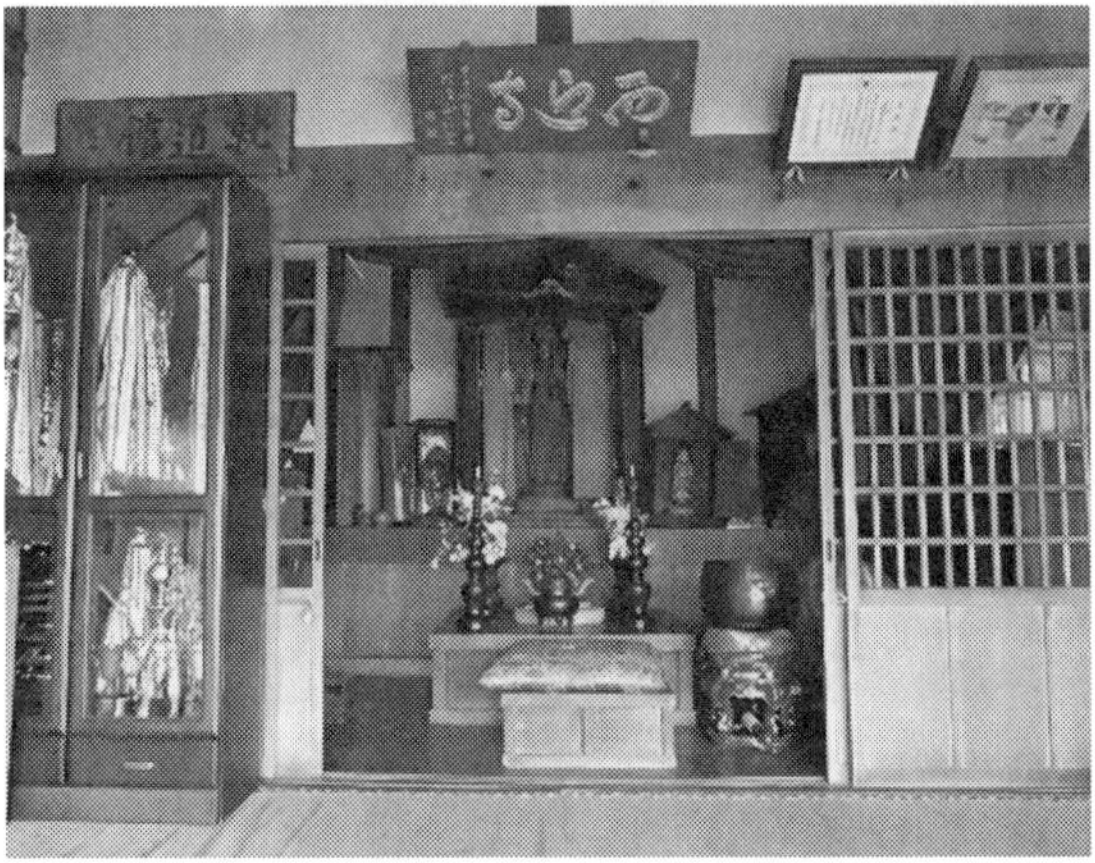

公民館内に設けられた西迎寺の須弥壇

茅葺の本堂だったが、公民館に改築され、その一室ににお堂が設けられました。檀家たちで仏様を守り、講も盛んに営んでいます。」とのことだ。

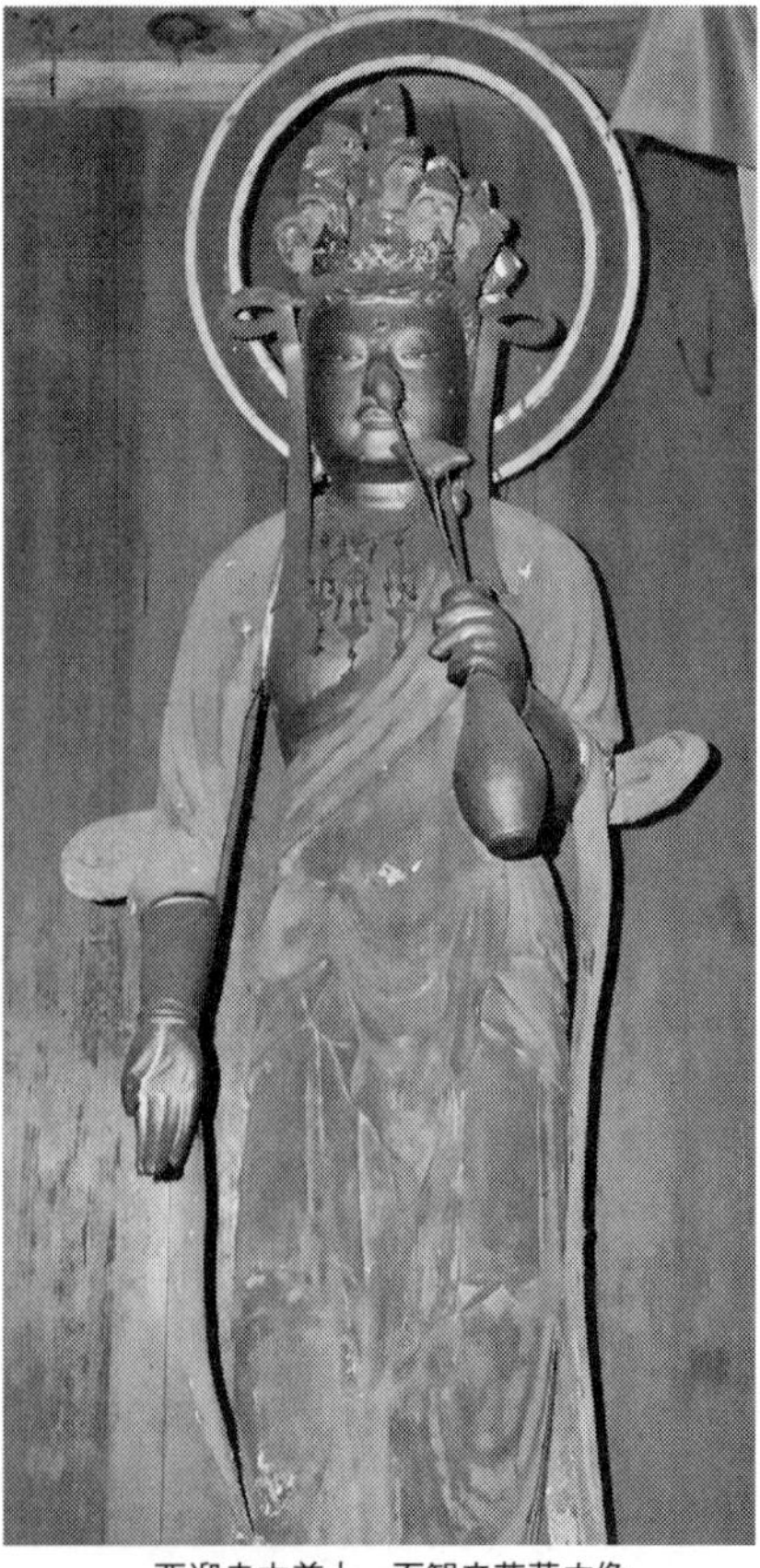

西迎寺本尊十一面観音菩薩立像
平安時代作・木造・像高約1m

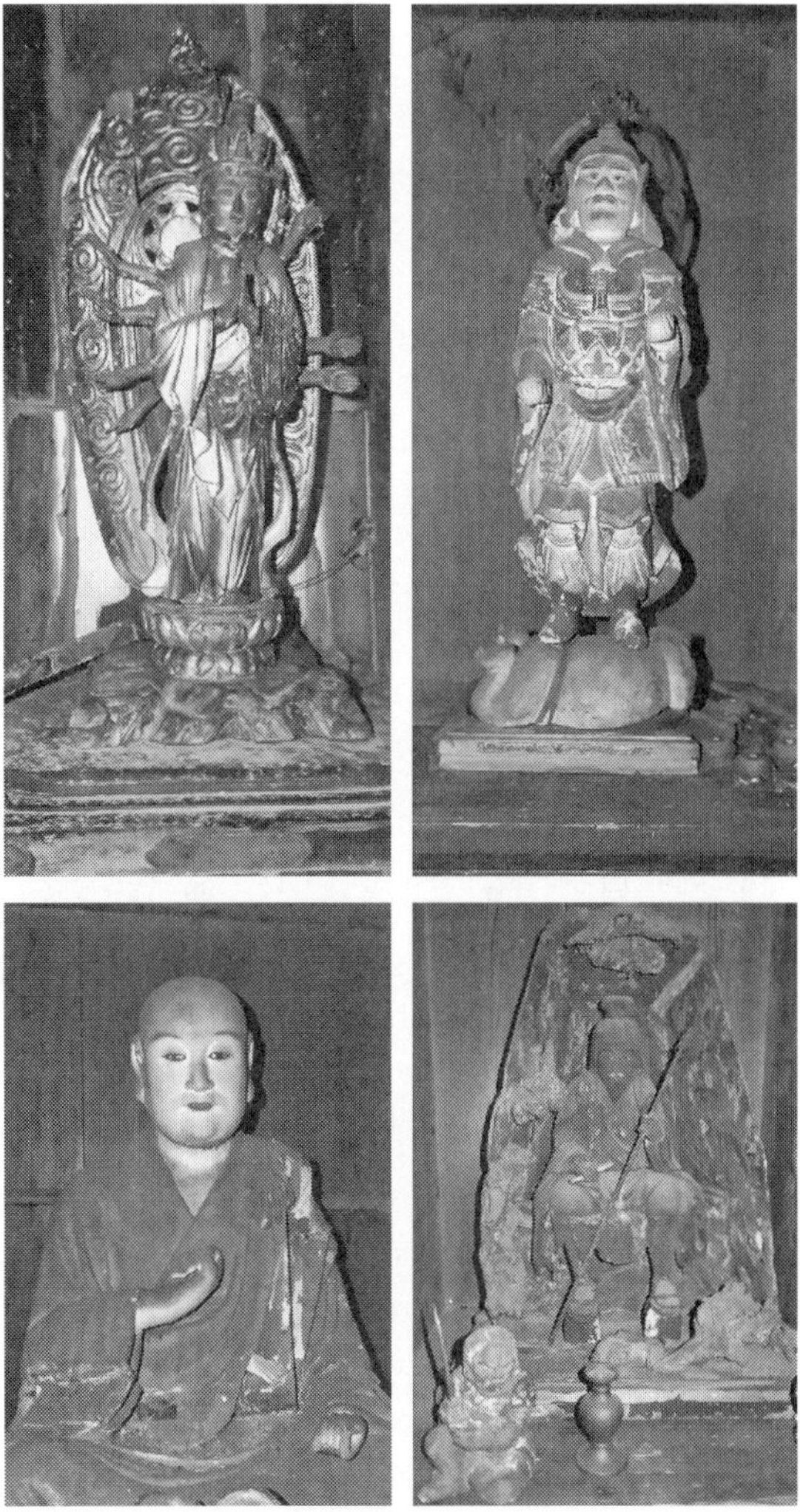

西迎寺周辺廃寺の客仏たち

◇観音寺

山添村東部、三重県との県境近くに位置する葛尾区に建つ観音寺。古義真言宗で京都仁和寺末寺という。開基は、開山和尚の墓碑銘より、江戸時代中期と推定されている。寺歴は新しいが、開山時は近隣に末寺を建立するなど、寺勢が盛んだったらしい。

明治中期には末寺が廃寺となり、本寺の観音寺も当初の勢いはなくなった。今では本堂の傷みも激しくなってきているが、貴重な文化財をいくつか残しており、往時の勢いを偲ばせている。

現在は本堂横に建てられた頑丈な収蔵庫に本尊十一面観音菩薩立像を安置し、すばらしい筆跡の鎌倉時代作の大般若経六百巻（山添村文化財指定）も収納している。

山中の古寺跡に、清楚で優美な平安仏・木造十一面観音菩薩立像

観音寺は廃寺ではない。木造十一面観音菩薩立像は同寺の本尊仏である。ただ、明治の初年ごろから寺勢が衰えたらしく、明治二十年代から地域の檀家により守られている。なかでも、秘仏である同像は、平安時代後期作の奈良県文化財指定仏である。

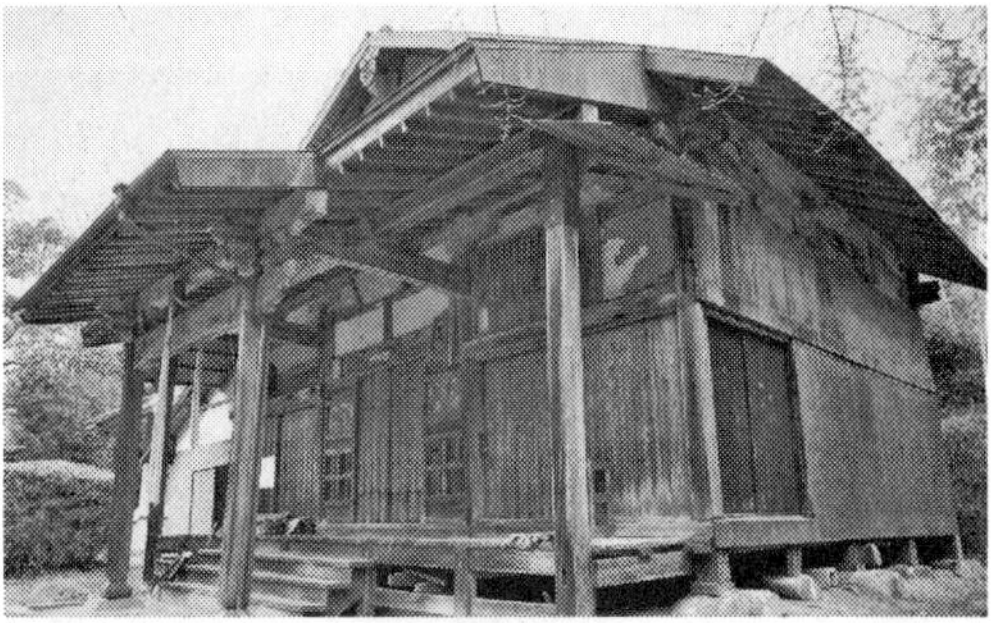

観音寺本堂

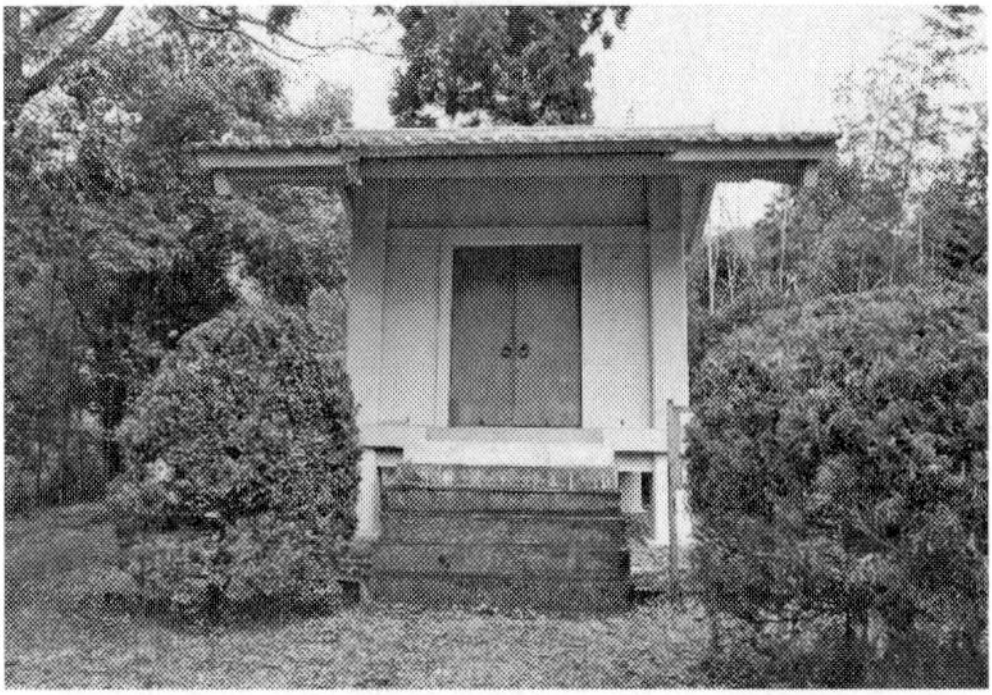

本尊十一面観音菩薩立像を安置する収蔵庫

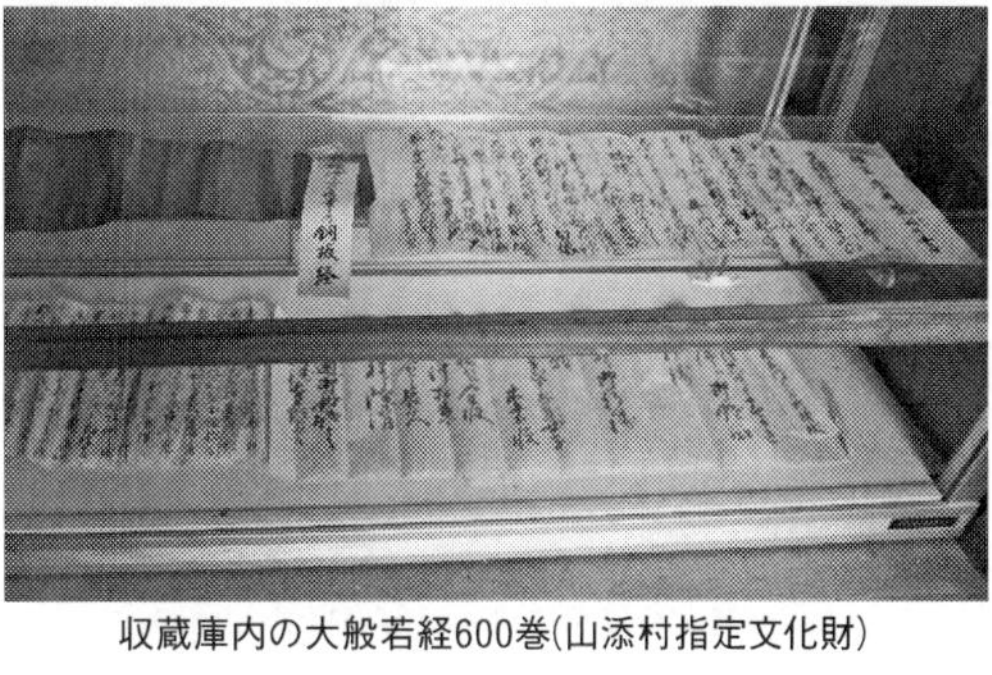

収蔵庫内の大般若経600巻(山添村指定文化財)

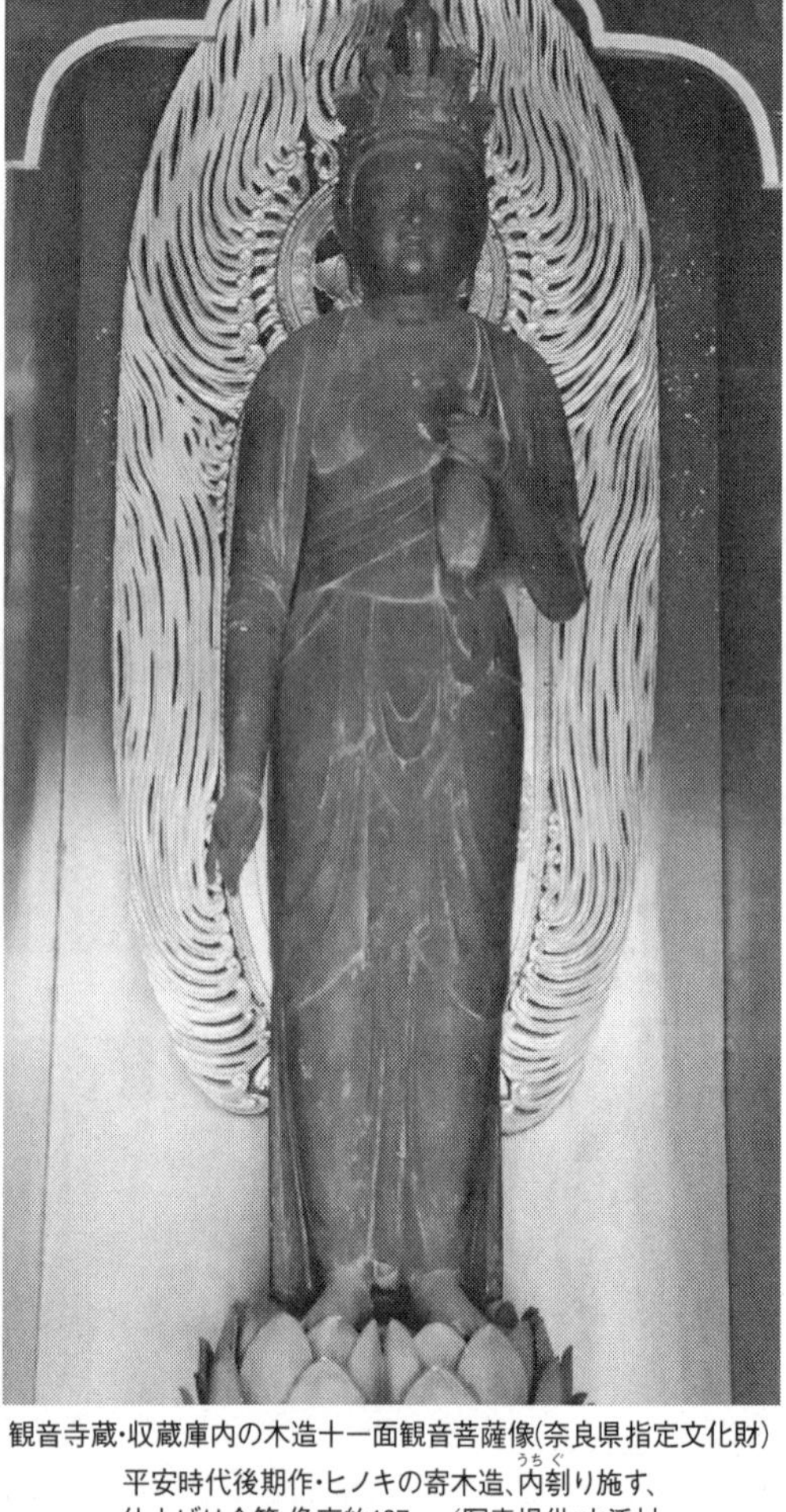

観音寺蔵・収蔵庫内の木造十一面観音菩薩像(奈良県指定文化財)
平安時代後期作・ヒノキの寄木造、内刳《うちぐ》り施す、
仕上げは金箔・像高約127㎝／写真提供:山添村

『波多野村史』によると「盗難に遭ったが、あまりにも優秀な作品であり、仏体も大きかったため、すぐに発見されて無事に取り戻すことができたのは幸いである」と記されている。

本尊が盗難に遭ったことから収蔵庫を建て、宝物をしっかりと保管するようになったわけだ。

同像は全体に肉付きがよく、丸い顔、丸い肩など柔らかい姿の観音像で、平安仏の様相をよく表している。蓮華座の上に顔を正面にして立ち、左手は胸前で水瓶を持っている。右手を伸ばし、直立。仕上げは金箔押であるが、現在はほとんど剥落し、ところどころにその跡が残っているのみである。頭上の化仏はすべて後補。台座、光背も後補である。

今では全体に黒ずんだ素地を見せているが、ふっくらとした姿の、清楚で優美な十一面観音菩薩立像である。

車で行くには少々困難な山の中の寺院であるが、境内の草抜きはゆき届いており、檀家さんたちの信仰の深さがうかがえて清々しい。

◇謎の大寺《おおでら》毛原廃寺

毛《け》原《はら》廃《はい》寺《じ》跡が所在するのは、三重県と接する山添村北東部の山中である。奈良盆地とは離れており、伊賀・名張盆地に近い。名張川の支流・笠間川左岸の緩やかな南斜面に立地するのだが、古代は「闘鶏《つげ》」と称された交通の便の非常に悪いところであったという。その山添村毛原に、見事な礎石が残存する伽藍跡がある。

これまでの瓦の調査研究から、奈良時代前中期に営まれた大規模な寺院と判明している。しかし、文献資料にはいっさい見えず、百年にわたる調査と保存が行われてきた。この謎の大寺《おおでら》が毛原廃寺跡として国の史跡に指定されたのは、大正十五年（一九二五）の

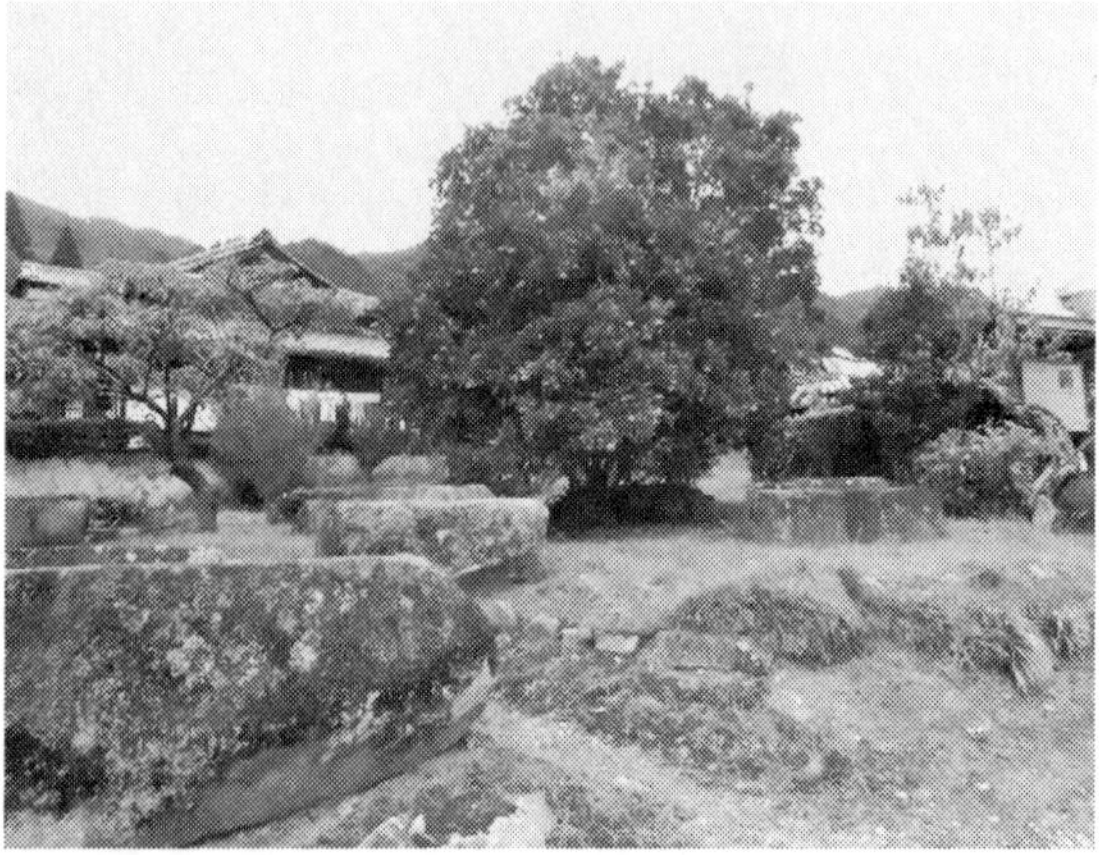

毛原廃寺金堂跡

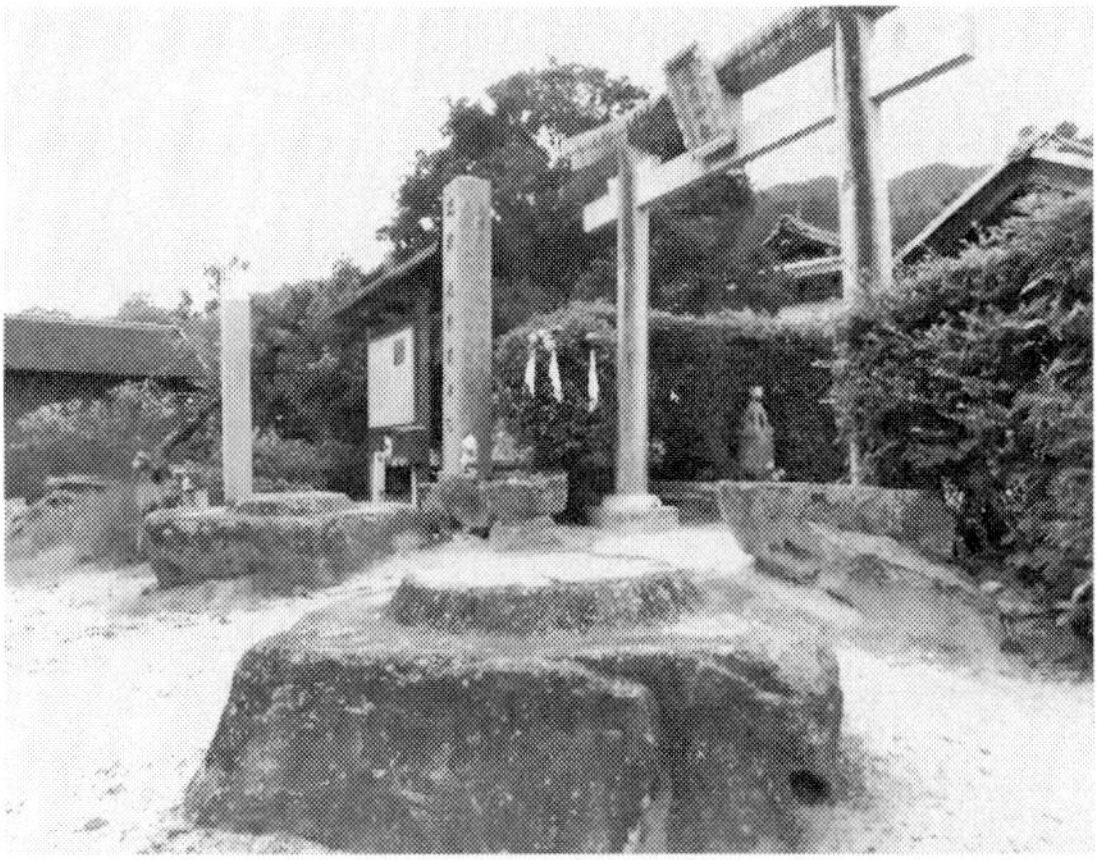

毛原廃寺金堂跡の礎石

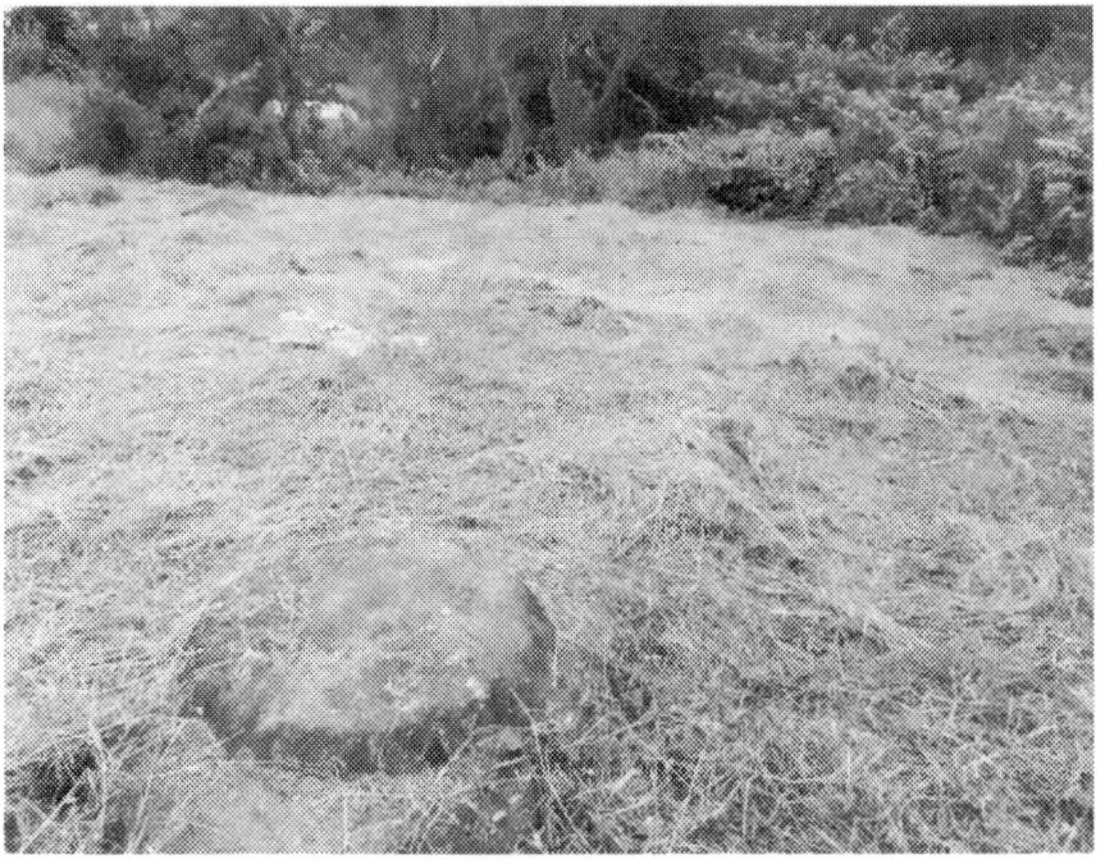

毛原廃寺南門跡

ことである。

金堂跡は集落内の稲荷神社周辺にある。礎石の配置から見て、七間四面の建物で、唐招提寺の金堂に匹敵する規模と思われる。礎石の石質や様式から、寺院の寺格の高さがうかがえるという。

金堂の南約五〇ｍの畑地に中門、さらに南約二五ｍの畑地に南門がある。

主要伽藍の西側の水田にも礎石群があった。平成三〇年（二〇一八）の調査で基壇が検出され、食堂《じきどう》跡ではないかと推測されている。

東大寺の杣山《そまやま》（＝木材採取のための山）管理や経営などのために建立された寺院の可能性が指摘されてきたが、近年、同寺出土瓦の年代から、山林修行者管理のための山林寺院ではなかったかとの説が有力になっている。平城京の東部山間には山林修行の寺院がいくつか建立されている。そのうちの一つだったのかもしれない。

毛原廃寺跡中心部の大型の礎石が、宅地や畑の中に整然と並び、地域の暮らしの中に溶け込んでいる。土地所有者たちによる供養祭も毎年執り行われているという。奈良時代の栄華が民有地となった今もそのまま保護されているのも毛原廃寺の魅力である。

◇毛原廃寺の旧仏が、名張川を渡って三重県の弥勒寺に？

奈良県東と三重県西との県境を成しているのが、名張川。この名張川沿い（東側）に奈良県山添村の毛原廃寺が、三重県西田原（西側）に日朝山弥勒寺《みろくじ》（真言宗豊山派）がある。

毛原の寺院がいつ頃廃寺になったかはわからないが、その仏像が名張川沿いの諸寺院に流出していったのではないかと推測されている。なかでも、多くの平安仏をお祀りしている弥勒寺は、専門家の間でも「毛原の廃寺の旧仏を所蔵」とする説がある。だが確証はなく、委細は不明とのこと。弥勒寺周辺の寺院から遷ってきた仏像とする説もある。

弥勒寺の創建や沿革は不詳である。「二〇一八年、先代の住職が書いた寺伝がでてきたのです。古記録ではないのですが」と、岩本善雅住職からコピーを見せて頂いた。その『弥勒寺の

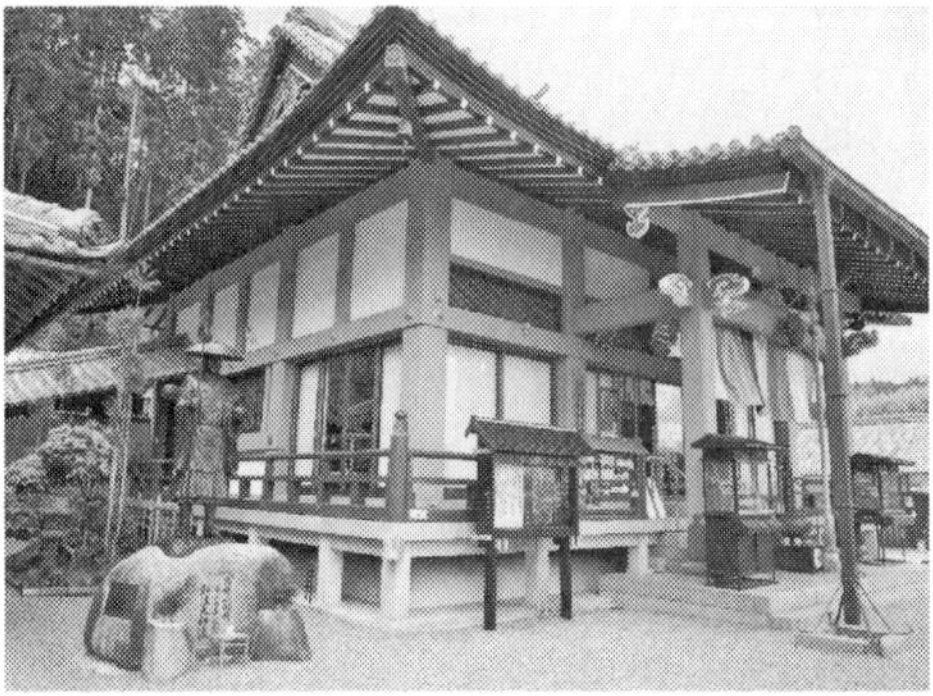

弥勒寺本堂

歴史』に記載された由来によると「聖武天皇の時代に円了という上人が建立した」とある。創建時は弥勒仏を本尊とし、出土した瓦の破片などから、七堂伽藍を有する広大な寺院であったと記されている。しかしながら時代を経るうちに多くの堂宇は荒廃し、現在は、昭和五四年（一九七九）に改築された本堂のみとなった。

この本堂内に、四軀の平安仏をはじめ、数多くの仏像や仏画などの寺宝が納められている。まさに古仏の宝庫なのである。名張川を渡ってこられた仏様ははたしておられるのだろうか？

円満な容貌の平安仏・聖観音菩薩立像

頭部に髻《もとどり》があり、天冠台をつけている。神秘的な表情ではなく、ふっくらとした円満で優しい容貌の聖観音菩薩立像である。平安後期の特徴がよく表れている。目は木眼で額の白毫は水晶をはめている。左手は胸前で蓮華を持って直立。右手は伸ばして施無畏《せむい》の印を結んでいる。袈裟は右肩から斜めにかけているのだが、腰に裳裾《もすそ》をまとうているのが特徴である。

ヒノキの一木造りで、頭部から足元まで一材から彫出しているが、両肩・両手首などは別材。内刳《うちぐ》りは施さない。当初は彩色されていたと思われるが、現在は剥落し、素地を呈してい

る。光背や台座は後補。国指定の重要文化財である。(※巻頭カラーページに写真掲載)

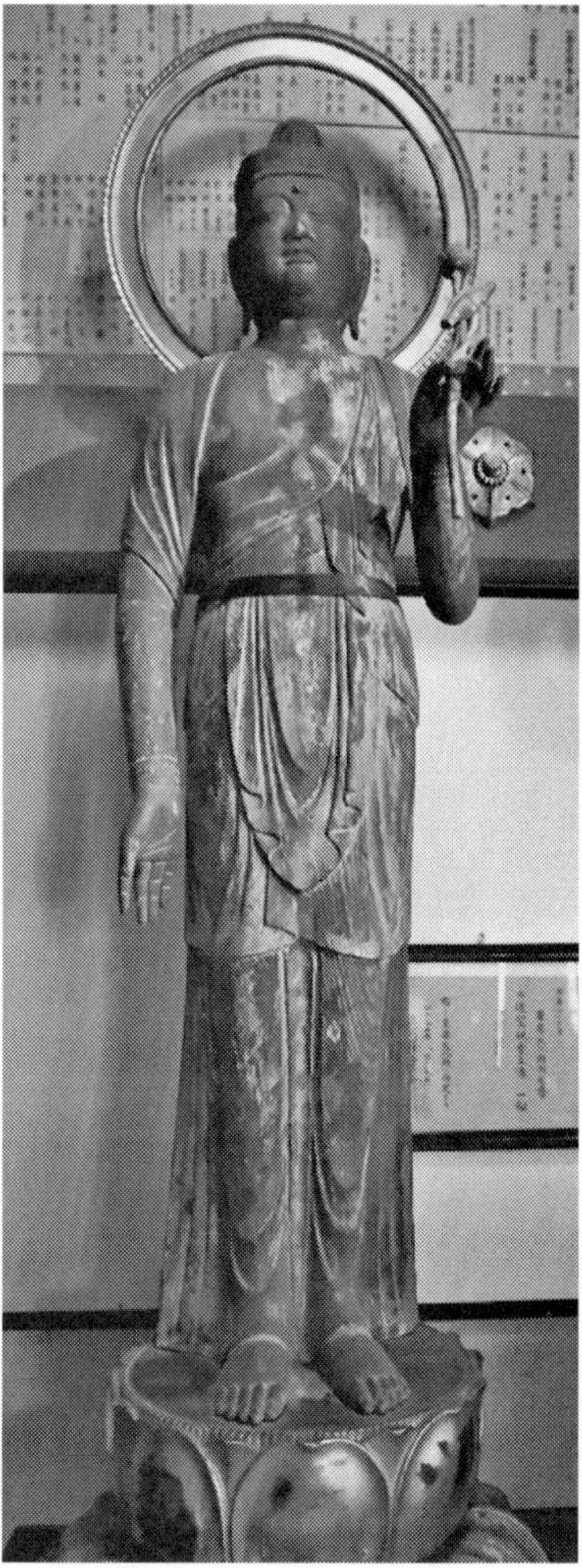

弥勒寺蔵・聖観音菩薩立像・国指定重要文化財
平安時代後期作・ヒノキ材一木造・本体像高約171㎝

穏やかで気品ある平安仏・十一面観音菩薩立像

同寺聖観音菩薩立像と大きさと作風が似ており、豊顔で穏やかな表情の十一面観音菩薩立像で

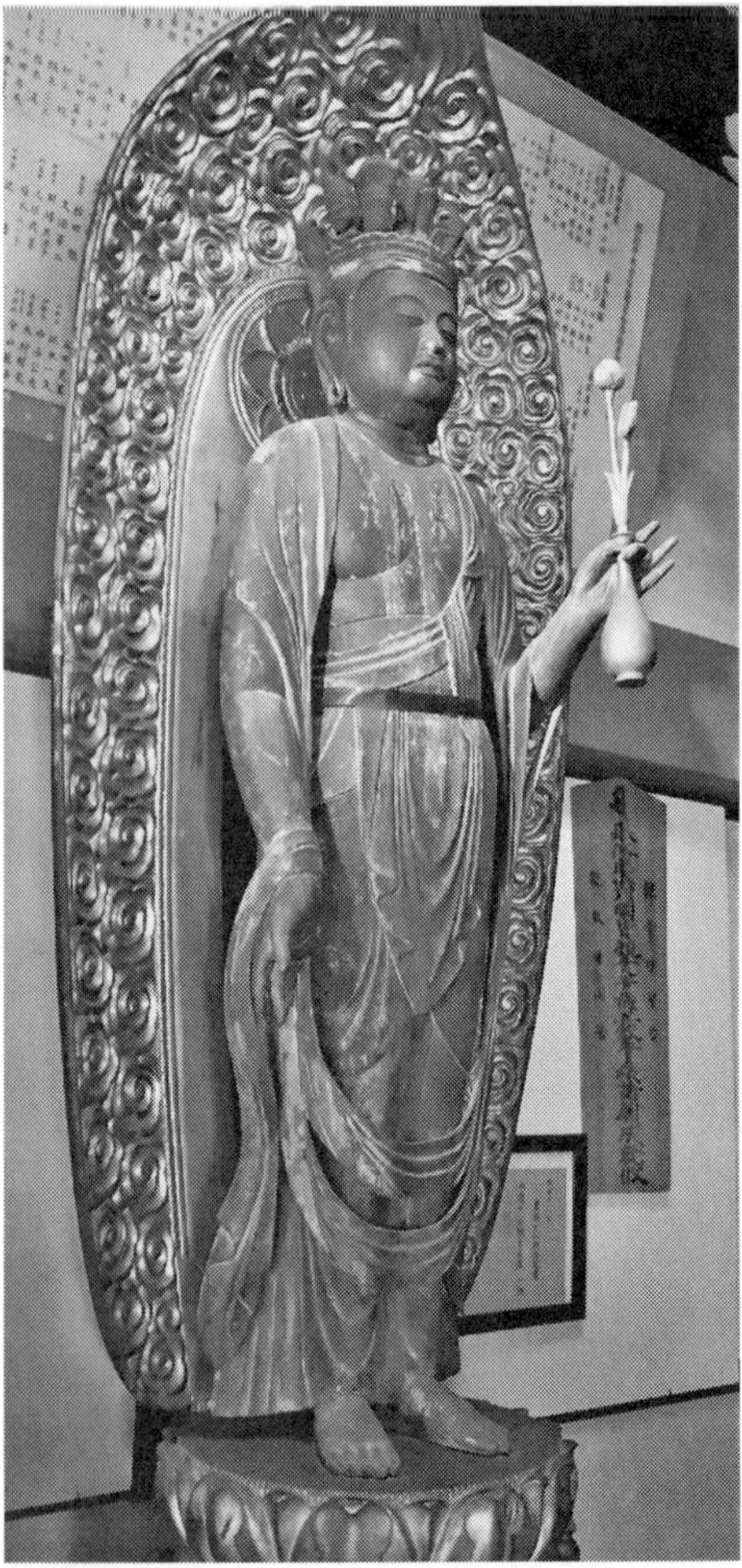

弥勒寺蔵・十一面観音菩薩立像・国指定重要文化財
平安時代後期作・ヒノキの一木造・本体像高約175㎝

ある。眼は木眼で頭部に十一面の化仏をいただいている。左手は胸前で蓮華の水瓶を持ち（後補）、右手は下に伸ばして施無畏の印を結んで直立している。全体に柔らかい肉付けの体軀で、衣文は彫りの浅い線で表現されている。

現在、表面はほとんど素地を表しているが、裾の各所に彩色が認められることから、全身に彩色が施された美しい姿の十一面観音菩薩立像だったと想像される。

頭部は一材から彫りだしているが、背面は大きく刳りぬきを施している。持ち物や天衣などは後補で、光背や台座も後世の作。国指定の重要文化財である。（※巻頭カラーページに写真掲載）

頭部が大きくて厳しい印象の、本尊・薬師如来坐像

弥勒寺の本尊は、薬師如来坐像である。寺伝では春日仏師の作と伝わる。左手は膝の上に置き、薬壺《やっこ》を載せている。掌に置いているのではなく、掌と薬壺が一材で彫られている、珍しい作例であり、持つ手の指の動きが、しなやかでやさしい。右手は曲げて掌を前にして立てている。足は右足を上にした結跏趺坐《けっかふざ》の様式。比較的浅く彫られた衣文は、流れが整っていて美しい。胴体部の肉取りはふっくらとして、穏やかな丸みを帯びており、平安後期らしい作風。頭部の肉髻《にっけい》がやや高くて

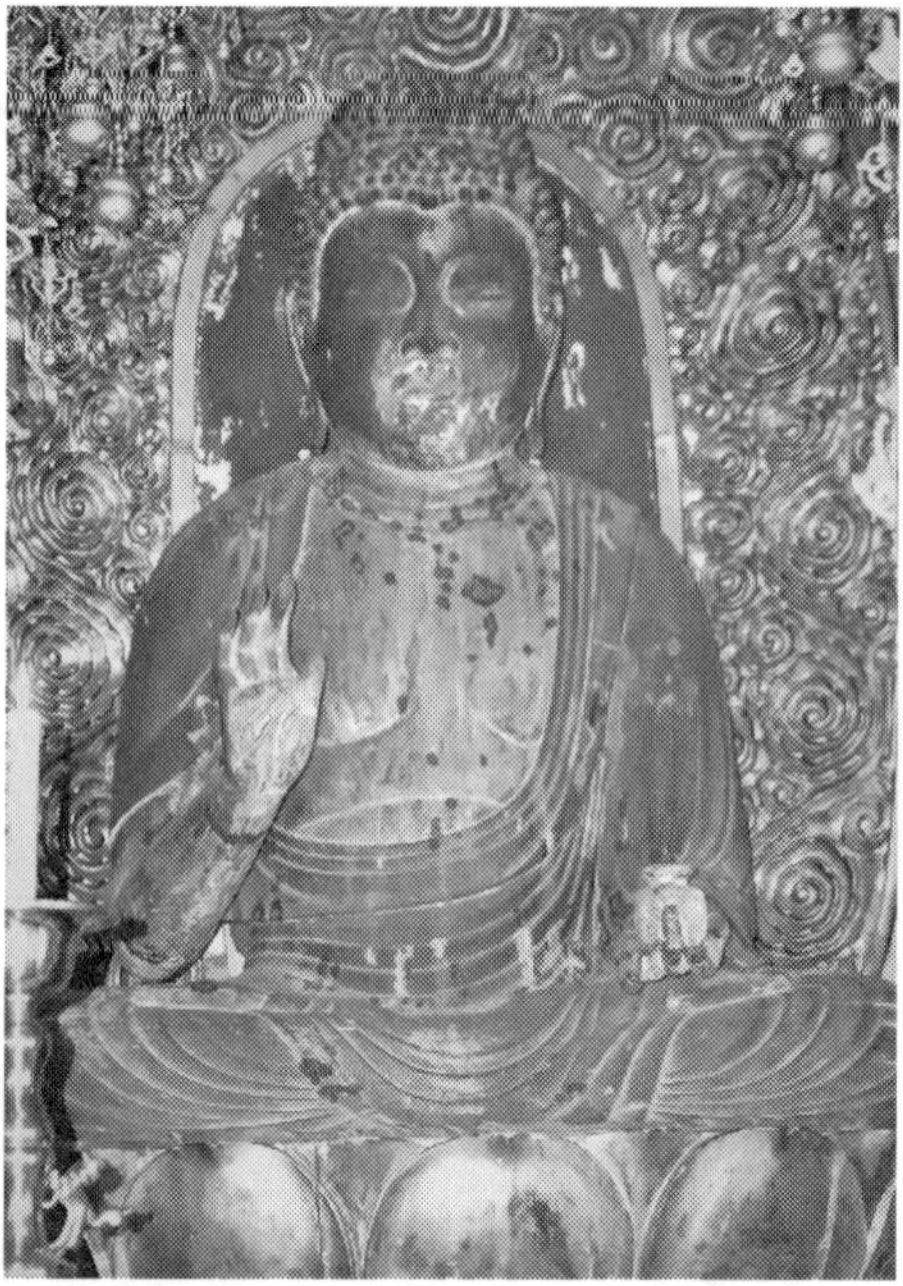

弥勒寺本尊・薬師如来坐像・三重県指定文化財
平安時代後期作
ヒノキの一木造・漆箔・像高約145㎝

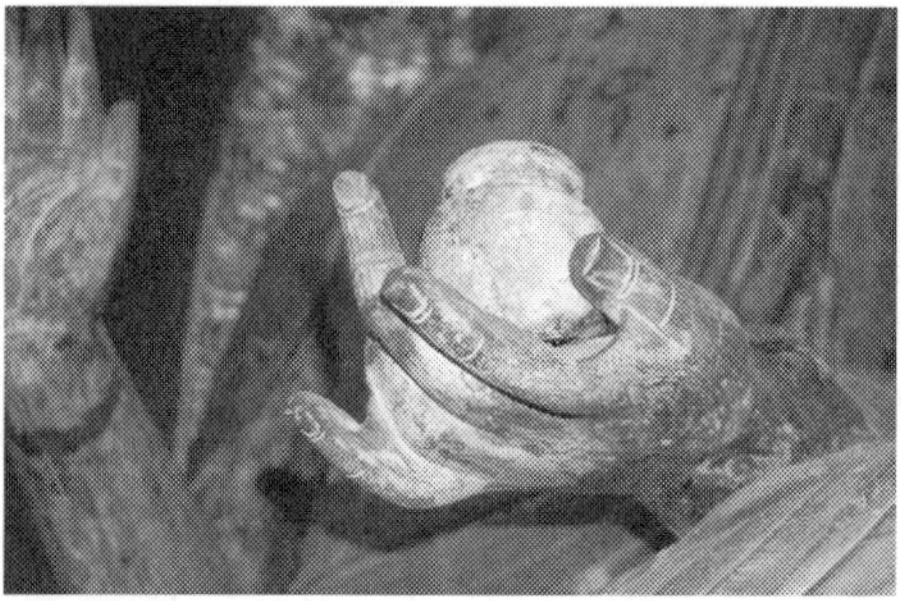

薬壺は手にのせているのではなく、手と一材で彫られている

大きいため、全体に厳しい印象を受ける。眼は木眼、白毫は欠けている。

現在は剥落して古色を表しているが、もとは漆箔が施されてあったと考えられる。三重県指定文化財である。

がっしりとした体軀の弥勒仏。
もとは当寺本尊だったのでは？

弥勒菩薩の尊名から、弥勒寺本来の本尊であったとも考えられている。

右足を上に結跏趺坐し、右手は折り曲げて掌を前にして立て、左手は掌を上に向けて膝の上におく、がっしりとした体軀の坐像である。三重県文化財指定。

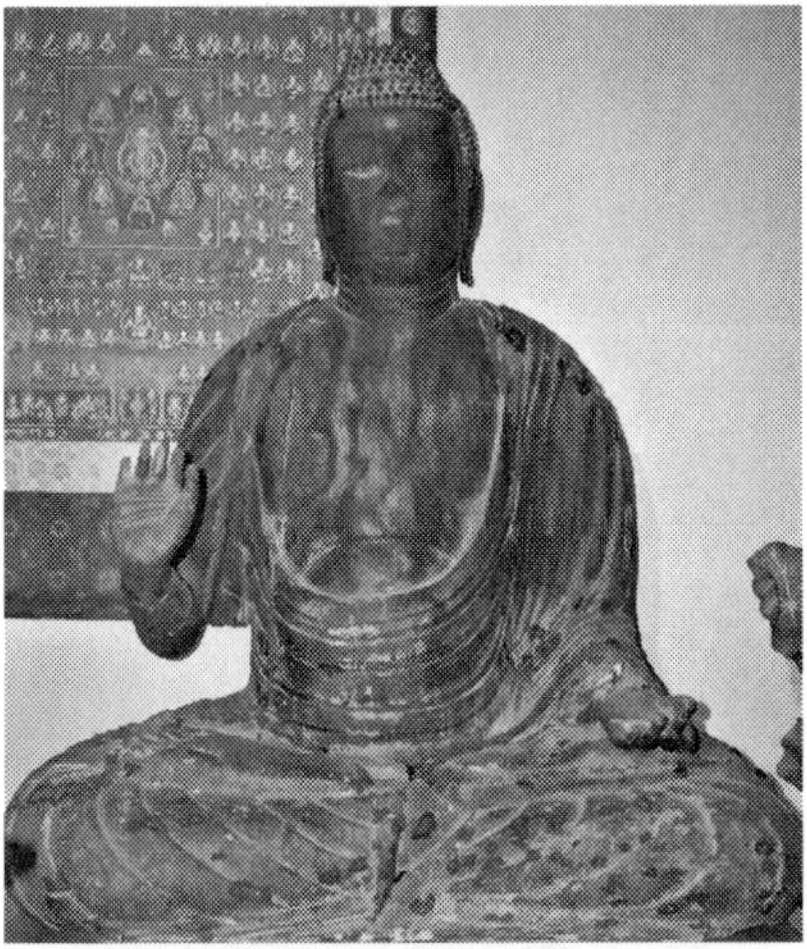

弥勒寺蔵・弥勒菩薩坐像・三重県文化財指定・
平安時代後期作、寄木造・漆箔・像高約127㎝

その他の仏像

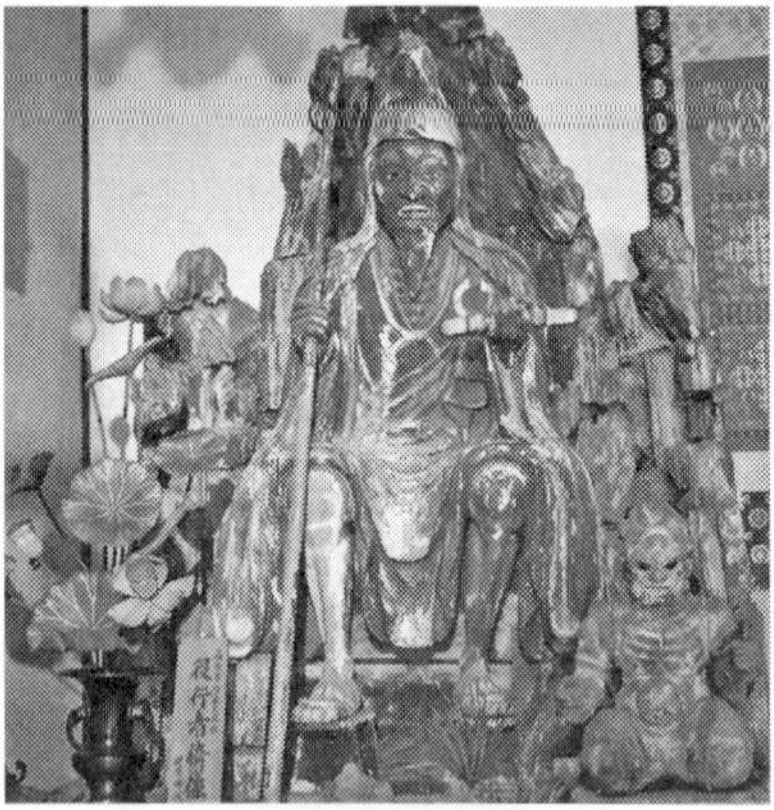

弥勒寺蔵・役行者像
名張市文化財指定・鎌倉か室町期の作
等身大の寄木造
役行者像としては三重県下最大

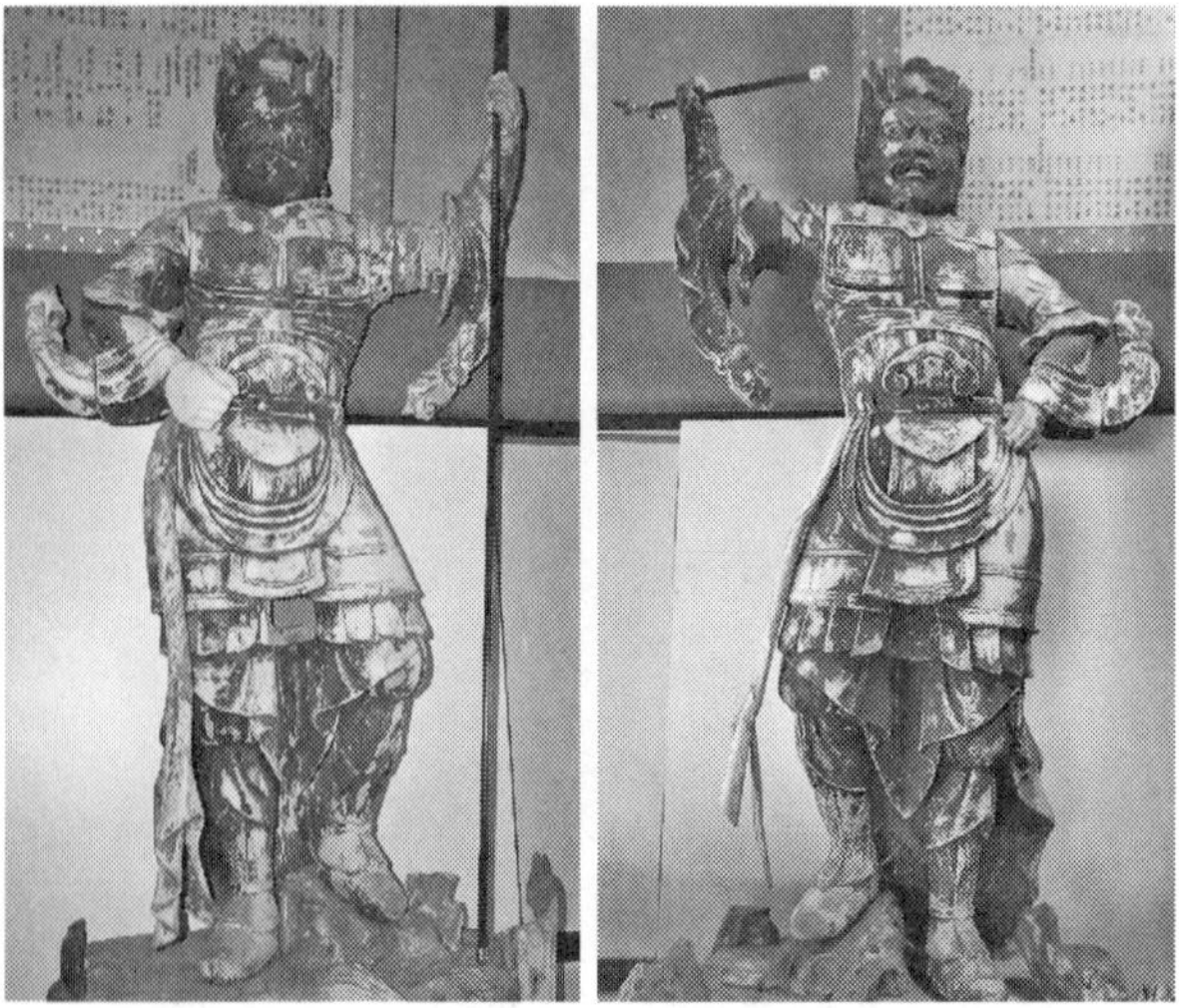

弥勒寺蔵・二天王立像

◇薬音寺

江戸時代には山添村室津に三つの寺があった。宝暦四年（一七五四）に領主に差し出した室津村寺社明細書によると、常住院（本尊木像弘法大師）、阿弥陀寺（本尊木像阿弥陀如来）、薬音寺（本尊十一面観音）と記されている（『東山村史』）。

常住院はもと常住寺と称しており、宗門改めの旦那寺であったと伝えられる。阿弥陀寺は念仏道場であったらしい。薬音寺は江戸時代には、氏神九頭明神の境内社であった。

明治時代初めの神仏分離政策により、室津村のこの三寺のうち、薬音寺だけが残された。廃された寺の仏像が薬音寺に集められ、本堂に十九軀の古仏像が安置されるこ

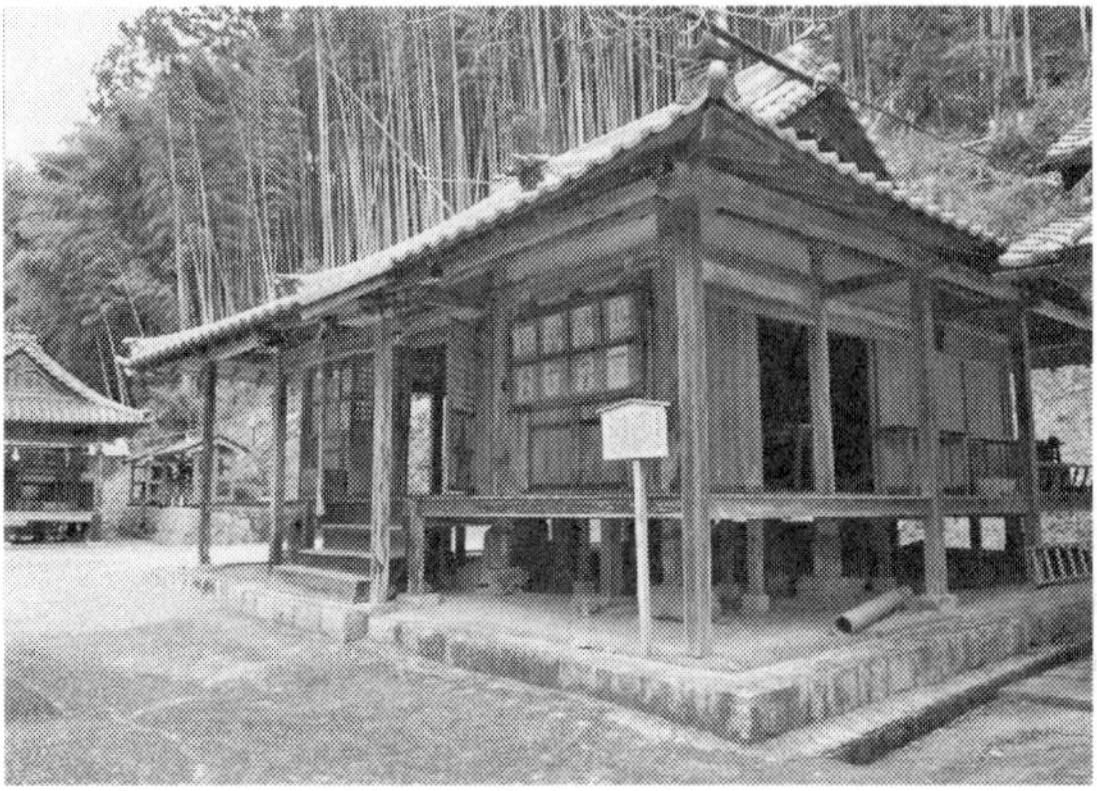

約20軀の平安仏が並ぶ薬音寺(山添村室津) 本堂

ととなった。

「室津に過ぎたものは寺の観音さんか」という俗謡があったというほど、昔から薬音寺の仏像群として知られていたようである。

現在の本堂は江戸時代後期に再建されたもので、かなり老朽化してはいるものの、安置されている諸仏は「薬音寺木造仏像群」として山添村の有形文化財に指定されている。

平安仏がずらり！ 県下でも例がない仏像群
――「薬音寺木造仏像群」

現在薬音寺には、「室津村寺社明細書」に記された数より一軀増えて、二十軀の仏像が安置されている。小さな堂内にあまりにも多くの仏像が集められていることから、

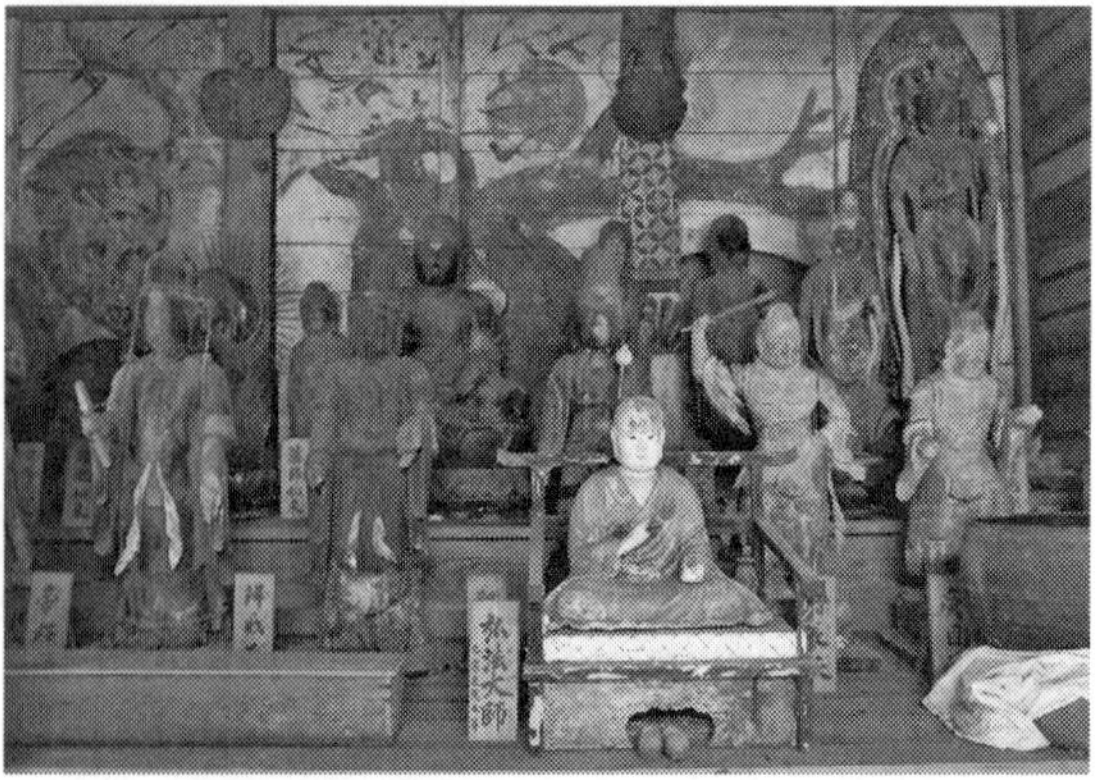
「薬音寺木造仏像群」は山添村指定有形文化財

渡来仏説、大安寺焼失の際に持ち出した仏像説、盗品説など諸説ささやかれた。結局のところ、明治のはじめに薬音寺が廃寺の手続きをとらなかったため、周辺廃寺の仏像を保存することとなり、現在に至っているという。

薬音寺本尊の十一面観音菩薩立像を除けばほとんどが七〇㎝に満たない小像であり、専門の仏師の作ではなく僧侶らが彫ったぎこちない作品であり、汚損の跡も多い。

だが、二十軀のうち十八軀が平安時代の一木造りで、彩色仕上げの素朴な像である。作風にばらつきがあるものの、十八軀に及ぶ平安仏が一堂に祀られているのは奈良県内でも例がない。平安時代の仏教文化を伝える仏像群として高く評価され、県の調査も進められている。

本堂を開けると正面いっぱいに扉がある。扉を全開すると雑然と並べられた仏像群がいっせいにこちらを向く

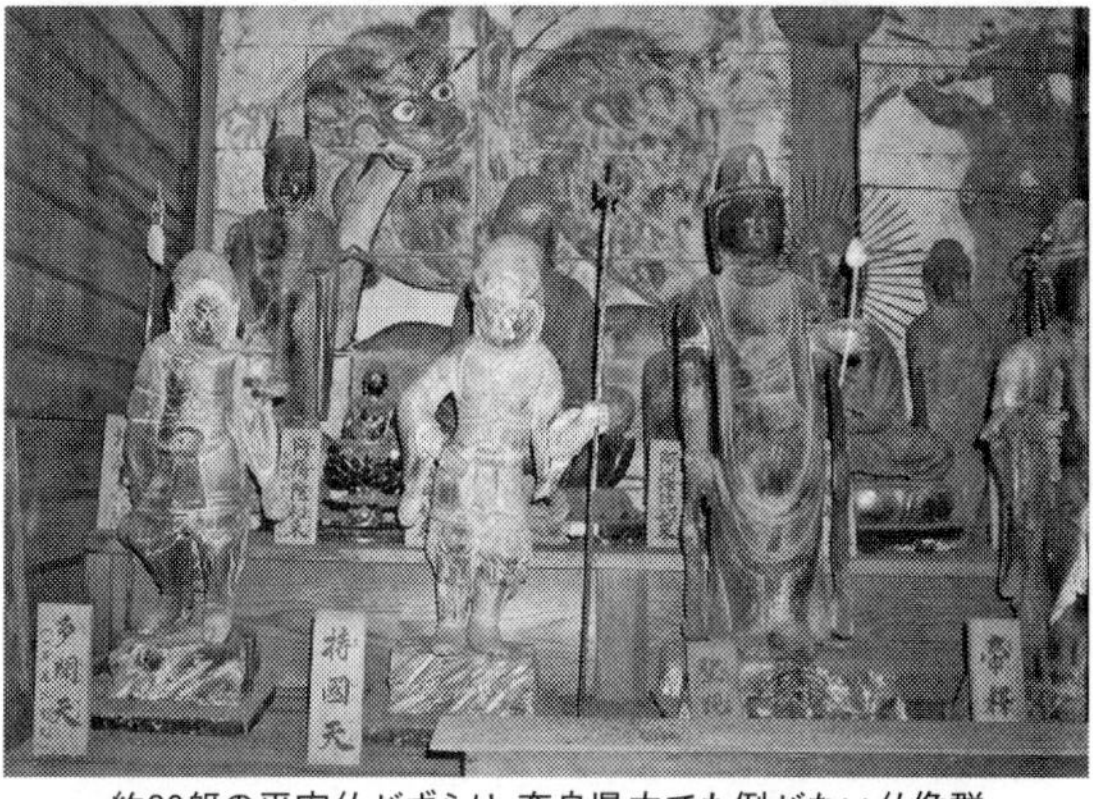

約20躯の平安仏がずらり。奈良県内でも例がない仏像群
／写真提供:橋詰輝己

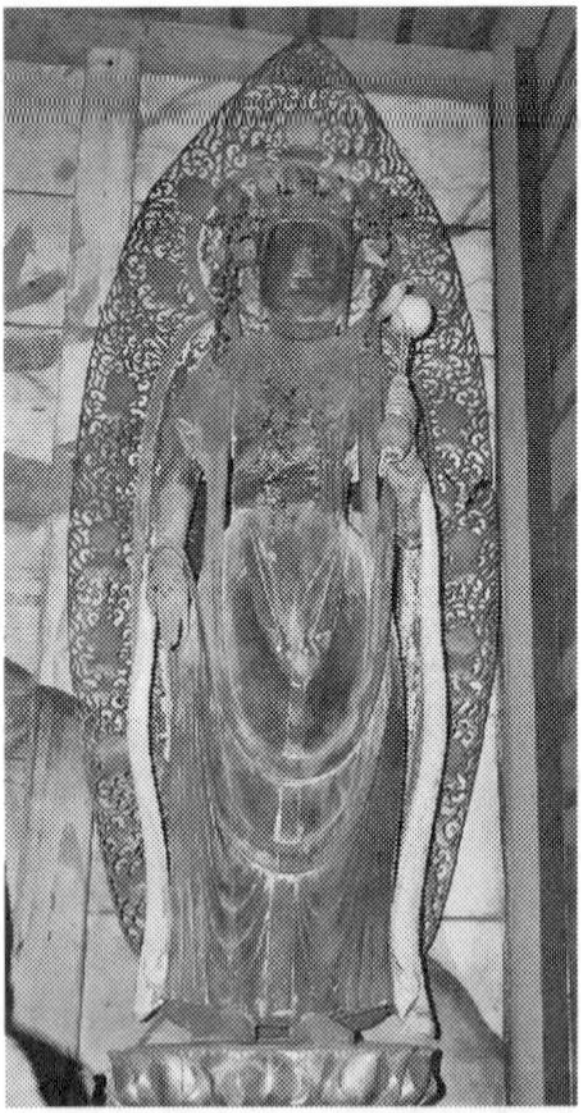

薬音寺本尊・十一面観音立像
平安時代作・桜材一木造・像高約100㎝

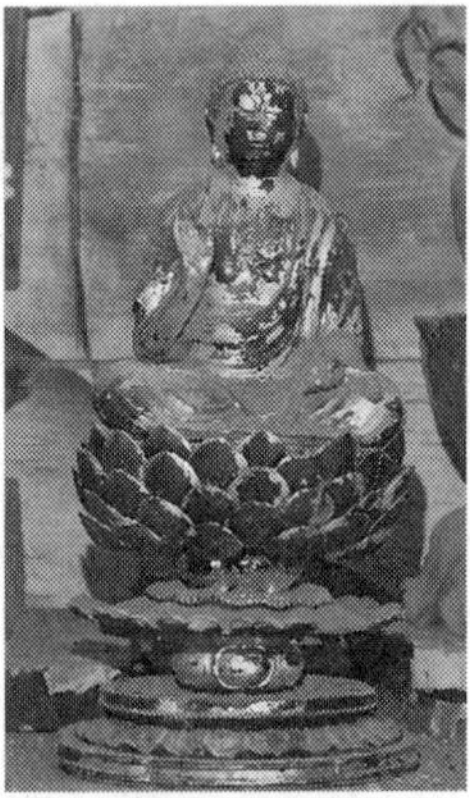

内阿弥陀寺本尊阿弥陀如来坐像
平安時代作・漆箔仕上
像高約20㎝台座含む

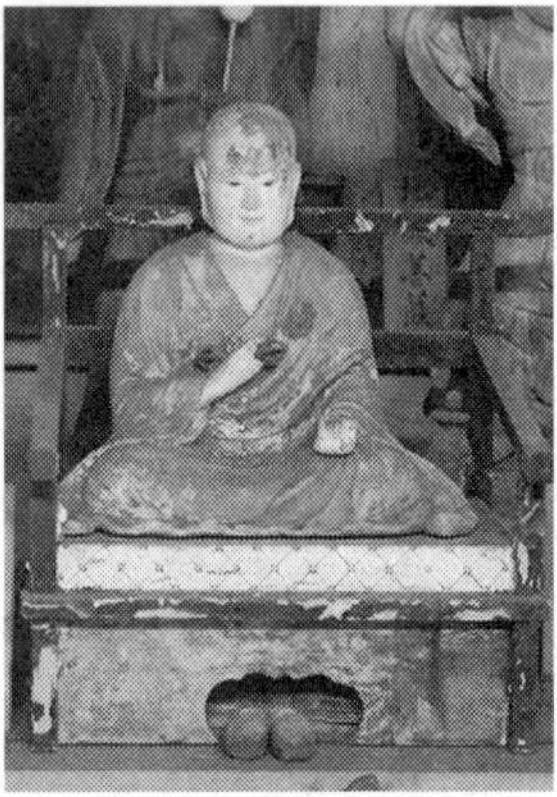

内常住院本尊弘法大師坐像・江戸時代作

ため、一瞬どきっとする。かつては、それぞれの寺院で祀られ地域の人々の信仰を集めた仏像だったのであろう。しかし、神仏分離の政策により、この薬音寺に寄せ集められたわけだ。異なる表現の二十軀もの仏像が無秩序に並んでいる。息を呑む迫力である。（※巻頭カラーページに写真掲載）

薬音寺本尊・十一面観音菩薩立像

古来より村人の信仰が篤く、毎月十七日の観音講の時には、屋台店まで出たほどの賑わいで、「長谷の観音に参れない人は室津の観音に参れ」とまでいわれたという。その中心が仏像群の中で最も大きい、薬音寺本尊の十一面観音菩薩立像である。像高約一mの、サクラ材の一木造で平安時代の作。

常住院本尊・弘法大師坐像と阿弥陀寺本尊・阿弥陀如来坐像

常住院本尊の弘法大師像は江戸時代作のため、彩色がよく残っている。阿弥陀寺本尊の阿弥陀如来坐像は像高約二〇㎝の小像で、漆箔仕上げの平安時代の作である。

薬音寺檀家の窪田節三さんは「すきま風がすーすー入りますから、カビが生えなくて保存にいいですよ」などと冗談を交えながら話すほど、本堂の老朽はすすんでいる。だからこそ、施錠を厳重にし、地域の檀家たちで貴重な仏像を大切に守っているのだ。

「奈良県最後の隠れ仏」とも称される仏像群である。

◇光明寺廃寺（現真性寺）

山添村松尾区に、光明寺という広大な寺域を有する尼寺があった。寺の由緒は明らかではないが、残された碑銘などから起源は室町時代までさかのぼるとされている。明治時代の初めに廃寺となり、氏神遠《おき》瀛《つ》神社の宮坊であった真性寺（身性寺とも書く）に仏像などの宝物が預けられた。

光明寺以外にも、真性寺周辺にあった称念寺やセンナン寺、

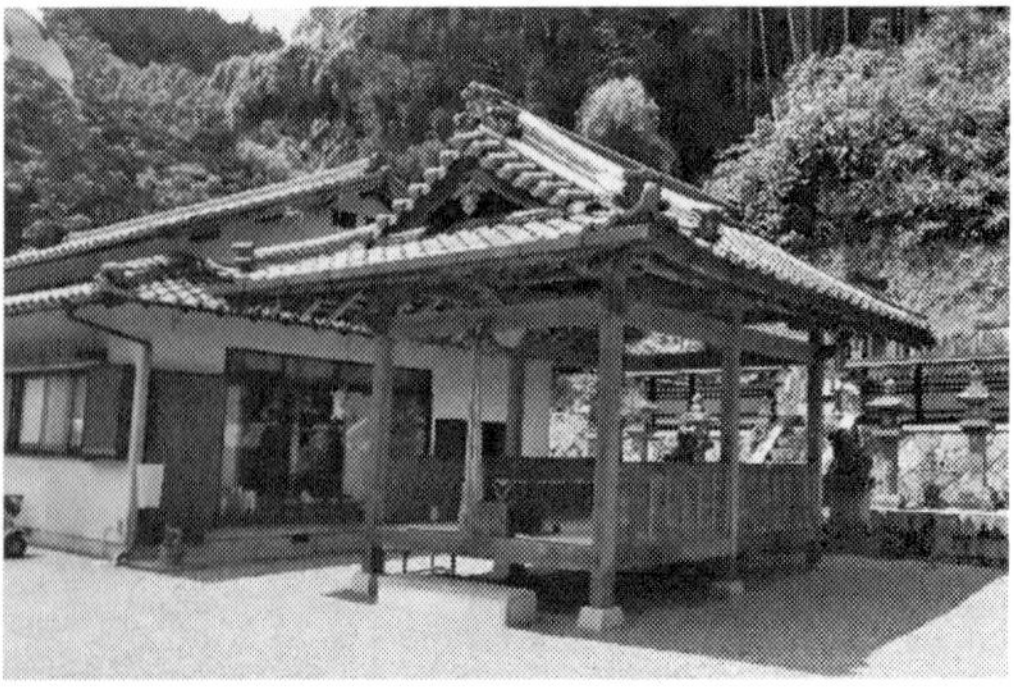

光明寺廃寺・現真性寺

南堂、松の尾寺などが廃される際に遷された仏像もあるのではないかということだ。

真性寺の庫裡は明治八年（一八七五）に松尾小学校校舎にあてられた。昭和五十年代の終わりにその跡地に集会所が建てられ、現在に至っている。

集会所奥のふすまを開けると、仏像が雑然と並び、周辺廃寺の諸仏が集まってきたことがわかる。

光明寺の本尊・伝千手観音菩薩立像

真性寺の千手観音菩薩立像が、光明寺の旧本尊である。今は、手は六本しかないのだが、もとは八本の手がある不空羂索観音菩薩立像だったと思われる。像高一八〇㎝の堂々たる体軀で、修復の際の彩色が少々粗雑なため、怪異にも見える大像である。

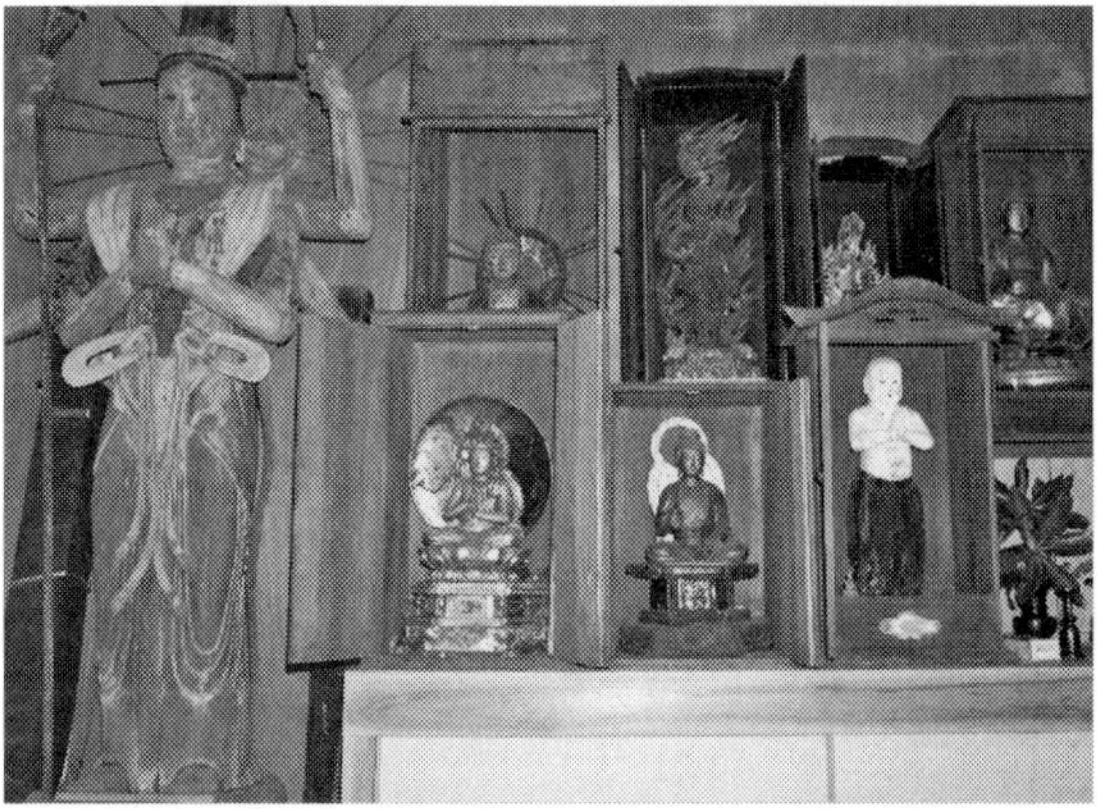

雑然と並ぶ、真性寺の仏像群

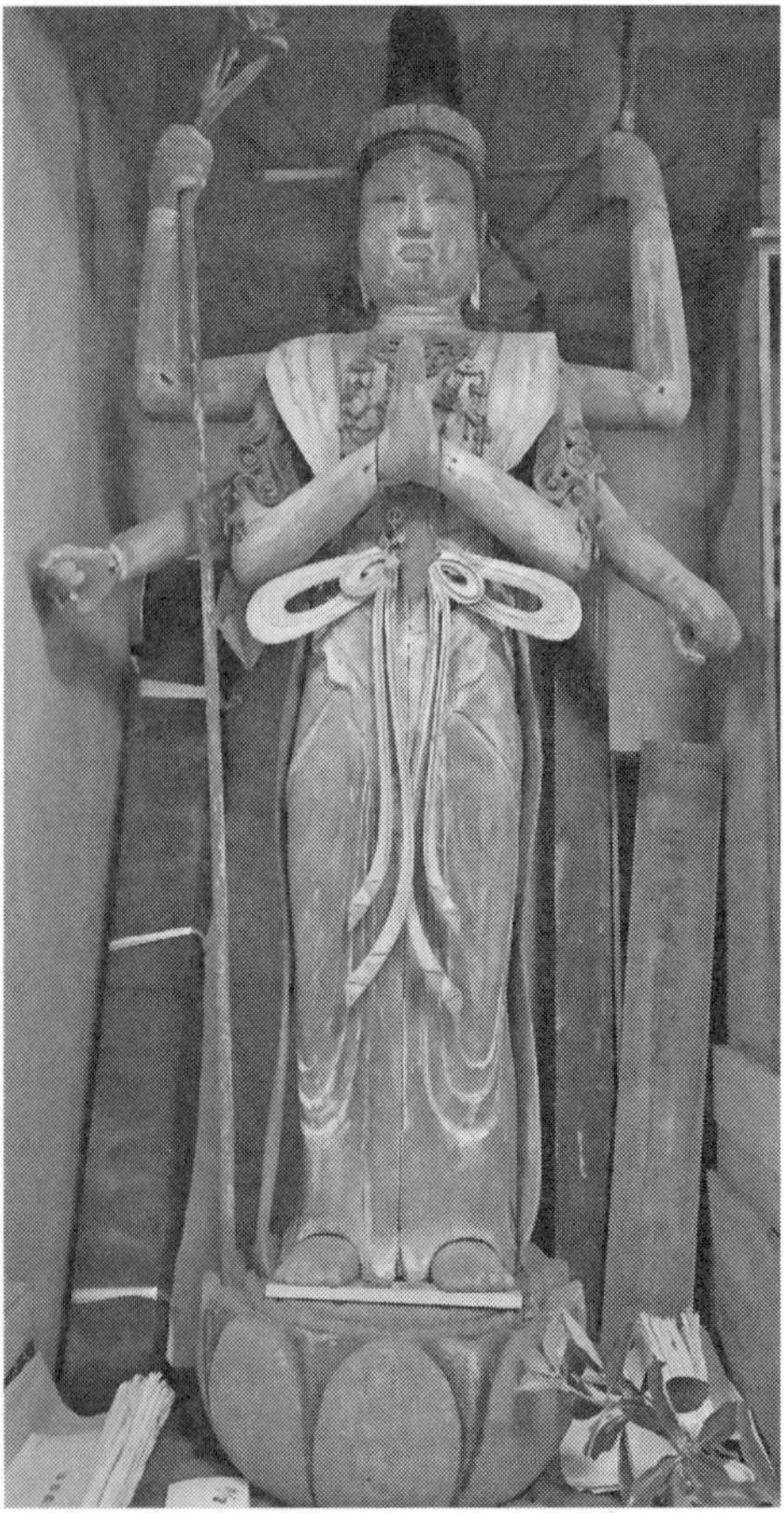

真性寺蔵・伝千手観音菩薩立像・一木造・玉眼・像高約180㎝

光明寺の南無仏太子立像

光明寺の南無仏太子立像は、俗称「ホンナさん」という。「ホンナ」は本阿（本阿弥陀仏の略）の転訛か、寄進者の名をとって称されたのかはわからない。像高約四六㎝の寄木造だが、足裏に文明十二年（一四八〇）の墨書銘があり、旧光明寺像だと判明している。

『東山村史』によると「昭和三三年（一九五八）にこの像を撮影した際、像が故意に解体されて、顔面にどぎつい胡粉が塗りつけてあるのを発見した」と記されている。

先述の「通称千手観音菩薩立像」の雑な彩色やこの「南無仏太子立像」の白塗りは、文化財保存上、残念な結果である。

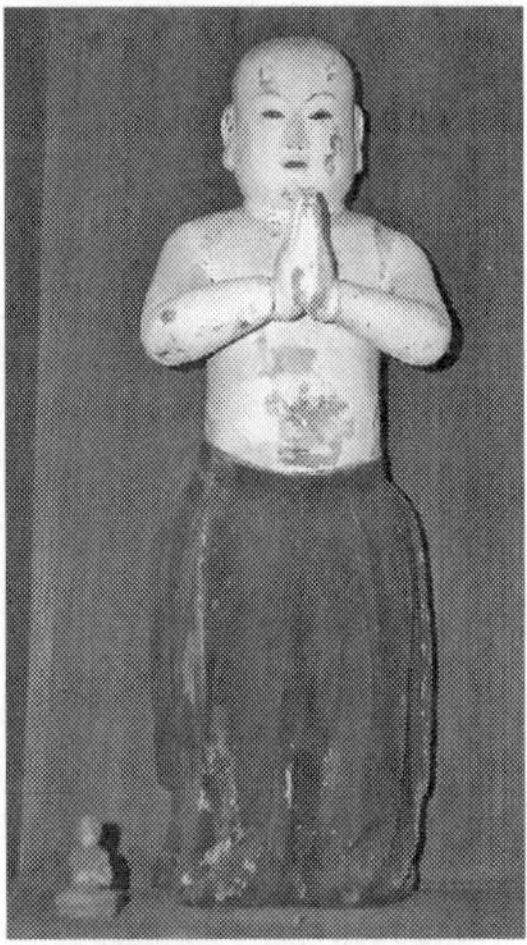

真性寺蔵・南無仏太子立像
寄木造・玉眼・像高約46㎝

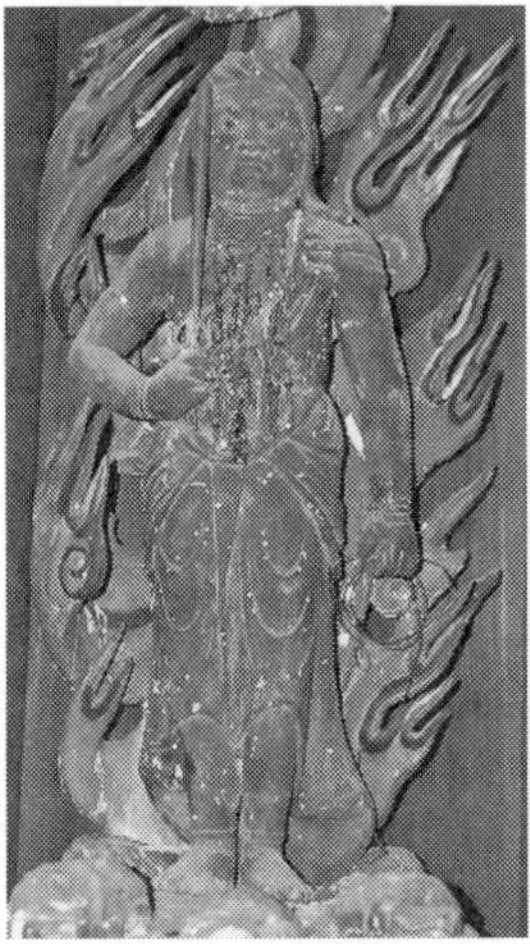

真性寺蔵・本尊の不動明王立像
木彫・彫り眼・像高約43㎝

真性寺の本尊・不動明王立像

像高約四三㎝の木彫の不動明王立像台座の墨書銘によると、宝暦四年（一七五四）、真性寺に寄進された像で、同寺の本尊である。光背の火炎は後補。

その他の小像

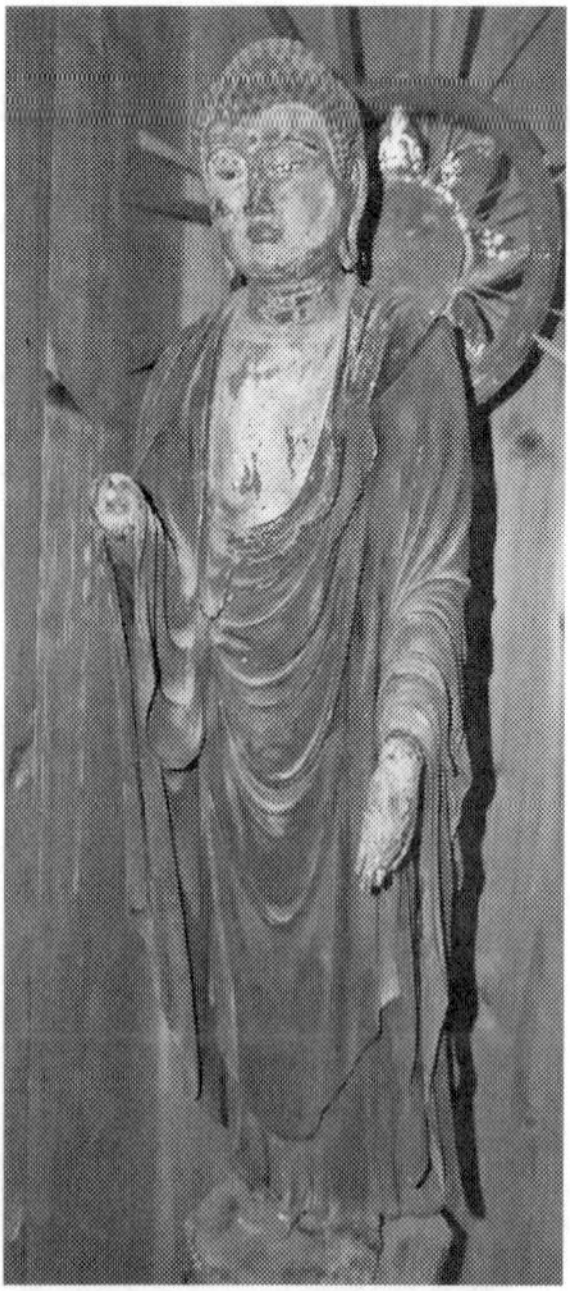

真性寺蔵・阿弥陀如来立像
鎌倉時代作・寄木造・玉眼・像高約63㎝

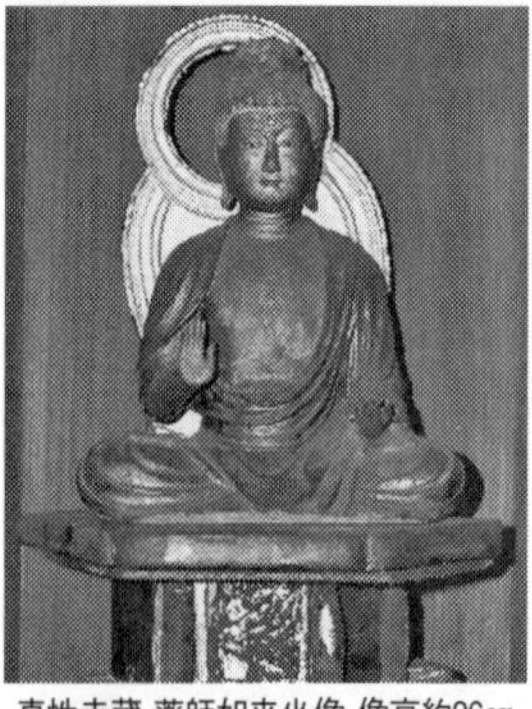

真性寺蔵・薬師如来坐像・像高約26㎝

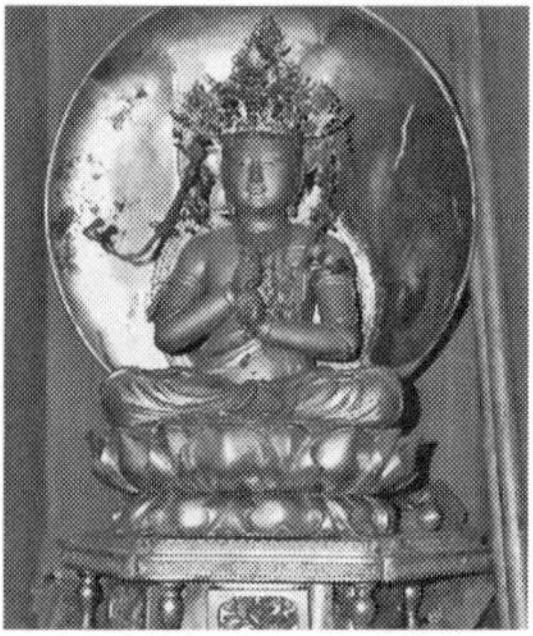

真性寺蔵・大日如来坐像
（元近隣個人蔵）像高約21㎝

庶民信仰の所産、千体地蔵像がずらり！

真性寺本堂横の薬師堂に、最近作られたばかりの、金色に輝く薬師如来立像が安置されている。近年、薬師堂本尊が盗難に遭ったため、新しく造像されたのだ。

この新しい本尊の両脇に、小さな地蔵尊像が整然と並べられている。鎌倉時代作と思われる像高約十一㎝の地蔵尊像で、千体近く現存していたという。損傷が甚だしく、現在肢体のそろった像は一〇〇体近くで、それらを棚に並べて祀っているのだ。よく見ると一体ずつ作風が異なる。どこで造像されたかは明らかではないが、鎌倉時代の庶民信仰の所産だろうとのことだ。

真新しい金色の薬師如来立像を中心に、八〇〇年以上前の庶民の祈りが込められた奉納千体仏が両脇に並べられている。地域の人たちの歴史をもの語るような空間

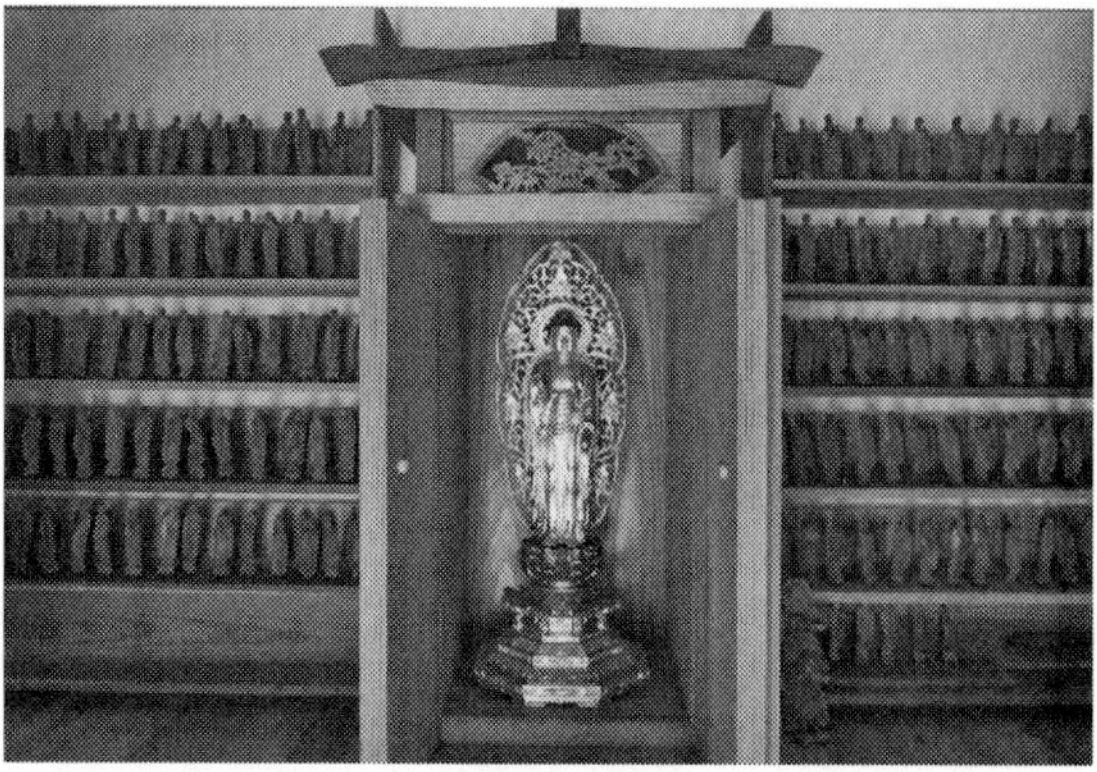

真性寺薬師堂内
真新しい薬師如来立像を中心に、千体地蔵が整然と並んでいる

である。

真性寺では毎月、檀家たちで講を行い、これらの仏像を守っている。

「盗難に遭ってからは、防犯には特に気を付けています」と地域の人たちは悔しい思いを語る。

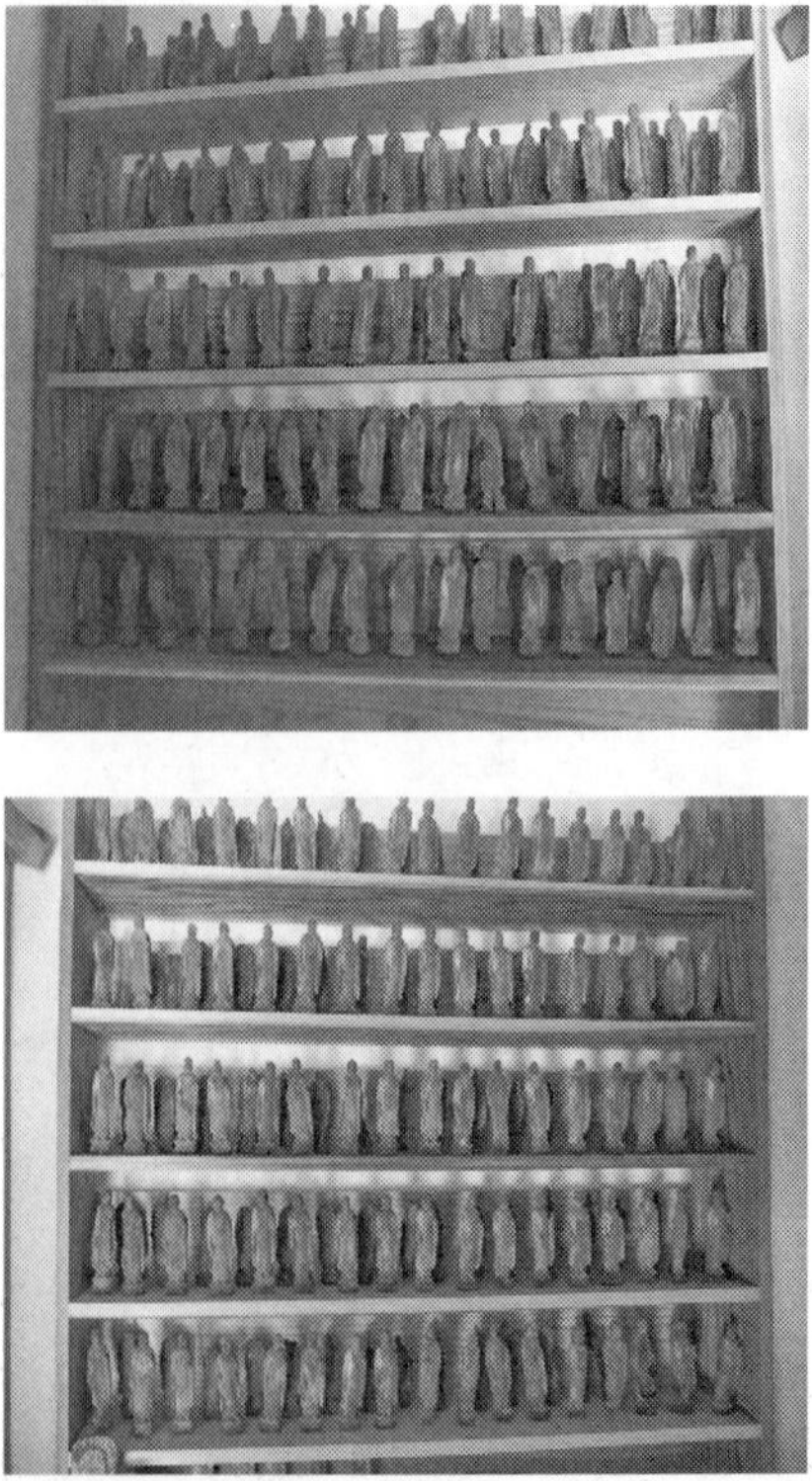

鎌倉時代庶民信仰の像高約11cmの千体地蔵像
（現存しているのは100体ほど）

◇「牛ヶ峯岩屋桝型」と、巨石の岩窟「岩屋寺」

一万年以上前の縄文遺跡が点在する山添村の、もう一つの特徴は、巨石遺跡とイワクラ信仰。

古代、神は山や川、岩石などあらゆる自然に宿ると信仰されていた。円錐形をした美しい山を神

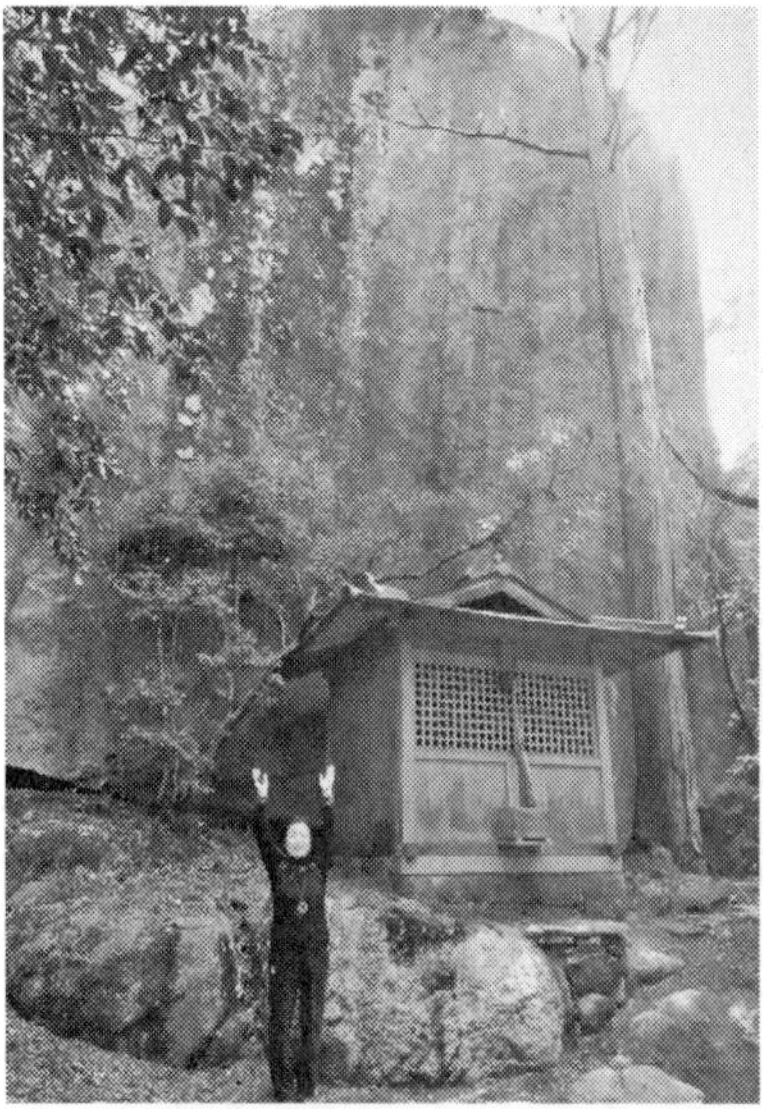

牛ヶ峰岩屋桝型の上方「桝型」

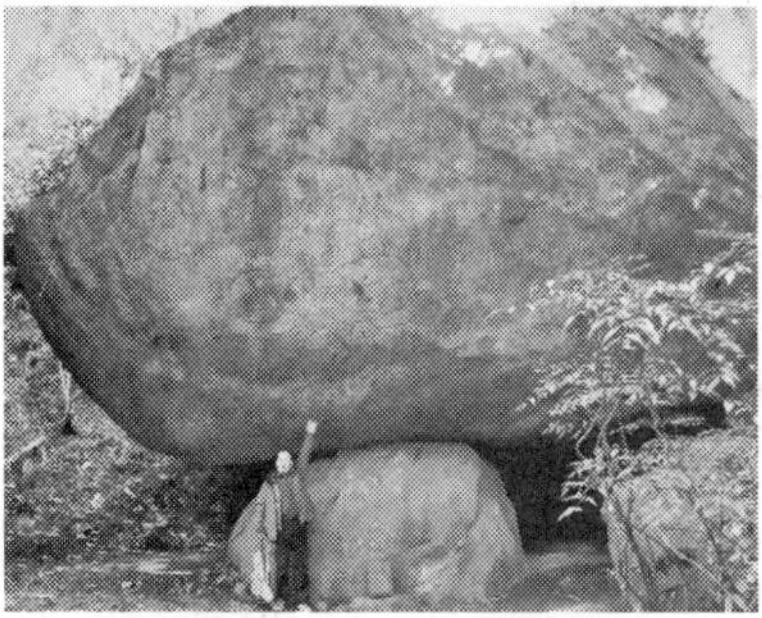

牛ヶ峰岩屋桝型の下方「岩窟（岩屋寺）」

山とし、山中にある巨石も、神々が降臨してくる場所として敬われた。また自然の石を組み上げ、神様が宿る場所を作った「磐座《イワクラ》」を祈りの場としてきた。

神野山《こうのさん》の鍋倉渓《なべくらけい》を中心に、山添村の東西にはイワクラや巨石が数多く祀られている。

山添村北野区にある「牛《うし》ヶ《が》峯《みね》岩屋《いわや》桝型《ますがた》」もその一つ。一枚の巨岩が自然に分裂したものという。上方にそびえ立つ約十六mの断崖絶壁には、桝《ます》の形の切りこみがあるところから「桝型」と称されている。

転がり落ちた下方の岩には本尊とする丈六（一丈六尺＝約四・八五m）の大日如来坐像を線刻し、その下の穴を「岩窟」として護摩壇を設け、弘法大師石像及び役行者石像を安置している。この岩窟が、岩屋寺である。

伝説によると、その昔弘法大師が腰越《こしごえ》の宝泉寺《ほうせんじ》（後述）に留まり、この山に大日如来を顕し密法《みっぽう》根本の基を開く霊場にされたという。そして大師が岩屋寺に大日如来像を刻み、その時使用した「のみ」と「つち」を桝型に納めたというのだ。

実際には室町時代の作だろうとの説が有力である。

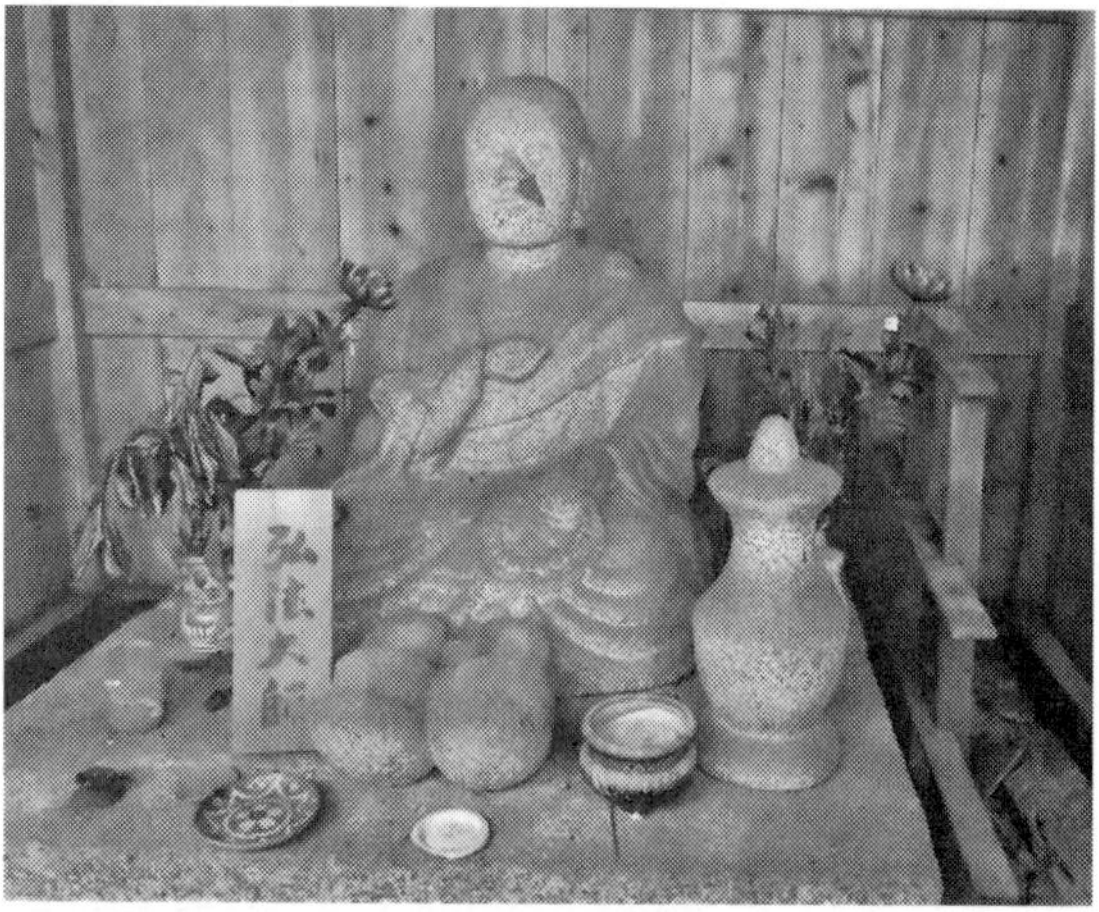

岩屋寺内の弘法大師像

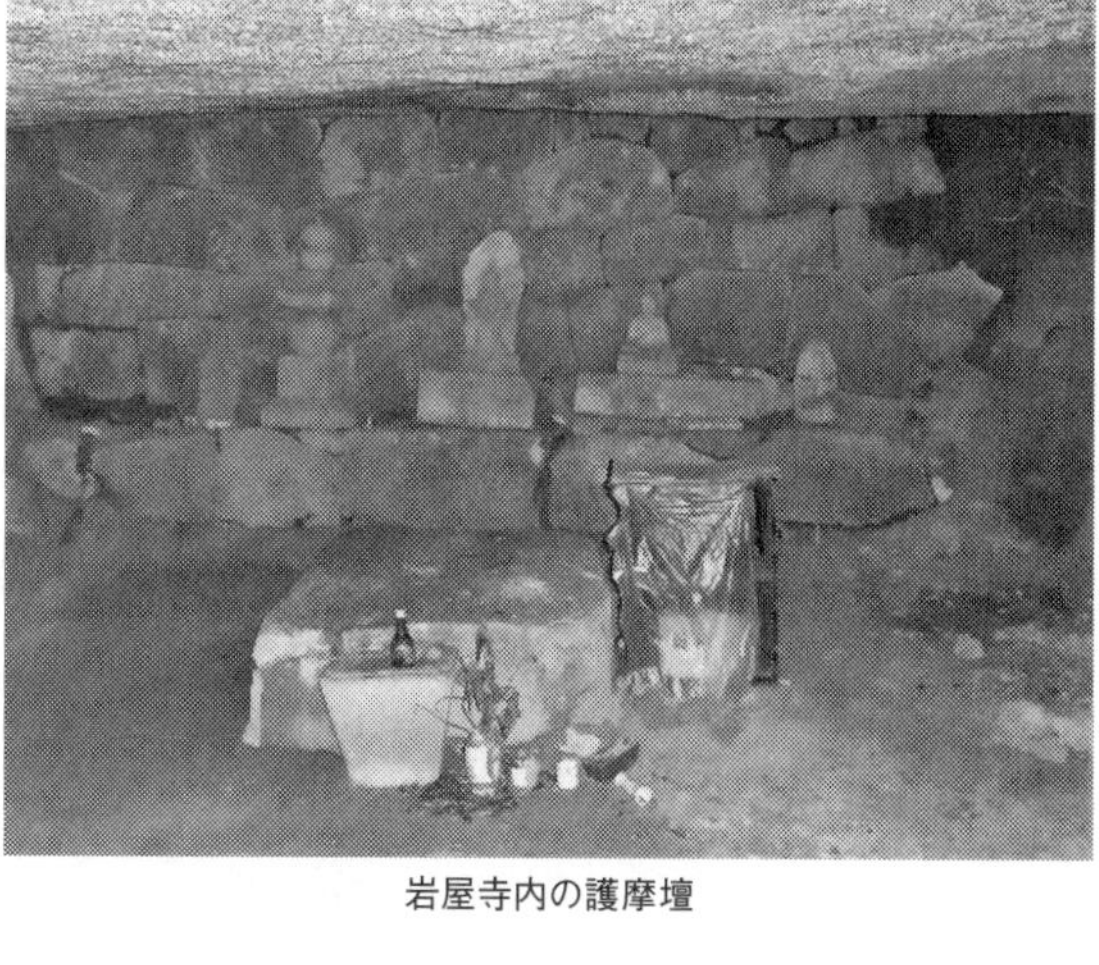

岩屋寺内の護摩壇

岩屋寺の弘法大師伝説にまつわる、宝泉寺（宝仙寺）廃寺

宝泉寺（宝仙寺とも書く）は山添村北野区旧腰越村の村寺で、江戸時代には僧侶が住んでいたという。弘法大師が岩屋の岩石に大日如来像を刻むときにとどまったとの伝承がある寺院だ。この宝泉寺にまつわる仏像二軀が、腰越《こしごえ》の会所（現集会所）に安置されている。

腰越自治会の役員さんによると「平成元年（一九八九）に宝泉寺近くにあった蔵坊というお堂跡に腰越の会所が建てられ、そのときに個人宅にあった宝泉寺の本尊が会所内に安置されることになった」ということだ。

中央仏師の作か？ 宝泉寺旧仏・木造阿弥陀如来坐像

腰越の会所寺に安置されている、室町時代作の像高約四一㎝、素木のままの寄木造りの阿弥陀如来坐像が、宝泉寺伝来の仏像と考えられている。

山添村の案内文によると、「銘文はないが彫像の作風・特徴から見て、室町時代の宿院《しゅくいん》仏師または下《しも》御《み》門《かど》仏所に関する仏師の作と推測される」とある。（※巻頭カラーページに写真掲載）

現在、同集会所奥に祀られているのだが、その両脇に狛犬が鎮座（？）している。村の人が仏像の

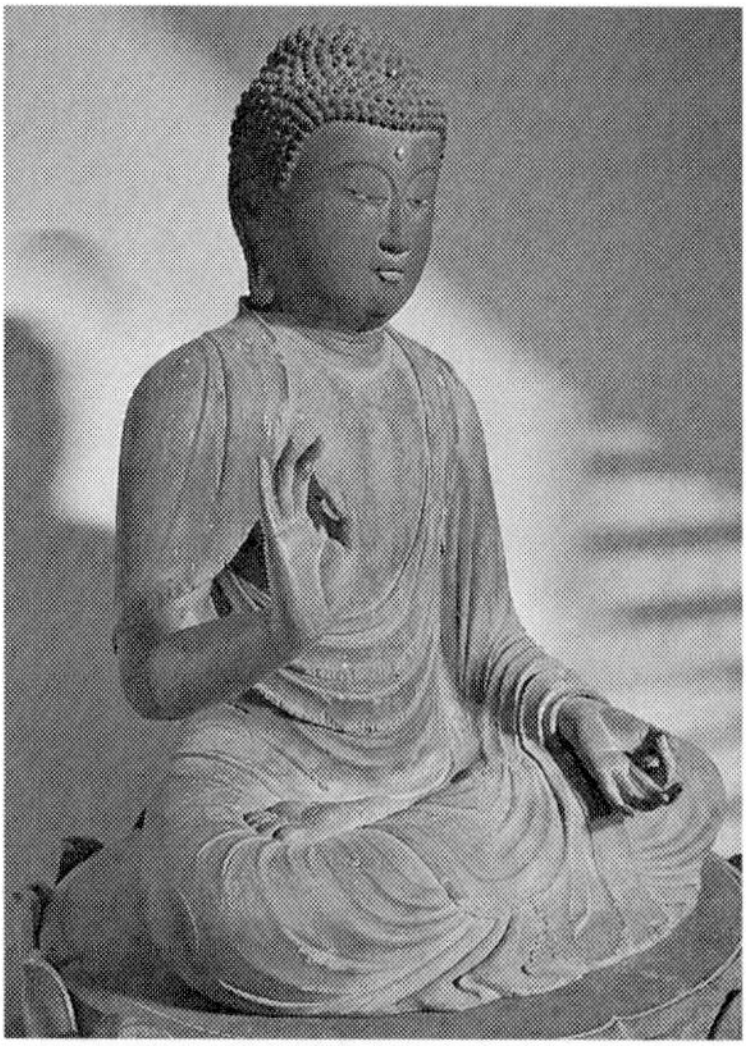

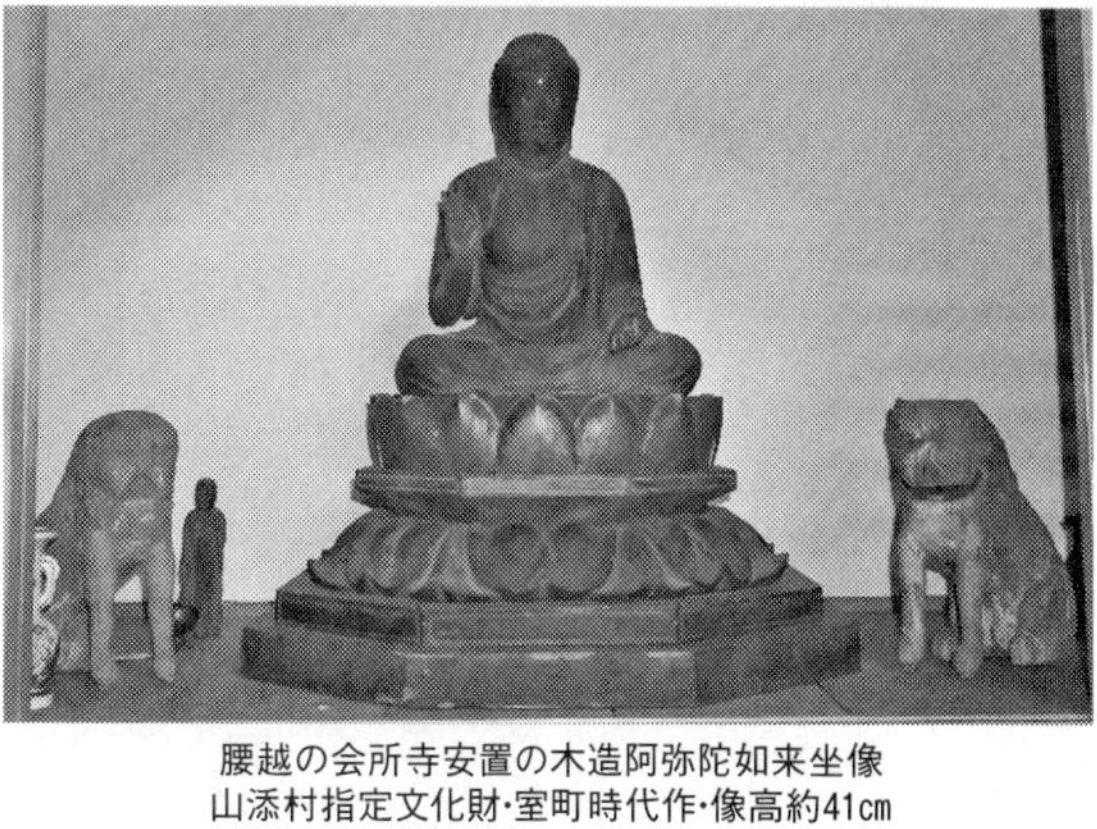

腰越の会所寺安置の木造阿弥陀如来坐像
山添村指定文化財・室町時代作・像高約41cm

脇侍の如く、どこかの神社に祀られていた狛犬を添えたのだろう。珍しく木で作られた狛犬で、愛嬌のある顔をしている。

北野区内を転々とされた、木造不空羂索観音菩薩立像

もと腰越の観音堂にあった不空羂索観音菩薩立像が、牛ヶ峯の春日社境内に遷され、次いで岩屋の堂内に遷され、平成二年（一九九〇）に腰越会所前の小堂（収蔵庫）に安置されるようになった。北野区内を転々とされたというわけだ。

寄木造りで内刳り、等身大の立像。台座に腐食の跡があるものの、光背や持物はほぼ当初のまま備わっており、保存状態は良好である。室町時代末の作で、奈良宿院仏師の彫刻とする説がある。

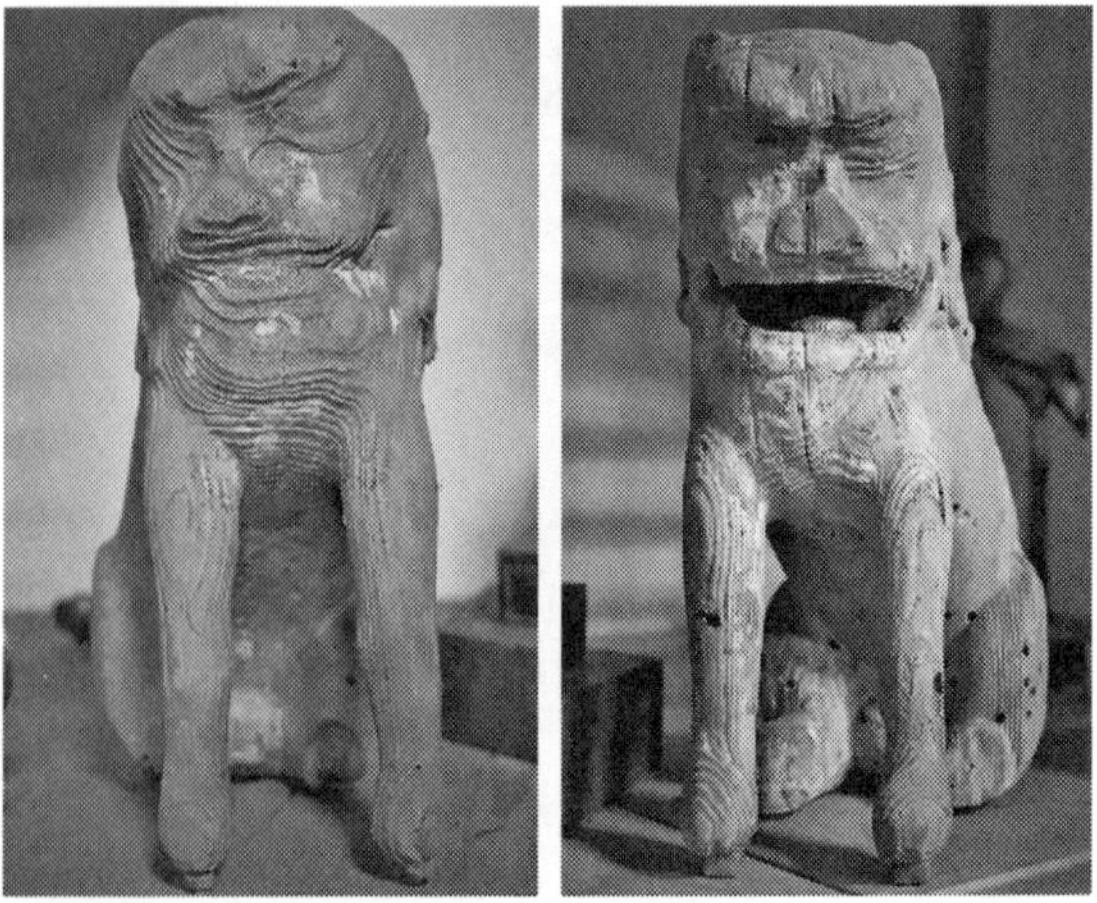

腰越会所寺の木造阿弥陀如来坐像の両脇に座す、木彫の狛犬

不空羂索観音像は全国的に造像例が少ない。造像に巨額の経費を要するからだという。ではなぜ山間僻地に祀られるようになったのか?

かつて北野の杣《そま》(=材木採取のための山)は、春日社興福寺領であった。春日社第一殿の武甕槌命《たけみかづちのみこと》の本地仏が不空羂索観音であることから、牛ヶ峯春日社の本地仏としてこの観音像が作られたのではないかと推測されている。

理由は定かではないが、大きくて立派な不空羂索観音菩薩立像が山添村の辺境地に祀られている。(※巻頭カラーページに写真掲載)

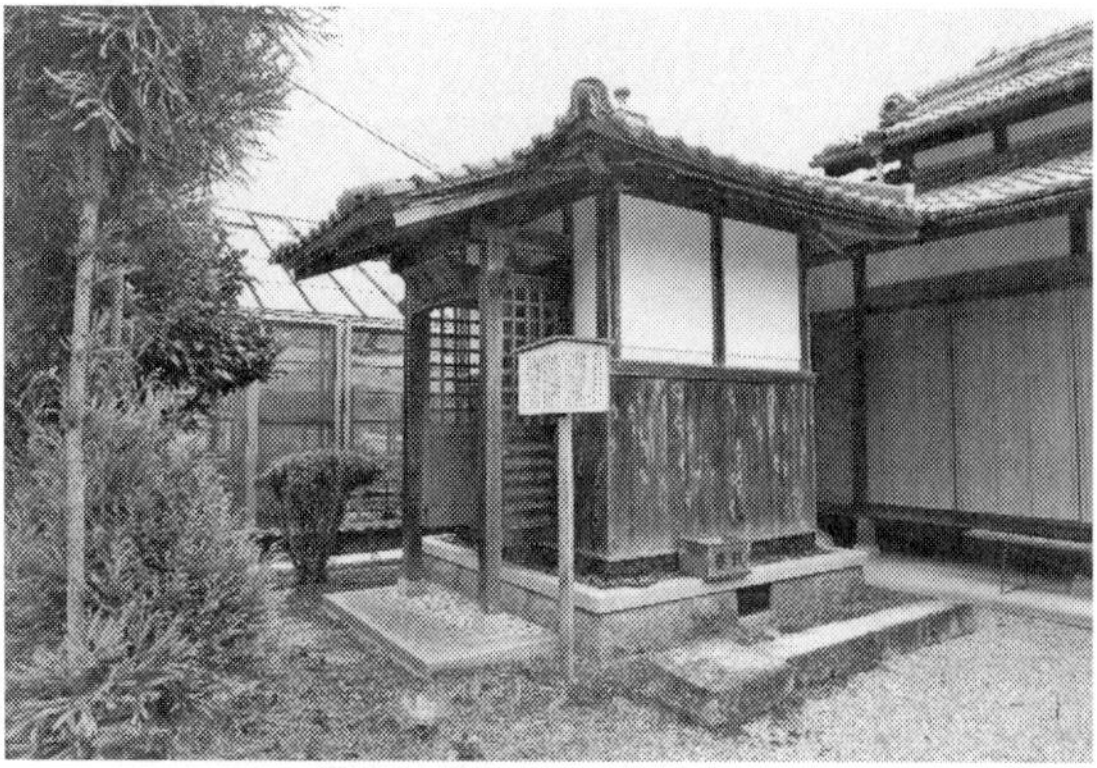

腰越会所前のお堂(収蔵庫)

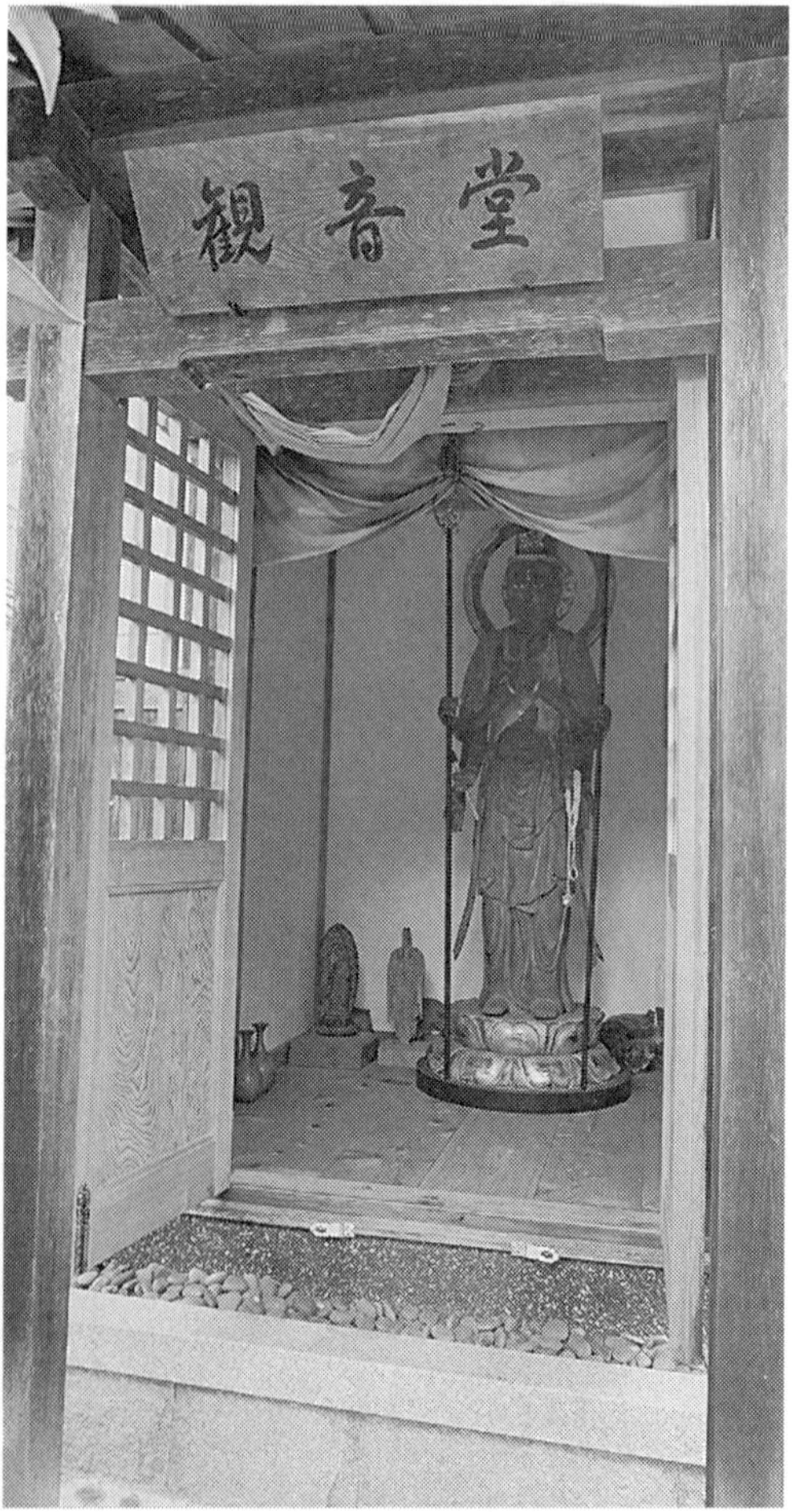

腰越会所収蔵庫の木造不空羂索観音立像
山添村指定文化財･室町時代末作･像高約153㎝

奈良市東部地域

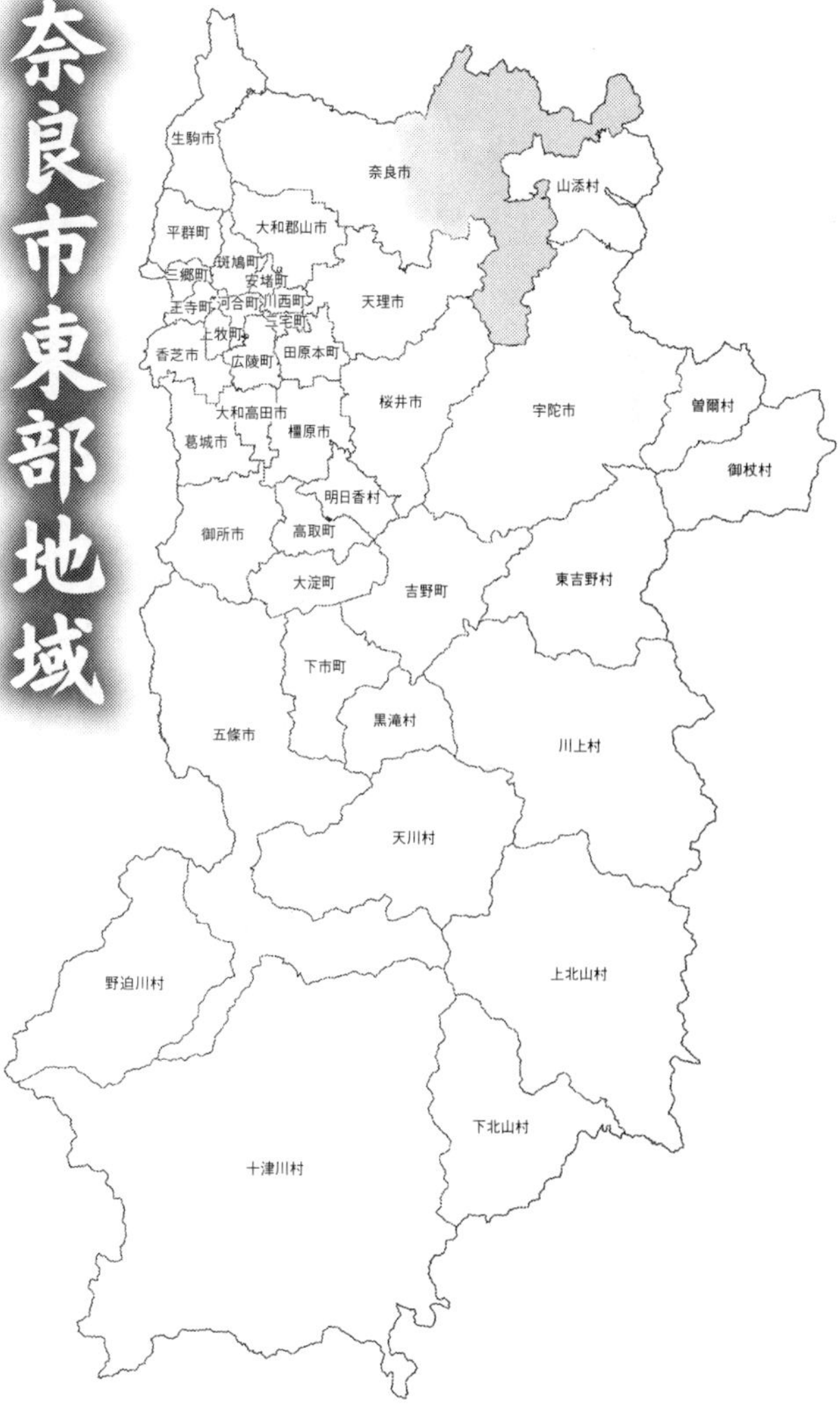
生駒市
奈良市
山添村
平群町
大和郡山市
斑鳩町
三郷町
安堵町
王寺町
河合町
川西町
三宅町
天理市
上牧町
香芝市
広陵町
田原本町
桜井市
宇陀市
曽爾村
御杖村
大和高田市
橿原市
葛城市
明日香村
御所市
高取町
大淀町
吉野町
東吉野村
下市町
黒滝村
五條市
川上村
天川村
野迫川村
上北山村
下北山村
十津川村

大柳生の廃寺と旧仏

地図ページ 03

奈良市東部の山間地は、古代南都寺院の勢力のもと、草庵に近いお堂が各所に建てられ、真言密教が信仰の中心であった。

しかし、時代とともに信仰は変化し、阿弥陀信仰、観音信仰、薬師信仰が盛んになり、仏像も教義にあわせて祀られるようになった。平安時代以降は神仏習合の信仰から、地区の神社(鎮守)とお堂が同じ境内に建てられ、僧侶がお宮の清掃や行事までも奉仕していたという。

明治初頭の神仏分離令から廃仏毀釈に及ぶと、各大字に一か寺だけを残して他の寺は悉く廃されることになった。残された寺に廃された寺の仏像が集められ、今日に至っている。今ではその残された寺の多くも無住となり、各地区で管理している。

旧大柳生地区は柳生の西に位置する。奈良の市街地から柳生の里へ通じる柳生街道沿いには、円成寺や南明寺など、古刹や文化財が今も残る。かつては多くの寺院や小堂があったというが、江戸時代の終わり頃にほとんど廃寺になってしまった。

◇周辺廃寺の仏像を祀るためのお堂だった、中墓寺

奈良市の東方山間部の狭川地区は、北は京都府に接し、旧山城《やましろ》と大和の文化圏の接点にあたる。下狭川《さがわ》町は地区の中心で、戦国時代の豪族狭川氏の山城があったところだ。

明治五年（一八七二）、下狭川の大念寺と西念寺、勝福寺が廃され、そのうちの勝福寺のお堂が修復されて、狭川東町にあった中墓寺が移されてきた。現在の融通念仏宗の松尾山・中墓寺《ちゅうぼじ》（奈良市下狭川町）である。

境内には勝福寺にあった石灯籠がある。竿の部分が円柱で、明応三年（一四九四）と刻まれている。

「最初は小さなお堂を建て、中墓寺の寺額だけを掲げて、付近の廃寺の仏像や宝物を集めてお祀りしたのではないでしょうか」と貴田崇宣《きだそうせん》住職は説明される。「明治の神仏分離令

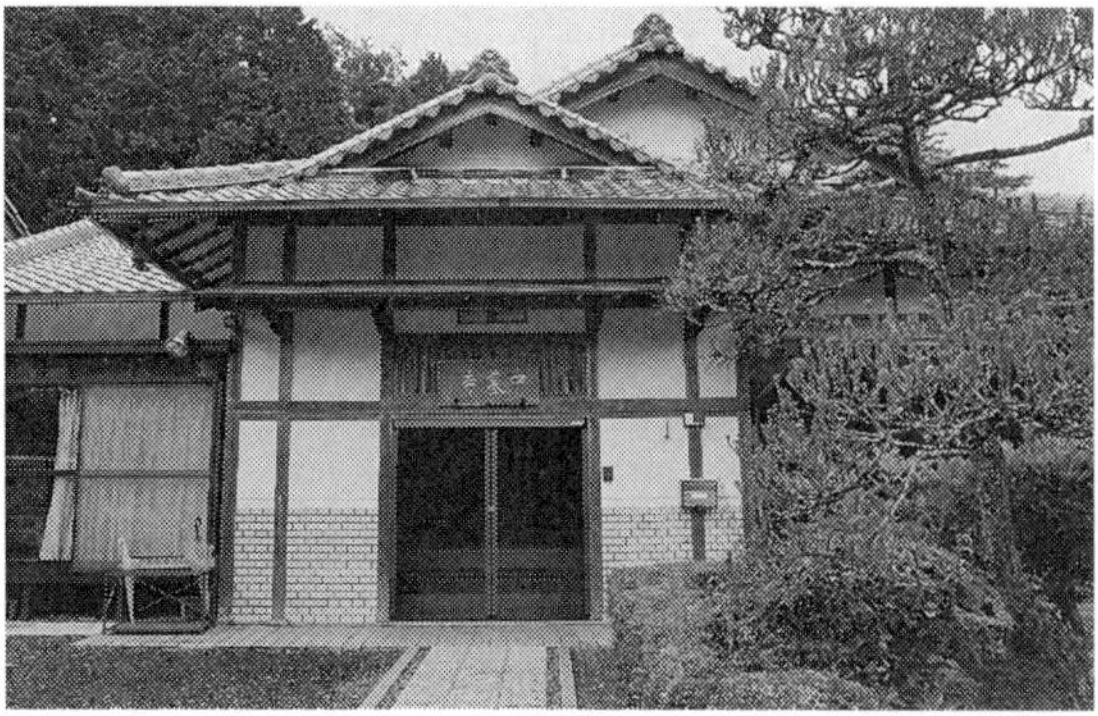

中墓寺

のもと、下狭川地域の寺院がどのように廃されていき、中墓寺が建てられたかはわからない」という。

薬師堂の旧仏三軀が、奈良県指定文化財に

中墓寺の本尊は旧大念寺の厨子入り木造阿弥陀如来立像と旧西念寺の木造阿弥陀如来坐像で、いずれも室町時代作の木彫である。

さらに、廃寺となった下狭川の薬師堂から三軀の仏像が遷ってきた。この仏像三軀のすべてが奈良県文化財に指定されたのである。

薬師堂中尊の木造薬師如来坐像は、平安時代後期作。像高約一四〇㎝のヒノキの寄木造りで漆箔が押されている。頭と体幹部は一材で、内部は内刳《うちぐり》で空洞になっている。螺髪の粒が大きく、肩が張り、衣文は簡単な線で浅く彫られている。素朴な作りだが、丸顔で重量

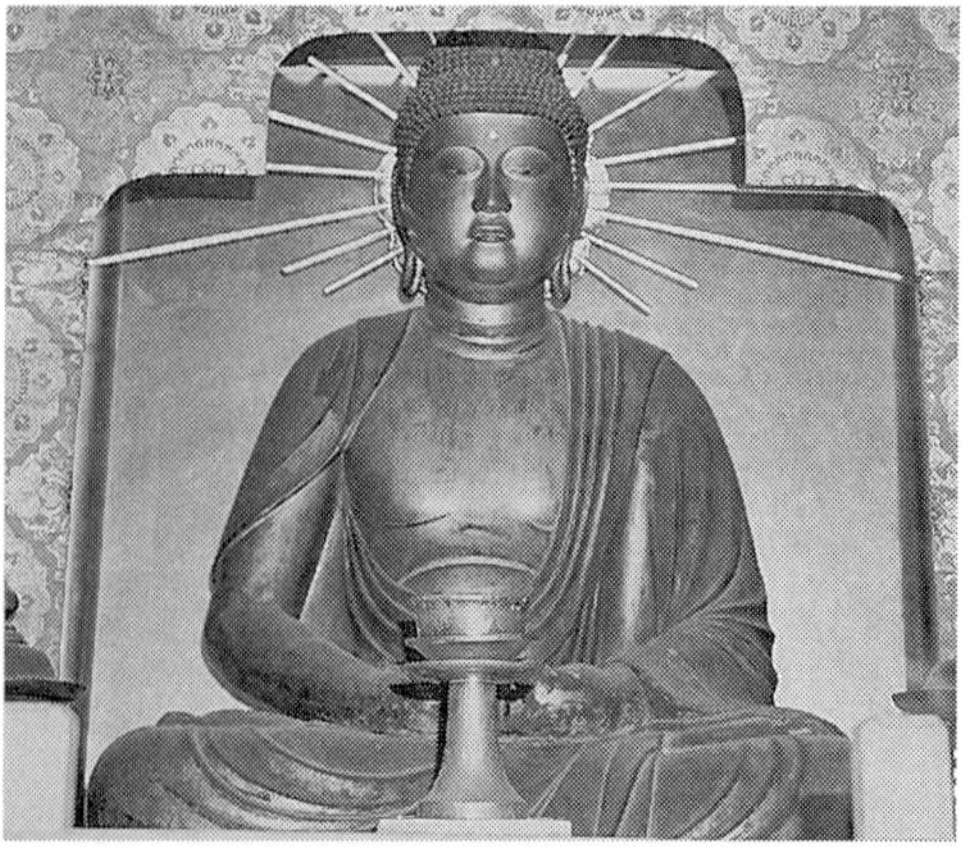

中墓寺蔵・旧西念寺　阿弥陀如来坐像

感がある。

　向かって左に安置されているのは、上品下生の印を結ぶ木造阿弥陀如来坐像である。平安時代後期作。像高約九〇cmのヒノキの一木造りで漆箔が押されている。頭と体幹部は一材で、内刳は像の底を浅く刳っただけである。螺髪《らほつ》の粒が細かいほかは、前記薬師如来坐像とよく似ている。二つの像は一具像ではないが、同じ作者の像と思われる。

　向かって右に安置されている木造阿弥陀如来坐像は定印を結んでいる。平安時代後期作。像高約八八cmのヒノキの寄木造りで漆箔が押されている。体幹部は一材で、内刳が施されている。体の線が柔らかくて衣文も洗練されている。伏目の定朝様の像で、前記二像とは作者が異なると思われる。（※巻頭カラーページに写真掲載）

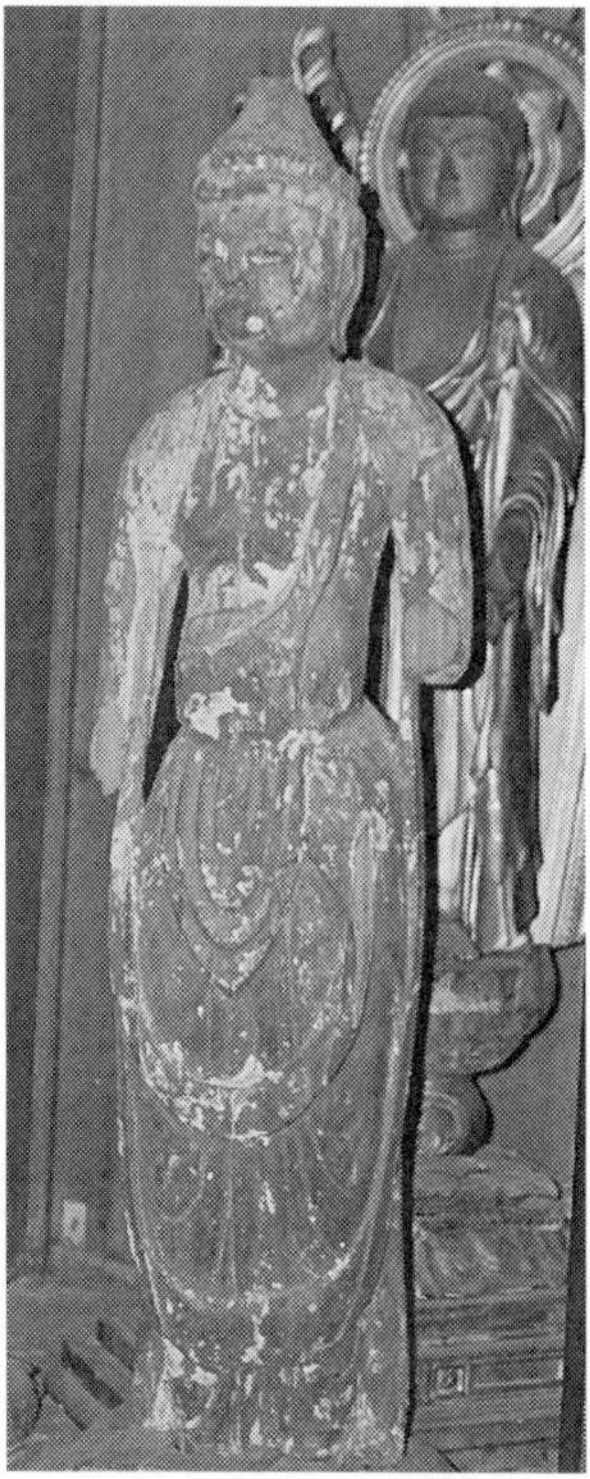
後方の仏像が旧大念寺木造阿弥陀如来

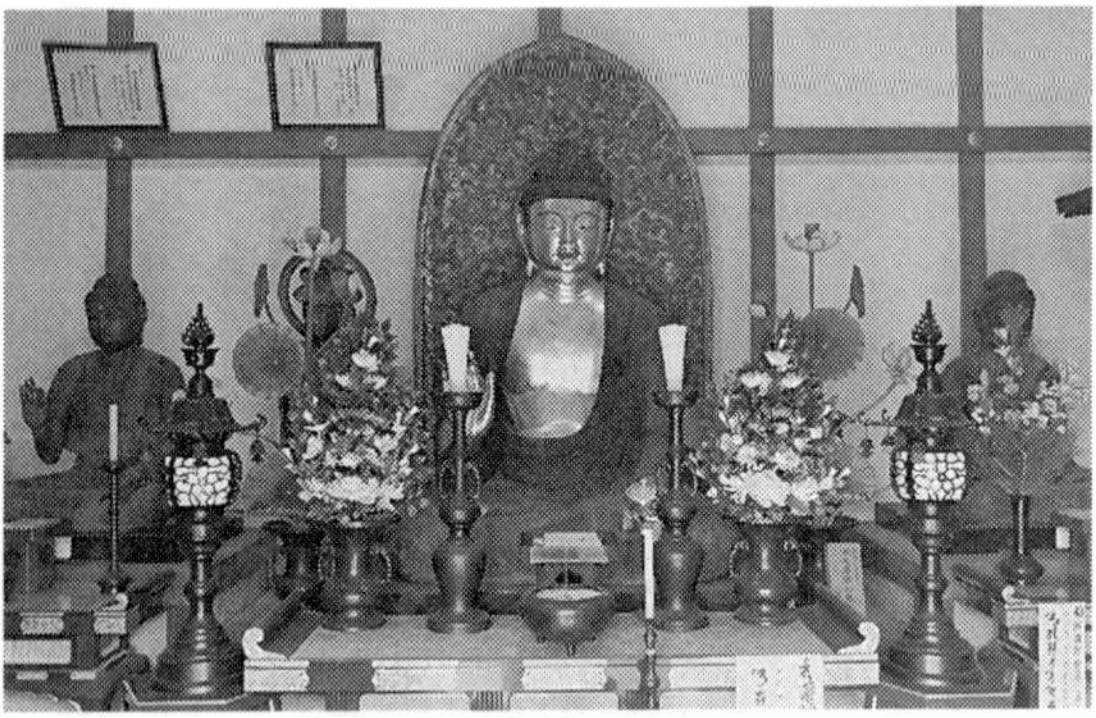

中墓寺蔵・薬師堂の三軀の旧仏

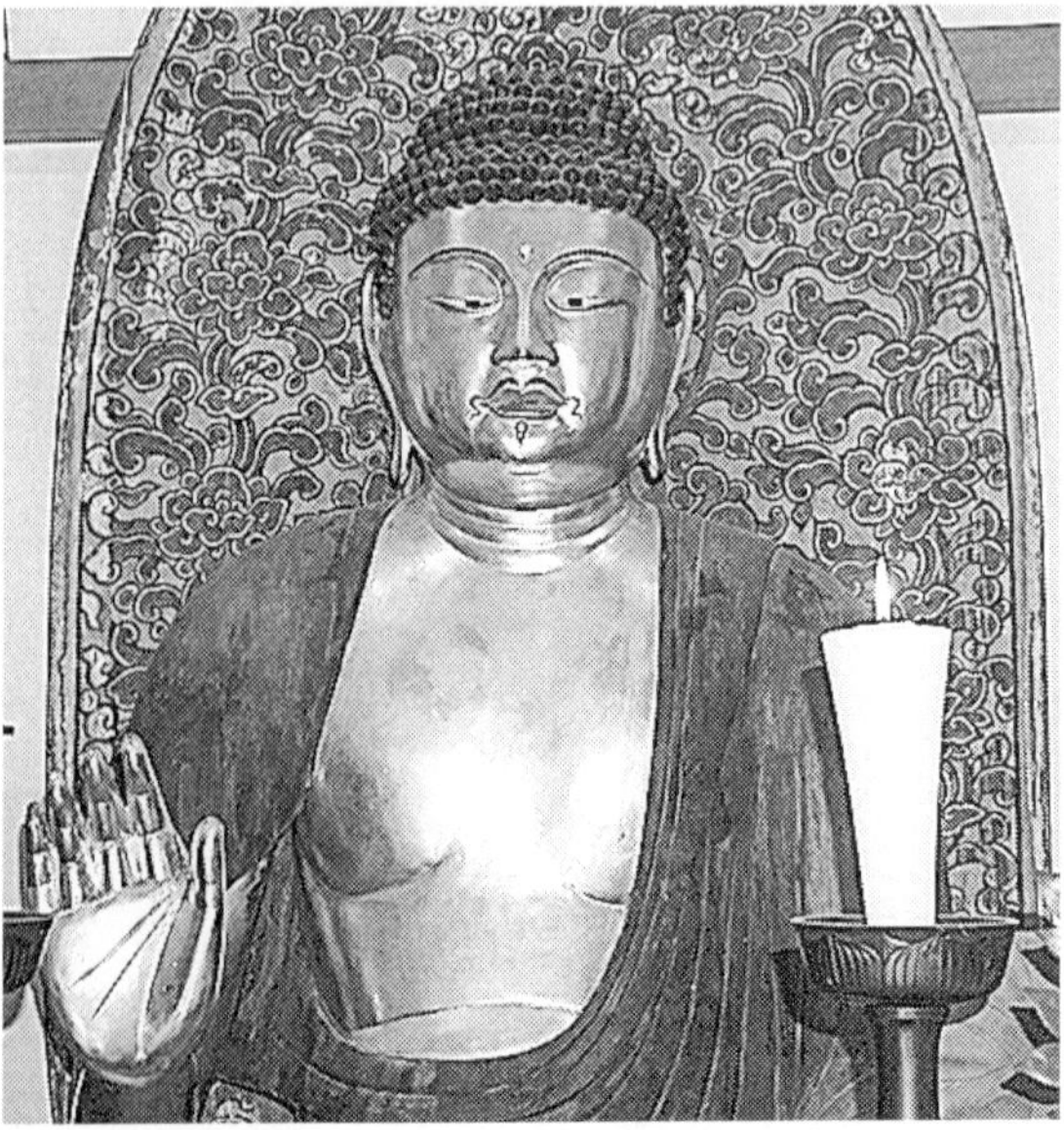

中尊薬師如来像　奈良県指定・平安時代後期作、像高約140㎝
ヒノキの寄木造

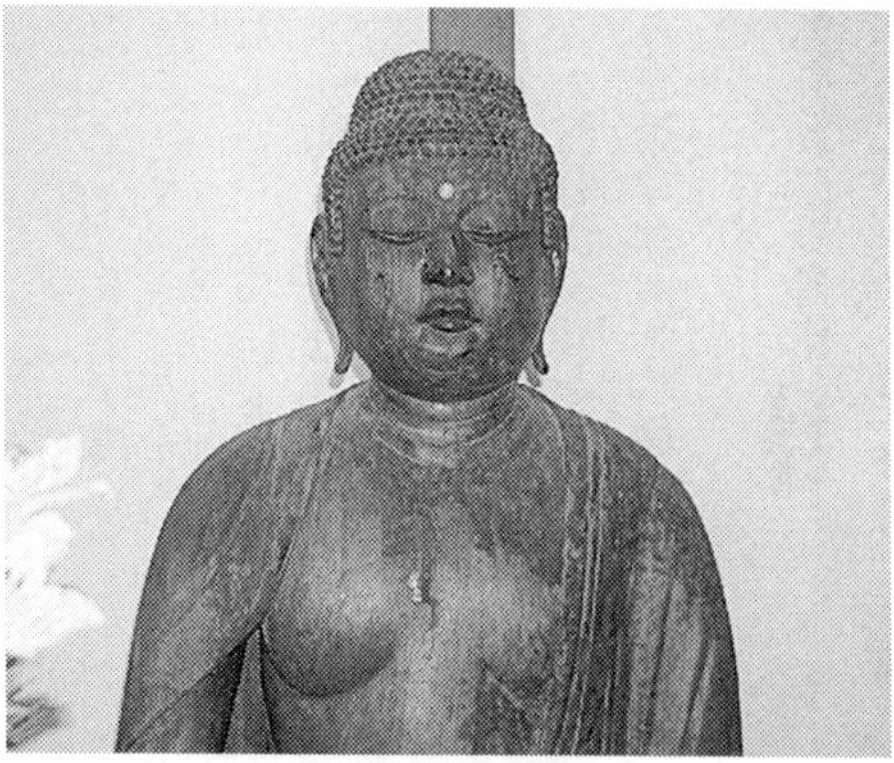

向かって右に安置の
木造阿弥陀如来坐像
奈良県指定･平安時代後期作
ヒノキの一木造

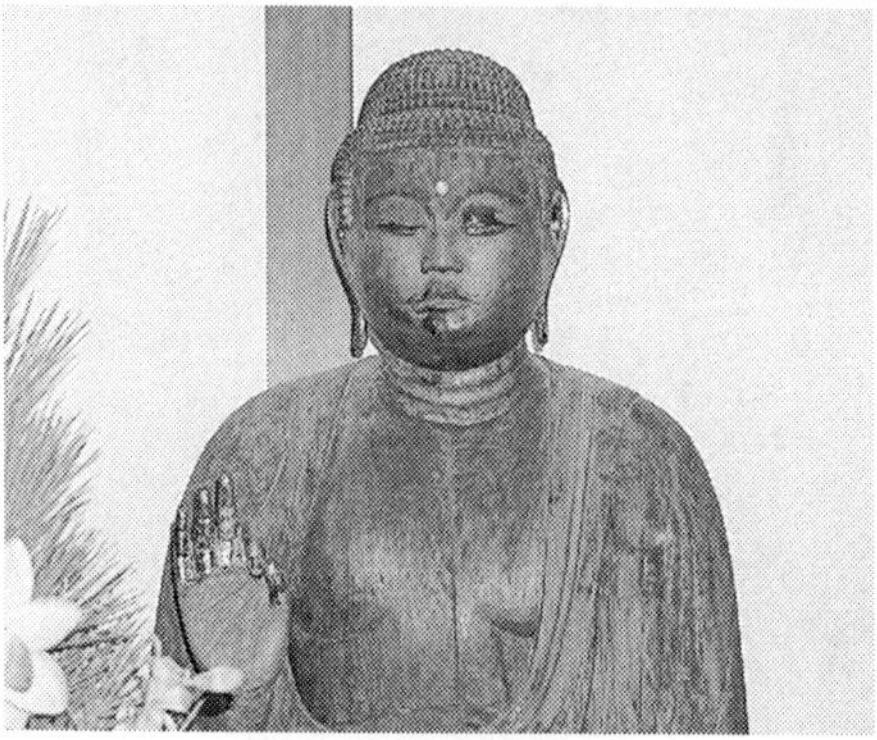

向かって左に安置の
木造阿弥陀如来坐像
奈良県指定･平安時代後期作
ヒノキの一木造

◇小田原寺旧仏の阿弥陀如来坐像が、奈良県指定文化財に

奈良市南庄町公民館（集会所）に、奈良県指定の木造阿弥陀如来坐像が安置されている。像高約九五㎝のヒノキの一木造りで、面相部左にわずかに金箔が残っている。白毫は水晶で、目は彫眼。顔立ちは穏やかで、浅く彫られた衣文の流れが美しい。全体に柔らかく丸みを帯びた阿弥陀像である。平安時代の作とされる。

膝前部の裏に墨書銘があり「この像が延久四年（一〇七二）に作られた阿弥陀如来で、小田原之下院新堂の中尊

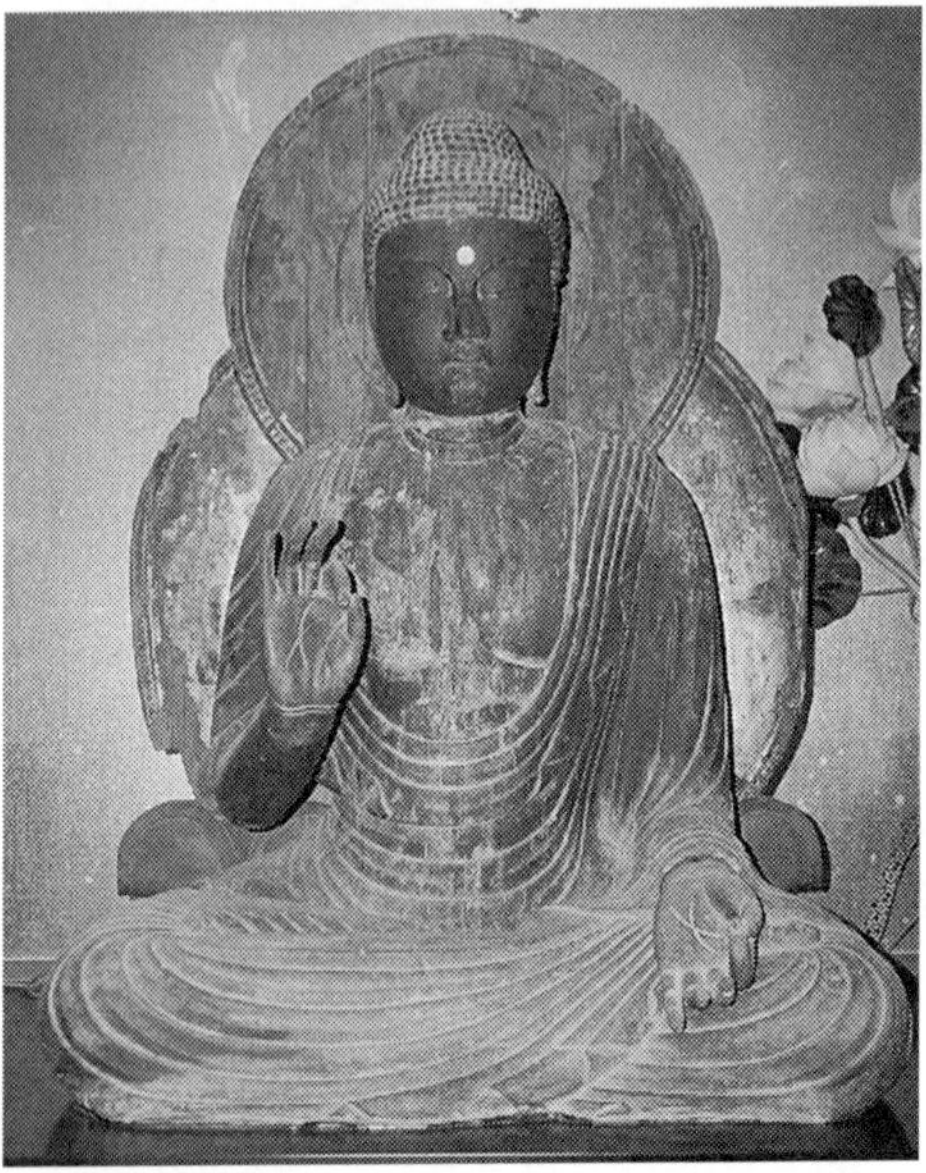

南庄町公民館安置・小田原寺廃寺の阿弥陀如来坐像
奈良県指定・平安時代作・ヒノキの一木造・像高約95㎝

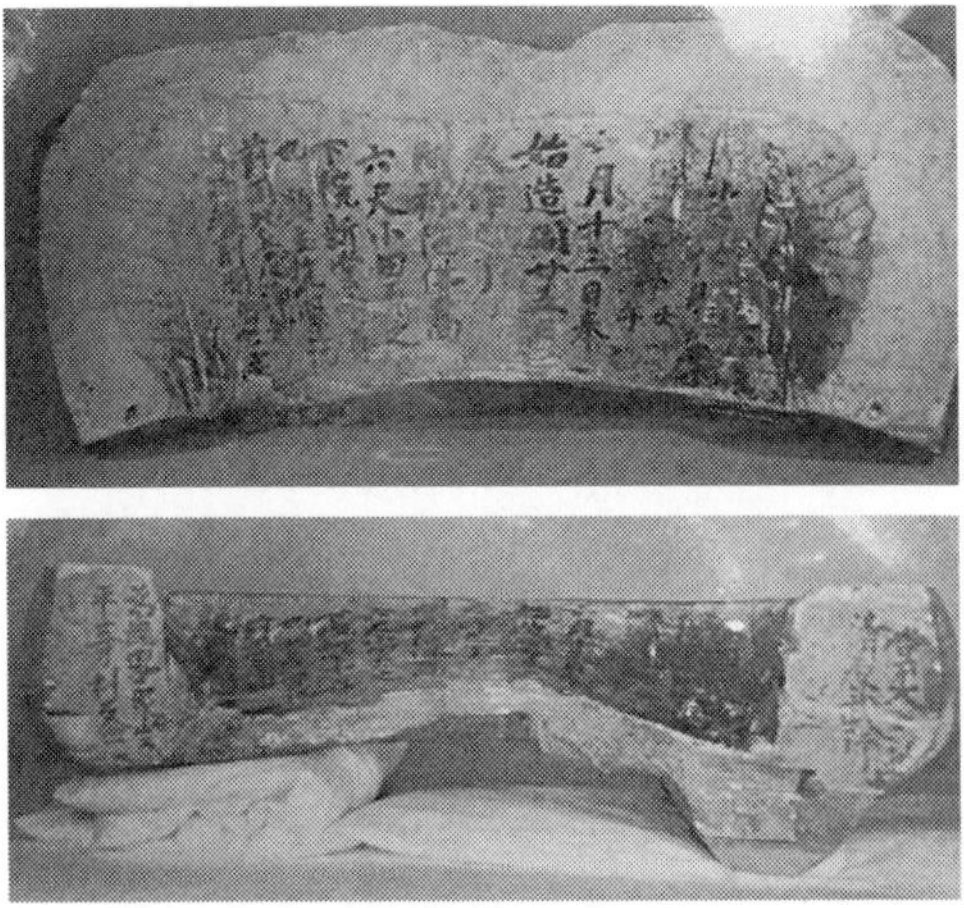

阿弥陀如来坐像の膝前部裏の墨書銘

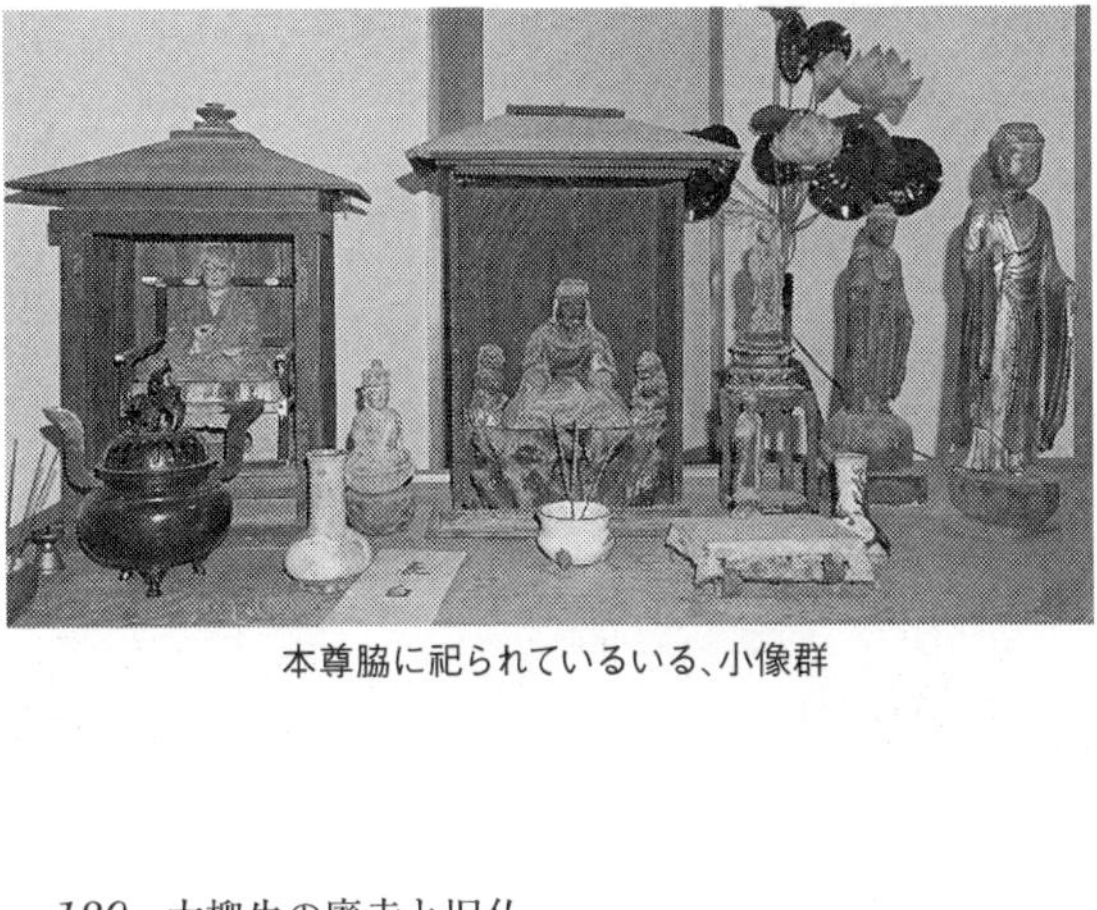

本尊脇に祀られているいる、小像群

であり、造立の願主も仏師も筑前国の人」という内容のことが記されている。

この銘文により、明治の廃仏毀釈の際に廃された、旧小田原寺の仏像であることがわかる。

南庄町自治会長の小佐敏一さんの説明によると「集会所南の奈良パブリックゴルフの地に小田原寺があったと伝わっています」とのこと。そして現在の地に本尊が遷され、集会所が建てられ、光背も修復されたという。

他にも役行者像、弘法大師像などの小像が祀られている。

◇善根寺廃寺と応現寺

奈良市の北東部、京都府に隣接する奈良市東鳴川町《ひがしなるかわちょう》に、応現寺《おうげんじ》という真宗大谷派の寺院がある。明治三七年（一九〇四）にお堂が建てられ、東鳴川公民館と一体と

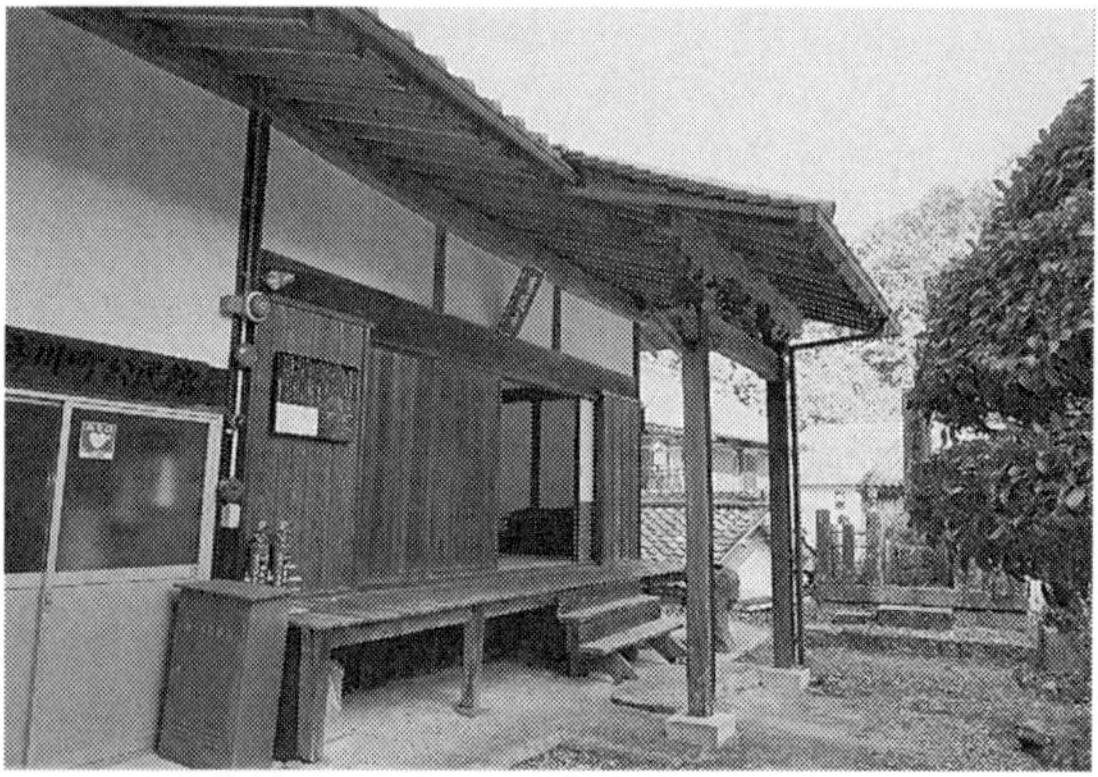

応現寺（東鳴川公民館）

なった会所寺になり、東鳴川観音講によって所有・護持されている。

　東鳴川町（旧鳴川村）には、奈良時代の僧行基が四九院を創立し（『行基年譜』記載の行基建立四九院説とは異なる）、鳴川千坊という大伽藍があったという。南山城に隣接するこの地域は、平安時代以降、南都僧（主に興福寺僧）が山中に籠って仏道修行を盛んに行った地帯であった。のちに鳴川千坊の一つであったとされる善根寺（鳴川寺）のみが残り、江戸時代には寺子屋になったというが、その後廃絶し、近くの応現寺に仏像の一部を伝えたという。

旧善根寺の木造不空羂索観音坐像が、応現寺に

　応現寺の堂内正面に祀られているのは阿弥陀如来立像である。その右に祀られている三尊像の中尊が、善根寺の旧仏・木造不空羂索観音坐像。目が額にもあって八本の手をそなえる三目八臂《さんもくはっぴ》の形で、両肩に鹿革をまとっている。

　像高は約九一㎝と、大きくはないが、均整がとれた体つきと衣の襞《ひだ》の流れがゆったりとしているため、表現がおだやかな仏像である。奈良市教育委員会の説明文には「定朝様と呼ばれる優美な作風の影響が感じられることから、制作時期は平安時代後期の十一世紀末から十二世紀前半ごろと

みなされます」と示されている。

南円堂は弘仁四年（八一三）、藤原冬嗣が創建したが、治承四年（一一八〇）の平家の「南都焼き討ち」で焼失した。同説明文によると「南円堂像は平安時代に摂関家として栄えた藤原北家一門にあつく敬われ、とくに十二世紀初めごろには藤原忠実《ふじわらただざね》らによりたびたび模造された」「本像はこのような時代背景のもとで、南円堂が南都焼き討ちで焼失される以前に作られたと考えられ、同種の現存作例が少ないためきわめて貴重」とのことだ。つまり、南円堂創建時の本尊・不空羂索観音像の姿を伝えているのだ。

冬嗣が父内麻呂《うちまろ》の冥福を願って建立した八角円堂（南円堂）の、創建時の本尊が、模刻ではあるが応現寺で拝することができる。善根寺があった東鳴川町が、

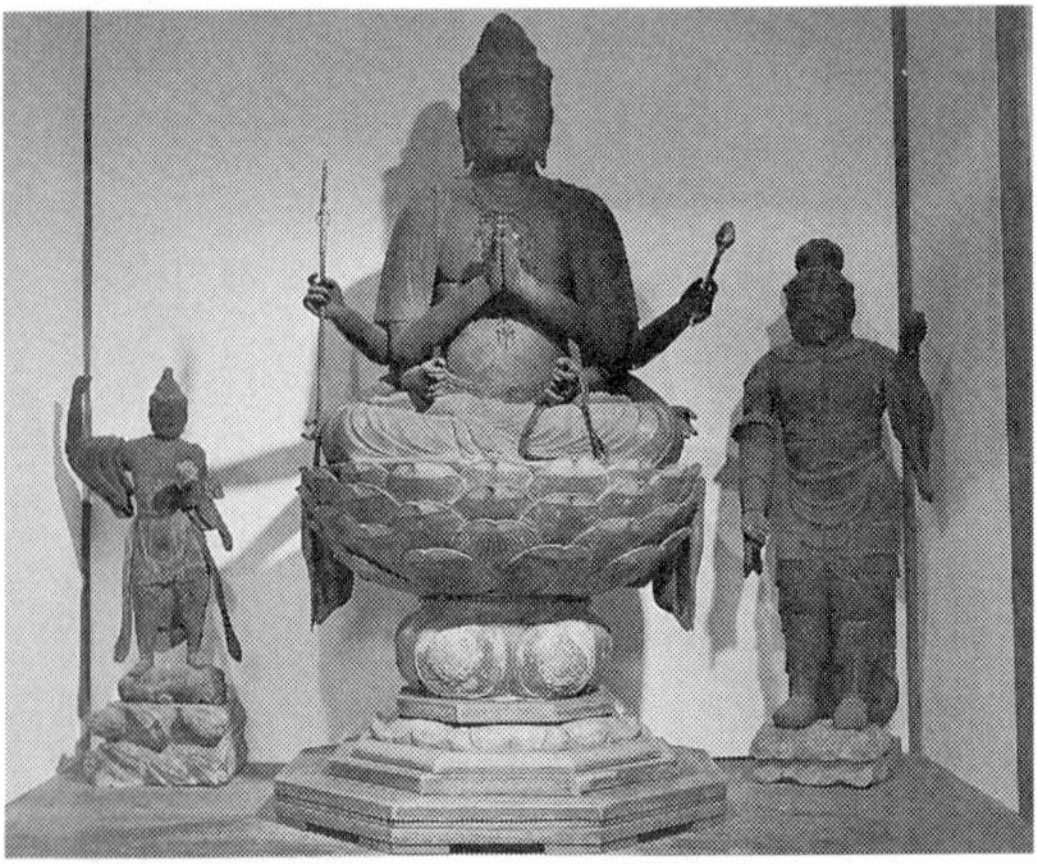

応現寺蔵・善根寺廃寺の三軀の旧仏

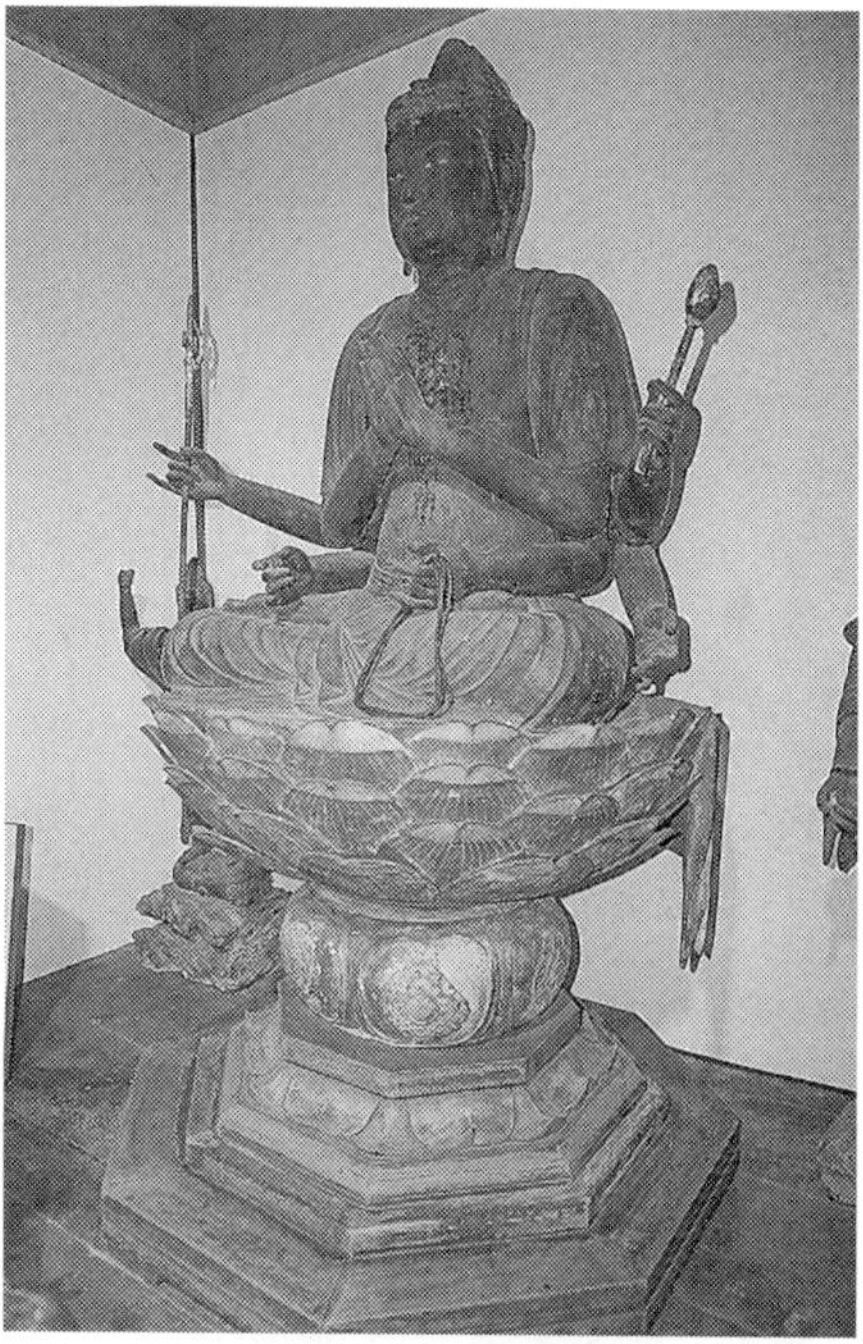

中尊の木造不空羂索観音坐像
国の重要文化財・平安時代作・
ヒノキの一木割剥《わりはぎ》造・像高約91㎝

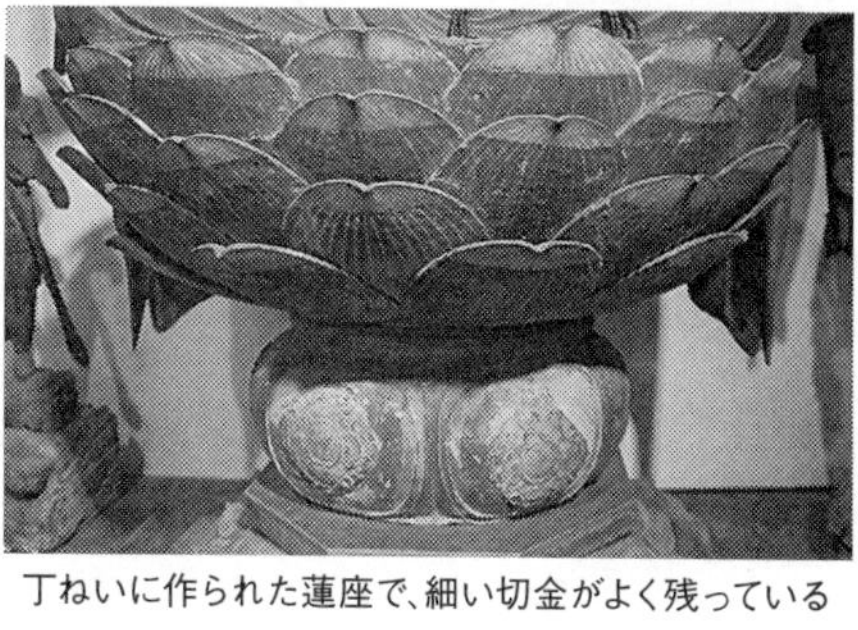

丁ねいに作られた蓮座で、細い切金がよく残っている

興福寺僧の仏道修行をした地域であったことに関係しているのであろうか。

現在の興福寺南円堂の本尊不空羂索観音像は、仏師康慶《こうけい》（運慶の父）によって造立された迫力のある像である。（※巻頭カラーページに写真掲載）

三尊像の脇侍仏も、旧善根寺像

中尊の不空羂索観音坐像の両脇に立つのは、大小とも毘沙門天立像である。無指定仏だが、いずれも善根寺の旧仏とのことだ。

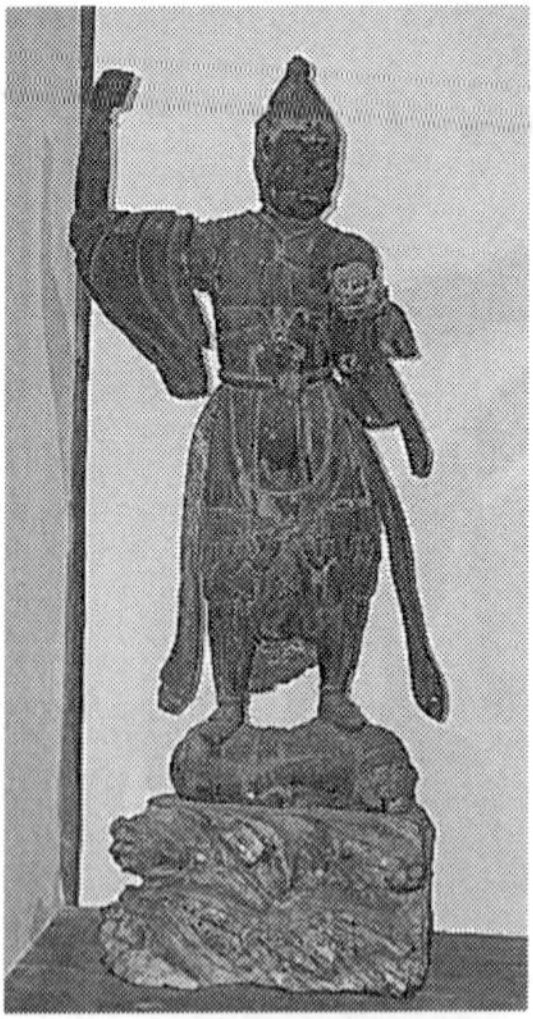

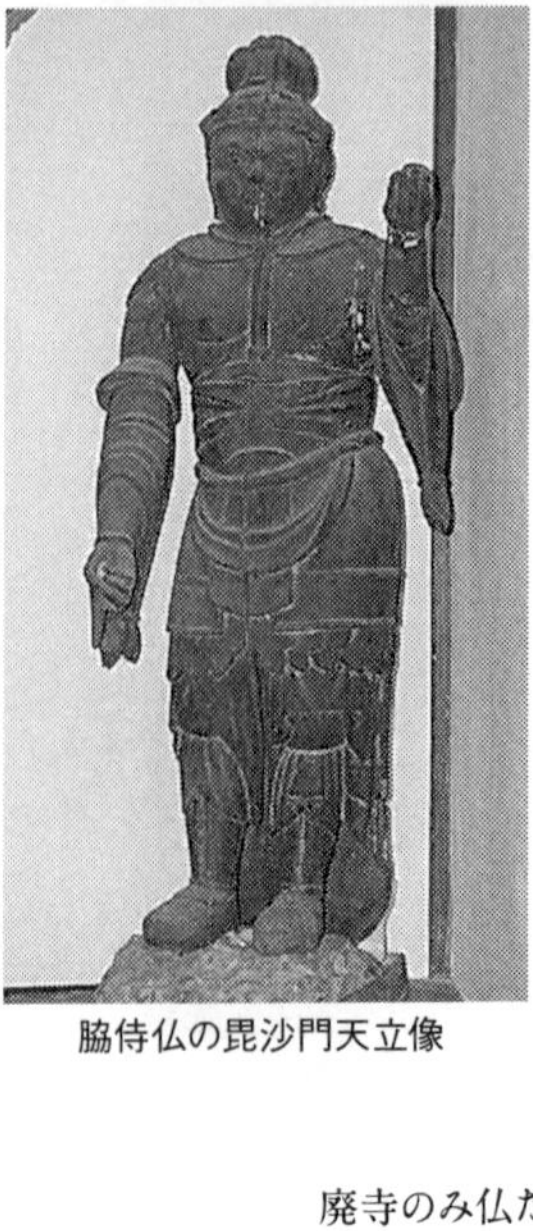

脇侍仏の毘沙門天立像

応現寺中央の阿弥陀如来立像と、左の賓頭盧尊者像

応現寺を入って正面に祀られている厨子入りの阿弥陀如来立像の小像も、客仏ということだが、どこの寺院の仏像かはわからない。

正面向かって左には賓頭盧（ビンズル）尊者像が安置されている。

※応現寺（奈良市東鳴川町）では、毎月第一日曜日の午前九時から午後四時まで仏像を公開している。拝観予約及び問い合わせは、奈良市文化財課まで。

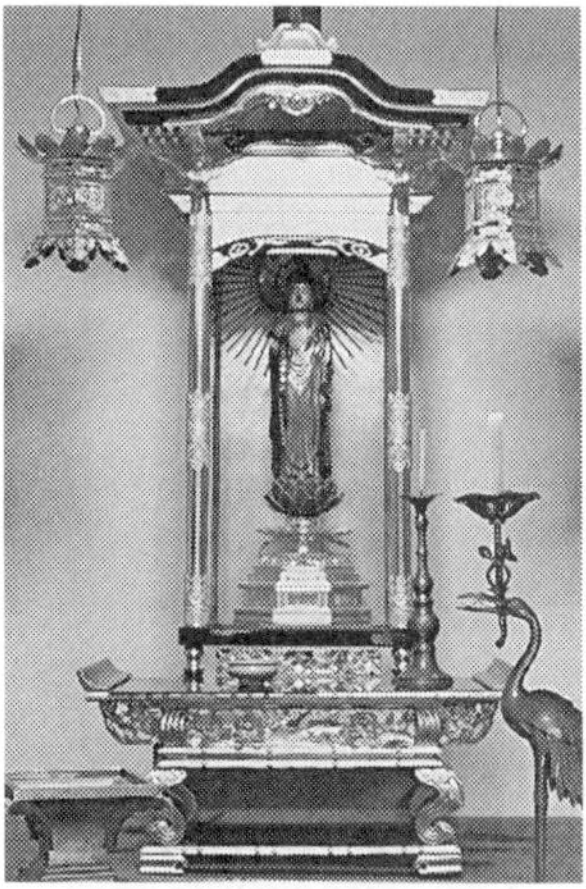

応現寺蔵・阿弥陀如来立像

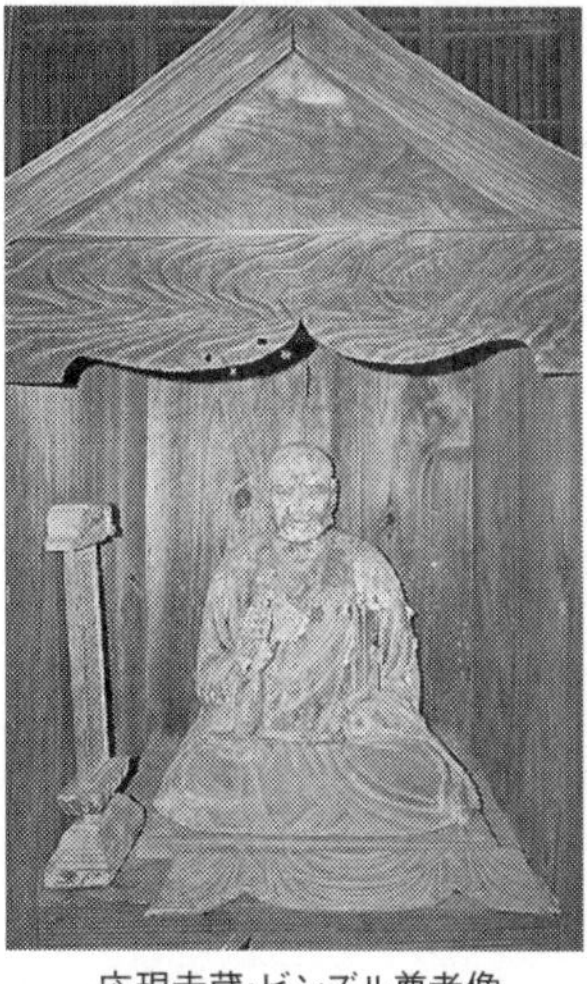

応現寺蔵・ビンズル尊者像

◇旧大柳生村の諸仏が南明寺へ？

安政年間の『弘法大師東山中八十八か所道附』と題する古文書によると、大柳生村には現存する南明寺をはじめ、二二の寺、十一の堂宇があったとある（『大柳生村史』）。

南明寺（奈良市阪原町）には、島左近が写したとされる『坂原由来記』という古文書がある。欽明天皇三年（五四三）に坂原町（現阪原町）がひらかれ、天竺（インド）から恵智と恵僧の二人の僧侶が山城国相楽郡狛村（現京都府相楽郡山城・精華町一帯）へ来て、元興寺を開創した後、敏達四年（五七五）に坂原で槇山千坊を開いて千体仏を作り祀ったとある。仏教が我が国に伝来した時、司馬達等が槇山千坊において教導した仏法第

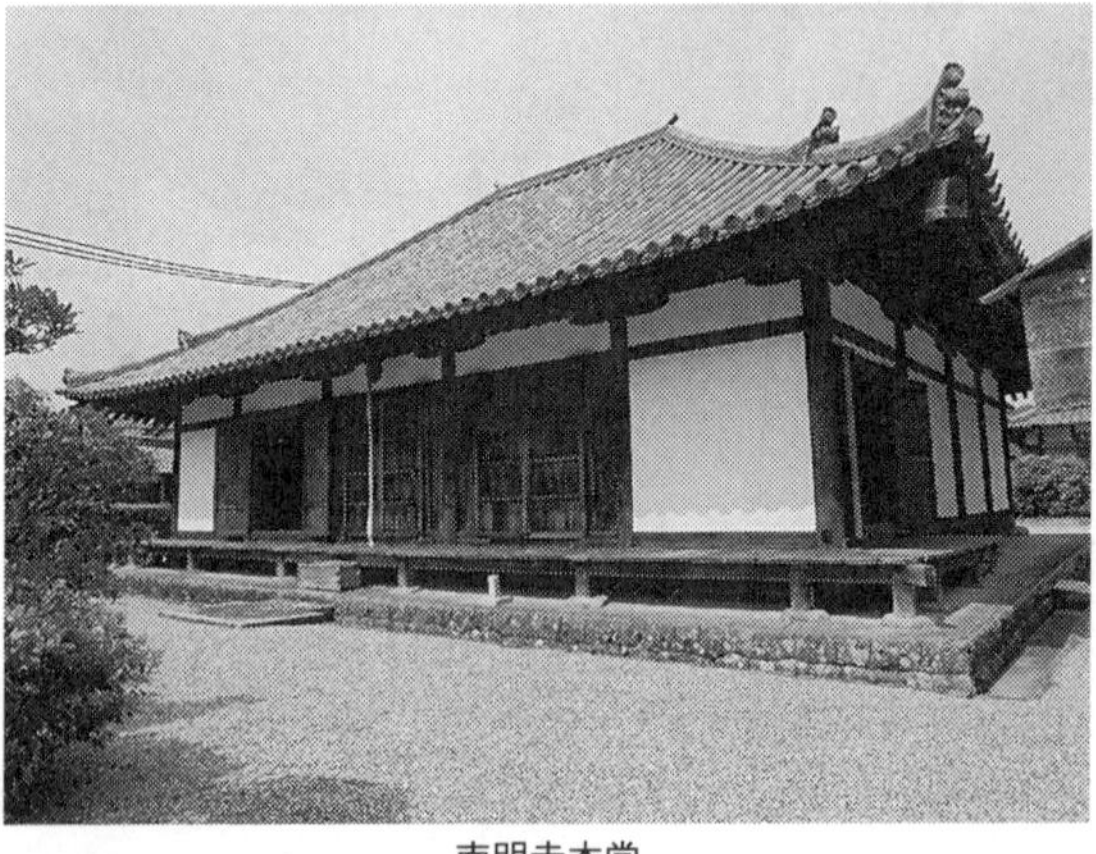

南明寺本堂

一の地だとも記されている。伝承的な内容が多く、信頼性に欠けるが、その一房であった室堂（ムロンドウ）が今の南明寺の本堂で、平安時代に再興したというのだ。

享保年間の『大和誌』には、宝亀二年（七七一）に再建されたとある。

しかし、昭和十二年（一九三七）の南明寺の解体修理の調書によると、現本坊が槇山千坊から移された形跡がなく、鎌倉時代中期の建築であり、それ以前にお堂があったとは認められないということだ。

『坂原由来記』の伝承はどこまで信頼できるものかわからないため、南明寺の草創も詳らかではないが、この地域にいくつかの寺院があったのだろう。それらの寺院が廃され、仏像を安置するため、今の南明寺を創建したのではないだろうか。

本寺には、本尊の薬師如来坐像、阿弥陀如来坐像、釈迦如来坐像（いずれも重文・藤原時代作）や四天王立像などが安置されている。（※これらの仏像の撮影は不可）

北蓮寺の旧仏・地蔵菩薩半跏像も南明寺に

南明寺須弥壇の西側に、平安時代末から鎌倉時代にかけて作られたと思われる、左足を踏み下げる半跏像の、大きな地蔵菩薩坐像が安置されている。彩色は後補である。

明治時代初めに廃寺となった北蓮寺《ほくれんじ》にあった仏像だ。北蓮寺は南明寺と同じく『弘法大師東山山中八十八か所道附』にあげられている寺院の一つ。創建当初は阪原町の長尾神社奥の谷に建っていたとされ、五輪塔の断片などが残っているという。廃寺後は跡地に阪原の会所（現阪原町公民館か）が建てられ、しばらくはこの会所奥に仏像などが安置されていたが、昭和五四年（一九七九）に南明寺に遷された（『奈良市史』）。

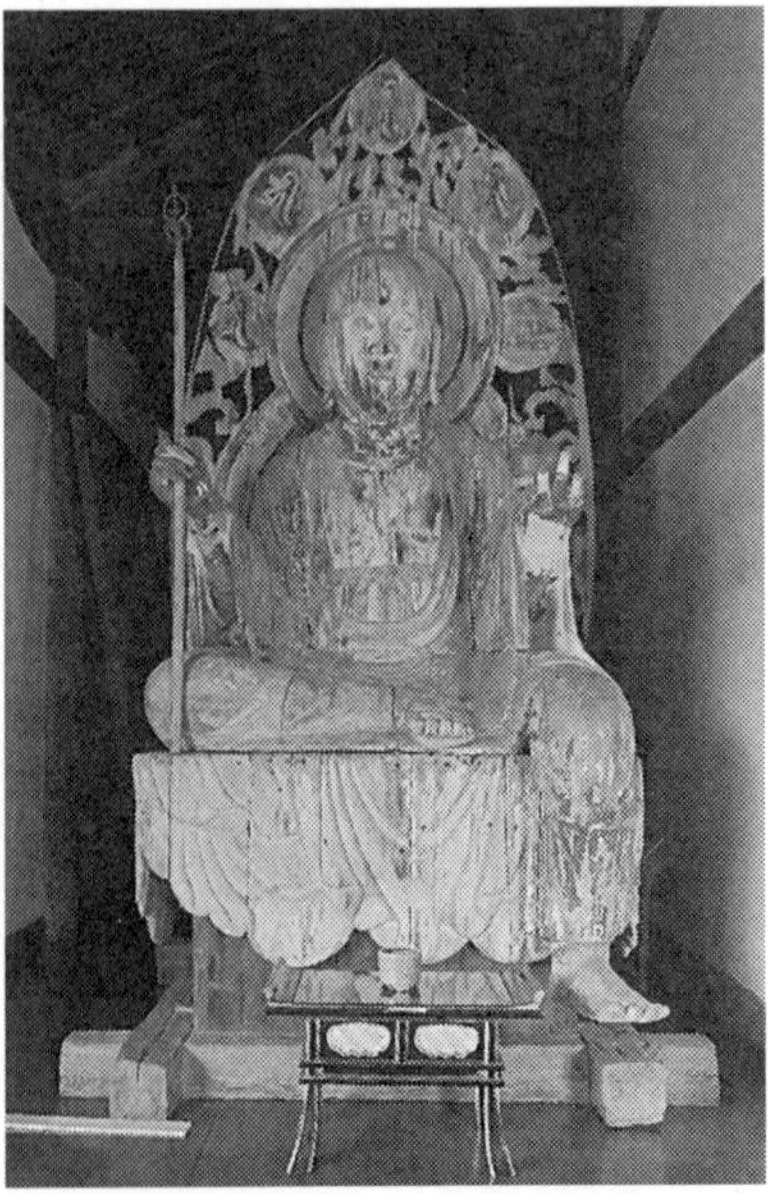

南明寺蔵・北連寺廃寺の地蔵菩薩半跏像
ヒノキの寄木造・彩色・像高約140㎝

◇桃香野の摩崖仏群

奈良市の北東、京都府南山城村に隣接して名勝月ヶ瀬梅林がある。もともと梅樹は烏梅《うばい》（＝ベニバナ染に使う発色剤）製造のために植えられたもので、十八世紀の後半ごろから梅林が広がり、数多くの文人墨客の来遊によりその名を馳せ、今もシーズンになると梅見客でにぎわう。その月ヶ瀬村（現奈良市月ヶ瀬）の桃香野《ももがの》地区に摩崖仏群がある。

本書は廃寺の仏像を中心に取材し、基本的に廃寺の石仏だけを取りあげることはない。

しかし、桃香野集落には急峻な場所に摩崖仏を刻んだ岩が十数か所散在し、それぞれの岩が廃寺の跡にある。なぜ、このようにたくさんの摩崖仏が刻まれているかは不明な

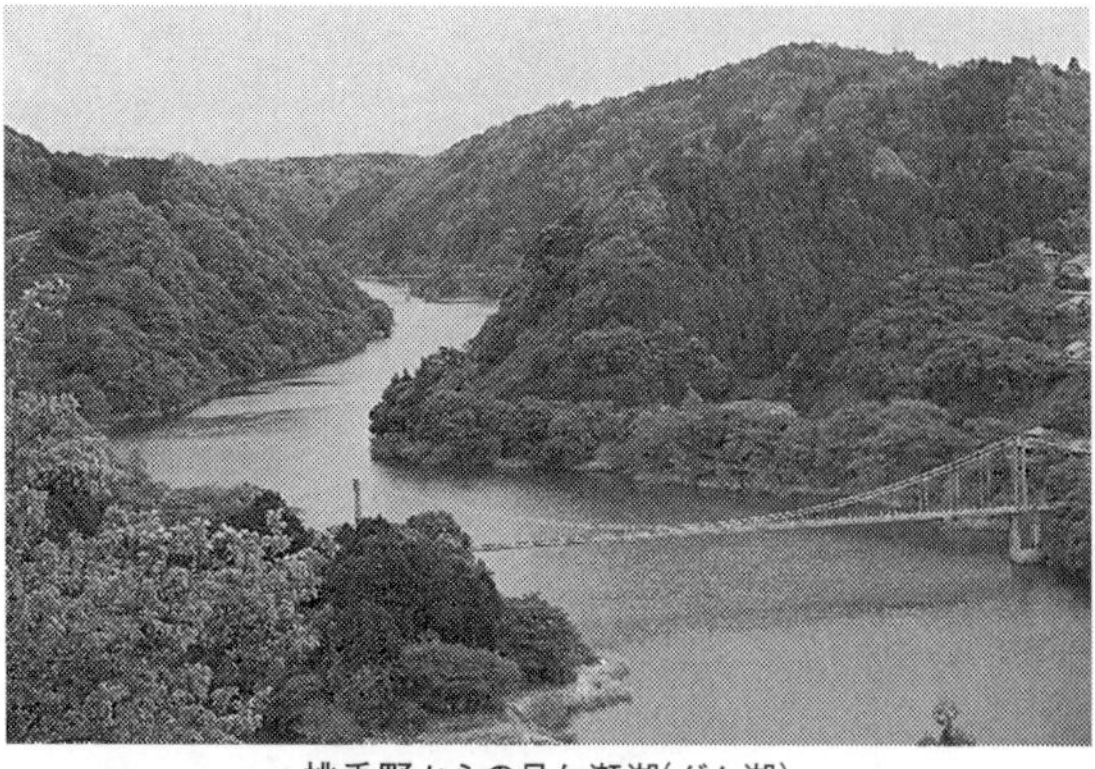

桃香野からの月ケ瀬湖（ダム湖）

のだが、月ヶ瀬村教育委員会の現地説明文に「この谷のいちばん高い城庵の一角が崩れ落ち、多数の人家が大災害に遭ったと伝えられ、村人たちは今後の安泰とその供養のため、残る大石に仏像を刻み、その無事を祈念したのではないかと思われる……」と記されている。

昭和六二年（一九八七）、元興寺文化財研究所が同集落を調査した際、集落に建つ善宝寺境内にある供養碑と思われる石に刻まれている「南無阿弥陀仏」のかたわらの文字を「永禄六年供養七十四人……」と判読。これにより、山崩れの時期が室町時代末の永禄六年（一五六三）と確定されることになった。

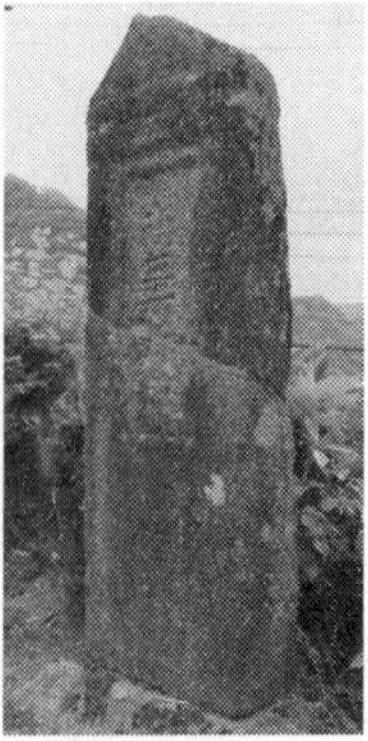
善法寺供養碑

摩崖仏は四百数十体

散在している十数個の岩には半浮彫の摩崖仏が刻まれている。双仏を刻んだものから百体を超える仏像や仏塔を刻んだ大岩まで様々で、仏像数は四百数十体に及ぶという。今では風化してほとんど形のわからないものもある。

室町時代の山崩れで落下した岩に、被災者の供養のために仏像を刻んだのであろうが、その岩の多くが、廃寺跡にある。岩が落下して廃寺になったのか、もともと廃寺だったところに岩を運んだのかはわからない。しかし廃寺と摩崖仏との関係には、何かしらの意味があるように思える。

下記図①の「桃香野と摩崖仏群と廃寺跡」のイラスト（『月ヶ瀬村史』より引用）を参考に、摩崖仏と廃寺との位置を照合しながら取材した。

下出の東久保宅前の阿弥陀寺跡（図1の⑨）には、九七体の像と五塔（図1の⑨）。西の本宅上の道路わきにある岩石（図1の②）には二段や三段に整然と並んだ小像が刻まれている。その断片が善法寺前に移されているという。

その他は図1に示すとおりである。

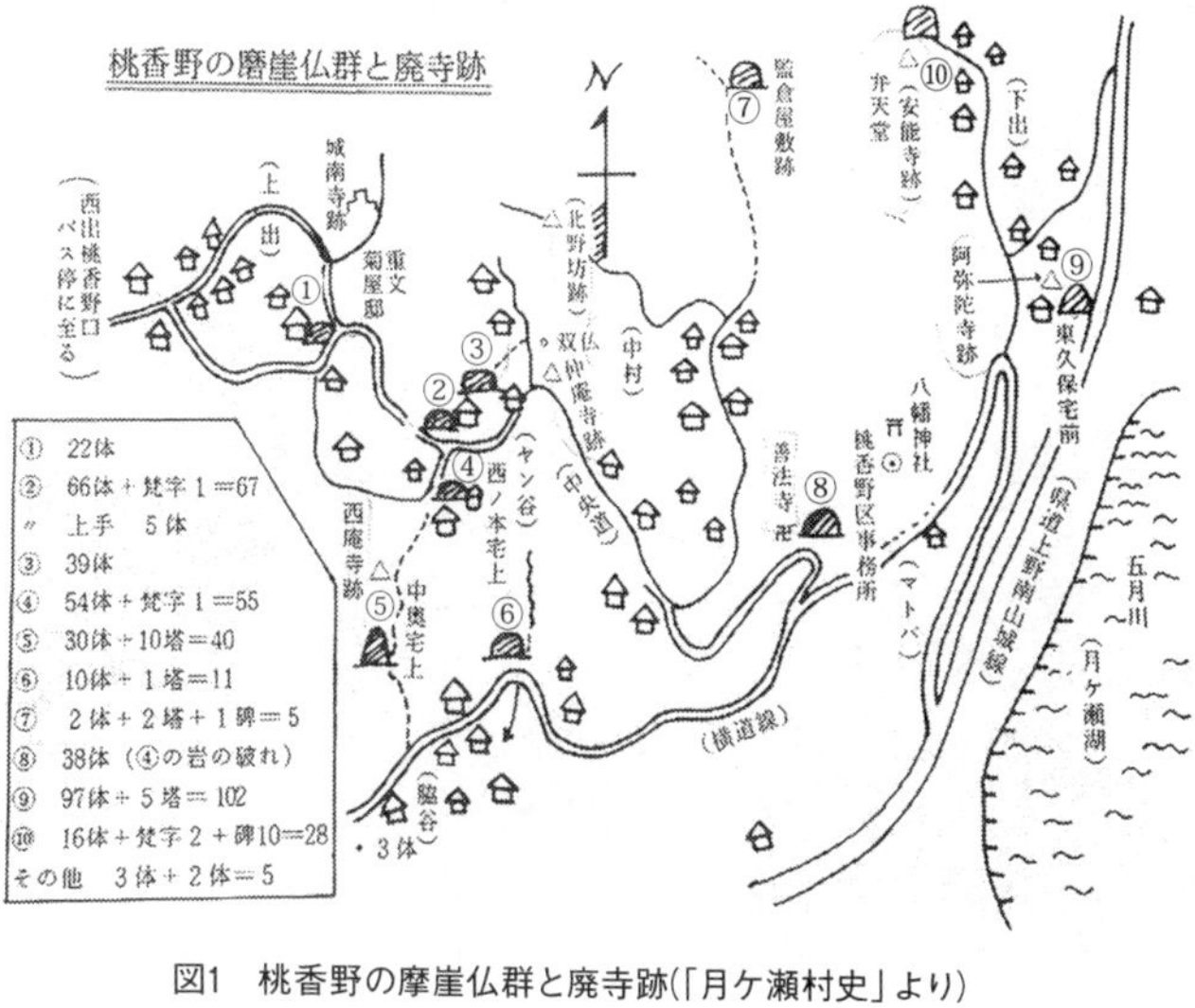

図1　桃香野の摩崖仏群と廃寺跡（「月ケ瀬村史」より）

まず、重要文化財の菊屋邸前の道を南へ下ると、「桃香野摩崖仏群」の説明板がある。（図1の②）。この近くの大岩の摩崖仏が最も数が多く鮮明に残っている。

その他は、岩自体がなくなっていたり、風化して浮彫が消えている仏像も多くある。ただし、『月ヶ瀬村史』のイラストマップに掲載のすべての仏像が現存しているわけではないことをご了承いただきたい。

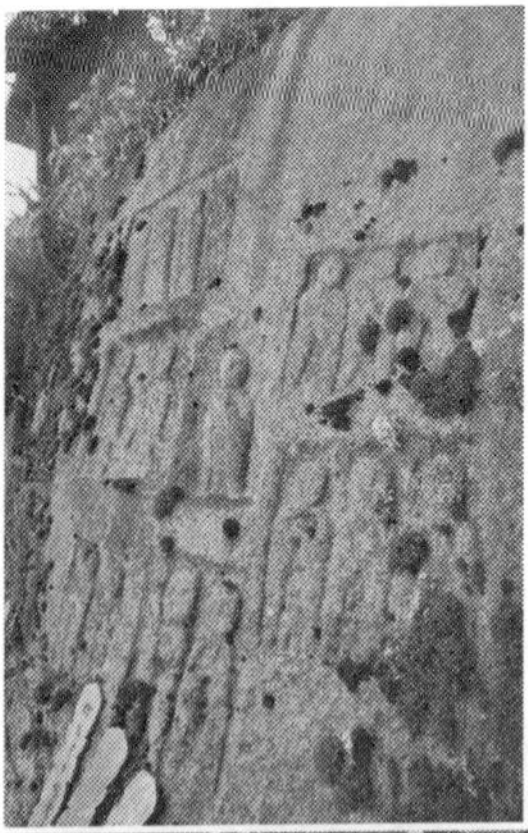
図1の①

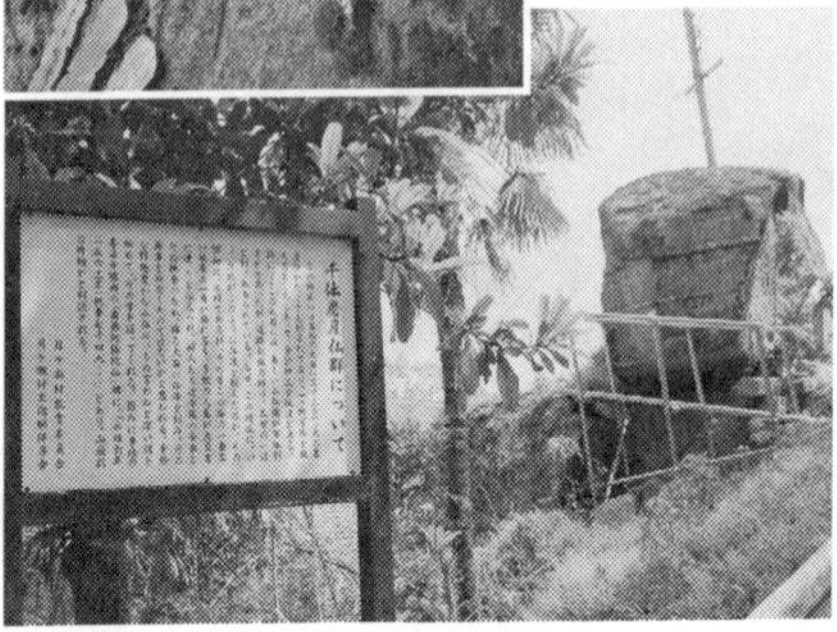
図1の②

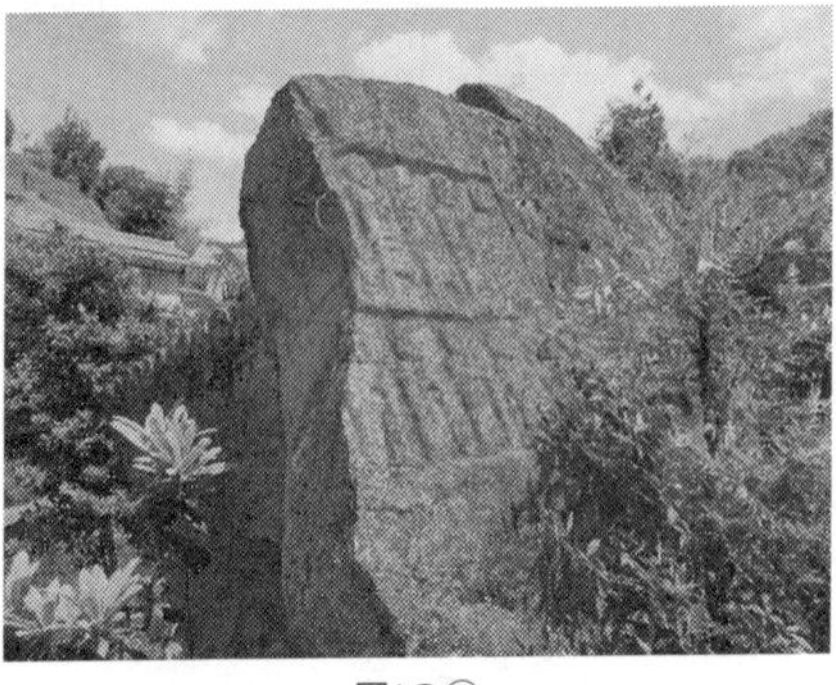
図1の②

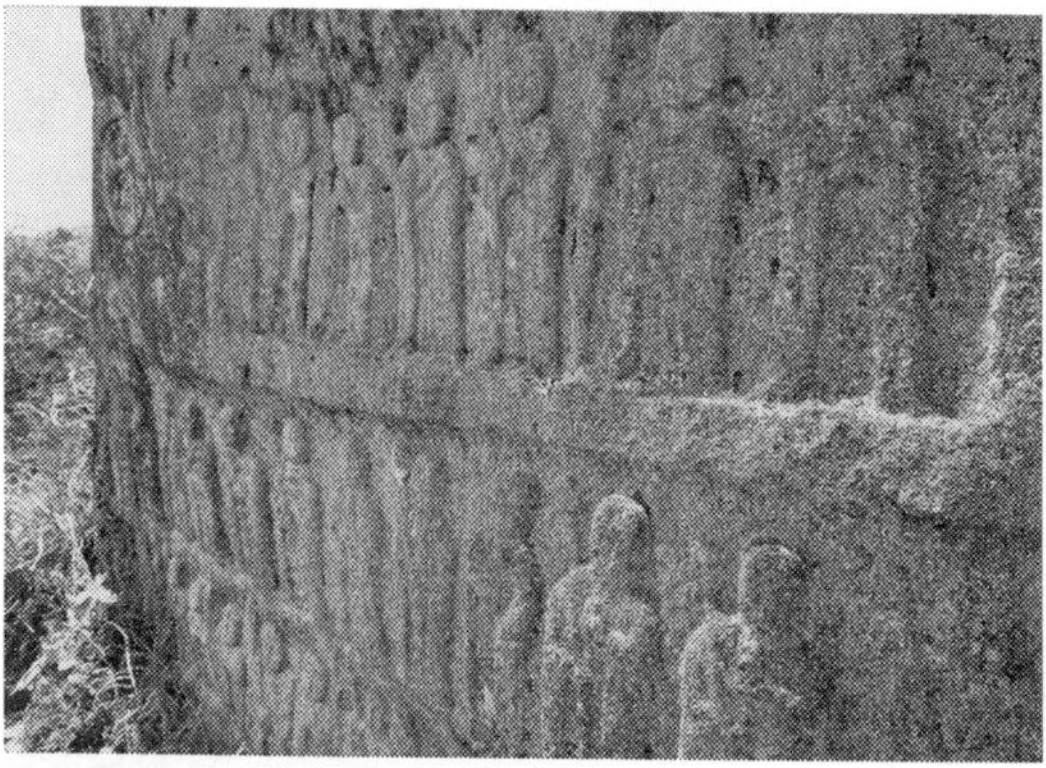

図1の②

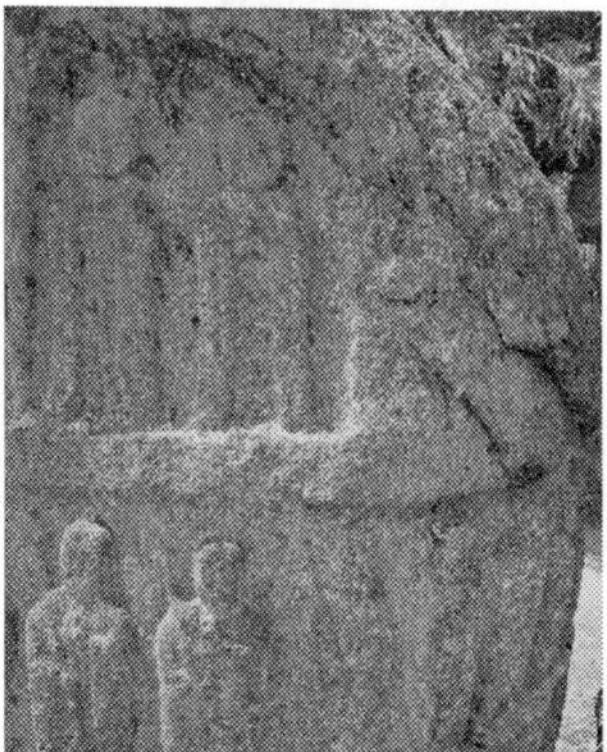

図1の②

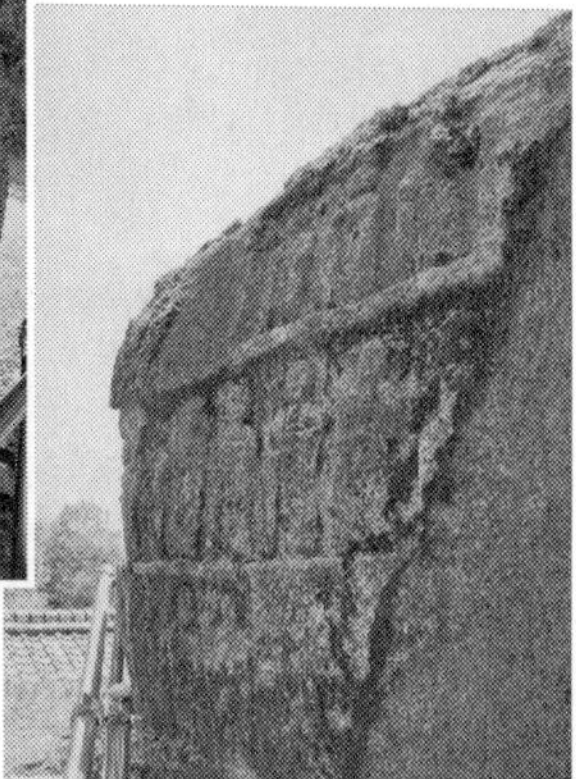

図1の②

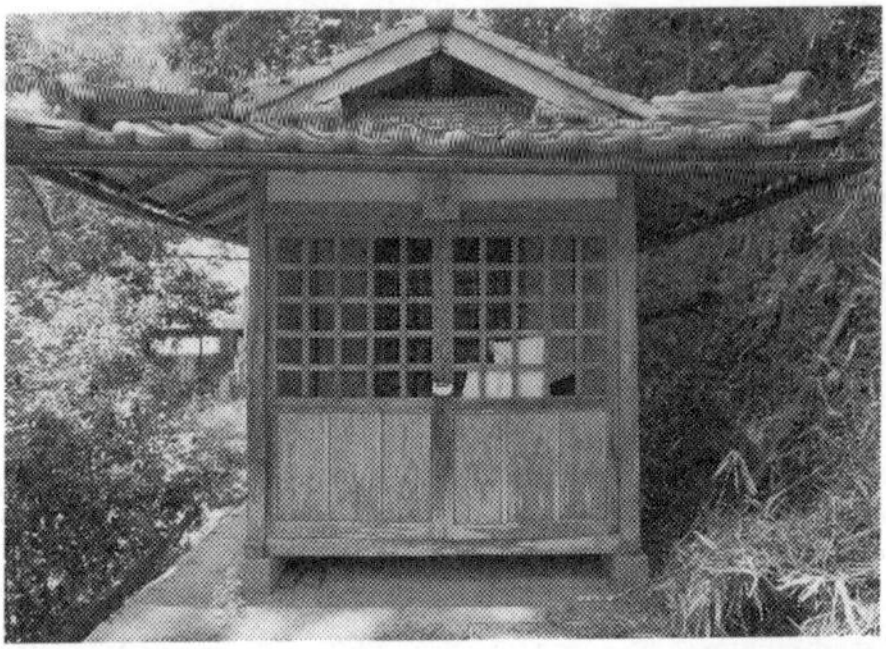

中庵(南) 寺跡

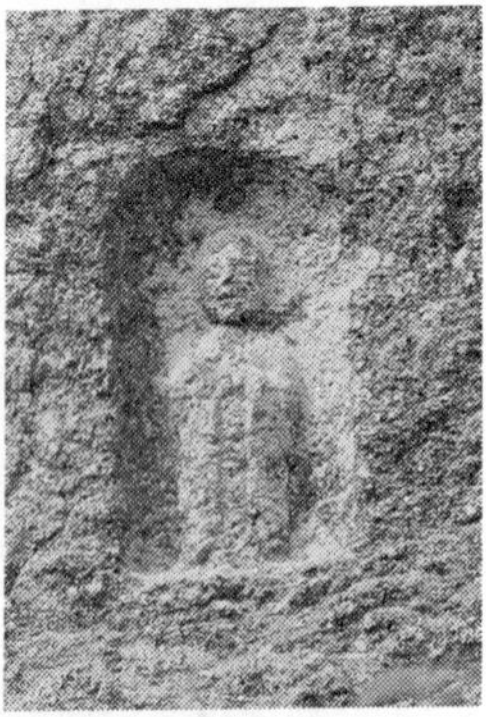

図1の③

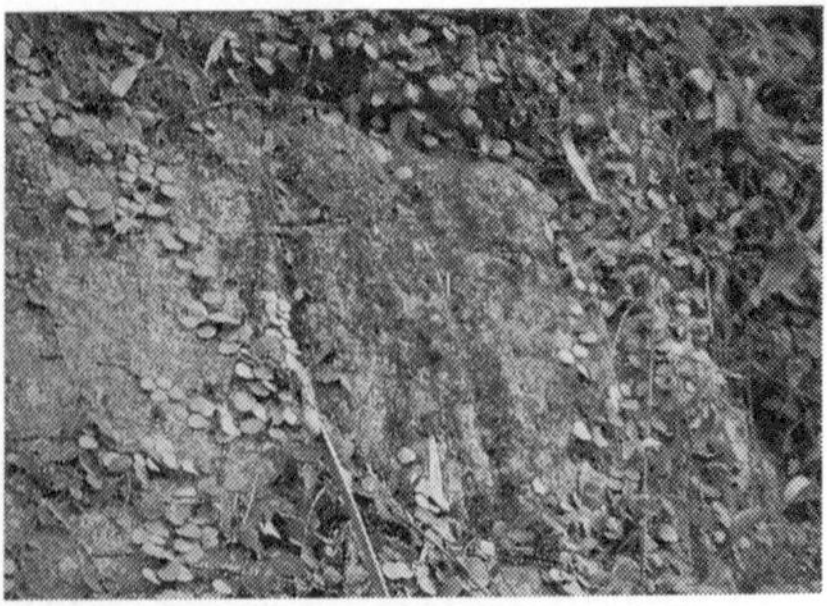

双仏

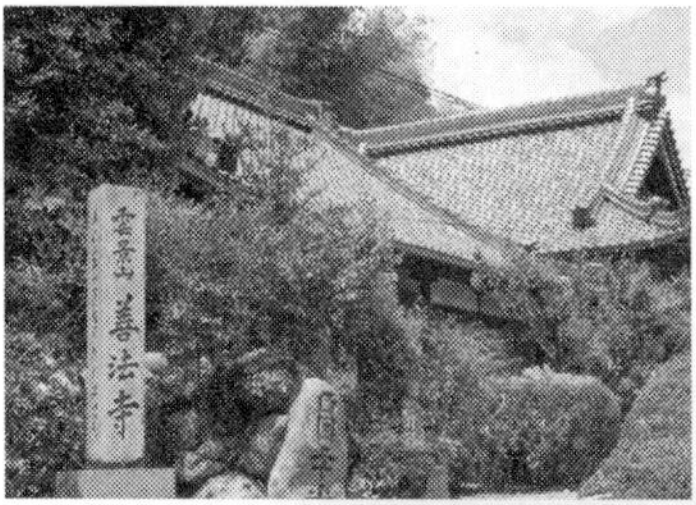

善法寺

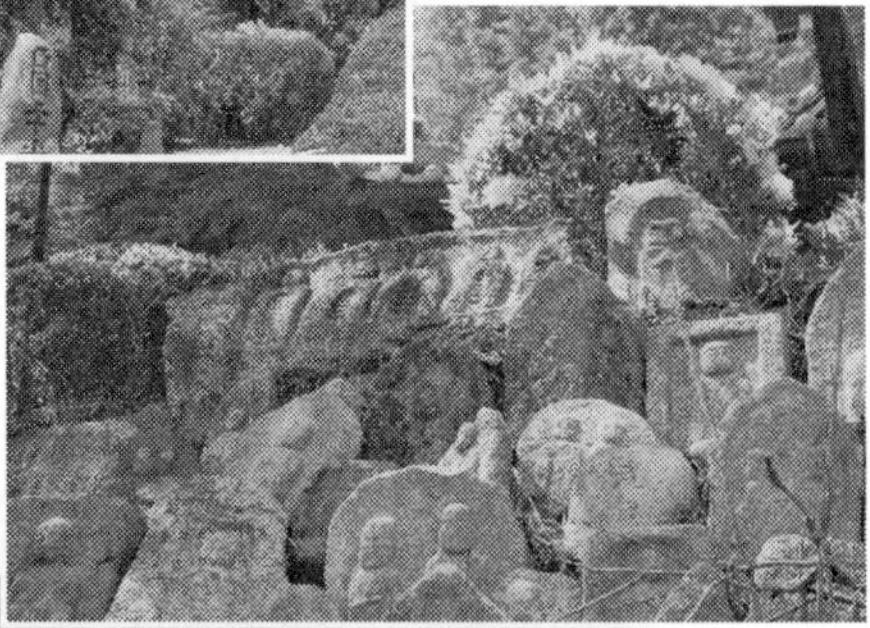

図1の⑧

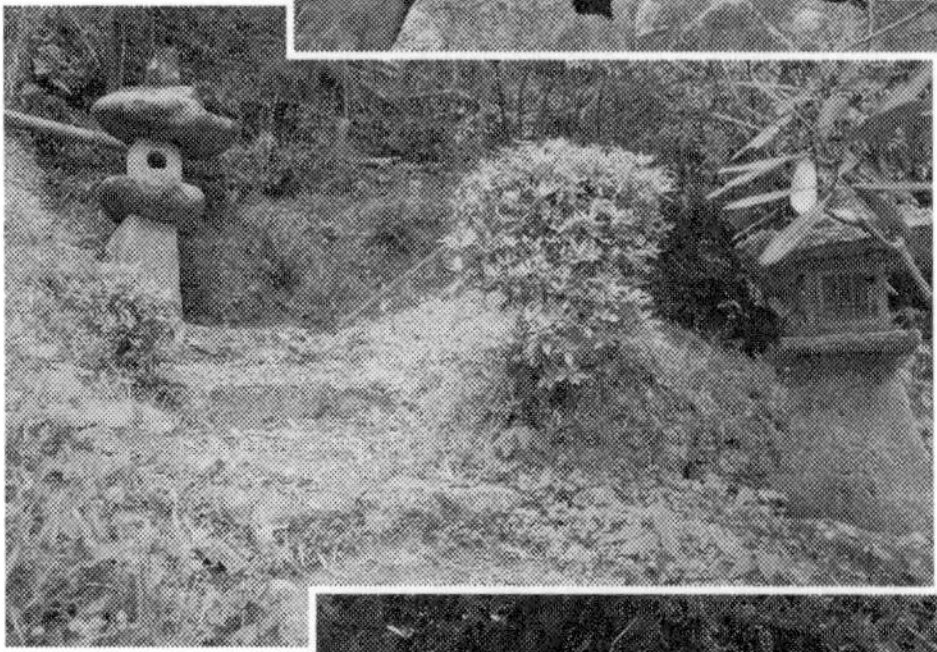

図1の⑨、
阿弥陀寺跡

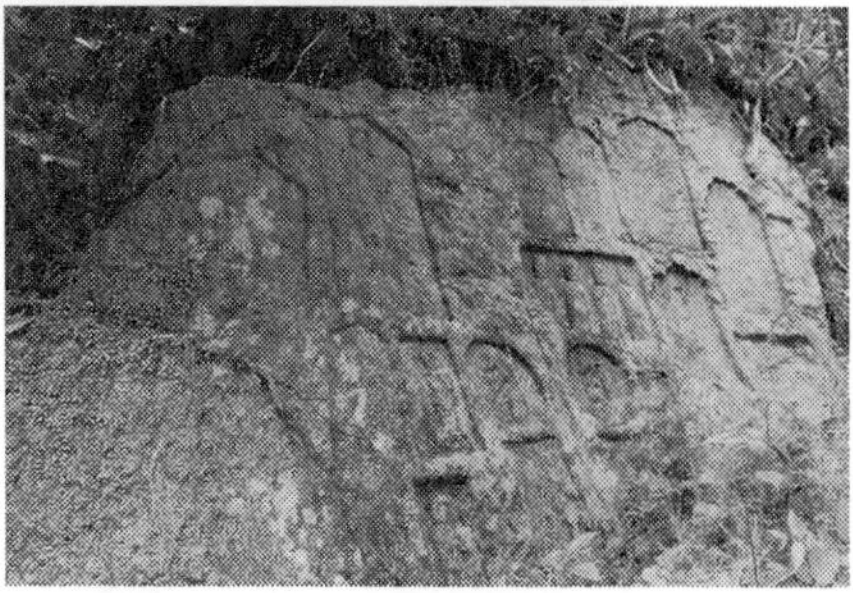

図1の⑨

旧東山村の廃寺と旧仏

地図ページ 02

◇旧水間村の廃寺の仏像たちが、西岸寺に

藤堂藩編纂の宗国史（寛永四年）には水間《みま》村（現奈良市水間町）の寺院として、観薬寺・多聞寺・尾ノ上寺・念仏寺・薬師堂・西岸寺の六か寺を挙げている（『東山村史』）。それらが明治の初年、神仏分離令により次々に廃寺となり、奈良市水間町の西岸寺一か寺を残すのみとなった。各廃寺の仏像は西岸寺に保存され、僧侶が常住して守ってきたのである。

「今の西岸寺より南東の田圃に古西岸寺《ふるせがんじ》跡地があります。いつのころかわからないが、そこから現在地に寺が移されたと伝わっています」と西岸寺・京田保敏住職（奈良市別所町の極楽寺住職も兼務）は説明される。

江戸時代には村の念仏講が現西岸寺で盛んに営まれていたとかで、すでに水間村の中心的寺院であったのだろう。

昭和四年（一九二九）に今のお堂が建てられ、水間村の廃寺の仏像たちが一堂に祀られた。

「東山村史には〈仏像の倉庫〉、なんて書かれていますからね」と京田住職は苦笑される。「仏像の倉庫」とは失礼だが、小像から等身大の像まで、周辺廃寺の諸仏がずらりと並んでいる。未指定ではあるが、地域の人たちの信仰に支えられてきた大切な仏像である。

元禄年間のものと思われる、大般若経六〇〇巻も保管されている。

西岸寺の諸仏

・観薬寺旧仏…観薬寺の寺号は、木造観音菩薩立像（二〇一九年の取材時は修復中のため撮影不可）と木造薬師如来坐像を本尊としたため、その観と薬の一字

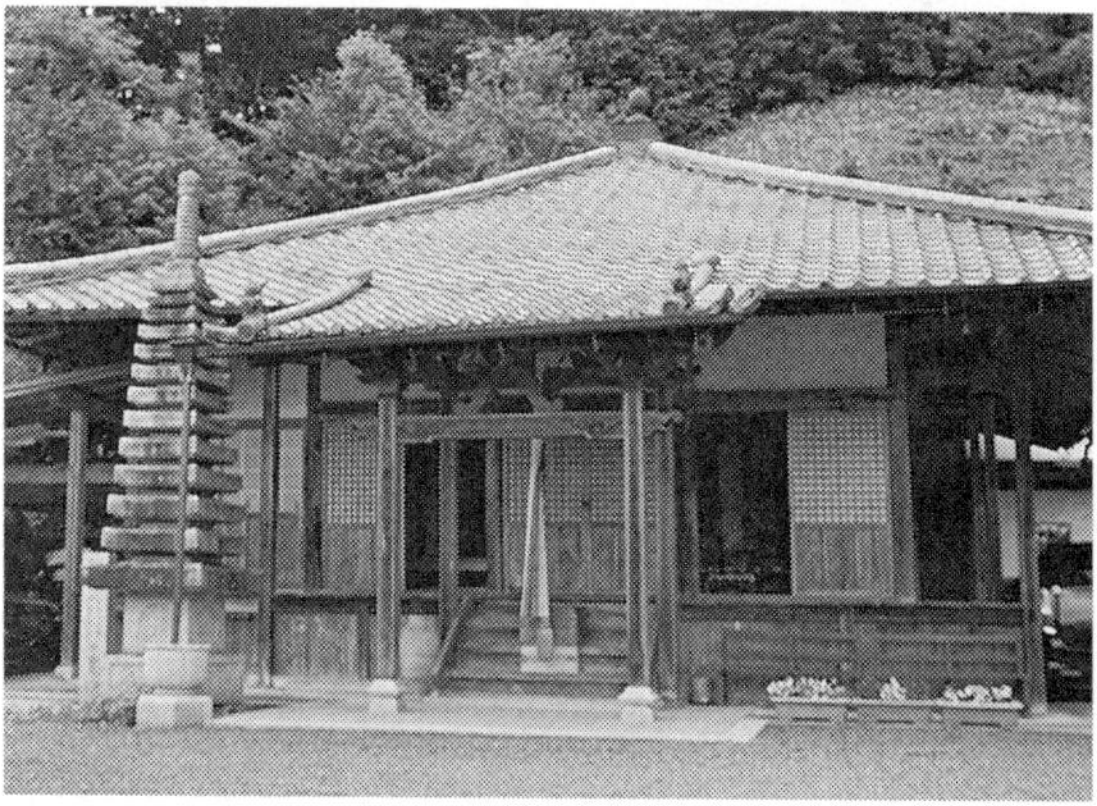

西岸寺本堂

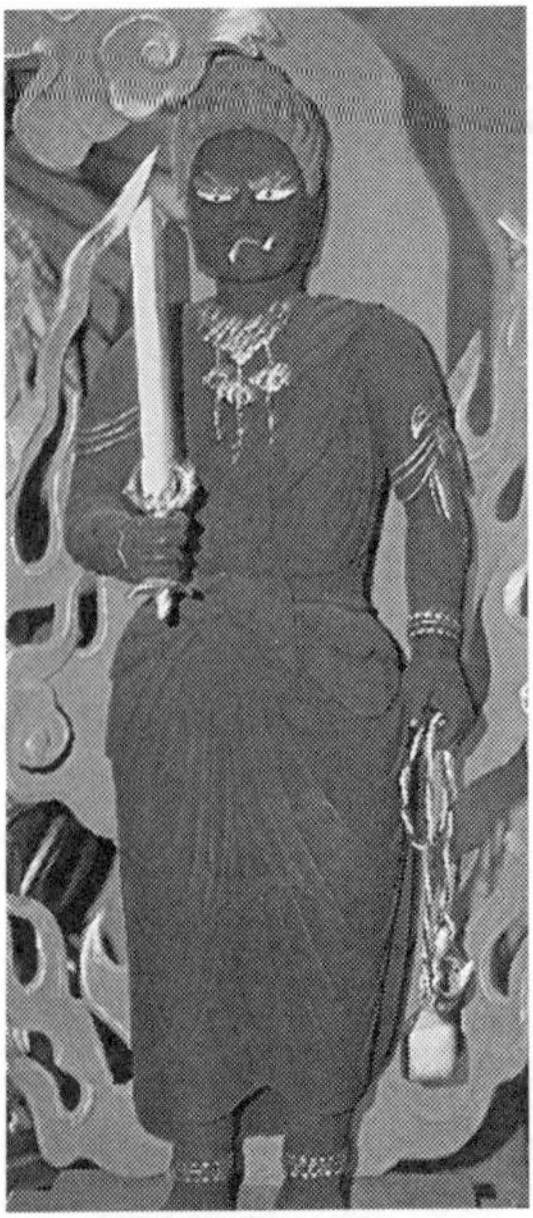

西岸寺蔵･観薬寺旧仏の
木造不動明王立像

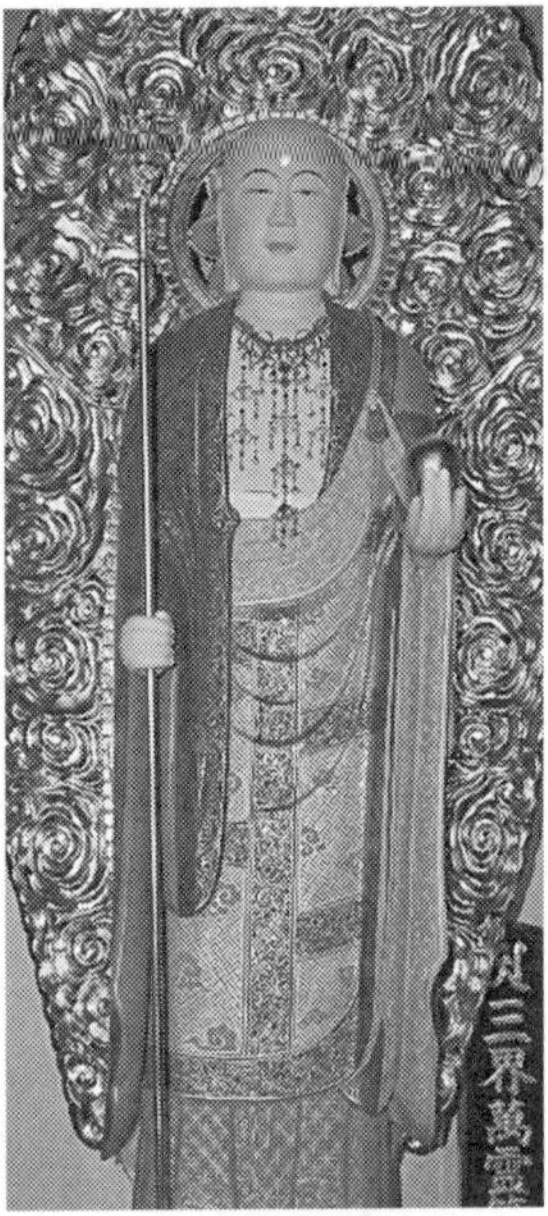

西岸寺蔵･観薬寺旧仏の
木造地蔵菩薩立像

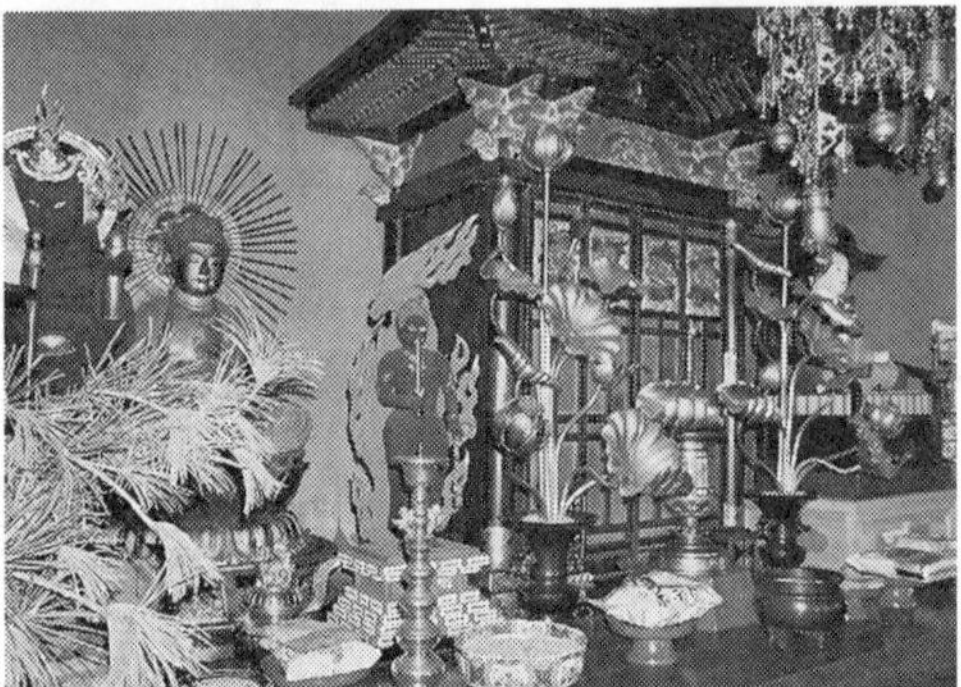

西岸寺本堂の須弥壇

ずつをとって名付けたと推測されている。木造地蔵菩薩立像（像高約一二一cm）、木造不動明王立像（像高約四八・五cm）も観薬寺から遷された仏像である。

・多聞寺旧仏…厨子入り木造多聞天立像（像高約七〇cm）は旧多聞寺の本尊。

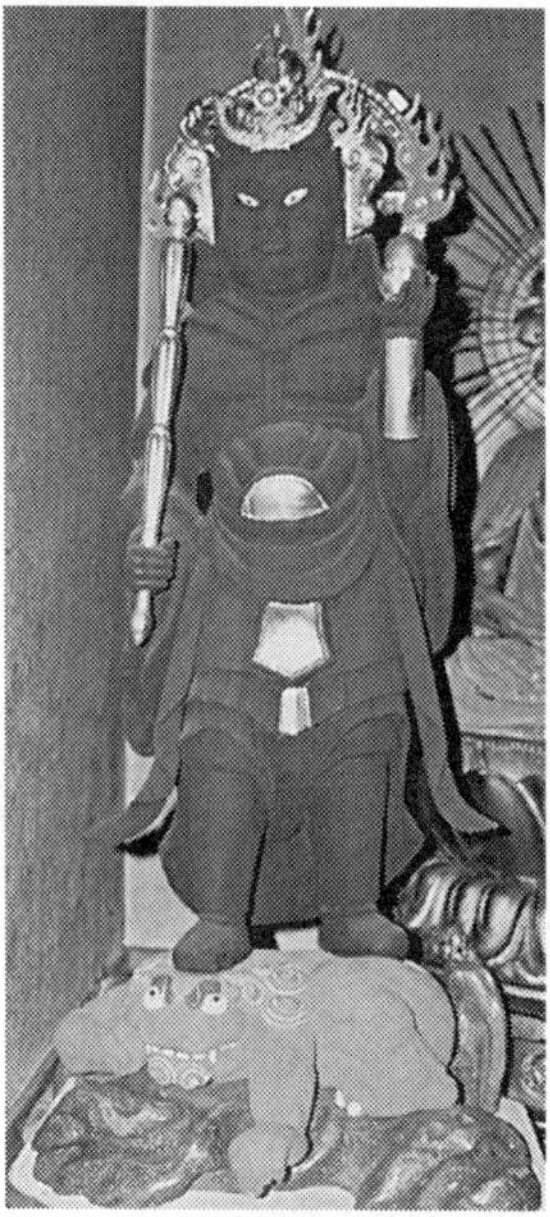
西岸寺蔵・多聞寺旧仏の
木造多聞天立像

・尾ノ上寺旧仏…明治初年にはすでに廃寺となっており、明治五年（一八七二）に小学校舎として使用されていた尾ノ上寺。木造千手観音菩薩立像（像高約五五cm）が、同寺の本尊であったとされている。流麗な衣文全体に細やかな切金が貼られて荘厳された、小像ながら素晴らしい仏像

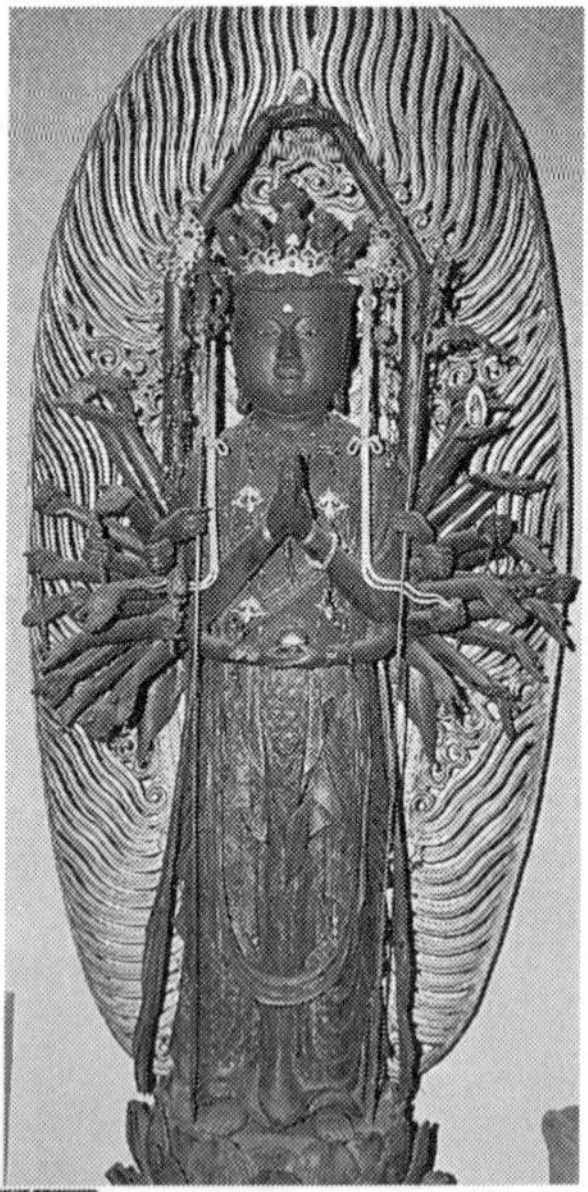

西岸寺蔵・尾ノ上寺旧仏の
木造千手観音菩薩立像

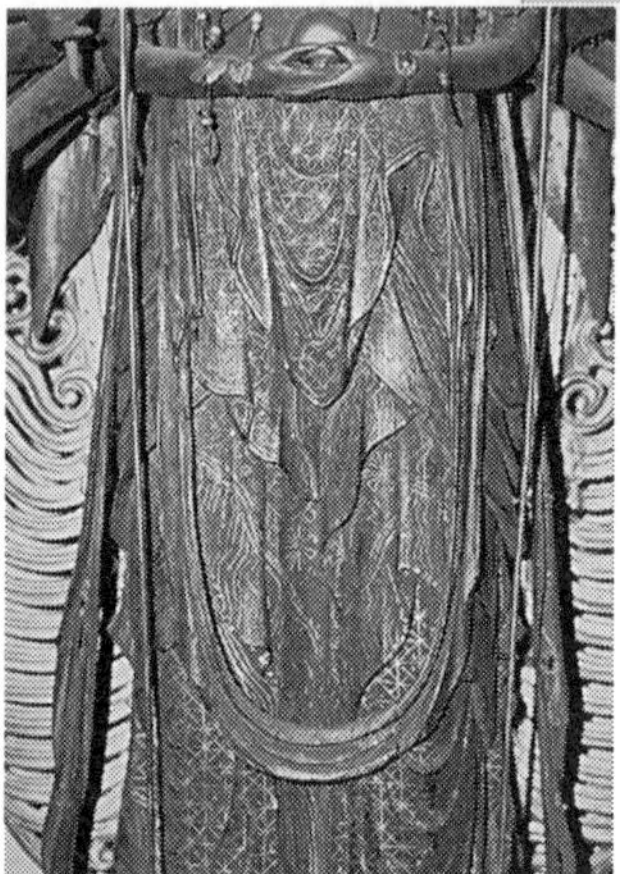

細やかな切金細工の衣文

である。

・薬師堂の旧仏…像高約一五〇㎝、室町時代作、寄木造り、玉眼の木造薬師如来立像で、台座裏に「たんば市古仏や平次良「花押」」の墨書銘がある。もと薬師堂の本尊かと思われる。

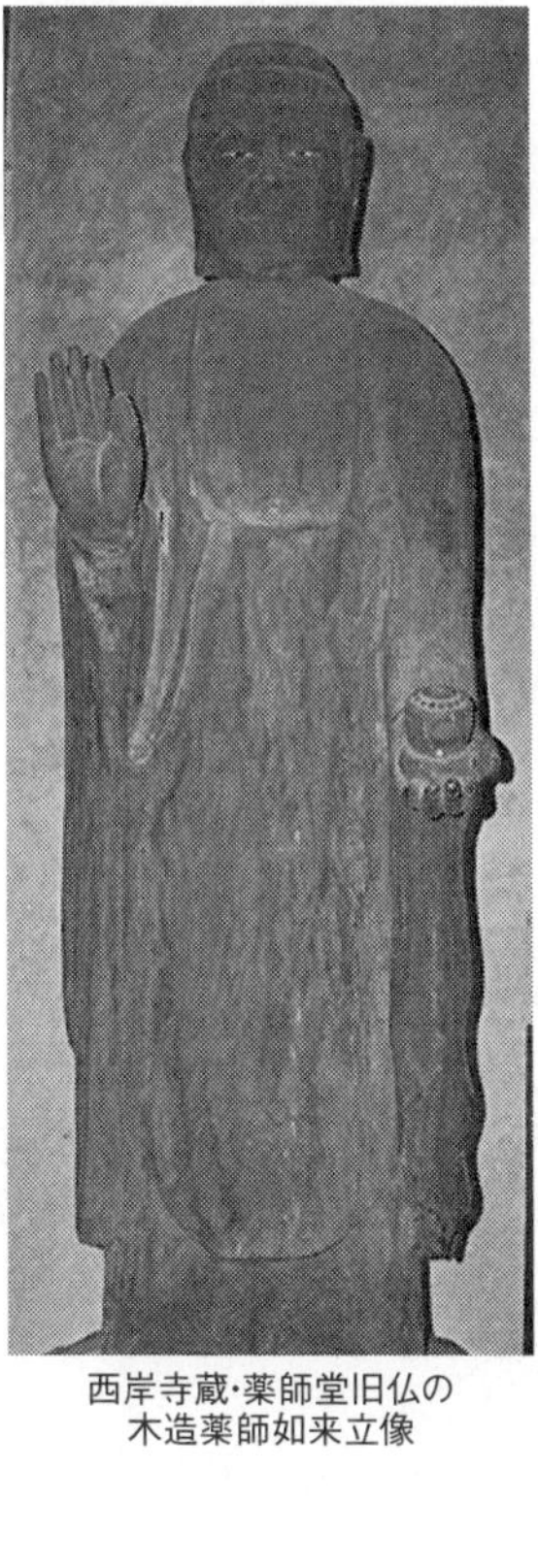

西岸寺蔵・薬師堂旧仏の
木造薬師如来立像

・西岸寺本尊…厨子に納められている阿弥陀如来坐像（像高約四〇㎝）が西岸寺の本尊で、毎年八月二三日に開扉される。

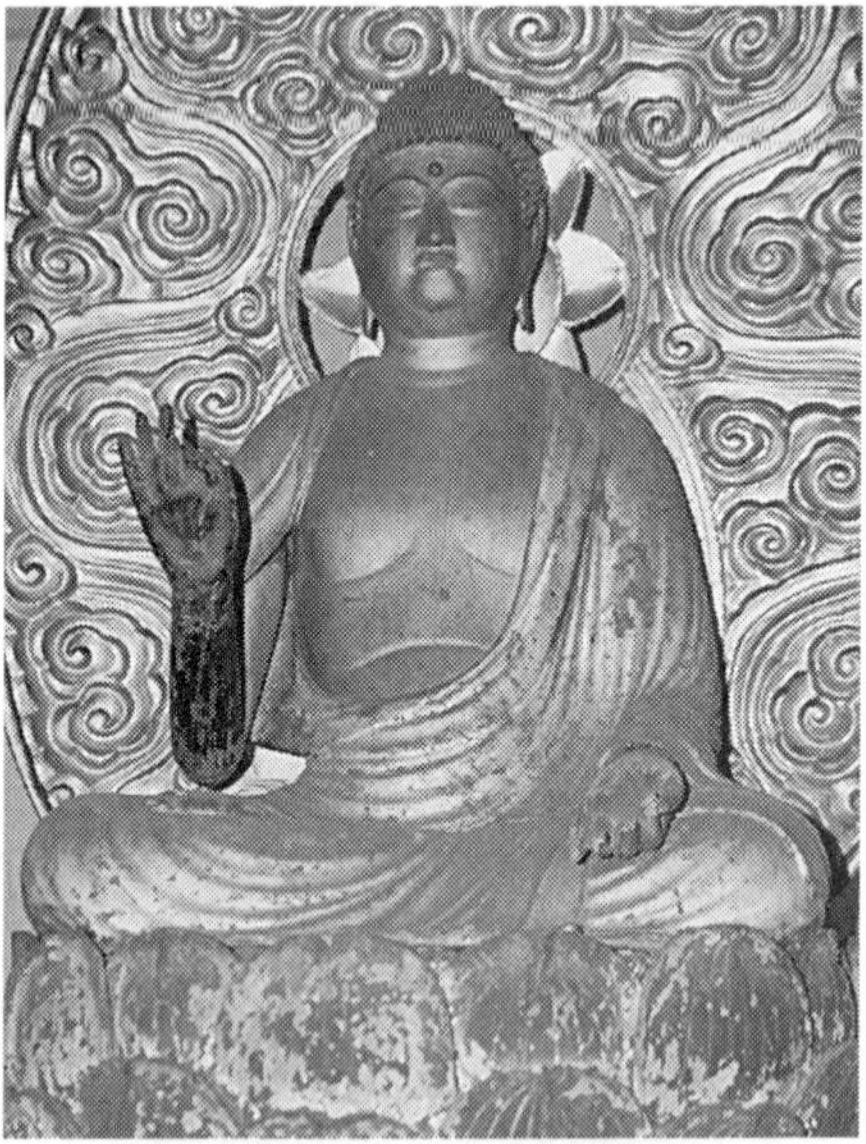

西岸寺本尊阿弥陀如来坐像・像高約40cm

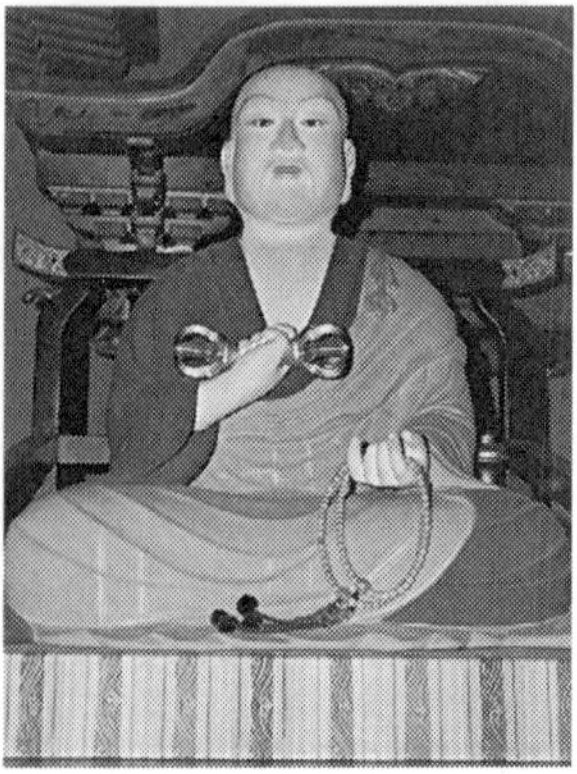

西岸寺蔵・弘法大師像

◇廃堂から、平安時代初期の古仏が三軀も発見!

今、極楽寺に

奈良市東部で、山添村に隣接する旧水間《みま》別所村に建つ、極楽寺。創建など、由緒は不明で、寺号は近世になってからのものである。昔は単に「お堂(阿弥陀堂)」と呼ばれており、地区の檀家たちで守られてきた。

昭和二六年(一九五一)、老朽化したお堂から三軀の平安初期作の仏像が発見された。いずれも保存状態が良く、すぐに奈良県の文化財に指定された。昭和四〇年代ごろ、茅葺だった本堂を建て替えて礼堂とし、後方に収蔵庫を増築して三軀の仏像を安置した。収蔵庫の扉は金庫専用の頑丈で機密性の良いものを使用するなど万全の防犯対策をとっている。

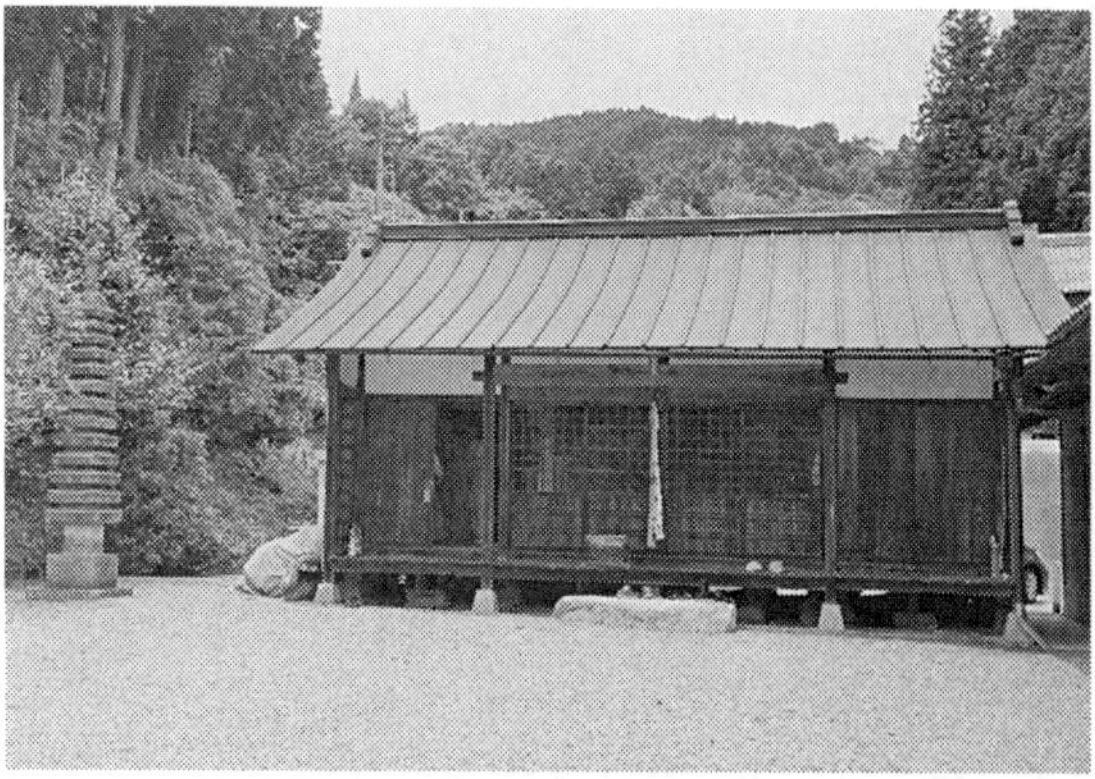

極楽寺礼堂、奥に収蔵庫がある

中尊・阿弥陀如来坐像

　坐像で定印を結ぶ、穏やかな表情とゆったりとした姿態の阿弥陀如来坐像である。

　構造形式上から、平安時代初期の作と見られる。胎内が精巧に削られ、布張り下地という表面同様の入念な用意の上に銀箔が貼られているのが特徴である。仏像を作るにあたっての作者の心構えと丁重さに驚きを感じる作例だ。

　胎内に金箔が貼られた仏像は京都などに数例あるが、銀箔が貼られているのは、他に例がないという。貴重な仏像である。

（※巻頭カラーページに写真掲載）

不動明王立像（向かって左）

　彩色はすべて後世の塗り替えで、粗末な技法により、本来の像の良さを殺しているのが惜しまれる。像の形は岩の

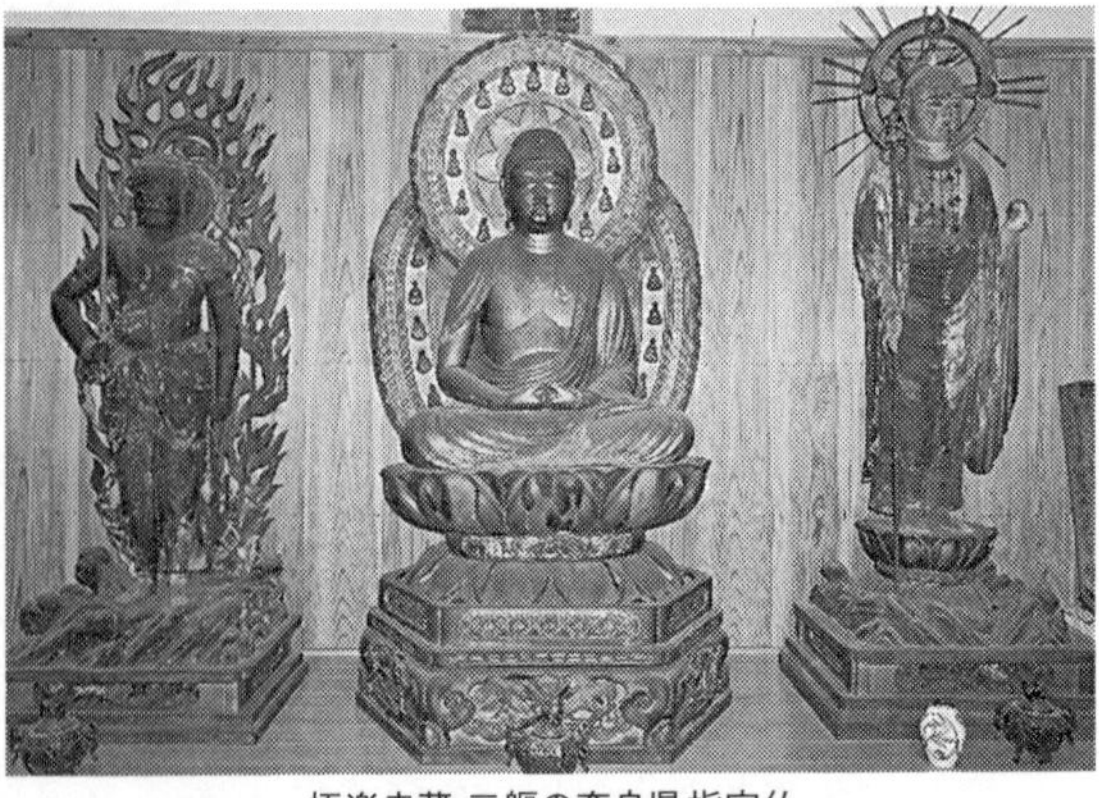

極楽寺蔵・三軀の奈良県指定仏

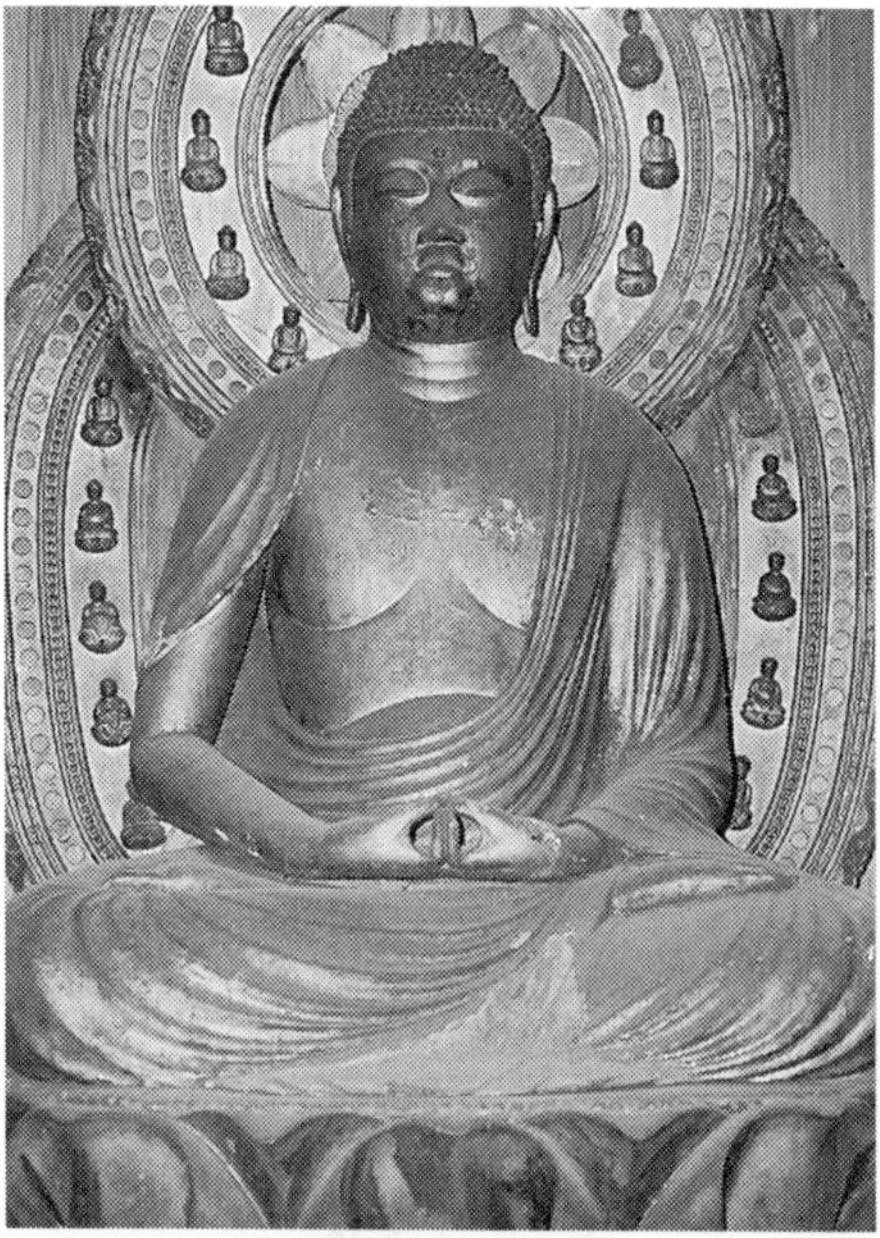

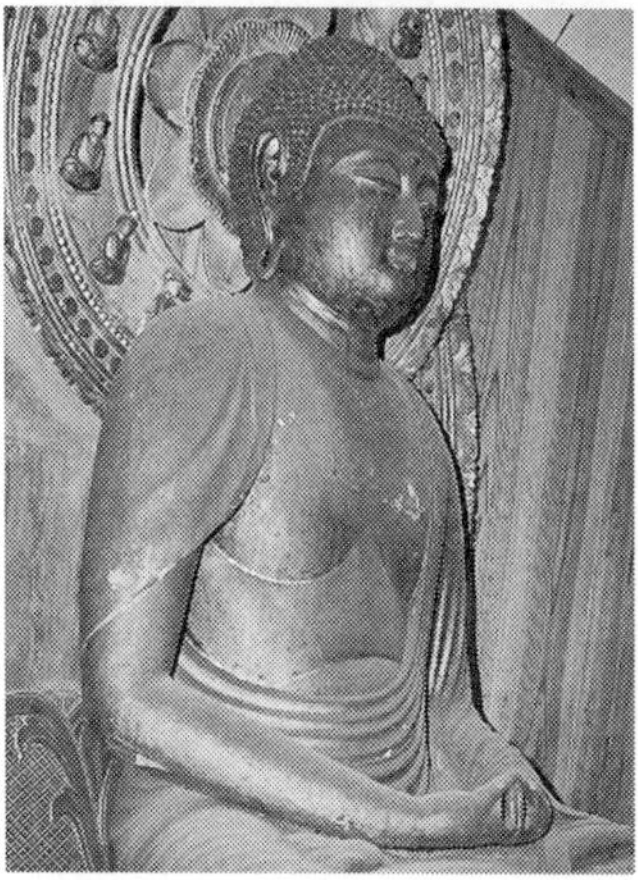

極楽寺蔵・中尊の阿弥陀如来坐像
奈良県指定文化財
平安時代初期作
ヒノキの寄木造
全身漆箔、像高約87cm

上に立ち、腰を心もち右にひねり、左足を半歩踏み出して正面を向いている。不動明王ながら、憤怒の雰囲気をあまり感じさせない。肉付きがやわらかく、穏やかな様相である。

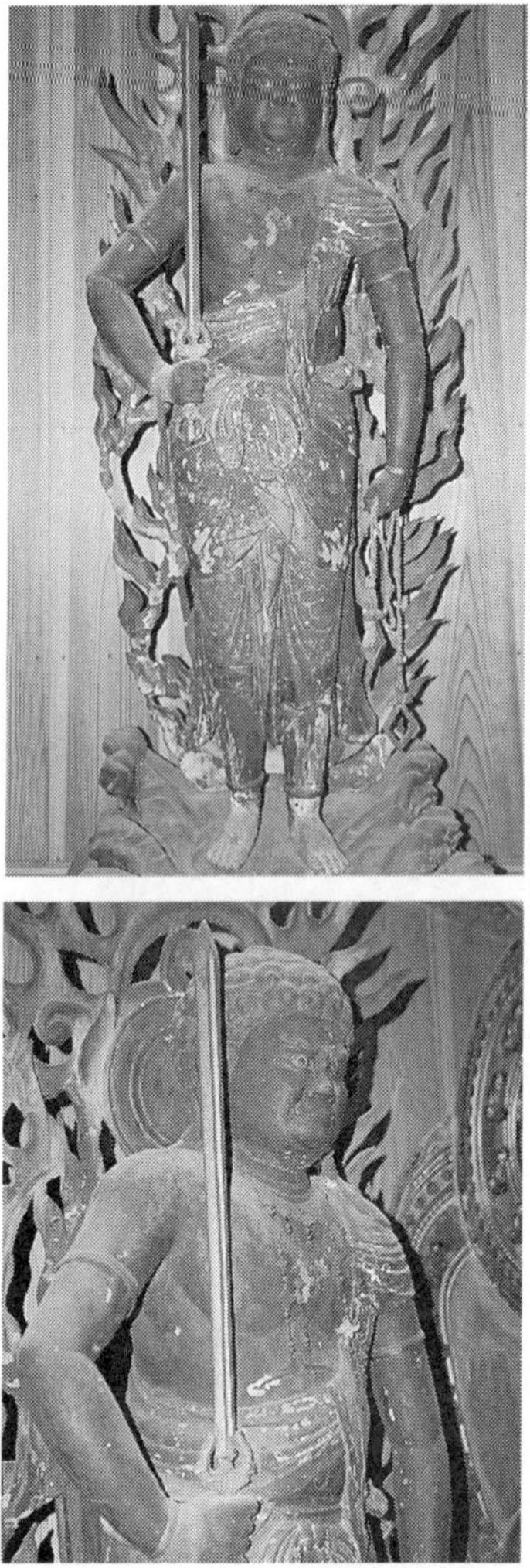

極楽寺蔵・不動明王立像、奈良県指定文化財
平安時代作・ヒノキの寄木造・彩色・像高約105㎝

地蔵菩薩立像（向かって右）

右手を下に伸ばし、左手を曲げて宝珠を持ち、蓮華台の上で直立。顔は正面を向いている。水晶製の白毫を嵌入《かんにゅう》。彩色は内部の墨書銘から、享保十八年（一七三四）の塗り替えが明らかになっている。

衣文の彫りが浅く、藤原時代（平安初期）の優美さをたたえた仏像である。

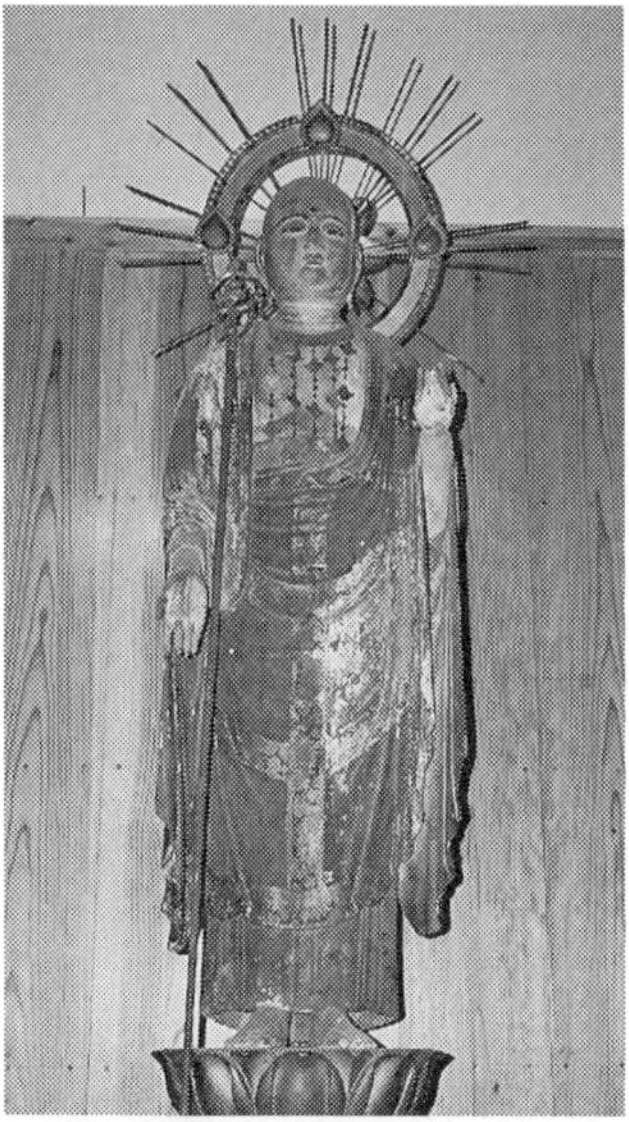

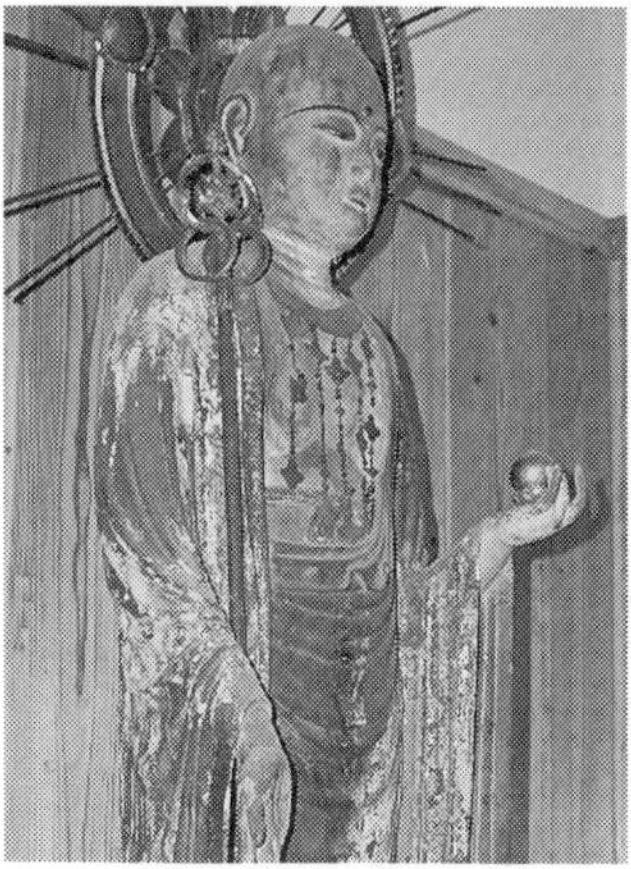

極楽寺蔵・地蔵菩薩立像、
奈良県指定文化財・ヒノキの寄木造
像高約115㎝

「一級の仏像が山間になぜ？」
研究家たちが絶賛の三尊像

昭和二〇年代、仏像研究家たちがこの三尊像を調査し、素晴らしさを世に紹介したという。

昭和二八年（一九五三）一月、小林剛博士の調査に随行した毎日新聞の記者が、奈良版に報道した記事に

「阿弥陀像は典型的な定朝和様の寄木像が軽い衣文の流れを巧みに表現している。外形は勿論その体内はきれいに磨きをかけて仕上げられ、その上に銀箔をはりつけてあるという全国でも一・二しかない貴重なもので、京都仏師賢円、明円あたりが慎重に制作したものではないかとみられる。同像は県指定文化財に申請されることになっているが、重要文化財級であると折紙づけられた。地蔵像は京都六波羅寺と全く同形式の撫肩で柔らかい線、和様地蔵像、これも重文級と断定された。不動像は阿弥陀と同一手法で数少ない和様不動像の中の一体として貴重なもので、地蔵像とともに本尊阿弥陀仏の脇侍となっており、大覚寺五大明王中の明円不動尊に尊容が似ている。阿弥陀・地蔵・不動と藤原時代信仰の厚かった三尊が一具として三尊形式とをなしているのも当時の世相を窺えて面白い」と記されている（『東山村史』）。

一級の仏像がなぜ山間のお堂に安置されているか、謎だという。

その他の小像

周辺堂宇の仏像を集めてきたのだろうか。他にも収蔵庫に小像が数体祀られている。

今も月に一度の満月の夜に檀家たちが集まり、阿弥陀講を続けている。地元の人たちによる篤い信仰で、地域の宝ものともいえる仏像を守り続けているのだ。

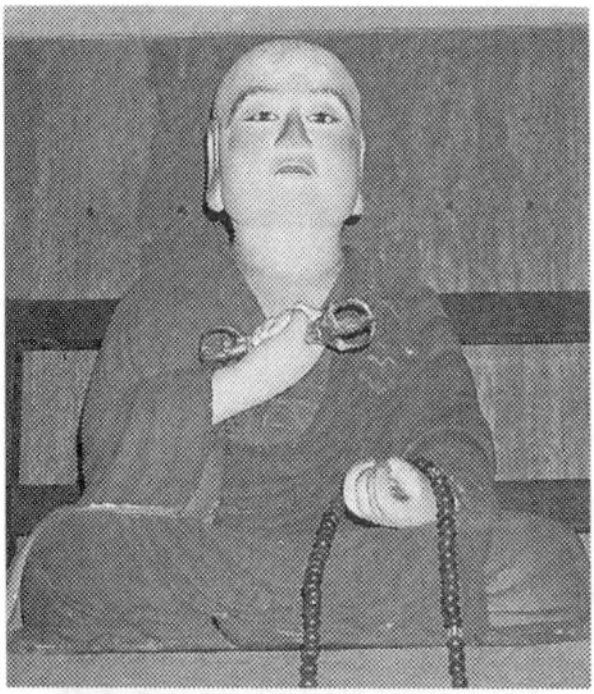

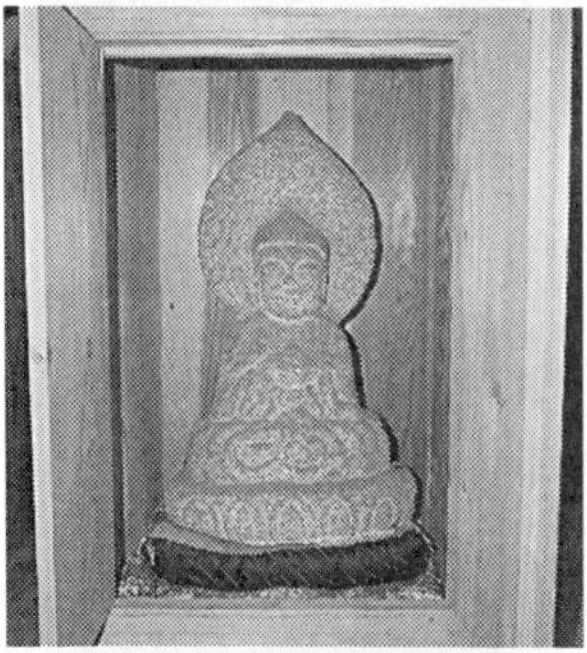

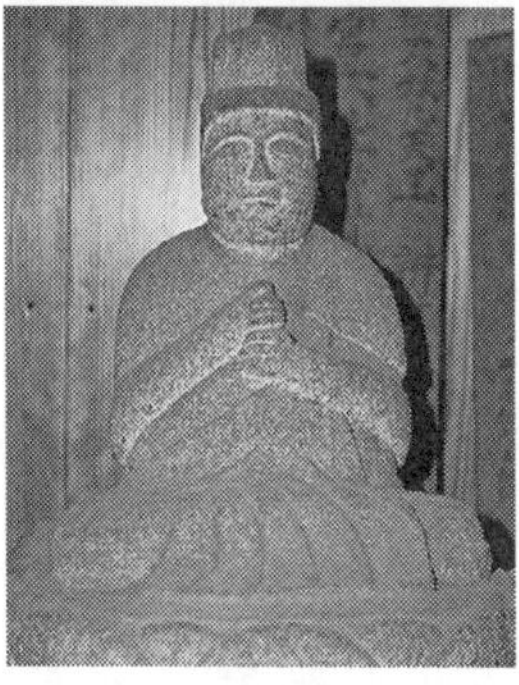

高円山麓の廃寺と旧仏

地図ページ 03

奈良市の中心市街地の南東部、春日山の南に標高四三二mの高円山が連なる。花崗岩類から成り、雑木林におおわれ、晩秋には山全体が一気に紅葉する、奈良時代貴族たちの離宮が建てられた山だ。中腹には、聖武天皇の離宮尾上宮《おのうえのみや》があったと伝えられる。

◇高円山麓の岩淵寺廃寺

高円山麓に弘法大師空海の師で、大安寺僧勤操《ごんそう》（七五四―八二七年）が開山したとも、一時居住したとも伝わる岩淵《いわぶち》（石淵とも書く）寺《でら》があった。『今昔物語』に「東山に岩淵（石淵）寺と伝う寺あり」と記されている寺院であろう。

延暦十五年（七九六）ごろ、勤操が、弟子の栄好親子のために岩淵寺で法華経を講じ、四日間朝夕一座を務めて追善供養をしたと伝えられる。これが「法華八講会」（法華経一巻を一座とし八座で完結させる法要）のはじまりとされる。

これらのことから、奈良時代後期に奈良の東の山に建立された、山林修行の寺院であったことがうかがえる。

岩淵寺の遺跡については的確にはわかっていないが、奈良文化財研究所の発掘調査によると、鹿野園町《ろくやおんちょう》の田畑から礎石が出土している。また『大和誌』には「岩淵廃寺」として「在鹿野園村東」とあることなどから、鹿野園町の北東あたりにあったのではないかと推定される。

高円山西側中腹に建つ、天智天皇の皇子志貴皇子《しきのみこ》の離宮を寺にしたという、五色椿と萩で知られる真言律宗の白毫寺《びゃくごうじ》は、岩淵寺の一院と伝わる。

新薬師寺四天王立像像内に、
岩淵寺、梵福寺などの供養札が納入

同じく高円山麓に建つ新薬師寺（奈良市高畑町）に、鎌

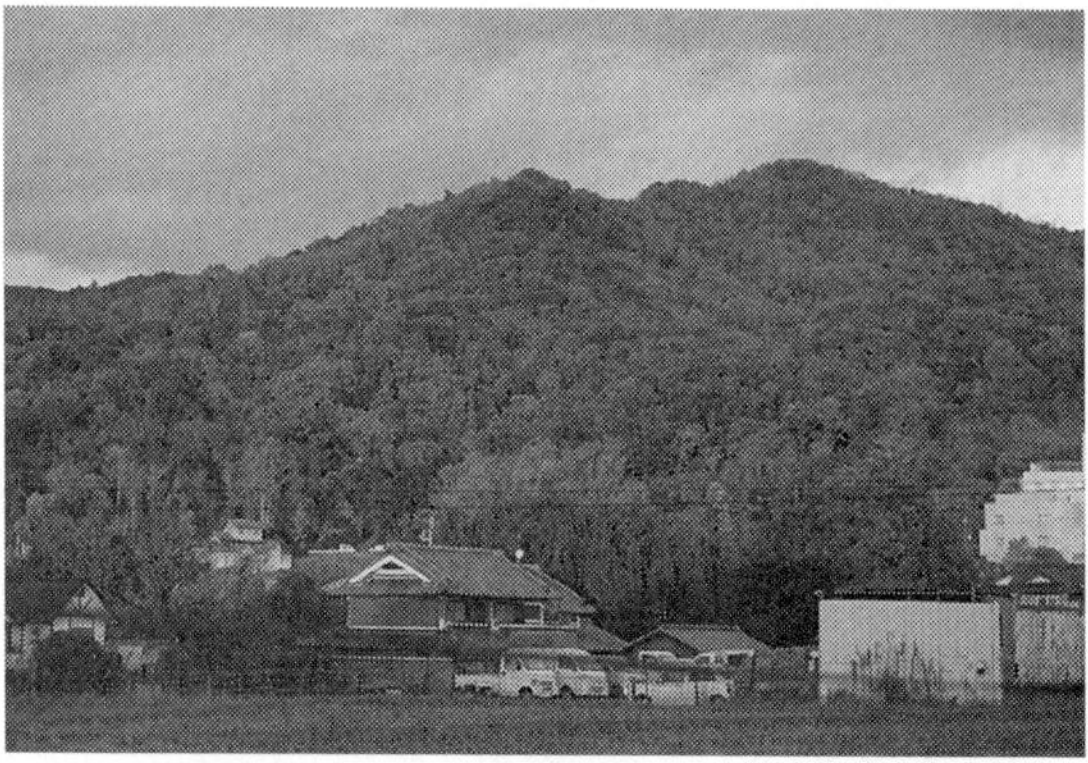

高円山

倉時代造立の四天王立像が伝来している（現在、大阪市立美術館に寄託中）。本尊薬師如来坐像を守護するために作られた可能性が大きく、本堂土段の四隅に安置されていたことが本堂堂内図（東京芸術大学所蔵）に記されている。

　損傷が著しくなり、昭和六二年～平成三年（一九八七～一九九一）に修理されてほぼ当初の姿に復した。この修理に際して、四天王立像のうち持国天立像（像高約一七〇㎝）像内から、経巻などとともに一千枚を超える供養札（印仏や摺仏）が見出された。造立勧進のための供養札であろう。その納品中には多くの「岩淵寺万坏供養札」や「梵福寺《ぼんぷくじ》万杯供養札」などが納められていた。

　供養札の墨書などから、四天王像は文永六年（一二六九）造立と推測される。岩淵寺は鎌倉期には衰退したとされているが、四天王像造立のころにはまだ多くの信徒がいたことになる。

　岩淵寺がいつごろまで存在していたかは詳らかではない。ただ、岩淵寺と東大寺上院地区東にあった天地院（七〇八年・行基建立）との間に争いが生じ、天地院の僧侶が御蓋山《みかさやま》の東から岩淵寺に押し寄せ、岩淵寺の僧侶が西の大路を経て天地院を攻めたため、互いに人のいない寺に火を放って、同時に両寺が炎上したとの伝承がある。

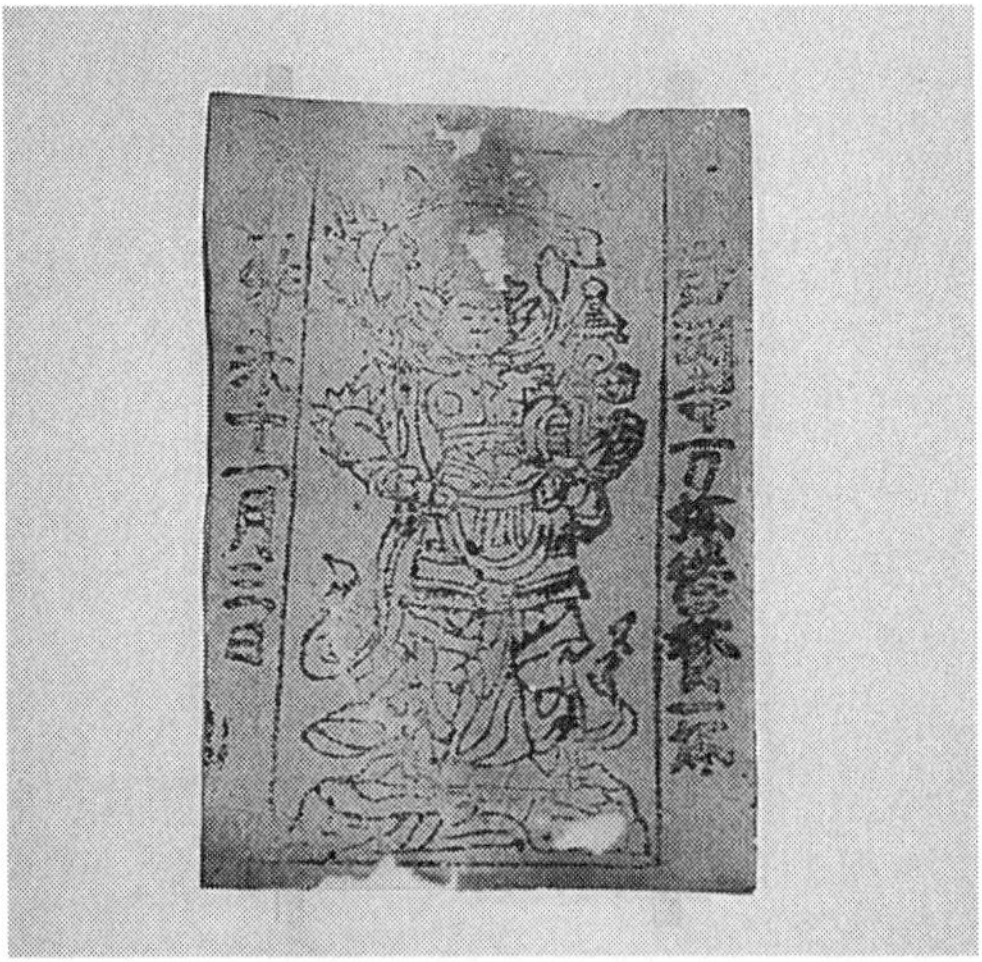

新薬師寺蔵・岩淵寺万坏供養札

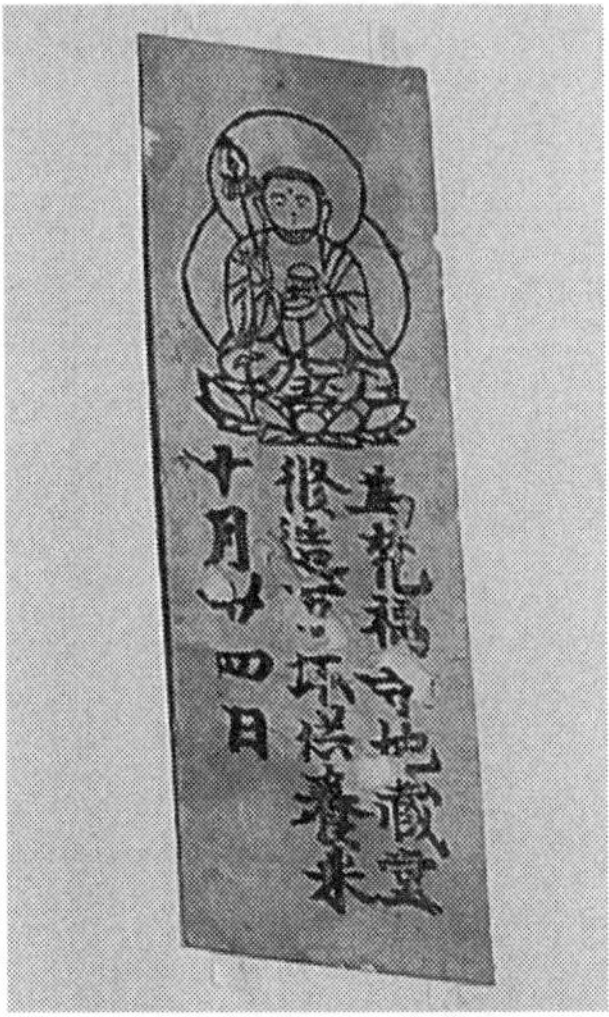

新薬師寺蔵・梵福寺万杯供養札

◇岩淵寺の子院だったとも伝わる、梵福寺

同じく高円山山麓、奈良市鹿野園町に尾上山梵福寺《ぼんぷくじ》があった。境内絵図によると、十八間四方の寺域に、庫裡や観音堂などが土塀で囲まれている。

現在鹿野園町自治会に保管されている青銅鰐口には「鹿野園梵福寺／寛文六年丙午（一六六六）四月吉祥日」と刻まれている。別に大念仏に使われるたたき鉦二四個も保管されており、享保四年（一七一九）・同五年（一七二〇）などの紀年銘があるところから、江戸時代末までは存在していたと思われる。

安政七年（一八六〇）の「奉願上口上書」によると、当時梵福寺は多年無住になっており、本堂や庫裡などが大破していたらしく、旧虚空蔵《こくうぞう》村の弘仁《こうにん》寺が所管していたとのことである（『奈良市史』）。また『大和誌』が、梵福寺が岩淵寺の子院であると伝えていることから、岩淵寺創建と同じく梵福寺も奈良時代創建と考えられる。鹿野園町八坂神社前に掲げられている案内板には「鑑真和上の弟子・善謝《ぜんしゃ》が庶民と一体となり悟りを開こうと梵福寺を建立したと伝えられている」とある。創建については詳らかではないが、明治初期に廃滅した寺院の一つである。

現在、梵福寺跡と考えられるところには、民家が建ち並んでいる。

なお、前述の新薬師寺の鎌倉期四天王立像像内に、梵福寺の万杯供養札も納入されていた。

（223頁写真参照）

本尊十一面観音菩薩立像は、宿院仏師または椿井仏師作の名品の可能性が

鹿野園町集会所奥の仏間に、梵福寺の旧仏が安置されている。仏間の扉を昭和五六年（一九八一）にガラス張りにし、正面に廃堂の蟇股が打ち付けられた。

須弥壇中央の厨子に安置されている十一面観音菩薩立像は、室町時代作、玉眼で素木仕上げの像高約九五cmの立像で、華瓶を持ち錫杖を執る長谷寺式本尊形式の像である。

『奈良市史』によると、宿院仏師（室町時代、奈良の宿院・現奈良女子大近くに住んでいた仏師集団で、その居所からこの名がある。彼らは番匠つまり大工集団から出たもので、室町時代末から桃山期にかけて〈南都住宿院仏師〉と自称した）作を考えさせられるとある。

奈良国立博物館名誉館員である鈴木喜博氏の講演（二〇一九）において、椿井《つばい》仏師（鎌倉時代後半から室町時代後半に活躍した興福寺所属の仏師。住いが興福寺の椿井郷にあったことにその名

が由来）の作風であるという。慈明寺（橿原市慈明寺町）の椿井舜慶作（室町一五〇二年作）の十一面観音菩薩立像と、顔立ちや表情、衣紋や姿態などが酷似していることから、梵福寺伝来の十一面観音菩薩立像に墨書銘が確認されると、相当の価値ある仏像になると話されていた。

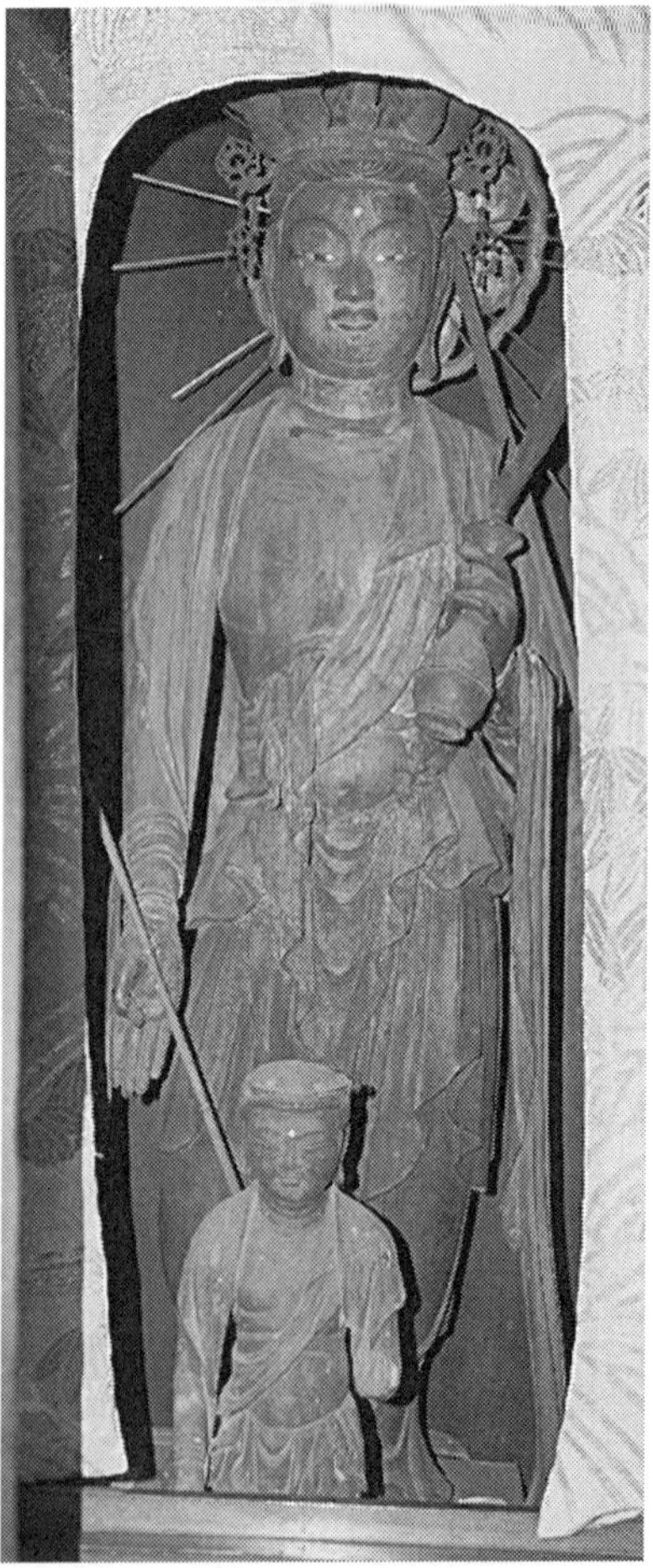

鹿野園町集会所安置の
梵福寺の旧像・十一面観音菩薩立像(後の像)

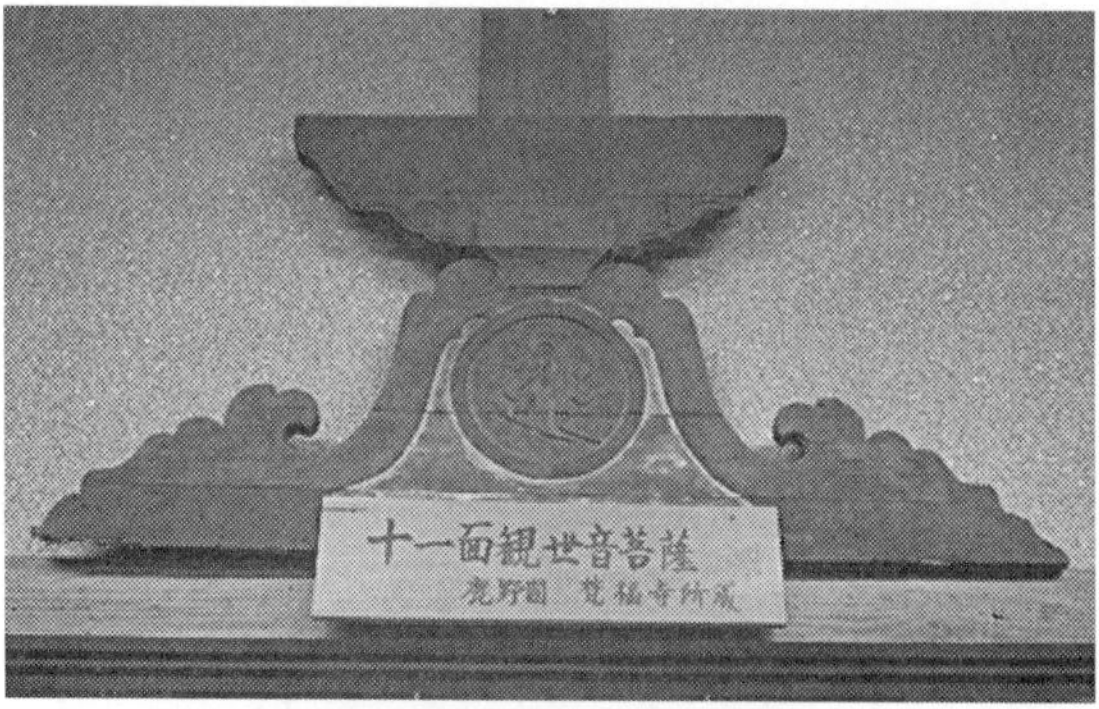

鹿野園町集会所奥の仏間正面に
打ち付けられている梵福寺の蟇股

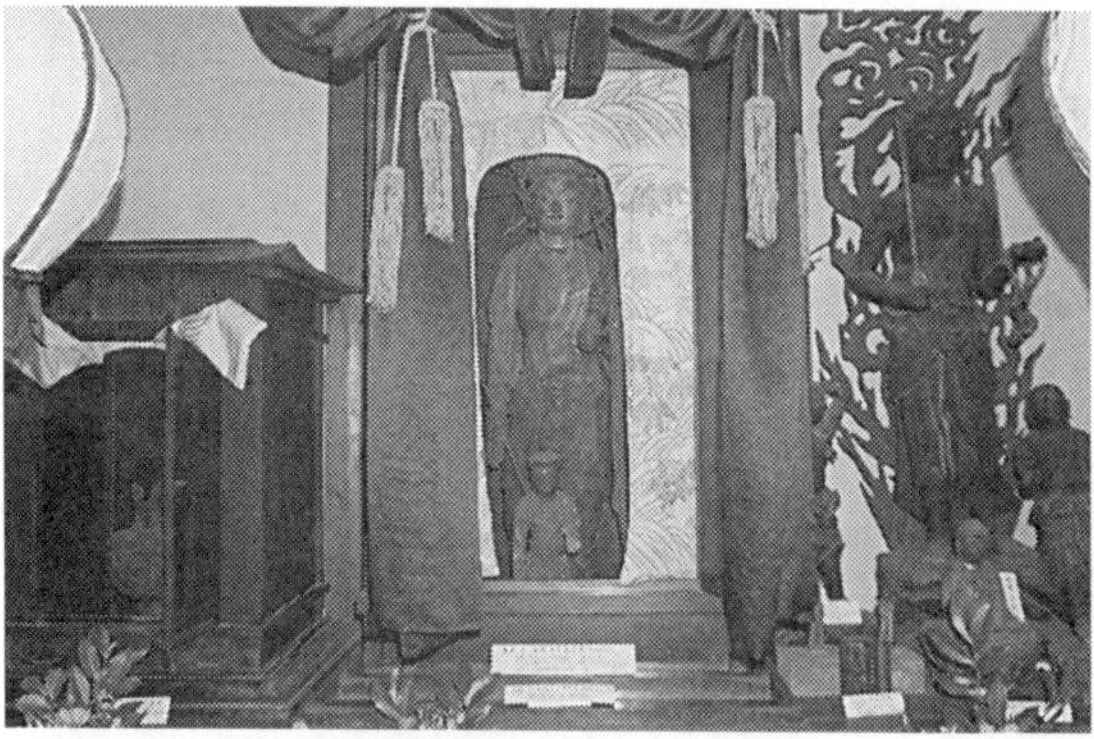

鹿野園町集会所奥の仏間の諸仏

その他の仏像

本尊に向かって右に江戸時代作と思われる、不動明王立像と制多迦《せいたか》童子《どうじ》、衿迦羅《こんがら》童子《どうじ》の三尊像がある。ほかにも薬師如来坐像など小像が多く安置されている。

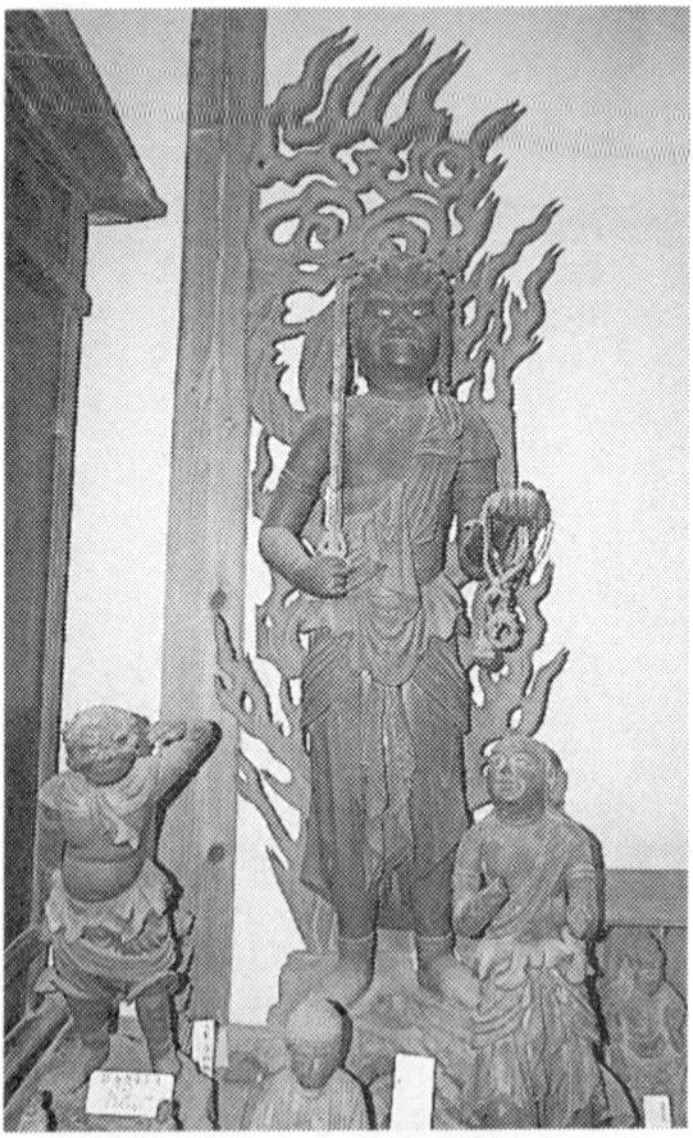

鹿野園町集会所の中尊不動明王立像と
制多迦童子、衿迦羅童子

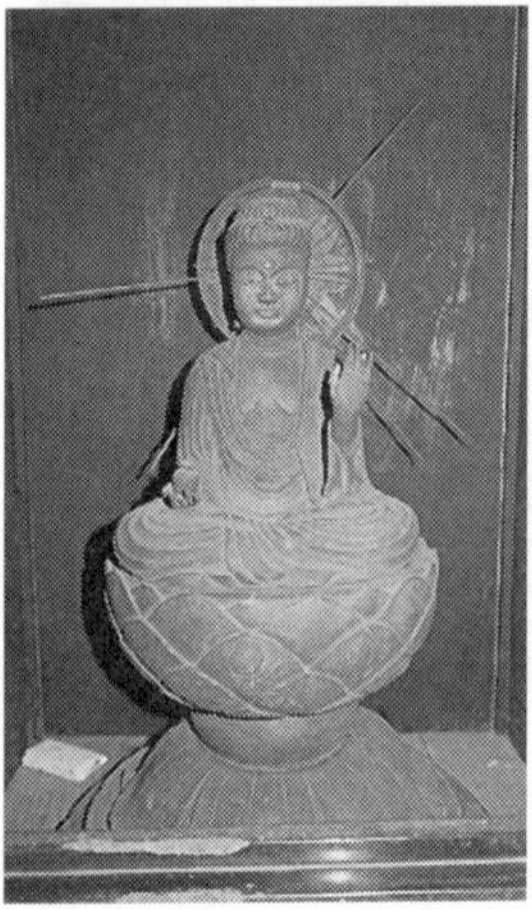

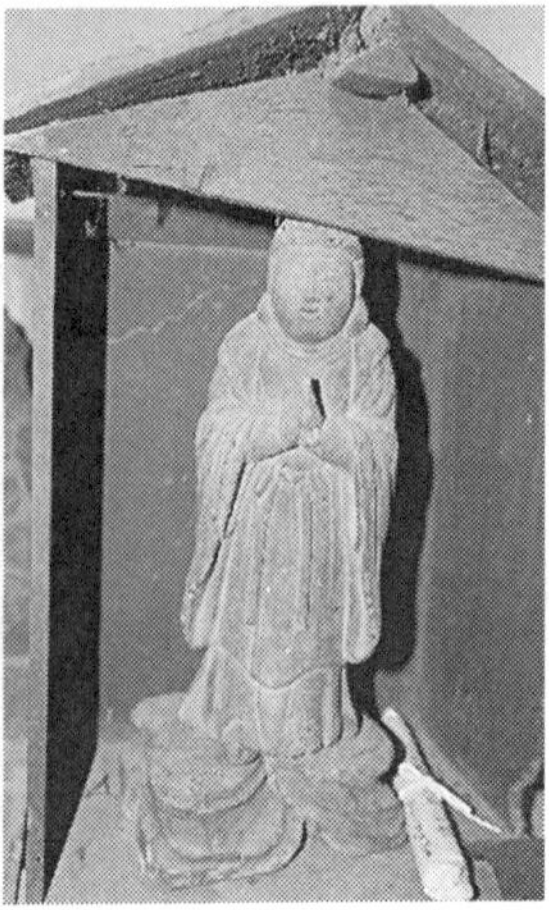

◇勝願院廃寺

現在の奈良市高畑町の新薬師寺東方に、興福寺の別院であったとされる勝願院があり、町名も勝願院町と称した。行き止まりの辻になっており、景清地蔵の名で知られていた勝願院の地蔵尊像を祀る地蔵堂があったことから「景清辻子」とも呼ばれたという。

景清とは平景清のことであり、母が伝景清地像尊像を崇敬していた。景清が、鎌倉期再建の東大寺大仏殿の落慶法要に参列する源頼朝を討とうと南都に来た際、春日の里の勝願院町に住む母に会いに来たという伝承があった。

江戸時代の享保年間に勝願院は焼亡したが、伝景清地蔵尊像は煙の中から救い出され、堂宇が再建されて安置されたと伝わる。勝願院町の町名は明治時代にはなくなっている。

その後、地蔵堂も廃され、仏像だけが明治二年（一八六九）に新薬師寺の客仏となった。

◇春日山麓高山の、香山寺廃寺

奈良市春日大社の東に連なる、御蓋山《みかさやま》・花山《はなやま》・芳山《ほやま》・高山《こうせん》を総称して春日山《かすがやま》という。

標高二八三mの御蓋山は、現在も春日大社の神山である。花山（春日奥山）と芳山は明治時代に国の所有地となった。高山（香山）は花山の南に位置し、水神の霊地として今も仰がれている。

春日山原始林は標高四九八mの花山を中心に面積約二五〇haの広さがあり、古来春日大社の神山として信仰の場であったため、ほとんど斧を入れず原始性を保ってきた。

天平勝宝八年（七五六）に描かれた東大寺の領域を示した絵図、正倉院御物の「東大寺山堺四至図（縦二九八㎝、横二二三㎝の絵図）」の南東に、「香山堂」と記された三間のお堂がある。

今の位置で想定すると、春日山遊歩道入り口（南口）から能登川に沿って東に行き、新若草ドライブウェイとの合流点のすぐ手前に朱塗りの祠がある。そこから一〇〇mほど山に入ると鳴雷《なるいかずち》神社がある。佐保川と能登川の

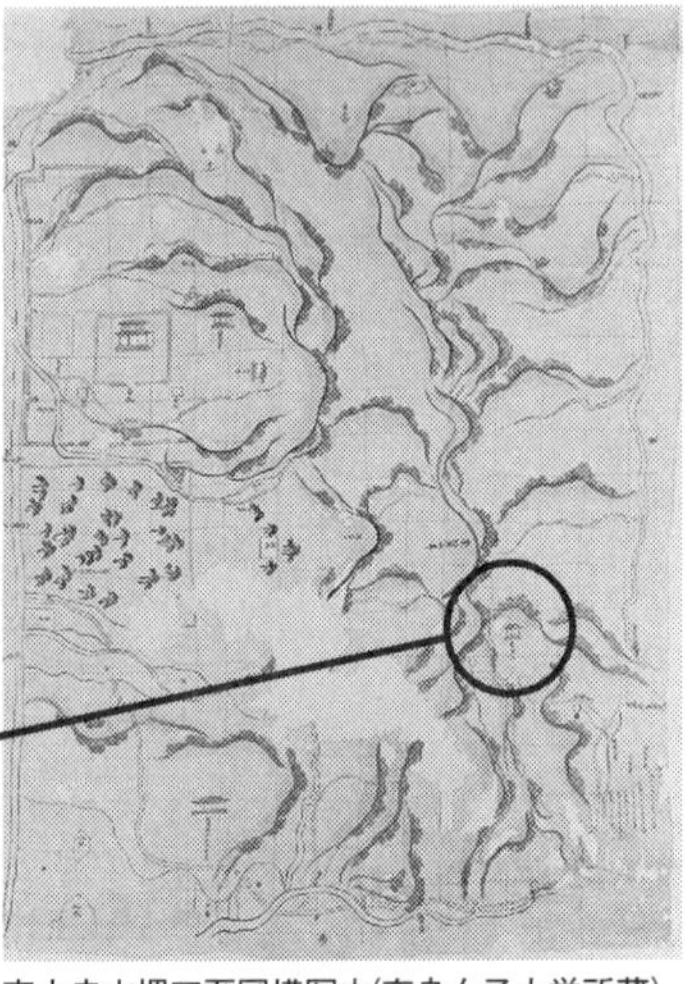

東大寺山堺四至図模写本(奈良女子大学所蔵)

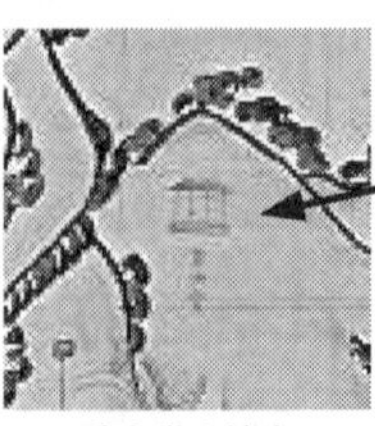

香山堂を拡大

分水嶺に鎮座する古社で、古くからの竜神信仰の地である。

同神社からさらに四〇〇mほど山の中腹に寺院遺跡がある。東大寺山堺四至図の示す位置と、春日山中唯一の寺院遺跡であることから、香山寺《こうせんじ》跡であると推定されている。

香山寺（香山薬師寺・香薬師寺とも称される）は、『続日本紀』に記された「聖武天皇が天平十七年（七四五）に体調を崩された際、光明皇后が天皇の健康回復を祈る名山浄所での薬師悔過の修法を行ったところ」であろう。その二年後に天皇はまた危篤状態となり、病気平癒祈願のために皇后の発願により新薬師寺が創建された。

香山寺の創建は詳らかではない。白鳳期の創建とする説があるが、同寺跡からは平城宮跡と同型式の瓦が出土している（奈良国立文化財研究所調査）。

『大和古寺大観』によると、平安時代中期には香山寺は山林修行の徒の拠点あるいは霊場として重きをなし始めていたとされるが、いつ滅んだかはわからない。一三世紀の『沙石集』にその名が出てくるのが最後だという。

春日・高円山麓廃寺の名高い仏像たちが新薬師寺に集結！

天平十七年（七四五）に春日山中の名山浄処（香山寺のことと思われる）で聖武天皇の健康回復を願って薬師悔過の法要が営まれた。その二年後の天平十九年（七四七）、再度危篤となられた聖武天皇の病気平癒を祈って光明皇后が新薬師寺と七仏薬師像を造立したとある（『東大寺要録』）。高円山麓に七堂伽藍が整う巨大寺院を創建し、「続命法」が修されたのである。

しかしながら宝亀十一年（七八〇）に落雷により西塔が焼失。応和二年（九六二）、大風により、七仏薬師堂（金堂）等堂舎が倒壊した。その後金堂は再建されることはなく、 新薬師寺境内東にあった、祈祷のための堂舎（現本堂）を中心とする一角に寺域を縮小し、中世から近世にかけては庶民信仰に支えられながら現在に法灯を伝えている。

平成二〇年（二〇〇八）、今の新薬師寺から西に一五〇m地点

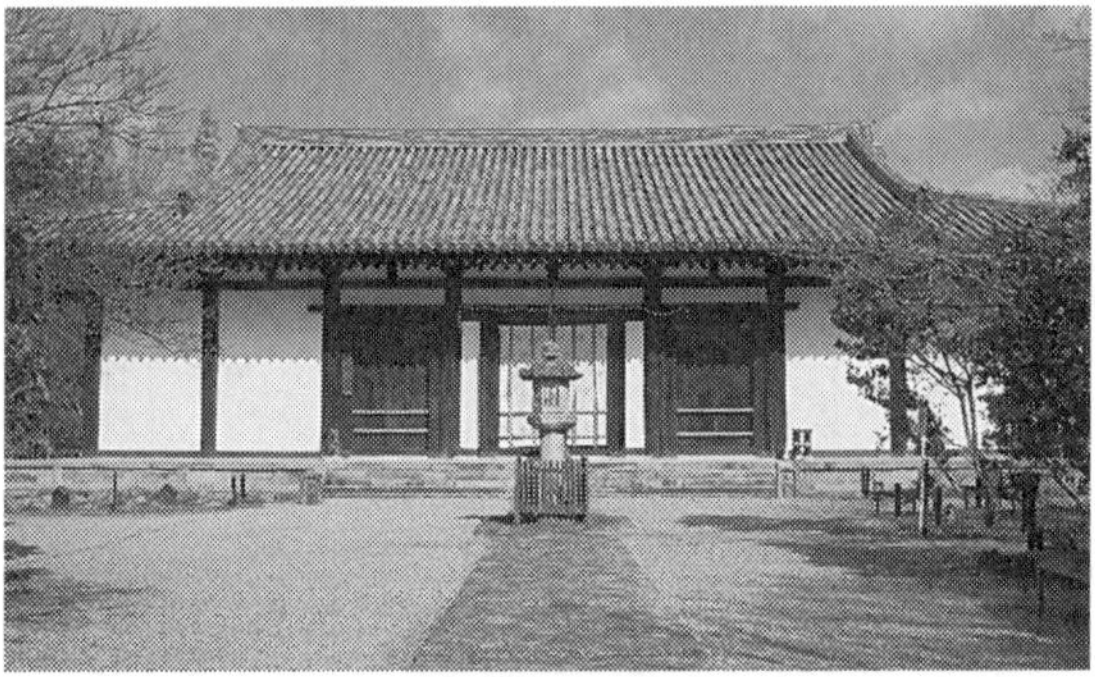

現新薬師寺本堂

にある奈良教育大学構内より、桁行九間（東西に約六〇m）の大型建造物遺構が発掘された。創建時の新薬師寺金堂跡とされている。

岩淵寺の十二神将立像が新薬師寺に

現本堂、および本尊の薬師如来坐像は新薬師寺創建当初のものである。しかし、同本尊を取り囲むように円陣を組んで安置されている十二神将立像は、岩淵寺からの客仏とされる。

元禄十三年（一七〇〇）の『新薬師寺縁起』に「十二神将は秦度利の作で、もと岩淵寺にあったのを、彼の寺の頽齢の時に当寺にうつしたものである」と記されている。鎌倉時代末以降に遷されたのであろうか。

大正時代の修理の際、迷企羅《めきら》像の州浜《すはま》座（厚手の板を二段重ねて作られた框《かまち》）の二枚の板材から墨書銘が発見された。

（その一）〔天平天平天天天□□□　為七世父母六親族神王御座造□□□・・・願〕

（その二）〔七世父母為朝庭□□□・・・御座□□□・・・〕

㈠と㈡は書体がよく似ており、同筆と見られる。また私的な発願による造立かと思われる（『大

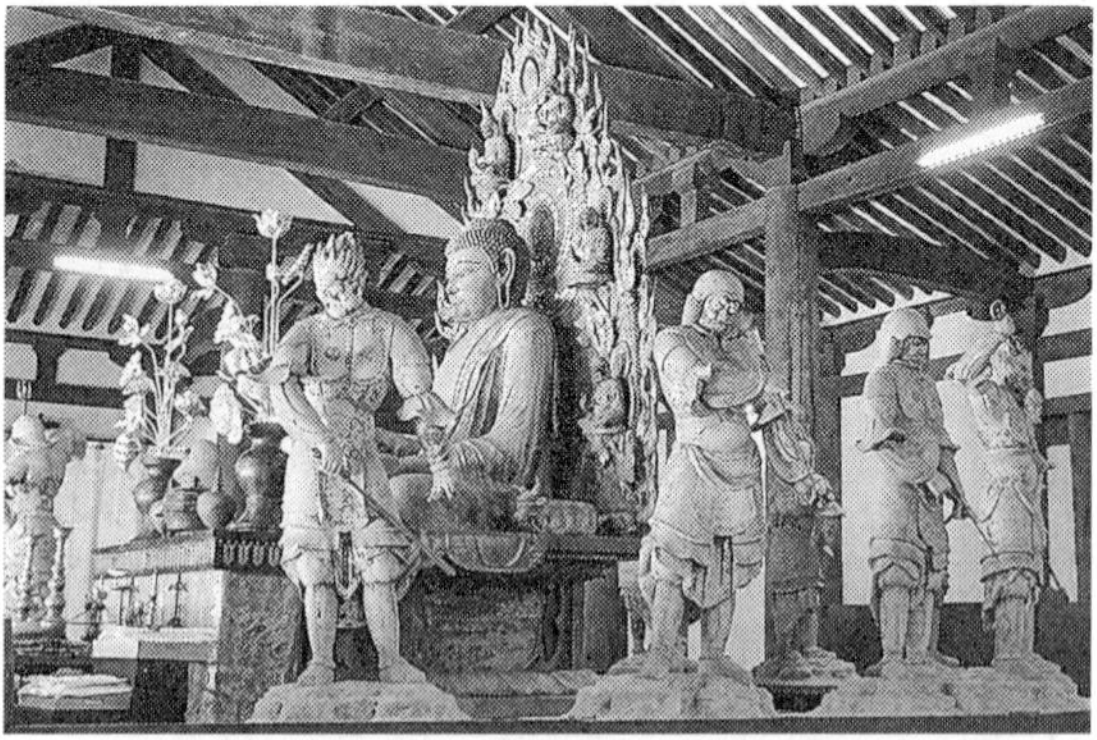

新薬師寺本堂堂内東から撮影の十二神将立像

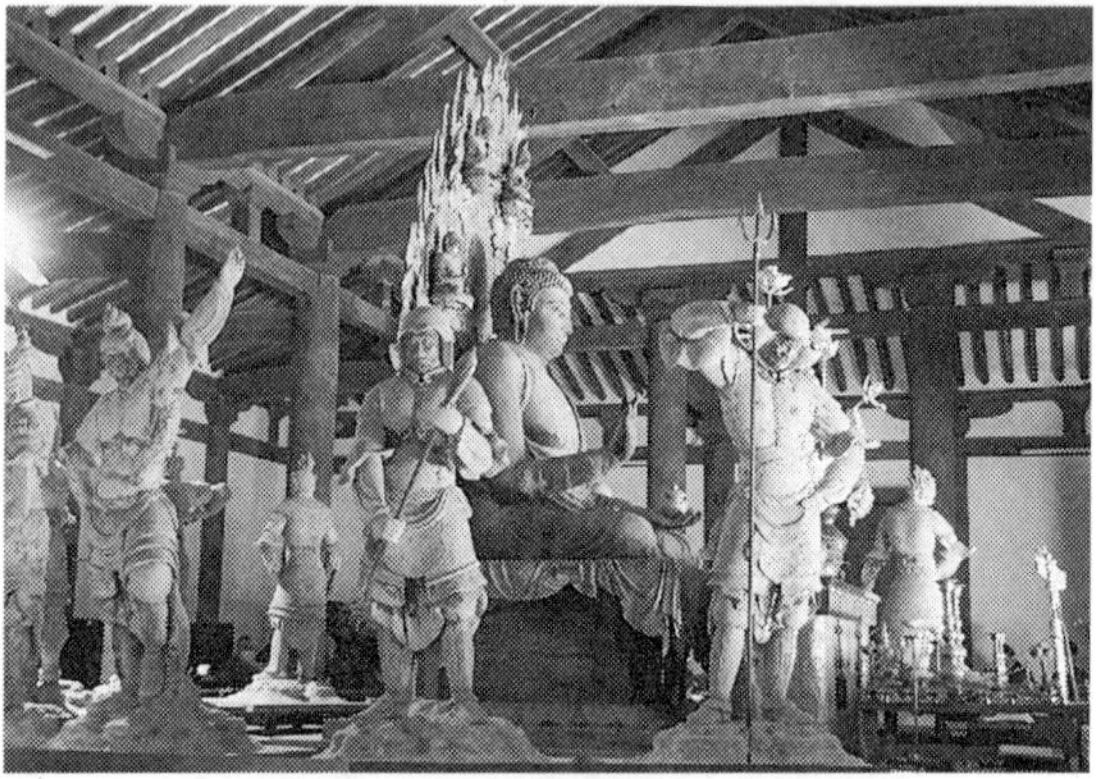

新薬師寺本堂堂内西から撮影の十二神将立像
国宝(十一軀)･天平時代作(波夷羅像のみ昭和初期の補作)
塑像･ほぼ等身大･漆箔彩色･目はガラス玉

和古寺大観』)。

各像とも頭と体の比例が整い、体の動きが自然である。顔の表情にもあまり誇張がなく、憤怒の表現に節度がある。十二軀は一人の作者の構想のもとに制作されたのであろう。天平塑像の傑作のひとつである。

岩淵寺の十二神将立像が遷座される前、現新薬師寺の堂内には眷属《けんぞく》たる十二神将はいなかったのであろうか。平安後期に書かれた大江親通《ちかみち》『七大寺日記』と『七大寺巡礼私記』興福寺東金堂の項に、『七大寺日記』では「本新薬師寺十二神将也」と、『七大寺巡礼私記』では「十二神将立像　長二尺許　斬新称口傳云、新薬師寺像也」と記されているところから、興福寺東金堂衆が持ち去った可能性が高い。だが、この十二神将像は焼失したと思われる。新薬師寺としては、平安時代後期に興福寺に十二神将像を遷されてしまったため、鎌倉時代末以降、衰退した岩淵寺から今の十二神将立像を遷してきたのだろう。

円形の土壇は現本堂創建当初の構成と思われるが、岩淵寺から移座されて組み合わされた十二神将立像群とは思えない、自然な安置状況である。(※巻頭カラーページに写真掲載)

勝願院廃寺地蔵堂から遷ってきた、数奇な運命の伝景清地蔵尊像

奈良市旧勝願院町（現新薬師寺東方）の地蔵堂に安置されていた、伝景清地蔵尊が、明治二年（一八六九）に新薬師寺に遷され、本堂北側壇上に安置された。厳しい表情の顔に、鋭い眼差し、右手には錫杖の代わりに弓を持たされているところから、江戸時代には「景清地蔵尊」と称されるようになった。

昭和五八年（一九八三）に伝景清地蔵尊像が台座から斜めになって立っていたため、同年、新薬師寺は東京芸術大学に修理と調査の依頼をした。

X線撮影をすると、像内に人形様の像があることが認められ、裸形像と着衣部材との二重構造になっていることが認められた。

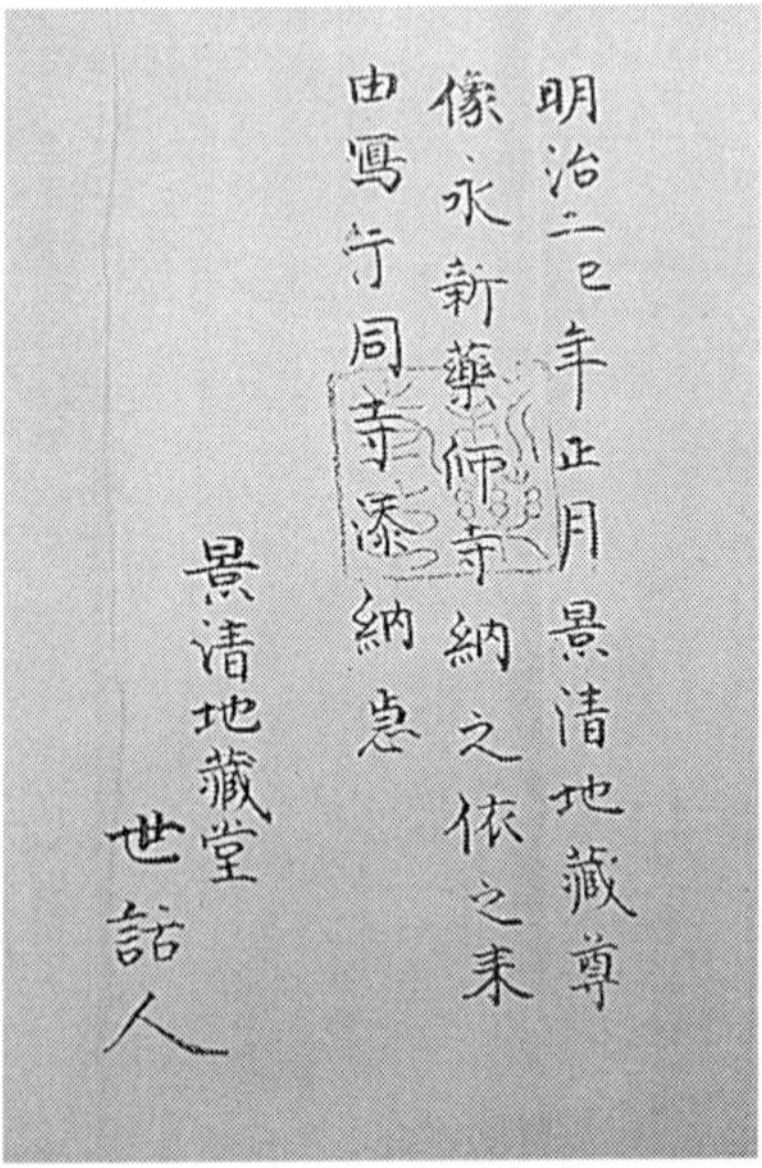

伝景清地蔵尊が新薬師寺に
納められた際の、添書の末文

・**着衣像（現景清地蔵尊立像）**

着衣像は、裸地蔵の胸や肩、尻などを削り、その表面に厚さ数cmから一〇cmの板材を巧みに組み合わせて貼り、裸地蔵を覆っていることがわかった。ただし、両手・両足部分は新たに作られており、頭部は、裸形像の頭部を上下と左右に切断し、マチ材を入れて拡大させたうえ、薄い板や小材で整形している。両耳は別材で作り、着衣像に取り付けている。

現在、裸形像（裸地像尊）を別保存するため、強化プラスチックで裸形像の複製を作って芯材とし、その上に着衣像を取り付け修復し、景清地蔵尊立像としてお祀りされている。（※巻頭カラーページに写真掲載）

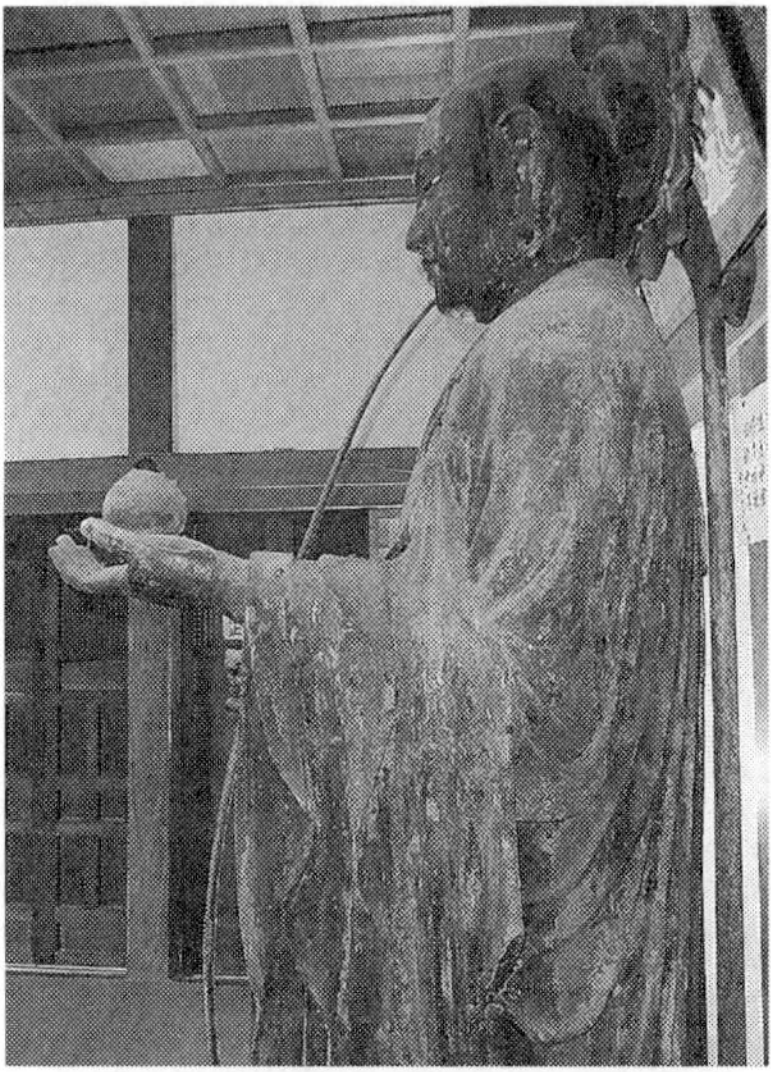

新薬師寺蔵・伝景清地蔵尊立像・鎌倉時代作
ヒノキの寄木造・布貼り・像高約187.5cm（修理後）

・裸形像（現おたま地蔵尊像）

裸形像の胎内から同像の部材と見られる両手・両足先・側頭部・両耳などの断片が出てきた。着衣像を作る際に不要となった木材を裸形像内に納めていたのだ。

現在、裸形像は独立して厨子に納められ「おたま地蔵尊像」と称されている。

同像を独立させる際、頭部を現景清地蔵尊立像に用いたため、ヒノキ材で新たに模刻した。腕は元の部材で修復し、脚や大腿部、尻は補修した。

裸形像の作者はわからないが、量感あふれ、両足の構えも力強いところから、慶派に属する作家の手になるかと想像されている。鎌倉時代裸形像の傑作のひとつである。（※巻頭カラーページに写真掲載）

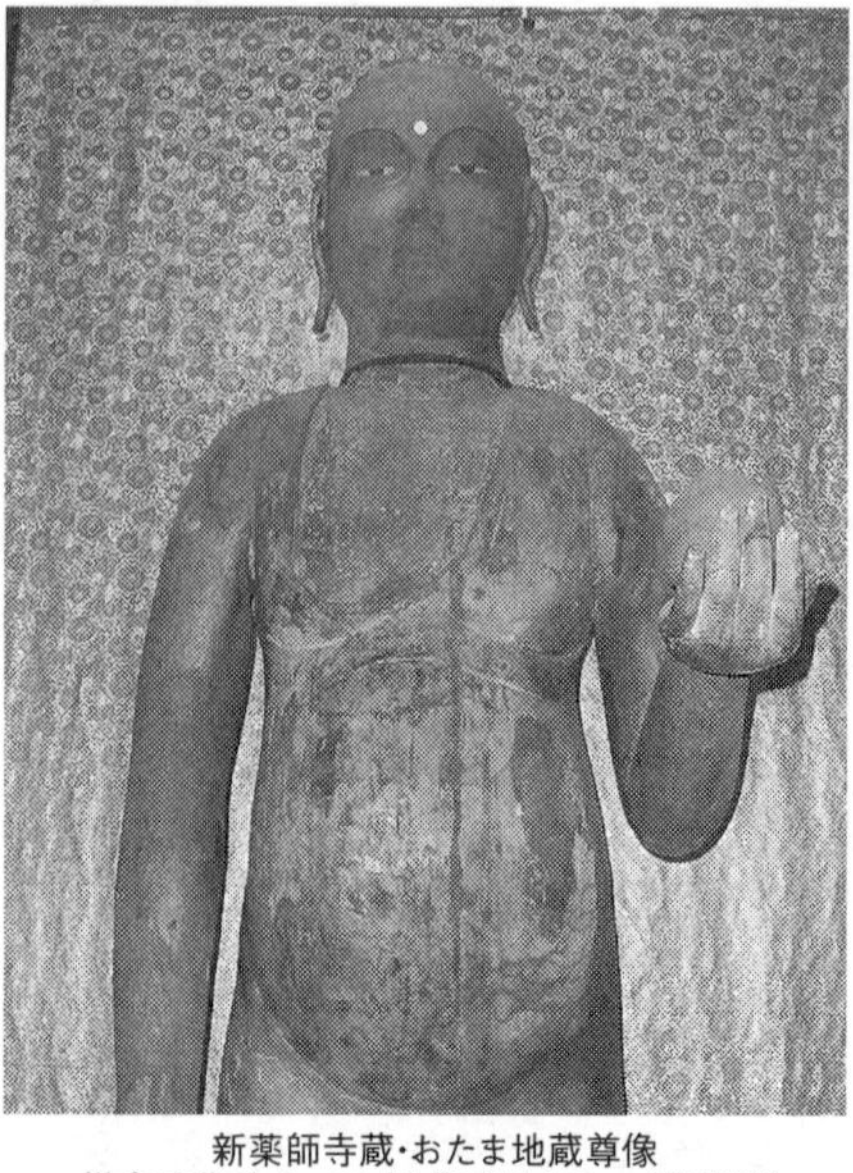

新薬師寺蔵・おたま地蔵尊像
鎌倉時代作・ヒノキ材・像高約188㎝（修理後）

・「おたま地蔵尊像」の歴史

裸形像胎内の納入品の一つである『尊遍造像願文』によると「この像は実尊《じっそん》菩提のために弟子尊遍《そんぺん》が発願造立したものである。師実尊からその存生中に、真といい俗といい厚恩をこうむった尊遍は、実尊滅後、悲嘆のあまり一体の地蔵菩薩像をつくってこれを実尊になぞらえ、昼夜にこれに仕えんとすると記し、ついで地蔵菩薩の加護により自らの臨終に際して死期を知り、死にあたって苦悩のすくなからんことを願っている」とある。

般若心経などの書写の奥に願文を書き添えてあり、嘉禎四年（一二三八）十一月十九日に像内に安置すべき旨が記されている。

願文にある実尊とは、興福寺の別当をつとめた僧で、嘉禎二年（一二三六）に五七歳で菩提山正暦寺にて入滅した。尊遍とは親近な師弟の関係であった。

師実尊への切々たる思慕の情が、裸形像の造立を促し、この像を実尊と同体視していたのだろう。そして実尊着用の法衣を着せて、生前同様に奉仕していたのではないだろうか。

尊遍がいつまで在世したか不明であるが、尊遍が老境に入ったころ、裸形像に着せていた法衣の傷みがひどくなっていたのであろう。推測ではあるが、実尊に擬した地蔵菩薩像を裸形のままにこの世に残してゆくのにたえられなく、その裸形を隠し、永久保存をはかるために木造の着衣を貼装させたと推測される。

この実尊と尊遍のつながりは、正安二年（一三〇〇）の『春日権現権験記』の説話にも示されている。

（『昭和六一年三月・東京芸術大学美術学部・新薬師寺おたま地蔵・修復経緯概要』）

香山寺の本尊だったのか？ 謎の香薬師立像

銅像薬師如来立像（香薬師立像）については、元禄十三年（一七〇〇）の『新薬師寺縁起』に、本尊薬師如来像の腹中から取り出されて、本堂内に秘仏として祀られたと伝えている。しかし同縁起には、本寺の前身を聖徳太子建立の香薬寺とするなど、伝説的要素が多いことから、元禄期の修復時に経巻などが像内から発見された際に思いついた話かもしれない。

また、香山寺の本尊で、光明皇后の念持仏だったとも伝わる。旧金堂内の「七仏薬師像」胎内仏として安置され、信仰されていたが、金堂の倒壊で「七仏薬師像」はなくなった。だが、香薬師立像は像高約七五㎝の金銅仏だったため破損は免れ、胎内から取り出されたなど、諸説あるが、確かなことはわかっていない。

しかし、新薬師寺の創建縁起に由来する根本仏として多くの人々に篤く信仰されてきた香薬師立像は、「白鳳三仏」として、法隆寺の夢違観音像（国宝）、深大寺の釈迦如来倚像（国宝）と並ぶ白鳳時代の傑作として名高い。

残念ながら、香薬師立像は三度の盗難にあっている。明治期に、一度目の盗難では右手が、二度目では両手足が切り離された状態だったが、いずれも切断された手足と共に寺に戻ってきた。だが昭和十八年（一九四三）、三度目の盗難にあって以来、行方がわからないままである。幸い写真と盗難前にとられた石膏型から模造が数点作られた。現在新薬師寺で祀られている香薬師立像もレプリカである。

三度目の盗難時、切断された右手だけは寺に残っていたのだが、その「本物の右手」も流失し、長らく行方知れずのままだった。平成二七年（二〇一五）、取材を続けてきた元新聞記者の貴田正子氏の尽力により、失われた香薬師像の「右手」が鎌倉市の東慶寺から発見され、現在奈良国立博物館へ寄託されている。

明治時代の盗難の際に切断されていた右手は、自費で本体の模造仏を鋳造し新薬師寺と奈良市の観音院（のちの奈良国立博物館）に寄進した佐々木茂索氏が所持していた。それを平成十二年（二〇〇〇）に遺族が東慶寺に寄贈していたのだ。

あとは、香薬師立像が戻ってこられるのを待つばかりである。

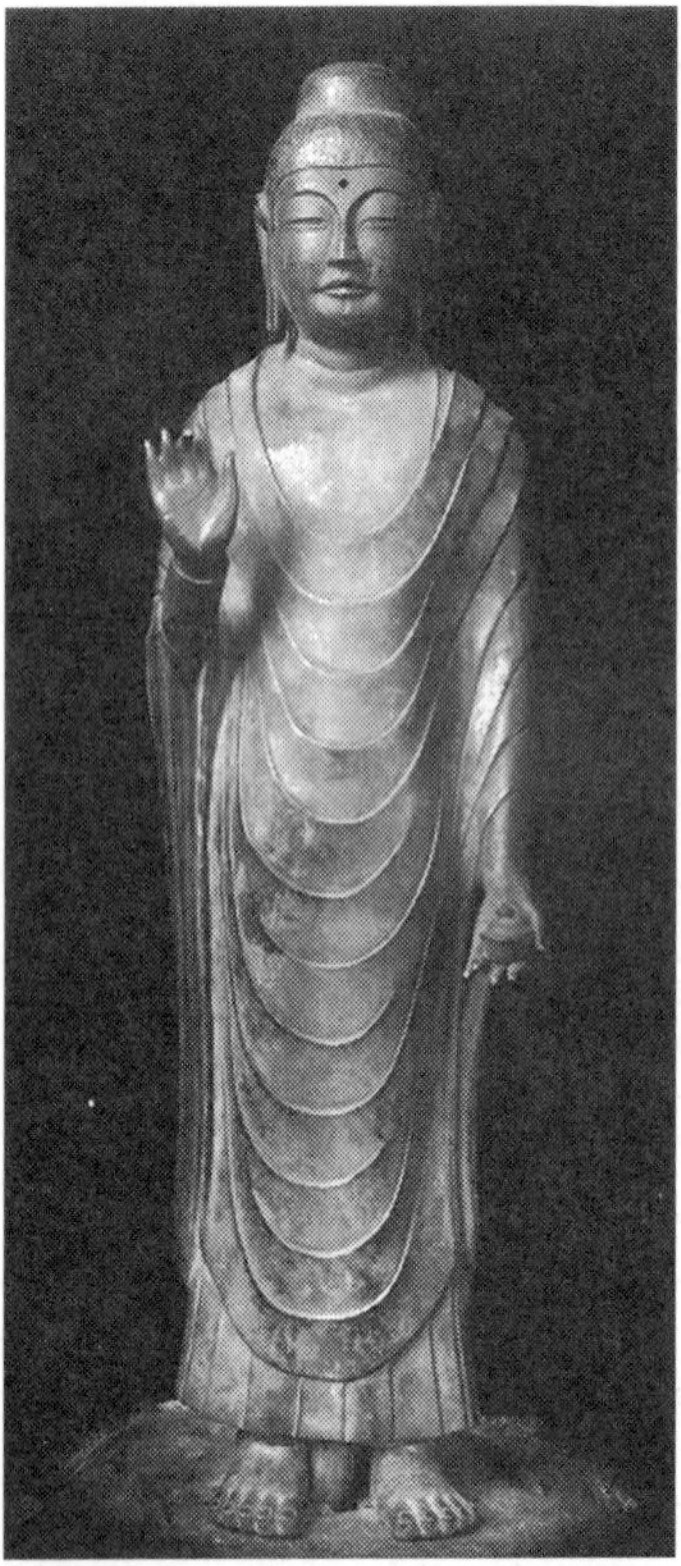

旧新薬師寺蔵・香薬師立像（3度目の盗難前の写真）
旧国宝・金銅像・像高約73cm／写真提供:新薬師寺
（切断された右手首を貼り付けたあとがわかる）

参考文献

『桜井市史』(桜井市史編集委員会編集、桜井市役所発行、一九七九年刊)

『桜井町史』(桜井町史編纂委員会編集、桜井町役場発行、一九五四年刊)

『大三輪町史』(大三輪町史編集委員会編集、大三輪町役場発行、一九五九年刊)

『桜井市の文化財』(桜井市立埋蔵文化財センター編集、桜井市教育委員会発行、一九九六年刊)

『御杖村村史』(御杖村史調査委員会著、御杖村役場発行、一九七六年刊)

『榛原町史』(榛原町史編集委員会編、榛原町役場発行、一九九三年刊)』

『大宇陀町史』(土井実・池田源太・池田末則編、大宇陀町史刊行会発行、一九五九年刊)

『山添村史・上巻』(山添村史編さん委員会編集、山添村役場発行、一九九三年刊)

『豊原村史』(豊原村史編纂委員会編、豊原村史編纂委員会発行、一九六〇年刊)

『波多野村史』(波多野村史編纂委員会著、波多野村史編纂委員会発行、一九六二年刊)

『東山村史』(東山村史編集委員会編集、奈良県山辺郡山添村東山支所発行、一九六一年刊)

『月ヶ瀬村史』(月ヶ瀬村史編集室編集、月ヶ瀬村発行、一九九〇年刊)

『大柳生村史』（今崎勝治郎編集代表、秋田秀雄発行代表、一九五八年刊）
『奈良市史・社寺編』（奈良市史編集審議会編集、吉川弘文館発行、一九八五年刊）
『奈良市史・美術遍』（奈良市史編集審議会編集、吉川弘文館発行、一九七四年刊）
『大和多武峰紀行』（談山神社編、談山神社発行、二〇一七年刊）
『大和古寺大観・第四巻』（岩波書店発行、一九八四年刊）
『七大寺日記』『七大寺巡礼私記』（大江親道著、藤田経世編、中央公論美術出版発行、二〇〇八年刊）
『日本書紀』（宇治谷孟・全現代語訳、講談社発行）
『続日本紀』（宇治谷孟・全現代語訳、講談社発行）
『奈良坊目拙解』（村井古道著、喜多野徳俊訳・注、綜芸舎発行、一九七七年刊）
『新薬師寺おたま地蔵・修復経緯概要』（東京芸術大学美術学部発行、一九八六年刊）
『三輪山セミナー講演録・大美和百二十三号』（二〇一一年・第百八十九回三輪山セミナー鈴木喜博講演録）

あとがき

奈良県東部に所在していた寺院が廃され、かつて祀られていた諸仏が今、どのように守られているのだろうかと思い、情報を収集しながら二年にわたって取材しました。おかげで本来ならお目にかかれなかったであろう仏様に拝し、保存に尽力された方たちの貴重なお話をお聞きすることができました。

寺院が廃寺となっているため、旧仏の伝来には口伝が多く、確証に欠けることが随分とあります。本書はガイドブックですので、その伝承や土地の古老からの話も交えながらまとめました。

本書で紹介している寺院はほとんどが観光寺院ではありません。しかし突然の取材の申し出を快くお受け下さり、ご住職から丁重なご説明や写真撮影のご許可をいただきました。

住民たちで保管している仏像も多く、奈良県や市町村の文化財課から、地域代表の方に仲介をとっていただきました。おかげで取材を進めることができ、仏像がご安置されている集会所などにお伺いすると、世話役の方たちが大勢で迎えてくださいました。ご協力下さった皆様のご厚意に心より感謝申しあげます。

なかでも無住寺となっている寺院の檀家さんたちからは「廃寺の仏像をまとめていただけるのはありがたい。今、私たちが知っていることを記録しておかないと次世代には伝わっていかないでしょう」というご意見をたくさんいただきました。本書が記録書としてもお役に立つことができれば幸いです。

桜井市の粟原寺については、奈良国立博物館の山口隆介先生に、粟原寺伝来とされる旧仏の貴重な研究を取材させていただき、深く感謝申し上げます。

ＮＰＯ法人・奈良まほろばソムリエの会の理事の方々や、表紙の撮影をして下さった橋詰輝己氏をはじめ、同会の保存継承グループには多大なご支援ご協力をいただきました。京阪奈情報教育出版株式会社からは二冊目の発行となりましたが、住田幸一社長にはこの度も大変お世話になりました。

本書では、拝観を受け付けていない寺院や集会所も紹介していますが、地元の市町村文化財課に連絡すれば、予約などの対応をしていただけると思います。自然に囲まれた山あいですばらしい仏様に出合うのは心が和みます。奈良の仏像巡りのご参考になれば嬉しい限りです。　合掌

二〇二〇年五月　小倉　つき子

著者プロフィール

小倉つき子

1950年大阪市生まれ、1968年、奈良市に移住。

大阪樟蔭女子大学学芸学部卒業。

出版社勤務を経て、編集プロダクションを設立。

子育てのため仕事を休止したが、2000年頃より奈良の観光冊子を独自で作成し、それらをまとめて『ドラマチック奈良』（京阪奈情報出版）を出版。

一方、奈良市の新薬師寺と10年ほどご縁があり、後半は執事長の任を受け、2010年に退職。翌年、在家ながら、信貴山千手院にて得度。小倉涼眞の法名をいただく。

現在、NPO法人奈良まほろばソムリエの会会員。

奈良佐保短期大学非常勤講師。

京阪奈新書
廃寺のみ仏たちは、今～奈良県東部編

2020年6月5日　初版第1刷発行
2020年7月15日　初版第2刷発行

著　者：小倉　つき子
発行者：住田　幸一
発行所：京阪奈情報教育出版株式会社
〒630-8325
奈良市西木辻町139番地の6
URL://narahon.com/　Tel:0742-94-4567
印　刷：共同プリント株式会社

ISBN978-4-87806-755-6

京阪奈新書創刊の辞

情報伝達に果たす書物の役割が著わしく低下しつつある中、短時間で必要な知識や情報の得られる新書は、多忙な現代人のニーズを満たす活字文化として、書店の一画で異例の繁栄を極めている。

かつて、活字文化はすなわち紙と印刷の文化でもあった。それは、人々が書物への敬意を忘れなかった時代でもあり、読書を愛する者は、知の深淵へと降りていく喜びと興奮に胸を震わせ、嬉嬉としてページを繰ったのだった。

日本で初めて新書を創刊した出版界の先達は新書創刊の目標として、豊かな人間性に基づく文化の創出を揚げているが、活字文化華やかしころの各社の新書の中からは、文化を創出する熱い志（こころざし）に溢れた古典的名著が数多く生まれ、今も版を重ねている。

デジタル時代の今日、題名の面白さに凝ったおびただしい数の新書が、入れ代わり立ち代わり書店に並ぶが、昨今の新書ブームには、アナログ時代の新書にはあった大切なものが欠落してはいないだろうか。

ともあれ、このたび我が社でも新書シリーズを創刊する運びとなった。

高邁（こうまい）な理想を創刊理念として掲げ、実際に人生や学問の指標となる名著が次々と生まれた時代への熱い思いはあるが、適度な軽さもまた、デジタル時代のニーズとしてとらえていくべきだろう。

とにもかくにも、奈良にどっしりと腰を据えて、奈良発の『知の喜び』を形にしてゆきたい。

平成二十九年　晩秋

京阪奈情報教育出版株式会社